民族法与区域治理研究丛书

谢尚果◎主编

广西民族乡法治状况研究

邓崇专◎著

GUANG XI MIN ZU XIANG
FA ZHI ZHUANG KUANG YAN JIU

中国法制出版社
CHINA LEGAL PUBLISHING HOUSE

总　序

　　如何有效地进行社会治理，是任何时代都必须面对的主题。中国社会要实现由传统向现代转型，社会治理现代化是其中关键一环。离开了社会治理的现代化，中华民族的伟大复兴、中国梦的实现，无异于空中楼阁。党的十八届三中全会将"完善和发展中国特色社会主义制度，推进国家治理体系和治理能力现代化"作为"全面深化改革"战略的总目标，可谓切中要害、意义深远。

　　在当下的中国，社会治理需要处理好两层关系：一是中央与地方的关系；二是各地方、各区域治理模式、治理结构的异同关系。现代社会"人口跨区域流动频繁"、"利益不断分化重组"、"信息技术改变人类交往与生活方式"等变化，使"散杂居民族群众权益保护问题"成为第一层关系中的一个工作重心，进而促成社会管理"去政府单边主义"、多主体参与的改革趋势；由是，"社会自治能力薄弱"、"地方政府行政能力亟待提升"凸显，成为第二层关系中的主要问题。就少数民族和民族地区而言，如何创新其社会治理体制、改进社会治理方式以提升治理能力、治理水平，既是当前学界、政府和社会的关切点，也是实现少数民族和民族地区跨越式、可持续发展中不容回避的问题。

　　民族法学是一门以国家处理民族关系、保障少数人权益的法制政策以及少数民族或乡土性固有法及法律现象为研究对象的学科。曾几何时，民族法学研究一直被认为缺乏应用价值而不具发展前景，但事实并非如此。实际上，民族法学与当下中国社会治理可谓相互契合、相得益彰。

民族法学基于特有的人类学、社会学研究方法，不仅构建了民族区域自治制度这一中国特色的调整民族关系、处理中央与地方关系制度的理论体系，而且还取得了如下成果：其一，提出了"法律多元"理论，丰富了作为调整社会关系工具的"法"概念；其二，证实了法的内生性与本土适应性，使人们开始关注制定、移植之外的法律的其他成长方式，以文化特殊性解释法律时代性，使中国法学界能够更理性地看待西方法治，重新认识中华法律的"本土资源"；其三，坚持社会系统论、"活法"论、"社会控制论"，注重法的实施过程和实际效果，抛弃了"立法中心主义"。

民族法学的上述研究成果，恰恰契合了当代中国社会治理之所需。中国当代社会治理需要引入多样智识，以构建符合中国实际的、科学有效的治理方案。民族法对于中国社会治理，尤其是基层社会、民族地区的多样性治理，能够提供"本土资源"和崭新视角，从而有利于更新社会治理观念，拓宽治理思路，提升治理的科学化、法治化水平。反过来，现代社会治理实践也恰可作为检验民族法学研究成果的真理性、展示成果应用价值的理想场所，从而解决该学科自身发展的重大问题。

我们认为，民族法研究与当下中国社会治理至少存在如下契合之处：一是现代社会均具有区域性和社群性，民族法在这些领域里恰恰是最富有经验的；二是社会治理涉及如何构建多元主体合作治理机制的问题，民族法恰曾经历过多种基层民主形式；三是社会治理事务庞杂，而民族法从来都以综合治理为其特征；四是区域治理是在国家统筹下实现局部社会自治，民族法也一直能达到这样的治理效果。概言之，民族法内外多元一体的基本治理理念，以及丰富的区域性、社群性实践，对于国家制定法既灵活多样又原则统一地实现社会治理，无疑具有不可替代的辅助性作用。

有鉴于此，我们于 2012 年成立了"民族法文化与社区治理协同创新中心"，收集、挖掘、整理多样民族法文化，提炼中华多民族基层治理经验，在城乡社区开展广泛的社会状况调查，进行社会管理改革研究与试点实践，以回应国家创新社会治理方式、构建和谐社会之需。2014 年，为适应协同范围扩大、协同层次提高的需要，该中心更名为"民族法与区域治理研究协同创新中心"。我们将中心的核心任务确立为："将民族法学研究成果应用于现代社会治理实践，以多元法智慧与资源，调整民族关系，解决地方基层社会治理难题，探索中国社会理想的治理模式，构建同时满足国家政治统一与地方治理多样需求的法治体系。"围绕这一核心任务，将协同各方力量建设三大平台：民族法学重大理论创新平台；民族事务管理法治化研究与实践平台；基层社会治理创新研究与实践平台。

三大平台中，"民族法学重大理论创新平台"将重点解决民族法学理论成果产出问题。其联合攻关课题内容侧重于：（1）区域治理的地方性与国家统一性之间的关系；（2）区域法治结构研究；（3）民族民间法在区域治理中的功能、地位与运作机理；（4）惯例、习惯法入法与司法化研究。其中内容（3）包括五个子课题：子课题一，广西民族地区法治状况调查；子课题二，广西 11 个世居少数民族习惯法研究（系列）；子课题三，广西民族乡法治状况研究；子课题四，广西民族地区多元化纠纷解决机制研究；子课题五，民族民间法在区域治理中的功能、地位与运作机理。此次出版的"民族法与区域治理研究"丛书，是"民族法学重大理论创新平台"的产出成果，具体言之，属于该平台联合攻关课题内容（3）之子课题二、子课题三和子课题四。

"民族法与区域治理研究"丛书包含九部专著，分别是《瑶族习惯法研究》《西部民族地区农村法治与和谐社会的构建：以法人类学为视角》《广西民族乡法治状况研究》《广西少数民族地区多元化纠纷解决机制研究》《苗族习惯法研究》《侗族习惯法研究》《广西京族习惯法研究》《边疆民族地区社区治理现代化研究》和《少数民族非物质文化遗产保护问题研究》。本丛书立足广西、面向全国，以解决广西急需、国家急需作为宗旨和目的，以期于广西以至于中国的社会治理有所裨益，而于民族法学的学科发展有所贡献。

本丛书的作者均为广西民族大学法学院的中青年学者。他们为本丛书的问世辛勤调研，奋笔疾书，付出了巨大的劳动，在此表示衷心的感谢！由于各作者学术背景、学术水平不同，学术风格、研究思路有异，书中的疏漏和不足恐在所难免，恳请学界各位同仁批评指正。

丛书的出版得到中国法制出版社鼎力支持，该社戴蕊女士及编辑部同仁为丛书的策划和编辑尽心尽力、备其辛苦，在此谨致谢忱。

丛书主编　谢尚果

2015 年 8 月 8 日

C 目录
CONTENTS

导 论
研究意义、内容、样本及方法

一、研究意义

回顾中国的法治历程，以党的十一届三中全会为标志性起点到具有里程碑式意义的十八届四中全会止，中国的法治建设在不断的探索和完善过程中，实现了"法制"到"法治"及"法治国家"到"法治中国"的两次重大飞跃。

1978 年 12 月，中共十一届三中全会深刻总结了历史的经验与教训，作出了把工作重点转移到社会主义现代化建设上来的战略决策，明确提出了健全社会主义民主和加强社会主义法制的方针。全会指出，"为了保障人民民主，必须加强社会主义法制，使民主制度化、法律化"，"做到有法可依，有法必依，执法必严，违法必究"。到 1982 年，我国制定了现行宪法，确认了从十一届三中全会以来的政治成果。1996 年，江泽民同志在中共中央法制讲座上正式提出了"依法治国，建设社会主义法制国家"的口号。1997 年 9 月，党的十五大明确提出"依法治国，建设社会主义法治国家"，在新中国第一次提出了"法治国家"的治国方略和奋斗目标，实现了从"法制"到"法治"的历史性飞跃，标志着我国社会主义法治建设进入了一个新的发展阶段。

随后，1999 年 3 月，九届全国人大二次会议通过的宪法修正案，将"依法治国，建设社会主义法治国家"载入宪法，为社会主义法治建设奠定了宪法基础。2002 年，中共十六大明确提出"发展社会主义民主政治，最根本的是要把坚持党的领导、人民当家作主和依法治国有机统一起来"。2007 年，十七大提出"全面落实依法治国基本方略，加快建设社会主义法治国家"的新要求。2010 年中国特色社会主义法律体系如期形成。2012 年，中共十八大提出"全面推进依法治国"，确保到 2020 年实现全面建成小康社会宏伟目标时，"依法治国基本方略全面落实，法治政府基本建成，司法公信力不断提高，人权得到切实尊重和保障"。

2013 年 11 月 12 日，党的十八届三中全会通过了《中共中央关于全面深化改革若干重大问题的决定》，提出了"推进法治中国建设"的新目标。"法治中国"新目标的提出，是"法治国家"目标的进一步提升。紧接着，2014 年 10 月 20 日，党的十八届四中全会史无前例地首次以全会的形式专题研究部署全面推进依法治国，并通过了《中共中央关于全面推进依法治国若干重大问题的决定》，[①] 对十八届三中全会提出的"推进法治中国建设"的目标予以了具体阐释和落实。这就是：（1）全面推进依法治国的总目标，是在中国共产党领导下，坚持中国特色社会主义制度，贯彻中国特色社会主义法治理论，形成完备的法律规范体系、高效的法治实施体系、严密的法治监督体系、有力的法治保障体系，形成完善的党内法规体系，坚持依法治国、依法执政、依法行政共同推

---

① 下文统一简称为"十八届四中全会《决定》"。

进，坚持法治国家、法治政府、法治社会一体建设，实现科学立法、严格执法、公正司法、全民守法，促进国家治理体系和治理能力现代化；（2）实现全面推进依法治国的总目标，必须从根本上遵循中国特色社会主义道路、理论体系和制度，必须从我国基本国情出发，同改革开放不断深化相适应，总结和运用党领导人民实行法治的成功经验，围绕社会主义法治建设重大理论和实践问题，推进法治理论创新，发展符合中国实际、具有中国特色、体现社会发展规律的社会主义法治理论，为依法治国提供理论指导和学理支撑。汲取中华法律文化精华，借鉴国外法治有益经验，但决不照搬外国法治理念和模式。显然，"法治中国"的新目标突出了"中国化"的思想和原则，以及"依法治国、依法执政、依法行政共同推进"和"法治国家、法治政府、法治社会一体建设"的"综合化"架构，标志着我国的法治建设迈入了一个更新的高度，无疑是中国法治建设的又一次重大飞跃。

在全面推进依法治国的新的时代背景下，选取广西民族乡的法治建设状况进行研究，有着十分重大的意义。

（一）以民族乡特定场域下的法治建设折射法治中国的建设成果

从建立民族乡的原因和初衷来看，"鉴于我国的一些少数民族聚居地域较小、人口较少且分散，不适合建立民族自治地方，宪法规定通过设立民族乡的办法，使这些少数民族也能行使当家作主、管理本民族内部事务的权利"。① 有学者通过对我国民族乡建

---

① 马启智："我国的民族政策及其法制保障"，载《中国人大》2012 年第 1 期。

立的社会历史背景、过程、理论依据以及几十年来民族乡的实践的观察与分析后认为，民族乡虽然不是民族自治地方，但与其他一般乡镇相比，法律赋予了民族乡在政治、经济等诸多方面的自主权，因而民族乡实际上具有自治的性质，是民族区域自治制度的补充。[①] 作为解决我国国内民族问题的一种政治制度，加之特有的地理环境和人文环境，与其他地域相比，民族乡无疑有着自己的特性。在这一特定场域内，其法治建设无疑需要体现出符合自身实际、具有自身特色的法治实践。因而，探视民族乡的法治建设状况，不仅能折射出整个国家法治建设的成果，而且为国家法治建设成果的总体评估，并为国家在民族乡少数民族地区法治建设的设计中，寻找一条适合中国国情、特别是适合民族乡少数民族地区法治建设的道路提供了绝好的参考素材。

（二）为广西民族乡法治建设的进一步推进提供助推正能量

如上所述，自党的十一届三中全会以来，经过多年的探索和完善，中国的法治建设实现了两次重大的飞跃，取得了历史性的成就。但正如十八届四中全会指出：同党和国家事业发展要求相比，同人民群众期待相比，同推进国家治理体系和治理能力现代化相比，我国的法治建设还存在许多不适应、不符合的问题。这些问题，违背社会主义法治原则，损害人民群众利益，妨碍党和国家事业发展，必须下大气力加以解决。而在民族乡这样一个特殊区域，其法治建设状况到底如何？取得了哪些成效？存在哪些问题或面临哪些困境及应当如何解决？在全面推进依法治国、建

[①] 覃乃昌："关于民族乡的几个问题"，载《民族研究》2002 年第 3 期。

设法治中国的新的时代背景下，又如何按照新要求、新布置探索并建立民族乡新的法治建设模式或运行机制？因此，通过民族乡法治实践的实证调研，总结当前广西民族乡法治建设所取得的成效，在揭示其存在的问题、面临的困境及剖析其成因的基础上，提出解决的对策及建议，为进一步助推广西民族乡的法治建设无疑大有裨益。另外，虽然基于民族乡的特殊性而决定了其法治建设有着自己的特点和规律，但民族乡又与其他普通乡镇有着许多的共同之处，因而其法治建设的实践也会表现出诸多的共性。所以，总结民族乡法治建设的经验以及针对存在问题所提出的应对举措或建议，也就表现出一定范围或程度的普适性，从而对于其他普通乡镇、乃至其他地域的法治建设具有借鉴意义。

（三）填补广西民族乡法治建设状况研究的空白

截至 2015 年 1 月 19 日的中国知网（CNKI）搜索，专以广西民族乡为背景或中心进行研究的成果并不多，而且只表现为论文（包括期刊论文与硕士论文）形式，专著则尚为空白。其中期刊论文 6 篇，它们分别是：覃北云、陈宪忠、丁玫的《桂林市民族乡农业综合开发实施研究》（《中共桂林市委党校学报》2002 年第 1 期）；丛革新、农东的《南宁市民族乡经济社会发展现状及对策》（《中共南宁市委党校学报》2003 年第 4 期）；蒙有义的《自治县及民族乡民族文化考察与思考——以广西壮族自治区河池市为例》（《三峡论坛》〔三峡文学理论版〕2012 年第 1 期）；梁宏章的《贺州市瑶族乡经济发展情况考察与思考》（《广西社会主义学院学报》2013 年第 3 期）；徐赣丽、黄洁的《都柳江流域的汉族移民、文化传播与地方文化的生成——以广西三江富禄为例》（《广西民族研究》2013 年第 2 期）；陆鹏、于潜池的《广西三江侗族自治县同乐苗族乡扶贫问题实证分析》（《黑龙江民族丛刊》2013 年第 6 期）。硕士论文 3 篇，它们分别是：黄柳英的《民族乡散杂居少数民族儿童受教育权利保障研究——以广西南丹县里湖瑶族乡为个案》（西南大学硕士论文 2007 年）、周全琴的《民族乡建设与民族非物质文化遗产保护——以两安瑶族乡瑶族羊角舞为个案研究》（广西民族大学硕士论文 2009 年）及覃丽敏的《民族乡政府公共政策执行力研究——以广西柳城县古砦仫佬族乡为例》（中央民族大学硕士论文 2012 年）。

以上关于广西民族乡的研究成果只是涉及其经济社会事业（包括农业、扶贫）、文化和行政管理等领域，专以民族乡法治状况为研究视角的成果则付之阙如。[①] 至于专以广西的法治为中心、并涵括有民族乡法治在内的其他成果则见诸少量的法治报告中。[②] 因此，本书以民族乡的法治状况作为研究的对象，实为弥补了广西研究少数民族、特别是民族乡法治状况的空白。

二、区域法治视野下广西民族乡法治状况研究内容的厘定

"法学家们都指出，'法治'没有一个明确的、四海皆准的定义，它是个开放的概念，可以有很多不同的解释。"[③] 的确，就法

---

① 当然不可否认的是，这些研究成果无疑涉及了民族乡法治建设内容当中的某一方面或者说与民族乡法治有一定的联系。

② 周健：《2011 年广西壮族自治区民族法治发展报告》，载吴大华、王平主编《中国民族法治发展报告》，中央民族大学出版社 2012 年版，第 169～176 页。

③ 陈弘毅：《法治、启蒙与现代法的精神》，中国政法大学出版社 2013 年版，第 57 页。

治的基本内涵或者法治国家的衡量标准，目前中外学者存在诸多不同的观点。如有英国米尔恩的"三原则"说，即法律至上；法律面前平等；法律下的自由。有"五要素"说，即法律至上；颁布宪法；"三权分立"；实行法治制度；从法律上保障公民的自由权利。有"六表现"说，台湾学者城仲模将西方法治主义的表现形式归纳为：议会之形式法律至上；无法律即无行政；行政之准据唯制定法是赖；立法务求细密，避免概括条款；习惯法、法理及司法判例、行政解释均不得为行政法之法源；行政规章、命令仅为内务行政事项之规范，不得使之亦具拘束人民之效果。有"八特征"说，即一是民主完善：法治国家的政治前提；二是人权保障：法治国家的显著标志；三是法律至上：法治国家的理性原则；四是法制完备：法治国家的形式要件；五是司法公正：法治国家的基本要求；六是制约权力：法治国家的切实保证；七是依法行政：法治国家的重要标志；八是首重权利：法治国家的明显特征。[1] 此外，还有刘平的"七个向度"说，即良法之治、国家守夜人、守法的统治、公正司法和司法权威、法律面前人人平等、合乎人权的刑法及人权与善治；[2] 张文显等学者的"九特征"说，即人民主权、法律至上、法制完备、依法行政、司法公正、权力约束、权利保护、人权保障及社会自治；[3] 香港学者陈弘毅的"十层次"说，该学者认为法治的内涵由低到高共分为十个层次，分别为："社会秩序和治安"、"政府活动的法律依据"、"行使权力的限制"、"司法独立"、

① 转引自刘平：《法治与法治思维》，上海人民出版社2013年版，第50页。
② 刘平：《法治与法治思维》，上海人民出版社2013年版，第50页。
③ 张文显主编：《法理学》，高等教育出版社、北京大学出版社2007年版，第403～407页。

"行政机关服从司法机关"、"法律之下人人平等"、"基本的公义标准"、"合乎人权的刑法"、"人权和自由"及"人的价值和尊严"。[①]等等。可谓仁者见仁，智者见智。

基于学者对法治基本内涵的不同见解，因而要以此为基准选定民族乡法治状况的内容展开研究显然难以达致本书的初衷。于是，本书在研究内容的选择上确定了这样的思路，即决定以民族乡的民族特点和地方特点为基础，并以区域法治与民族乡的性质为视角，通过对民族乡在法治建设中开展的各项具体实践的探视，以此体现或映衬民族乡法治的状况。

"综观世界各国的法治历程，大凡法治搞得比较成功的国家，无一不是较好地坚持了法治规律与本国国情的创造性结合。"[②]苏力教授在其《法治及其本土资源》一书中明确提出："中国的法治之路必须注重利用中国本土的资源，注重中国法律文化的传统和实际。"[③]学者张万洪在厘清何谓法的本土化之后，对于"要不要法的本土化"这个疑问，作了非常肯定性的回答。他指出："关键似乎已经不是要不要了，而是一国法制现代化必然要有本土化的过程。"[④]以上观点在探讨中国法治路径的选择时，无疑折射出法治表现出强烈的区域性的思想。法治的区域性是指不同的区域因地理、经济、民族、文化、历史、民俗、宗教等主客观因素的差异而呈

---

① 陈弘毅：《法治、启蒙与现代法的精神》，中国政法大学出版社 2013 年版，第 57 ~ 63 页。

② 袁曙宏、韩春晖："社会转型时期的法治发展规律研究"，载《法学研究》2006 年第 4 期。

③ 苏力：《法治及其本土资源》，北京大学出版社 2015 年版，第 6 页。

④ 张万洪：《法治、政治文明与社会发展》，北京大学出版社 2013 年版，第 102 页。

现出的不同的法治样态。就我国而言，从国家层面上看，尽管其
他各国的法治之道可以凝练出一些普适性经验或启示可资我国借
鉴，但因各国国情的不同，其法治的原则、宗旨及内容的表达与
要求需要或必定保持着我国自己的特质。正如周叶中教授所言：
"尽管人类在漫长的政治文明发展过程中，对法治的价值层面存在
共识，但不同的国家在实现法治过程中必然会形成法治模式的多
样化。正因如此，在中国社会主义法治建设过程中，毫无疑问必
须选择适合自己国情的法治之路"；① 从我国国家的内部来看，虽
然国家要求各地方、各单位或组织在国家制定的法治作为治国方
略的统一大背景下大力推行法治建设，但各地方、各单位或组织
又因不同的实情，在统一的指导思想、基本原则下，相应地会催
生出在制度、机制及内容等方面不同的法治活动模式或样态。如，
2000 年前后，全国出现了一种新的纠纷解决机制——"大调解"，
而"大调解"的模式有不同的类型，包括司法部曾重点推广的山
东陵县乡镇司法调解中心模式，此外还有浙江的"枫桥经验"、江
苏南通市的"大调解"以及以诉调对接为基本特征的石家庄市的
"三位一体""大调解"模式等等。② 又如，浙江省杭州市余杭区
于 2006 年作出了"法治余杭"的战略决策，并随后创造性地设计
出了一个"'法治余杭'量化考核评估体系"。该体系重在对所列
各项考核评估指标进行具体化、数字化，以此衡量余杭法治建设
水平和评估余杭社会管理能力，在全国区县一级法治建设工作中

---

① 周叶中："关于中国特色社会主义法治道路的几点认识"，载《法制与社会发展》
2009 年第 6 期。

② 张勤：《当代中国基层调解研究——以潮汕地区为例》，中国政法大学出版社
2012 年版，第 134～135 页。

属于首创。而这一具有鲜明余杭特色的量化考核评估体系的出台，则是余杭"地理位置优越，经济发展水平较高，基层民主实践扎实，法治建设环境良好"为其奠定了良好的基础。[①] 再如，当前我国各地如火如荼开展的"法治××省（区、市）"、"法治××市（县）"、"法治××乡（镇）"等的建设活动。等等。以上这些便是法治表现出区域性的很好例证。诚如有学者形象地指出："国家法治发展是由一定的国家法律制度、法律体系及其法律实践、法律思想、法律心理所联结而成的运动之网。作为这面运动之网上的每一个区域法治的运动发展，都独具个性，并且这种个性不是仅仅具有相对意义的特殊性，而是一种不可绝对重复的个体。尽管在区域法治的发展进程中，不同区域法治发展之间常常会有'惊人的相似之处'，但也只能是'相似'而已。"[②]

在民族乡，且是在广西的民族乡这样一种特定场域内开展法治建设，注定了其与其他地域会出现不同的法治现象。与其他的普通乡镇相比，虽然二者存在着许多相同之处，如同是"直接与当地居民发生关系，承担直接治理职责的地方政府"，[③] 同是国家设置在农村地区的最基层一级政府，共同面对的是经济发展相对落后、人员素质较低、村民实现自治、传统与现代文明交织的乡村社会，等等。但是，民族乡具有其他乡镇不具有的政治经济、人文地理、风俗习惯等方面的特点，而其独有的特点正是产生民族

[①] 胡虎林："法治指数量化评估的探索与思考——以杭州市余杭区为例"，载《法治研究》2012 年第 10 期。

[②] 公丕祥："区域法治发展的概念意义——一种法哲学方法论上的初步分析"，载《南京师范大学学报》2014 年第 1 期。

[③] 曾伟、罗辉主编：《地方政府管理学》，北京大学出版社 2006 年版，第 45 页。

乡与其他乡镇等地域法治建设存在差异的主要原因：一是民族乡的性质是民族自治的补充，具有诸多特有的权益。根据《民族乡行政工作条例》的规定，民族乡拥有政治、经济等方面的自主权；二是民族乡一般地处自然环境恶劣、交通不便、森林资源丰富、土地严重匮乏的山区；三是民族乡民风相对纯朴、风俗礼仪浓郁、人员居住分散。这些特点决定了在民族乡进行法治建设，不得不对其作相应的考虑与照顾，形成民族乡独具特色的法治模式。

基于法治的区域性，并结合广西民族乡各方面的特点，本书共厘定了民族乡散居少数民族权益保障、人民调解、法制宣传教育、社会治安综合治理及基层法律服务五个方面，作为考察民族乡法治建设状况的内容。在总体布局上，按"具体实践——存在问题——解决对策"的运作逻辑进行（并分别设置为一章），亦即，首先对广西民族乡上述厘定的每一项内容的法治实践（包括具体做法及取得的实效）进行概括与总结，然后梳理出各项法治实践所存在的不足及面临的困境，在充分剖析其生发的原因的基础上，针对性地提出一些解决的对策或建议。同时，鉴于广西民族乡在上述五大方面的法治建设中所存在的问题及所处的困境，其原因具有共同性，因此本书最后特对这些共同问题进行了总结，并设置了"结论"一环。

三、研究样本的选取

截至 2013 年底，广西共设有 59 个民族乡，其中瑶族乡 48 个，苗族乡 7 个，侗族乡 1 个，回族乡 1 个，瑶族苗族乡 1 个，仫佬族乡 1 个。按成立时间划分：1951 年成立 1 个，1984 年成立 44 个，1985 年成立 6 个，1987 年成立 1 个，1990 年成立 1 个，1993 年成立 2 个，1995 年成立 1 个，1996 年成立 1 个，1999 年成立 1 个，2013 年成立 1 个。最早设立的民族乡是全州县东山瑶族乡（1951年），最晚的是防城区十万山瑶族乡（2013 年）。这些民族乡分布在除来宾、崇左、玉林、北海和钦州 5 市外的 9 个市。它们分别是：

南宁市：马山县古寨瑶族乡、马山县里当瑶族乡、上林县镇圩瑶族乡。

柳州市：柳城县古砦仫佬族乡、三江侗族自治县富禄苗族乡、三江侗族自治县高基瑶族乡、三江侗族自治县同乐苗族乡、融水苗族自治县滚贝侗族乡、融水苗族自治县同练瑶族乡。

桂林市：雁山区草坪回族乡、临桂县宛田瑶族乡、临桂县黄沙瑶族乡、兴安县华江瑶族乡、灵川县兰田瑶族乡、灵川县大境瑶族乡、全州县东山瑶族乡、全州县蕉江瑶族乡、平乐县大发瑶族乡、资源县车田苗族乡、资源县两水瑶族乡、资源县河口瑶族乡、灌阳县洞井瑶族乡、灌阳县西山瑶族乡、荔浦县蒲芦瑶族乡。

梧州市：蒙山县夏宜瑶族乡、蒙山县长坪瑶族乡。

防城港市：上思县南屏瑶族乡、防城区十万山瑶族乡。

贵港市：平南县马练瑶族乡、平南县国安瑶族乡。

贺州市：八步区大平瑶族乡、八步区黄洞瑶族乡、钟山县两安瑶族乡、钟山县花山瑶族乡、昭平县仙回瑶族乡。

百色市：右江区汪甸瑶族乡、田东县作登瑶族乡、凌云县伶站瑶族乡、凌云县朝里瑶族乡、凌云县沙里瑶族乡、凌云县玉洪瑶族乡，西林县普合苗族乡、西林县那佐苗族乡、西林县足别瑶族苗族乡、田林县潞城瑶族乡、田林县利周瑶族乡、田林县八渡瑶族乡、田林县八桂瑶族乡。

河池市：环江毛南族自治县驯乐苗族乡、南丹县八圩瑶族乡、南丹县里湖瑶族乡、南丹县中堡苗族乡、天峨县八腊瑶族乡、凤山县平乐瑶族乡、凤山县江洲瑶族乡、凤山县金牙瑶族乡、东兰县三弄瑶族乡、宜州市北牙瑶族乡、宜州市福龙瑶族乡。

　　本书在研究样本的选取上，综合考虑了以下几个因素：一是鉴于广西民族乡的数量较多及作者教学任务较为繁重等原因，在研究样本的选取上自然要受数量的限制，亦即只能选取其中部分民族乡作为考察的对象；二是为便于调研（亦为节省时间和节约开支），一般要把相对集中或者在同一线路中能一次性安排几个进行调研的民族乡作为优先考虑的选择对象；三是为使考察样本具有代表性，选取的民族乡要囊括所有建乡的民族（瑶族、苗族、侗族、仫佬族及回族），并包括成立时间最早和最晚的民族乡（东山瑶族乡和十万山瑶族乡）。最后，本书选定的调研样本分别是：东山瑶族乡、十万山瑶族乡、南屏瑶族乡、八腊瑶族乡、马练瑶族乡、夏宜瑶族乡、潞城瑶族乡、八渡瑶族乡、洞井瑶族乡、沙里瑶族乡、镇圩瑶族乡、普合苗族乡、同乐苗族乡、古砦仫佬族乡、滚贝侗族乡及草坪回族乡。研究样本的基本概况如下：

1. 东山瑶族乡

　　东山瑶族乡属广西桂林市全州县管辖，成立于 1951 年 9 月 27 日，是我国率先成立的瑶族乡之一，也是广西最早成立的民族乡。东山瑶族乡位于全州县东部的都庞岭高寒山区，平均海拔 870 米，乡人民政府所在地距离县城 37 公里，与湖南省道县、永州市、双牌县相邻，省际边界线长达 80 公里，占全州县省际边界线的 1/2。下辖清水、上塘、小禾坪、黄腊洞、石枧坪、白岭、六字界、黄龙、古木、斜水、雷公岩、白竹、锦荣、大坪、三江、竹坞 16 个行政村、183 个自然村，总人口 3.36 万，是一个汉、瑶民族聚居区，其中瑶族人口占 80.6%，为广西瑶族人口最多、最密集的民族乡。

2. 十万山瑶族乡

十万山瑶族乡属广西防城港市防城区管辖，成立于 2013 年 12 月 26 日，是目前广西成立最晚的民族乡。其位于防城港市防城区北部的十万山南麓，东北与钦州市钦北区的大直镇交界、南与防城区的大菉镇与滩营乡交界、西北与防城区大菉镇及上思县的叫安乡、公正乡交界，距防城区 41 公里，总面积 98.8 平方公里，总人口 11542 人，其中瑶族占总人口的 40.5%。乡政府设在波茶，辖波茶 1 个社区和沙坪、垌坪、那稔、四方岭、木排 5 个村。乡机关单位临时办公楼设在十万山华侨林场场部办公楼。

3. 南屏瑶族乡

南屏瑶族乡属广西防城港市上思县管辖，位于上思县西南部，境内十万大山巍然耸立，成为上思县西南端的天然屏障，故称南屏。乡政府所在地的渠坤圩距县城 52 公里，东南面隔十万大山与防城区的扶隆板八交界，西与宁明县那楠乡毗邻，南面与华兰乡相连，北面与平福乡接壤。1984 年 10 月 2 日，成立南屏瑶族乡，辖英明、渠坤、江坡、汪乐、巴乃、米强、常隆、乔贡和枯叫 9 个村委会，共 77 个自然屯，88 个生产队（小组）。全乡总面积 526 平方公里。据 2012 年统计，全乡共有 3196 户，人口 13385 人，主要居住着瑶、壮两个民族，其中瑶族 6197 人，占全乡人口的 46.3%，主要分布在江坡、汪乐、米强、常隆 4 个村。

4. 八腊瑶族乡

八腊瑶族乡属广西河池市天峨县管辖，位于天峨县东南部，东与邑暮乡和六排镇塘英居委会为邻，南界纳直乡，西接向阳镇，北隔红水河与六排镇令当村相望。乡政府所在地八腊村距离县城 19 公里，距离龙滩水电站坝址 9 公里，辖八腊、甘洞、龙峨、洞里、麻洞、五福、老鹏、纳碍、什里等 9 个行政村 292 个村民小组 339 个自然屯。全乡总面积 387.79 平方公里，2013 年末总人口 21937 人，居住着瑶、汉、壮、毛南等民族，其中瑶族人口 6953 人，占总人口的 31.7%。

5. 马练瑶族乡

马练瑶族乡属广西贵港市平南县管辖，位于平南县最北部山区，属于贵港市仅有的两个民族乡之一，距离平南县城 60 公里。东邻藤县宁康乡，西接金秀瑶族自治县罗香乡，南邻本县官成、同和、国安等乡镇，北连蒙山县夏宜瑶族乡，交通便利，有平（南）金（秀）二级公路贯穿境内。全乡辖区面积 240 平方公里，共辖马练、利俩、三联、九槐、藤旺、新利、北胜、石垌、水晏、六石、新河和古琉 12 个行政村，全乡总人口 4.5 万人，居住着瑶、汉、壮、苗、侗、仫佬等民族，其中瑶族人口 2.9 万多人，约占全乡总人口的 65%，少数民族人数约占总人数的 90%。

6. 夏宜瑶族乡

夏宜瑶族乡属广西梧州市蒙山县管辖，位于蒙山县西南部，地处山区，东邻文圩镇，西和北面与金秀瑶族自治县忠良乡交界，南及西南与平南县马练瑶族乡、藤县大黎镇接壤。乡政府所在地夏宜村距离县城 23 公里。全乡总面积 117.4 平方公里，辖夏宜、六海、高雷、能友、芦山及六洛 6 个行政村，64 个村民小组。2013 年末统计，全乡有 1843 户 6796 人，居住着瑶、汉、壮、苗等民族。其中瑶族人口 6100 多人，约占全乡总人数的 90%。

7. 潞城瑶族乡

潞城瑶族乡位于广西百色市田林县中部，距县城 22 公里，面积 481 平方公里，辖 19 个行政村、116 个自然屯、161 个村民小组，生活着瑶、壮、汉、苗、布依、满等 6 个民族，目前人口 2.7 万多人，其中瑶族人口 5000 多人，约占全乡总人口的 18.4%。

8. 八渡瑶族乡

八渡瑶族乡位于广西百色市田林县西北部，西与定安镇相邻，东与潞城瑶族乡接壤，北与者苗想毗连，南界那比乡。2005 年八渡瑶族乡与田林县的另一民族乡福达瑶族乡建制合并，沿用八渡瑶族乡名称，乡政府所在地福达街，距县城 64 公里，田林至西林二级公路过境。合并后全乡总面积 701 平方公里，辖 17 个行政村、122 个自然屯、138 个村民小组，是田林县第二大乡。居住有壮、汉、瑶三个民族，2011 年末统计全乡总户数为 5168 户，总人口为 22349 人，其中瑶族人口 4898 人，占总人口的 21.9%。

9. 洞井瑶族乡

洞井瑶族乡位于广西桂林市灌阳县西南部，北与兴安县漠川乡交界，西与灵川县大境瑶族乡接壤，南与恭城县栗木镇毗连，东与本县观音阁乡为邻，1984 年 8 月从观音阁公社分出，成立洞井瑶族乡。乡政府所在地洞井街，距县城 48 公里。全乡总面积 212.2 平方公里，辖洞井、桂平岩、椅山、太和、石家寨、保良、野猪殿、大竹源、小河江等 9 个村委会，112 个村民小组，140 个自然屯，主要居住瑶、汉两个民族。2014 年全乡总人口 9300 多人，其中瑶族人口 3600 多人，约占总人口的 39%。

10. 沙里瑶族乡

沙里瑶族乡位于广西百色市凌云县东部，成立于 1985 年 12

月，东与巴马县交接，南与百色市毗邻，西与本县下甲、伶站两乡接壤，北与河池地区凤山县交界。全乡下辖 12 个村委会，152个村民小组，215 个自然屯，全乡总面积 227 平方公里，居住有瑶、汉、壮三个民族。全乡有 3866 户，总人口 17055 人，其中瑶族 6582 人，占总人数的 38.5%。

11. 镇圩瑶族乡

镇圩瑶族乡位于广西南宁市上林县西北部，东部与塘红乡、忻城县北更乡交界，西南部与马山县古零镇接壤，南部和西燕镇毗邻，北面与马山县加芳乡相接，乡人民政府驻地镇马街，距县城 43 公里。该乡成立于 1984 年 10 月 14 日，是南宁市三个民族乡和革命老区之一。全乡总面积 113 平方公里，下辖 10 个行政村和 1 个街道居民管理委员会，分别是正浪、怀因、排红、东罗、古登、洋造、正万、佛子、龙贵、望河村委会和镇马街道居民管理委员会，共 54 个经联社，174 个村民小组，182 个自然屯。主要居住着壮、瑶、汉等民族，全乡总人口 23000 多人，其中瑶族 7600 多人，约占全乡总人口的 31%。

12. 普合苗族乡

普合苗族乡属广西百色市西林县管辖，地处西林县东部，距离县城 15 公里，东与那劳乡相连，西与八达镇接壤，南靠西平乡，北与隆林县蛇场乡和德峨乡毗邻。全乡总面积 188 平方公里，辖 7 个行政村 46 个自然屯 58 个村民小组，共 2354 户 10696 人。居住着苗、壮、瑶、彝、仡佬、汉等六个世居民族，是西林县民族杂居最多的乡镇之一，其中苗族人口 4909 人，占全乡总人口的 45.9%。

13. 同乐苗族乡

同乐苗族乡属广西柳州市三江侗族自治县管辖，成立于 1984

年 10 月，位于三江侗族自治县西部，距县城 43 公里，东与八江、良口乡接壤，西与洋溪乡及贵州省的龙额、雷洞、水口等乡镇毗邻，北连独峒乡。全乡土地总面积 182 平方公里，主要以山地为主。全乡辖 19 个行政村 96 个自然屯（含街道），10232 户约 4.5 万人，是全县第二大乡。居住着苗、侗、瑶、壮、汉等五个民族，其中苗族 19728 人，约占全乡总人口的 45.06%。

14. 古砦仫佬族乡

古砦仫佬族乡位于广西柳州市柳城县西北部，东接龙头镇，西临寨隆镇，南连洛崖乡，北靠罗城仫佬族自治县，是广西、也是全国唯一的仫佬族民族乡，1994 年 11 月，该乡被柳州市人民政府划定为解放战争时期革命老区。全乡面积 246.5 平方公里，辖 13 个村民委员会和 1 个居民委员会，共 147 个自然屯，居住着仫佬、壮、汉等十多个民族，人口约 3.6 万，其中仫佬族 10540 人，约占总人口的 29.28%。

15. 滚贝侗族乡

滚贝侗族乡属广西柳州市融水苗族自治县管辖，位于融水苗族自治县西北部，距离县城 92 公里，全乡总面积 277 公里，平均海拔达 700 米，年平均气温 18℃左右，属柳北高寒山区。辖 11 个村 99 个自然屯 192 个村民小组，总人口 1.9 万，居住着侗、苗、壮、瑶、水、汉 6 个民族，其中侗族人口约占全乡总人口的 47%。滚贝侗族乡成立于 1984 年，是广西唯一的侗族乡。

16. 草坪回族乡

草坪回族乡成立于 1984 年，是广西唯一的回族乡。草坪回族乡属于桂林市雁山区管辖，位于桂林市东南郊的漓江东岸，雁山区东部。东与灵川县朝田乡接壤，北与灵川县大圩镇相毗邻，南与阳朔县杨提乡和兴坪镇相连，西临漓江，与雁山镇及大埠乡交界，距离桂林市区 37 公里。全乡总面积 34 平方公里，辖 3 个村委会和 1 个居委会，11 个自然屯 22 个村民小组，总人口 5800 多人，其中回族人口 2100 多人，约占总人口的 37%。

四、研究方法的选择

要准确掌握广西民族乡法治建设的现状，离不开科学研究方法的运用。本书运用的研究方法有文献调查法、问卷调查法、访谈法和参与式观察法。

（一）文献调查法

这是本书最主要运用的一种方法。文献调查法也称历史文献法，就是搜集各种文献资料、摘取有用信息、研究有关内容的方法。从现代的观点看，任何文献都必须具备一定的知识内容、一定的物质载体和一定的记录方式三个基本要素，由此，人们把一切记录人类知识的文字、图像、数字、符号、声频、视频等物体统称为文献。[①] 本书的文献材料主要来自民族乡政府、综治信访维稳中心、司法所、派出所等单位、部门近几年现存的工作报告、宣传简介、台账及工作总结等。这些材料中包含了民族乡许多围绕法治建设而制定、建立的制度、机制及开展法治实践的具体方法、措施、数据、案例等，可以以最经济、最安全和非介入性的方式直接了解（或证实）民族乡法治建设的开展状况。其中，政府的工作报告及宣传简介，主要用来考察民族乡经济社会的发展

[①] 水延凯等：《社会调查教程》，中国人民大学出版社 2003 年版，第 142 页。

状况，以此揭示民族乡少数民族权益保障的成效及存在的问题；综治信访维稳中心及派出所的台账，主要用来考察民族乡社会治安综合治理的开展状况；司法所的台账及工作总结，主要用于考察民族乡人民调解、法制宣传教育及基层法律服务的开展状况。此外，本书为梳理人民调解、法制宣传教育、社会治安综合治理、基层法律服务的由来及变迁，分别搜集了各历史时期国家（中央）及地方制定并颁行的各种法律法规及行政规范性文件，同时运用了《广西通志·司法行政志》，以此考察广西人民调解、法制宣传教育及基层法律服务的历史经纬。

（二）问卷调查法

问卷调查法是指调查者在问卷中设计出一些书面的问题并向被调查者提出，由被调查者在问卷上填答问题的一种方法。笔者选择了全州县东山瑶族乡的清水村、灌阳县洞井瑶族乡的小河江村、上思县南屏瑶族乡的江坡村平在屯和凌云县沙里瑶族乡的果卜村果卜屯进行了问卷调查。问卷以知法、学法、守法、用法为中心进行设计，具体问题包括对法律重要性的认识、学法的路径选择、权益保护的路径选择等。在全州县东山瑶族乡的清水村发放问卷50份，收回有效问卷41份（回收率为82%），在灌阳县洞井瑶族乡的小河江村发放问卷40份，收回有效问卷34份（回收率为85%），在上思县南屏瑶族乡的江坡村平在屯发放问卷60份，收回有效问卷60份（回收率为100%），在凌云县沙里瑶族乡的果卜村果卜屯发放问卷25份，收回有效问卷21份（回收率为84%）。依据这些问卷所统计的数据，在一定范围或程度上反映了目前民族乡村民知法、学法、守法、用法的基本状况，从这些基本状况中可以感受民族乡法治建设的成效与不足。

（三）访谈法

访谈法可分为非结构性访谈和结构性访谈两种方式。前者又被称为非引导性访问或客观陈述法，是一种无主题交谈，有时最多只有一个访谈提纲。后者是指由结构的、标准化的问卷访问，访问员根据问卷上的问题逐一提问，并把答案记录在问卷上。[①]由于笔者采取了问卷调查法，因此本书基本采用了非结构性访谈法。根据本书研究的内容及价值旨趣，访谈对象所涉及的单位包括民族乡党委、政府、司法所、派出所、综治信访维稳中心、林业站、水利站、文化站、法律服务所、村"两委"、学校及民族乡所在地的县民族事务局（现为民族宗教事务局）、林业局、财政局、司法局、法院等，他们有的是"一把手"或主要负责人，有的是一般的工作人员。同时，访谈的对象还有一些民族乡村屯的群众。访谈的具体时间及对象分别为：2014 年 4 月 9 日—11 日在天峨县八腊瑶族乡调研时，先后采访了乡党委书记甘实超（曾担任该乡乡长）、副乡长罗玉英、乡综治信访维稳中心专职副主任班华乐、天峨县人民法院法官龙园玲、甘洞村村委副主任黄朝清；2014 年 5 月 22 日在平南县马练瑶族乡调研时，先后采访了平南县人民法院法官蒙汝聪、司法所所长黄海波；2014 年 5 月 23 日在蒙山县夏宜瑶族乡调研时，先后采访了乡长莫兴元、林业站站长白枚、水利站站长韦国信、司法所所长（兼法律服务所主任）李正平；2014

① 张勤：《当代中国基层调解研究——以潮汕地区为例》，中国政法大学出版社 2012 年版，第 33 页。

年 6 月 8 日至 2015 年 1 月 15 日期间,在上思县南屏瑶族乡的多次调研中,前后采访了县民族宗教事务局局长黄红梅、县财政局副局长常华红、上思县人民政府办公室综合信息股股长林源,上思县司法局南屏司法所所长黄庭逸及工作人员邓巧、刘美振,乡综治信访维稳中心专职副主任宁彪,江坡村党支部书记刘志武、村委副主任蒋春梅,汪乐村小学校长蒋乾党,渠坤村支部书记罗景业、村委副主任林春华,英明村委副主任张竹生;2014 年 7 月 23 日在田林县潞城瑶族乡调研时,同时采访了司法所所长(兼法律服务所主任)黄忠义、法律服务所基层法律服务工作者黄海;2014 年 7 月 24 日在田林县八渡瑶族乡调研时,采访了司法所工作人员杨志春;2014 年 7 月 25 日在西林县普合苗族乡调研时,采访了司法所工作人员农耀祥;2014 年 8 月 19 日—25 日在全州县东山瑶族乡调研时,先后采访了全州县司法局副局长刘鲜文、司法所所长(兼法律服务所主任)李红星;2014 年 11 月 16 日在百色调研时采访了右江区林业局监察法规室工作人员黄瑞;2014 年 12 月 11 日—12 日在柳城县古砦仫佬族乡调研时,先后采访了派出所教导员邓晓军、民警韦华贵,上富村支部书记韦代新、村委主任覃代祥;2014 年 12 月 25 日在融水苗族自治县滚贝侗族乡调研时,先后采访了副乡长潘绍能、司法所所长覃伟达、文化站站长韦斌;2014 年 12 月 26 日在三江侗族自治县同乐苗族乡调研时,先后采访了乡长龙善、派出所所长杨永春;2014 年 12 月 29 日在桂林市雁山区草坪回族乡调研时,采访了司法所所长莫四发、乡党政办主任屈华文;2015 年 2 月 12 日在上林县镇圩瑶族乡调研时,采访了上林县司法局镇圩司法所所长黄信。另外,笔者在各民族乡调研中,专门或随时、随地采访了兰华国、韦满金、罗陆英、盘日标、邓进忠、邓秋明等民族乡村民，这些受访者作为最基层的普通群众，由于不具有任何政治上的甄别与忧虑前置，加之憨厚、率直的性格使他们反映的情况最接近真实。

另外，为弥补实地访谈中的某些缺漏，笔者还适当采用了电话访谈。电话访谈采取了结构性的方式，亦即通过电话按照事先设计好的问题向被访谈者逐一提问并把得知的答案一一填写在问卷上。电话访谈的对象有：东山瑶族乡司法所所长（兼法律服务所主任）李红星、南屏瑶族乡司法所工作人员邓巧、古砦仫佬族乡派出所教导员邓晓军、潞城瑶族乡法律服务所基层法律服务工作者黄海及同乐苗族乡派出所所长杨永春。

（四）参与式观察法

参与式观察法是指观察者（研究者）亲身参与到被观察者（被研究者）中的工作或生活中，通过与被观察者的共同活动，以此获取信息或得出某种观点的方法。由于笔者同时还承担着繁重的教学任务，所以参与式观察法是本书运用最少的方法。本书运用此法有两例：一是 2014 年 6 月 28 日，笔者在南屏瑶族乡调研时，跟随综治信访维稳中心副主任宁彪、司法所干警邓巧去处理在乡小广场东侧发生的一起损害赔偿纠纷。此起纠纷的原委是：当天上午 11 时许，一辆悬挂安徽牌照的小货车从南宁送货到此，卸完货倒车时不慎碰刮了一村民的一棵树。该村民召集一群村人拦住货车司机，要求赔偿 3000 元，而货车司机认为赔偿过多，因而引发双方争执。由于该起纠纷的当事人一方是本地人（还是某村支书的小孩），一方是外地人，这种情景无疑增添了调处难度。宁副主任启动"矛盾纠纷联合调解机制"，立即打电话通知派出所来人维持秩序，并一起疏导化解矛盾纠纷。该纠纷最后以货车司机赔偿 600 元的损失得以调解解决，调处耗时 3 小时 10 分。笔者在这个过程中亲历了"矛盾纠纷联合调解机制"的成功运用，感受到了纠纷调解主持人在严肃中的真心、耐心与细心，以及调处的智慧与不偏不倚的工作原则；二是 2014 年 12 月 12 日，笔者专程跟随古砦仫佬族乡派出所教导员邓晓军到该乡上富村进行查访工作。邓教于 2013 年 10 月开始担任上富村的驻村民警。按要求，驻村民警每月应在村里工作至少 2 天。邓教告诉笔者，这次到上富村主要办理三件事：（1）到上富村上富屯找吴玉月办理二代身份证。（2）上富村有一个患有精神病的村民，这次要与村委会干部及其家人进一步商讨加强管理的计策。（3）目前是砍甘蔗季节，与村委干部商讨如何加强交通安全及外来务工（砍甘蔗）人员管理的计策。我们于当日上午 10 时许到达上富村村委会。村支书韦代新（2014 年 9 月 22 日"两委"换届选举时当选为村支书，之前任村委会主任 15 年）接待了我们。他告知邓教，那个患精神病的村民已在前几天过世了，吴玉月外出劳动了，要到中午才能回家，村主任覃代祥在砍甘蔗，也要中午才能回家。邓教决定先去一些村民家里走访，到中午再去吴玉月家。邓教领着笔者一起走访了下富屯、羊额屯和上富屯在家里的村民（共计 21 家），每到一家或路遇村民，邓教都与他们亲切交谈。交谈中，邓教问及和提示村民的内容多为家人身体、生活是否安好、有什么困难需要帮助以及风干季节注意防火、砍运甘蔗要注意安全等等。中午 13 时许，邓教到上富屯找到了吴玉月，交代她及时去派出所办理二代身份证。13 时 30 分许，我们（包括村主任覃代祥）一起到了村支书韦代新家里，邓教与二位村干商量关于如何加强砍运甘蔗交通安全及外来务工人员的管理事宜（期间也不时牵涉村里的其他问题）。下午 15 时 40 分，因村主任要忙于砍运甘蔗，他们结束交谈，并说好对未尽事宜待电话联系交流。随后，邓教领笔者参观了上富村新建的灯光球场及上富村政务服务中心，于 18 时许返回到了古砦仫佬族乡派出所。亲历邓教在上富村的工作过程，让笔者感受到了当代民警亲民、爱民的温暖情怀以及为维护农村社会安定而孜孜不倦、踏踏实实的工作作风。可以想见，在如此众多"村警"的努力下，广西民族乡广大农村地区的明天一定会更美好。

　　此外，为使调研达致更为理想的效果，本书采取了点面结合的调研方式。所谓"点"的调研方式，就是在某民族乡的调研中，就该乡的其中某一个法治建设问题（如基层法律服务）进行专门或重点的考察，以深度显示该民族乡在该法治领域工作的开展状况；所谓"面"的调研方式，即是在所调研民族乡的法治状况中附带某一个法治建设的内容，以全面反映各民族乡在该领域法治工作开展的状况。

第一章

民族乡法治建设基础问题概述

考察以至展望民族乡法治建设的现状与未来，离不开置于国家或整体视阈下相关法治领域的历史渊源及变迁的梳理，同时，对相关问题从理论基础知识等层面进行适度的交代，也是必要的，它们是被借以研究新时期民族乡法治建设状况的基本工具，也是不可或缺的铺垫举措。有鉴于此，本章特对本书选取的研究民族乡五大法治建设内容的各自相关历史以及基础理论分别作一尽可能周到的回顾和介绍。其中，在民族乡散居少数民族权益保障方面，对民族乡散居少数民族的概念及其权益构成作了一定的分析；在人民调解方面，对人民调解的渊源、人民调解法律制度确立的历程、人民调解的定义与基本特征、人民调解员的任职条件以及广西人民调解的历史变迁及发展等作了讨论和介绍；在法制宣传教育方面，安排了我国法制宣传教育的历程、组织开展法制宣传教育工作的职能部门以及广西开展法制宣传教育的历史状况等几项内容；在社会治安综合治理方面，对社会治安综合治理的概念、国家开展社会治安综合治理的缘起与发展以及广西开展社会治安综合治理的基本状况作了必要的交代；在基层法律服务方面，对基层法律服务的概念、由来、发展及广西基层法律服务的历史等作了一定的阐释与介绍。

第一节　民族乡散居少数民族权益的构成

散居少数民族是指以分散方式居住，或者是虽以聚住方式居住但是尚未实施民族区域自治的少数民族。[①] 根据1993年国务院批准、国家民委颁布的《民族乡行政工作条例》第2条的规定："民族乡是在少数民族聚住的地方建立的乡级行政区域，少数民族人口占全乡人口30%以上的乡，可以按照规定申请设立民族乡；特殊情况的，可以略低于这个比例。"从该条规定来看，民族乡的少数民族的居住方式虽以"聚住"定性，但由于民族乡不实行典型意义上的民族区域自治制度，所以目前通常认为民族乡的少数民族仍属于散居民族。[②]

"对于我国散居少数民族权利由哪些具体权利构成，越来越多的学者认为散居少数民族的权利应该包括平等权、族籍权、政治权利、受教育权、劳动权、宗教信仰自由权、风俗习惯自由权、语言文化权及其他公民基本权利。"[③] 笔者以为，民族乡散居少数民族作为少数民族的一部分，无疑拥有一般少数民族应有的权利。而少数民族作为公民的组成部分，其无疑拥有一切公民所应有的基本权利。因此，民族乡散居少数民族的权益由三部分构成：一

[①] 敖俊德："关于散居少数民族的概念"，载《民族研究》1991年第6期。

[②] 陆平辉主编：《散居少数民族权益保障研究》，中央民族大学出版社2008年版，第10页。

[③] 陆平辉、李莉："散居少数民族权利研究述评"，载《云南大学学报》（法学版）2011年第3期。

是作为公民的基本权利；二是作为少数民族的权利；三是作为民族乡散居少数民族的特有权利。亦即，民族乡散居少数民族的权益与一切中华人民共和国公民（包括少数民族公民）拥有的权益具有共同性，是一切公民权益的组成部分，同时民族乡散居少数民族的权益与其他少数民族相比，又有着自己的特殊性。由此，民族乡散居少数民族的权益由一般权益与特有权益两大部分构成。

一、民族乡散居少数民族的一般权益

所谓民族乡散居少数民族的一般权益，是指民族乡的散居少数民族享有与其他民族（包括其他聚住的少数民族和散居的少数民族）除其特有权益之外的一样的权益。亦即其他民族享有的权益，民族乡散居少数民族也应当享有。

（一）民族乡散居少数民族拥有作为公民的基本权利

民族乡散居少数民族作为中华人民共和国的公民，其无疑首先拥有《宪法》赋予的作为公民的各项基本权利。"公民的基本权利是指由宪法规定的，公民为实现自己必不可少的利益、主张或自由，从而为或不为某种行为的资格或可能性"。① 与一般权利相比，公民的基本权利决定着其在一个国家中的法律地位，它体现的是人们在国家政治生活、经济生活、社会生活和文化生活中的不可或缺性，亦即必需或应当有之，否则主体便无从生存与发展。同时，基本权利与公民的资格密不可分，所以它是一种"不证自明的权利"。根据《宪法》的相关规定，我国公民的基本权利有：

---

① 周叶中主编：《宪法》，高等教育出版社、北京大学出版社 2005 年版，第 261 页。

1. 公民参与政治生活方面的权利和自由

公民享有参与政治生活方面的权利和自由，是人民当家做主的最直接的体现。《宪法》规定这类权利和自由的内容具体包括：（1）平等权。《宪法》第 33 条规定："中华人民共和国公民在法律面前一律平等。""公民在法律面前一律平等，是我国公民的一项基本权利，也是社会主义法制的一个基本原则。"① 平等是社会主义法律的基本属性，平等权是公民参与政治生活的前提和基础，由此《宪法》在规定其他政治权利和自由之前，首先明确规定了公民在法律面前一律平等这一原则。该原则的内涵包括：所有公民（不论何种民族、何种职业、家庭出身及财产状况如何等）都一律平等地享有及履行宪法和法律规定的权利与义务；对任何公民的违法行为都一律予以追究，其合法权益受到侵犯时都一律得到平等的保护；任何公民不仅在适用法律上一律平等，而且在守法上也一律平等。（2）选举权和被选举权。我国《宪法》第 34 条规定："中华人民共和国年满十八周岁的公民，不分民族、种族、性别、职业、家庭出身、宗教信仰、教育程度、财产状况、居住期限，都有选举权和被选举权；但是依照法律被剥夺政治权利的人除外。"我国是人民民主专政的社会主义国家，人民是国家的主人，《宪法》第 2 条便开宗明义规定："中华人民共和国的一切权力属于人民。""人民依照法律规定，通过各种途径和形式，管理国家事务，管理经济和文化事业，管理社会事务。"选举权和被选举权即为人民参加管理国家各项事业和事务、行使国家权力的最直接的体现。（3）政治自由。我国《宪法》第 35 条规定了公民享

① 周叶中主编：《宪法》，高等教育出版社、北京大学出版社 2005 年版，第 269 页。

有 6 项政治自由,即言论自由、出版自由、结社自由及集会、游行、示威自由。从法律的意义解释,"自由"是一种在法律许可的范围内可以为、也可以不为一切事情的权利。我国宪法规定的以上 6 项政治自由,赋予了我国公民在法律范围内自由表达思想、见解、意愿、诉求以及参加各项社会、政治生活的权利,它是我国民主政治的充分表征。(4)批评、建议、申诉、控告或者检举的权利。我国《宪法》第 41 条规定:"中华人民共和国公民对于任何国家机关和国家工作人员,有提出批评和建议的权利;对于任何国家机关和国家工作人员的违法失职行为,有向有关国家机关提出申诉、控告或者检举的权利,但是不得捏造或者歪曲事实进行诬告陷害。"根据该条规定,任何公民发现任何国家机关和国家工作人员在工作中存在的错误或不足(如懒政、怠政等行为)都有权提出批评意见,对其工作中的各种决策活动都有权提出建设性意见,同时任何公民对于任何国家机关和国家工作人员的违法失职、渎职行为都有权进行申诉、揭发及指控。宪法规定公民的该项权利,为的是对国家机关和国家工作人员的工作实施有效的民主监督,是公民参与管理国家事务的基本形式和途径。

2. 公民的人身自由和信仰自由

这类权利包括:(1)人身自由。"公民的人身自由,是公民参加各种社会活动、参加国家政治生活和享受其他权利自由的先决条件。"[1]根据《宪法》的规定:禁止任何组织或个人对他人实施非法拘禁或者以变相的方法非法限制、剥夺他人的人身自由,同时,非经法律规定或者法定程序,任何公民都不受逮捕(另包括

---

[1] 周叶中主编:《宪法》,高等教育出版社、北京大学出版社 2005 年版,第 277 页。

刑事诉讼中的拘传、取保候审、监视居住、拘留）、拘留（行政）和搜查。（2）人格尊严不受侵犯。人格权是个体生存发展的基础，是公民人身权利的重要组成部分，我国《宪法》第38条对此作了"禁止用任何方法对公民进行侮辱、诽谤和诬告陷害"的专条规定。（3）住宅不受侵犯。住宅不仅是人类生存不可或缺的物质条件，也是人们享受生活之地。由此，住宅权是一项基本人权，它与公民的人身自由紧密相连。我国《宪法》第39条特作出了"中华人民共和国公民的住宅不受侵犯"的规定，以保障公民的居住安全与生活安定。公民的住宅不受侵犯，是指非经法律的许可或者法定的程序，任何单位或者个人不得对公民的住宅随意进行搜查、侵入、查封和破坏。（4）通信自由和通信秘密受法律保护。通信是人们进行正常社会交往不可或缺的重要途径和手段，因而我国《宪法》规定"除因国家安全或者追查刑事犯罪的需要，由公安机关或者检察机关依照法律规定的程序对通信进行检查外，任何组织或者个人不得以任何理由侵犯公民的通信自由和通信秘密"。它包括：公民（包括法人或者其他组织）的正当通信活动不受非法干涉、妨害和限制，同时，通信中的内容属隐私权的范畴，他人不得拆阅或者窃听。（5）宗教信仰自由。作为一种较为普遍存在的社会历史现象，宪法充分尊重宗教并赋予公民宗教信仰自由的权利，具有重要的意义。宗教信仰自由的最核心要义是指：任何人都不能被强制信仰宗教或者不信仰宗教，而且信仰何种宗教也只能取决于本人的意愿，同时信仰宗教与否都不能受到歧视。

3. 公民的社会、经济、教育和文化方面的权利

公民的社会、经济、教育和文化方面的权利，"是公民参与国家政治生活的物质保障和文化条件保证，公民享有的这些权利和

自由越充分，获得享有其他权利和自由的前提条件和可能性就越大"。^①这些权利具体包括：（1）公民的私有财产权。公民的私有财产权是一项维系人的生存所必不可少的基本权利，我国《宪法》明确规定："公民的合法的私有财产不受侵犯。""国家依照法律规定保护公民的私有财产权和继承权。"（2）公民的劳动权和休息权。劳动是一种创造物质财富的过程，是保障每一个人生活的前提，因此获得劳动并据以取得报酬是人们不可或缺的基本权利。我国《宪法》不仅规定了公民有劳动的权利和义务（第42条第1款），同时为保护劳动权还规定了公民（劳动者）有休息的权利（第43条第1款）。（3）获得物质帮助的权利。获得物质帮助权实际上是公民在处于某种特殊情形下享有集体福利的一项权利，《宪法》第45条规定："中华人民共和国公民在年老、疾病或者丧失劳动能力的情况下，有从国家和社会获得物质帮助的权利。"（4）公民的受教育权。百年大计，教育为本。教育是社会进步、经济振兴、国家富强的动力与基础，所以《宪法》第46条规定，每个公民不仅有接受教育的权利，同时也有接受教育的义务。（5）公民有进行科学研究、文学艺术创作和其他文化活动的自由。

4. 特定人的权利

我国《宪法》除全面规定一切公民所应普遍享有的权利和自由外，还对特定的公民专门赋予了相应的权利。《宪法》对这些特定人的具体权利分别规定为：（1）第48条规定："中华人民共和国妇女在政治的、经济的、文化的、社会的和家庭的生活等各方面享有同男子平等的权利。"（2）第44条规定："国家依照法律规定

---

① 周叶中主编：《宪法》，高等教育出版社、北京大学出版社2005年版，第280页。

实行企业事业组织的职工和国家机关工作人员的退休制度。退休人员的生活受到国家和社会的保障。"（3）第 45 条第 2 款规定："国家和社会保障残废军人的生活，抚恤烈士家属，优待军人家属。"（4）第 49 条规定："婚姻、家庭、母亲和儿童受国家的保护。""禁止破坏婚姻自由，禁止虐待老人、妇女和儿童。"（5）第 46 条第 2 款规定："国家培养青年、少年、儿童在品德、智力、体质等方面全面发展。"（6）第 50 条规定："中华人民共和国保护华侨的正当的权利和利益，保护归侨和侨眷的合法的权利和利益。"

（二）民族乡散居少数民族拥有一般少数民族的权益

我国共有 55 个少数民族，宪法法律规定了这些少数民族拥有诸多的特殊权益，而"散居少数民族在族群归类上仍属于少数民族，因此，散居少数民族权益属于少数民族权益的范畴"。[①] 亦即，民族乡的散居少数民族拥有一般少数民族所拥有的权益。归结起来，我国一般少数民族的权益的核心内容主要体现为：

1. 民族平等权

民族平等权，是少数民族参与国家政治生活的基石和前提。对民族平等，宪法、民族区域自治法和其他有关法律法规，都有明确规定。我国《宪法》第 4 条即规定："中华人民共和国各民族一律平等。国家保障各少数民族的合法的权利和利益，维护和发展各民族的平等、团结、互助关系。禁止对任何民族的歧视和压迫，禁止破坏民族团结和制造民族分裂的行为。"民族平等，意即

---

① 陆平辉主编："散居少数民族权益保障研究"，中央民族大学出版社 2008 年版，第 45 页。

各民族（包括汉族和各少数民族）不论其居住地域面积大小，人口多少，历史形成长短，经济社会事业发展程度如何，宗教信仰、风俗习惯以及语言文字是否相同，其政治地位以及在经济、文化、社会生活等所有领域都一律平等，同时各民族公民在法律面前一律平等，享有相同的权利，承担相同的义务。

2. 族籍权益

族籍权是公民依法表达自己民族成分、确定自己民族归属，同时防止他人阻碍自己表达民族身份、确定民族归属的权利。[①] 新中国成立后，国家有关部门颁布了一系列行政规范性文件，通过民族成分制度保护少数民族公民的族籍权。如，1952年2月22日政务院通过的《关于保障一切散居的少数民族成分享有民族平等权利的决定》、1981年11月28日国务院人口普查领导小组、国家民委、公安部发布的《关于恢复或改正民族成分的处理原则的通知》、1986年2月1日公安部、国家民委发布的《关于居民身份证使用民族文字和民族成分填写问题的通知》、1986年2月8日国家民委发布的《关于恢复或改正民族成分的补充通知》、1990年5月1日国家民委、国务院第四次人口普查领导小组、公安部制定的《关于中国公民确定民族成分的规定》、1998年11月25日教育部、国家民委、公安部发布的《关于在各级各类学校升学考试中严禁违反规定将汉族公民更改为少数民族成分的通知》以及2009年4月23日国家民委办公厅、教育部办公厅、公安部办公厅发布的《关于严格执行变更民族成分有关规定的通知》，等等。这些行政规范性文件，对少数民族公民的族籍权予以了切实的保障。

---

① 王小龙："略论族籍权及其立法"，载《中共银川市委党校学报》2012年第4期。

3. 经济社会事业发展受帮助权

我国《宪法》第 4 条规定："国家根据各少数民族的特点和需要，帮助各少数民族加速经济和文化的发展。"民族区域自治法进一步把支持和帮助民族地区加快发展，规定为上级国家机关的法律义务。少数民族在经济社会事业发展方面享受国家的帮助主要有：（1）国家制定经济和社会发展计划时，照顾少数民族和民族地区的特点和需要。在民族地区开发资源、进行生产建设，应当照顾民族地方的利益，照顾当地少数民族的生产与生活；（2）设立各种民族专项资金，如 1951 年设立少数民族发展教育补助费，1955 年设立民族地区补助费，1964 年设立民族自治地方机动金，1977 年设立边境建设事业补助费，1980 年设立支援经济不发达地区发展资金，1992 年设立少数民族发展资金，等等；（3）组织发达省市对民族地区开展对口支援和经济技术协作；（4）实施税收、金融优惠政策；（5）制定并实施专项规划。如制定并实施西部大开发战略，与"十二五"规划相配套，制定了扶持人口较少民族发展规划（2011—2015）、兴边富民行动规划（2011—2015），等等；（6）对人口较少民族的发展重点扶持；（7）在扶贫资金、建设项目上向民族地区倾斜；（8）在中央和地方设置民族教育专项补助经费，支持和帮助少数民族发展教育；（9）尊重和保护少数民族文化，支持少数民族文化的传承、发展和创新。

4. 保障使用和发展本民族语言文字的权利

保障和尊重使用和发展本民族语言文字，是民族平等的一项重要内容和一个重要标志，也是党和国家的一贯政策。《宪法》第 4 条规定："各民族都有使用和发展自己的语言文字的自由。"第 134 条规定："各民族公民都有用本民族语言文字进行诉讼的

权利。"《民族区域自治法》第 10 条也规定："民族自治地方的
自治机关保障本地方各民族都有使用和发展自己的语言文字的
自由。"

5. 保持或改革本民族风俗习惯的自由权益

民族风俗习惯，是一个民族在长期历史发展过程中，在一定
的自然环境和社会环境中相沿积久而形成的生活方式，它表现在
生产、禁忌、居住、饮食、服饰、婚姻、丧葬、生育、节日、庆典、
娱乐、礼仪等许多方面，在不同程度上反映了一个民族的历史传
统、心理感情以及道德准则、宗教观念等。宪法规定各民族"都
有保持或者改革自己的风俗习惯的自由"。对少数民族风俗习惯，
国家给予充分尊重和切实保障。

6. 培养和使用民族干部的权益

我国《宪法》122 条规定："国家帮助民族自治地方从当地民
族中大量培养各级干部、各种专业人才和技术工人。"《民族区
域自治法》第 22 条也规定："民族自治地方的自治机关根据社会
主义建设的需要，采取各种措施从当地民族中大量培养各级干
部。""并且注意在少数民族妇女中培养各级干部。"同时规定："民
族自治地方的自治机关录用工作人员的时候，对实行区域自治的
民族和其他少数民族的人员应当给予适当的照顾。"

二、民族乡散居少数民族的特有权益

民族乡散居少数民族的特有权益，是指民族乡散居少数民族
拥有与别的民族不一样的专属其民族的权益。"鉴于我国的一些少
数民族聚居地域较小、人口较少且分散，不适合建立自治地方，
宪法规定通过设立民族乡的办法，使这些少数民族也能行使当家

做主、管理本民族内部事务的权利。"① 作为我国民族区域自治制度
的重要补充形式，为了能使民族乡经济社会事业的快速发展以及
为了民族乡能有效行使管理本民族的内部事务，就必须赋予民族
乡散居少数民族的一些必要的特有权益。这些特有权益具体主要
来自《中华人民共和国地方各级人民代表大会和地方各级人民政
府组织法》、1983 年国务院发布的《关于建立民族乡问题的通知》
以及经国务院批准、1993 年 9 月 15 日由国家民委颁布并实施的《民
族乡行政工作条例》（以下简称《条例》）的规定，其内容主要体
现为以下几个方面：

（一）政治生活参与权

根据《中华人民共和国地方各级人民代表大会和地方各级人
民政府组织法》第 56 条及国务院《关于建立民族乡问题的通知》
的规定：民族乡的乡长由建立民族乡的少数民族公民担任。根据
《条例》第四条规定："民族乡人民政府配备工作人员，应当尽量
配备建乡的民族和其他少数民族人员。"第十九条规定："民族乡
应当在上级人民政府的帮助和指导下，采取各种措施，加强对少
数民族干部的培养和使用。"

（二）经济生活方面的自主权

根据《条例》的有关规定，民族乡经济生活方面的自主权主
要包括：（1）经济管理自主权。即民族乡人民政府依照法律、法
规和国家有关规定，结合本乡的具体情况和民族特点，因地制宜

---

① 马启智："我的民族政策及其法制保障"，载《中国人大》2012 年第 1 期。

地发展经济事业；（2）财政自主权。即民族乡财政由各省、自治区、直辖市人民政府按照优待民族乡的原则确定。民族乡的上一级人民政府在编制财政预算时，应当给民族乡安排一定的机动财力，乡财政收入的超收部分和财政支出的结余部分，应当全部留给民族乡周转使用；（3）自然资源管理、保护、开发自主权。即民族乡依照法律、法规和国家其他有关规定，管理和保护本乡的自然资源，并对可以由本乡开发的自然资源优先合理开发利用。

（三）享受国家帮助的权益

依照《条例》的相关规定，民族乡享受国家帮助的权益主要包括：（1）贷款照顾。即信贷部门应当根据法律、法规和国家其他有关规定，对经济发展水平较低的民族乡用于生产建设、资源开发和少数民族用品生产方面的贷款给予照顾；（2）税收照顾。即县级以上地方各级人民政府依照税收法律、法规的规定及税收管理权限，可以采取减税、免税措施，扶持民族乡经济发展；（3）专项资金和专项物资照顾。即县级以上地方各级人民政府在分配支援经济不发达地区专项资金及其他固定或者临时专项资金时，对经济发展水平较低的民族乡给予照顾。县级以上地方各级人民政府在分配扶贫专项物资时，应当照顾贫困民族乡的需要；（4）基础设施建设照顾。即县级以上地方各级人民政府应当帮助民族乡加强农业、林业、牧业、副业、渔业和水利、电力等基础设施的建设，扶持民族乡发展交通事业。

（四）教育文化卫生等活动中的权益

根据《条例》的规定，该特有权益主要包括：（1）发展教育自主权。即民族乡可以结合本乡的具体情况和民族特点，因地制宜地发展教育科技文化卫生等事业。根据实际情况兴办小学、中学和初级职业学校，可以设立以寄宿制和助学金为主的学校，中小学可以使用当地少数民族通用的语言文字教学；（2）保护和继承具有民族特点的优秀文化遗产的权益；（3）受教育的权益。即县级以上地方各级人民政府应当在师资、经费、教学设施等方面采取优惠政策。使用民族语言文字教学的中小学，其教育行政经费、教职工编制可以高于普通学校。根据当地实际情况，可以在有关大中专院校和中学设立民族班，尽可能使民族乡有一定数量的学生入学；（4）发展医药卫生事业受帮助的权益。即县级以上地方各级人民政府应当积极扶持民族乡办好卫生院（所），培养和使用少数民族医疗保健人员，加强对地方病、多发病、常见病的治疗，积极开展妇幼保健工作；（5）本民族语言文字使用权。《条例》第5条规定："民族乡人民政府在执行职务的时候，使用当地通用的语言文字。"同时还规定"民族乡的中小学可以使用当地少数民族通用的语言文字教学"。

第二节　人民调解法律制度概说

基于"无讼"儒家思想和根植于"和为贵"文化传统的调解制度，在我国有着悠久的历史与传承发展。在诸多纠纷解决机制中，作为一种非诉讼纠纷解决的方式，调解以其方便快捷、灵活有效地化解社会矛盾和平息民间纠纷，以及成本低廉、不伤和气的优势，一直成为老百姓止讼息争的习惯性选择，被国际社会誉为"东方经验"、"东方一枝花"。今天，人民调解制度已被确立为一项中国特色的社会主义法律制度，并成为了维护社会稳定的"第一道防线"。

一、人民调解制度的渊源及人民调解法律制度确立的历程

我国民间的调解机制源远流长。"据记载，早在西周时期就建立了乡、遂等基层组织。乡内五家为比，遂内五家为邻。比、邻设比长、邻长，令五家相爱相亲。比长、邻长为乡邻调解婚姻、家财、田宅、债负等不系违法重事之纠纷，以免烦扰官司，荒废农务。秦汉以降直至明清，全国各地均存在形异而实同的各种民间调解机制。"①

人民调解制度最早发端于第一次国内革命战争时期的工农运动中。如 1921 年 9 月浙江萧山县《衙前农民协会章程》第五条规定："凡本会会员有私人是非之争执，双方得报告议事委员，由议事委员调处和解；倘有过于严重的争执，由全体委员开会审议解决。"1923 年 1 月，彭湃领导建立的广东海丰总农会中，专门设立"仲裁部"，调解处理会员间及会员与非会员间的一切纷争。在第二次国内革命战争时期的革命根据地，开始以法律的形式规定人民调解制度。如 1931 年 11 月《苏维埃地方政府的暂行组织条例》第十七条规定："乡苏维埃有权解决未涉及犯罪行为的各种争执问题。"抗日战争时期，是人民调解制度形成的重要发展阶段。各地的抗日民主政府发布了许多有关调解工作的组织条例或工作办法，如《陕甘宁边区民刑事件调解条例》（1943 年 6 月）、《晋西北村调解暂行办法》（1942 年 3 月）、《山东省调解委员会暂行组织条例》

---

① 田平安主编：《民事诉讼法》，高等教育出版社 2007 年版，第 5 页。

（1941 年 4 月）及《苏中区人民纠纷调解暂行办法》等等。在抗日战争和解放战争时期，经过多年的实践经验，逐步总结出了人民调解理应遵循双方自愿、遵守政府政策法令及照顾民间善良习惯和任何人不愿调解时不得阻止其向地方法院起诉的三大原则。解放战争后期，人民调解制度已推广到全国广大解放区，适应新形势发展的需要，华北人民政府于 1949 年 2 月 25 日发布了《关于调解民间纠纷的决定》，该决定针对当时各地在推行调解工作中存在的主要问题，强调调解的重要作用，具体规定了调解的组织、调解的范围以及调解工作必须遵守的原则，这是新民主主义革命时期人民调解制度日趋统一和完善的重要标志。同时，这时的人民调解制度不仅推行到广大农村，而且在大城市中针对城市的特点也开始运行，如 1949 年 3 月 15 日天津市人民政府制定的《天津市调解仲裁委员会暂行组织条例》和《关于调解程序暂行规程》即是其例。总之，人民调解制度是中国共产党领导人民在革命根据地创建的依靠群众解决民间纠纷实行群众自治的一种组织制度，它是人民司法工作的必要补充和得力助手，是在我国民间排难解纷的历史传统的基础上，加以改造而形成的一种具有中国特色的重要制度。[①]

新中国成立后，人民调解制度一直受到党和政府的高度重视与支持，并不断被确立为一项中国特色的社会主义法律制度。

1954 年 3 月 22 日由政务院颁布的《人民调解委员会暂行组织通则》（下称《通则》），是新中国成立后国家对人民调解工作制定的最早的法律文件。《通则》在全国范围内统一和规范了人民调

---

① 曾宪义主编：《中国法制史》，北京大学出版社、高等教育出版社 2000 年版，第 379 ~ 381 页。

解组织的名称，其中规定：人民调解委员会是群众性的调解组织；其任务是调解民间一般民事纠纷和轻微刑事案件；调解委员会的建立，城市一般以派出所辖区或者街道为单位，农村以乡为单位，由委员三人至十一人组成。《通则》还规定了人民调解的工作原则、工作纪律、工作方法以及人民调解委员会委员的推选和任职条件等内容。1982 年，人民调解制度取得了宪法的地位，《宪法》第 111 条第 2 款规定："居民委员会、村民委员会设人民调解、治安保卫、公共卫生等委员会，办理本居住地区的公共事务和公益事业，调解民间纠纷，协助维护社会治安，并且向人民政府反映群众的意见、要求和提出建议。"1987 年 11 月 24 日颁布的《中华人民共和国村民委员会组织法（试行）》进一步对村民委员会设立人民调解委员会进行了规定，其第 14 条规定："村民委员会根据需要设人民调解、治安保卫、公共卫生等下属委员会。村民委员会成员可以兼任下属委员会的成员，人口少的村的村民委员会可以不设下属委员会，由村民委员会成员分工负责人民调解、治安保卫、公共卫生等工作。"①1989 年 6 月 17 日国务院颁布了《人民调解委员会组织条例》(下称《条例》)，该《条例》对 1954 年的《通则》作了较大的修改，进一步明确了人民调解委员会的地位、性质和设立的目的，细化了人民调解委员会的人员组成、选任、工作原则、纪律等内容，还规定了人民调解委员会调解纠纷的程序、调解协议的效力以及人民调解委员会的调解经费、调解委员的补贴等。其中，《条例》遵从《宪法》的规定，把人民调解委员会这

---

① 1998 年修订后通过的《中华人民共和国村民委员会组织法》第 25 条对此作了完全相同的规定。

一群众性组织明确为村民委员会和居民委员会的下设机构，其任务是调解民间纠纷。[①] 同时，《条例》改变了人民调解委员会成员一律由村民委员会成员兼任的做法，对农村基层民主建设起到了积极的促进作用。[②] 另外，《条例》首次对调解协议的效力及救济作出了规定，其第 9 条规定："人民调解委员会主持下达成的调解协议，当事人应当履行。经过调解，当事人未达成协议或者达成协议后又反悔的，任何一方可以请求基层人民政府处理，也可以向人民法院起诉。"同时第 10 条规定："基层人民政府对于人民调解委员会主持下达成的调解协议，符合法律、法规、规章和政策的，应当予以支持；违背法律、法规、规章和政策的，应当予以纠正。"

1991 年 4 月 9 日颁布的《民事诉讼法》从基本法的角度对人民调解制度予以了规定，该法用一条（第 16 条共 3 款）对人民调解委员会的业务指导机构、性质、调解原则、调解协议的效力与救济以及监督等作了规定。其具体内容规定为："人民调解委员会是在基层人民政府和基层人民法院指导下，调解民间纠纷的群众性组织。人民调解委员会依照法律规定，根据自愿原则进行调解。当事人对调解达成的协议应当履行；不愿调解、调解不成或者反悔的，可以向人民法院起诉。人民调解委员会调解民间纠纷，如有违背法律的，人民法院应当予以纠正。"

---

① 对《人民调解委员会暂行组织通则》第 3 条规定的人民调解委员会的任务为"调解民间一般民事纠纷和轻微刑事案件"进行了修改。

②《人民调解委员会组织条例》第 3 条规定，人民调解委员会由委员三至九人组成，委员除由村民委员会成员兼任外，其他委员由群众选举产生，每三年改选一次，可以连选连任。

针对人民调解协议的性质、效力无法律明确规定而导致其权威性低、调解协议无法正常履行的尴尬状况，最高人民法院于2002年9月发布了《关于审理涉及人民调解协议的民事案件的若干规定》(法释〔2002〕29号)。该司法解释明确规定："经人民调解委员会调解达成的、有民事权利义务内容，并由双方当事人签字或者盖章的调解协议，具有民事合同性质。当事人应当按照约定履行自己的义务，不得擅自变更或者解除调解协议"以及"具有债权内容的调解协议，公证机关依法赋予强制执行效力的，债权人可以向被执行人住所地或者被执行人的财产所在地人民法院申请执行"。另外，司法解释还就人民调解协议有效、无效的情形和调解协议变更、撤销的条件等内容作出了规定。该司法解释的出台，使人民调解所具有的有效发挥化解社会矛盾、维护社会稳定的功能得到了一定的强化与提升。与此同时，司法部于2002年9月发布了《人民调解工作若干规定》(下称《规定》)。作为部门规章，该《规定》根据《宪法》、《民事诉讼法》以及《人民调解委员会组织条例》等法律、法规的规定，对各类人民调解委员会的设置、委员组成及人民调解员的选任条件、民间纠纷的受理和调解程序等作了更进一步的具体化、明确化，使人民调解工作更具可操作性。《规定》首次明确了"人民调解员"为从事人民调解工作人员的统一称谓、确立了人民调解委员会受理民间纠纷的范围以及在人民调解中纠纷当事人享有的权利和承担的义务。

除以上法律、法规、规章对人民调解作出规定以外，在2003—2009年期间，全国很多省、自治区、直辖市的人民代表大会及其常务委员会或地方政府纷纷制定了《人民调解工作条例》(或实施办法)，这些地方性法规、规章对当地人民调解工作的法制化、规范化建设，起到了积极推进的作用。同时，自 2002 年中共中央办公厅、国务院办公厅《关于转发最高人民法院、司法部关于进一步加强新时期人民调解工作的意见的通知》（中办发〔2002〕23 号文件）以来，最高人民法院、司法部又分别于 2004 年及 2007 年印发了《关于进一步加强人民调解工作切实维护社会稳定的意见》、《关于进一步加强新形势下人民调解工作的意见》。在这些意见中，都特别明确了人民调解制度是一项中国特色社会主义法律制度。

　　2010 年 8 月 28 日，第十一届全国人民代表大会常务委员会第十六次会议通过了《中华人民共和国人民调解法》，这是我国人民调解制度历史上具有里程碑意义的重大事件。该法的颁布与施行，从法律的层面确立了人民调解委员会的性质和地位，对过去有关人民调解的行政法规（包括地方性法规）、规章（包括地方性规章）所规定的内容作了进一步的完善与规范。该法的颁布无疑具有重要意义，它使各个地方政府制定的人民调解规定有了法律依据，极大地促进了人民调解工作的发展，将对预防和减少民间纠纷、化解社会矛盾、维护社会和谐稳定发挥重要作用。[①] 更重要的是，它终于结束了被国际社会誉为"东方经验"的我国人民调解制度没有法的历史，标志着这一中国特色社会主义法律制度的正式确立。

二、人民调解的定义及其基本特征

（一）人民调解的定义

　　在《人民调解法》颁布之前，学界从学理上从不同的角度给

---

① 吴军营主编：《人民调解法规汇编与点评》，中国法制出版社 2011 年版，第 3 页。

人民调解作出了不同的定义。如，有学者认为："人民调解亦称民间调解，是指在人民调解委员会的主持下，以国家的法律、法规、规章、政策和社会公德为依据，对民间纠纷当事人进行说服教育、规劝疏导，促使纠纷各方当事人互谅互让、平等协商、自愿达成协议，消除纷争的一种活动。"[①] 另有学者认为："人民调解是指由特定主体主持进行的以解决民间纠纷为内容的带有一定法律属性的行为。"[②] 等等。前者突出了人民调解的主持主体、调解方法、调解原则、调解目标，应当说扭住了人民调解活动过程的本质特征，但它把人民调解等同于民间调解，并没有体现人民调解的法律属性，似有不妥。因为人民调解是一种解决民间纠纷的法律活动，它的性质、原则、程序以及调解协议的内容等都由法律作出规范，其主持主体人民调解委员会的组成及调解员的资格都是法定的，同时通过人民调解所达成的协议具有法律效力，而民间调解则不具有这些特点。后者更多地侧重于法律层面来对其定义，但它没有指明人民调解的主持主体，事实上人民[③]也没有突出人民调解特有的并与司法、行政、仲裁等解决纠纷的不同的方法，因而该定义存在着较大的纰漏与缺陷。

根据我国《人民调解法》第二条的规定，"人民调解是指人民调解委员会通过说服、疏导等方法，促使当事人在平等协商基础上自愿达成调解协议，解决民间纠纷的活动。"这是法律直接给人民调解作出的定义，其内涵可作如下几个层面的理解：

---

① 李刚主编：《人民调解概论》，中国检察出版社 2004 年版，第 45 页。

② 刘江江主编：《人民调解法治新论》，中国政法大学出版社 2009 年版，第 1 页。

③ 调解的主持主体只能是人民调解委员会，不需要在定义中抽象地表达"特定主体"这种语义含混的用词。

1. 主持人民调解工作的主体是人民调解委员会

从我国现有的调解形式来看，除人民调解外，归结起来还有民间调解、行政调解和诉讼调解。主持民间调解的主体为一些自发性的民间组织，这些民间组织属于非正式的公共权力的范畴，如宗族权力、财势权力、势力权力等民间权力，[①] 包括家族、邻里、律师事务所、社团等民间主体主持的调解。[②] 民间调解的主体具有组成的自发性、权力的自治性以及调解解决纠纷范围、方式、程序、效果的非特定性和非正式性等特点。行政调解是行政主体在争议双方当事人自愿的基础上，主持双方进行协商、达成协议从而解决争议的活动。[③] 主持行政调解的主体是行政机关。诉讼调解，亦称司法调解，它是当事人把争议诉诸法院，在审理过程中由法官根据自愿原则主持当事人双方进行的调解，是诉讼活动的一个组成部分，因而主持诉讼调解的主体自然是人民法院。而人民调解的主持主体则是人们调解委员会，虽然人民调解与民间调解的内容、方式等具有相同之处，亦即人民调解亦具有民间的特性，但二者的主持主体性质不同。人民调解委员会是依法设立的群众性组织，该组织虽然实质为民间组织，但从某种意义上说，人民调解委员会具有"准官方性"。因为，根据《人民调解法》第 31 条的规定："经人民调解委员会调

---

① 张勤：《当代中国基层调解研究——以潮汕地区为例》，中国政法大学出版社 2012 年版，第 241 页。

② 张勤：《当代中国基层调解研究——以潮汕地区为例》，中国政法大学出版社 2012 年版，第 2 页。

③ 范愉、史长青、邱星美：《调解制度与调解人行为规范——比较与借鉴》，清华大学出版社 2010 年版，第 34 页。

解达成的调解协议，具有法律约束力，当事人应当按照约定履行。"同时第 33 条规定：对于人民调解委员会调解达成的调解协议，双方当事人可以共同向人民法院申请司法确认（确认调解协议的效力）。另外，根据最高人民法院 2011 年 3 月 21 日通过的《关于人民调解协议司法确认程序的若干规定》第 9 条规定："人民法院对调解协议依法作出确认决定后，一方当事人拒绝履行或者未全部履行的，对方当事人可以向作出确认决定的人民法院申请强制执行。"据此，人民调解与民间调解主持主体的性质显然不同。

2. 人民调解工作采取说服、疏导等方法

人民调解工作的任务是促使纠纷当事人达成调解协议，以及时解决民间纠纷，维护社会和谐稳定。而最终达成的调解协议（包括调解程序的启动）只能基于纠纷当事人的合意，加之人民调解委员会的群众性组织性质，由此决定了人民调解工作所采取的方法只能是说服与疏导等方法，即人民调解员在确定纠纷事实及争议焦点的基础上，对争议的当事人双方进行明法析理及耐心的教育规劝，促使他们互谅互让达成调解协议，从而达致解纷的目的。这与仲裁、行政、司法等解决纠纷的方式不同，除调解外，该三种解纷方式最后以裁决、决定、判决的形式作为解决纠纷当事人争议的文件出现，而裁决、决定、判决的最终形成完全体现的是主持解纷机构的单方意志，并不基于争议当事人的合意，所以无须运用说服与疏导等方法，亦即其最后的结果的形成不是在对当事人进行说服与疏导之下完成，而完全是一种基于事实和法律的自我决定。

3. 人民调解的受案范围为民间纠纷

《人民调解法》对民间纠纷的范围没有作出界定。根据司法

部 2002 年 9 月发布的《人民调解工作若干规定》第 20 条规定：
"人民调解委员会调解的民间纠纷，包括发生在公民与公民之间、
公民与法人和其他社会组织之间涉及民事权利义务争议的各种纠
纷。"① 在实践中，常见的民间纠纷包括土地、山林、水利纠纷（俗
称"三大纠纷"）以及婚姻家庭纠纷、邻里（相邻）纠纷、房屋宅
基地纠纷、坟山纠纷、损害赔偿纠纷、生产经营纠纷、劳务合同
纠纷等等。根据《最高人民法院关于人民调解协议司法确认程序
的若干规定》，当事人就调解协议向法院申请司法确认涉及身份关
系、收养关系及婚姻关系的，人民法院不予受理。据此，人民调
解委员会受理的民间纠纷范围应当不包括身份关系、收养关系及
婚姻关系的确认方面的纠纷。同时，根据《人民调解工作若干规
定》第二十二条的规定，"法律、法规规定只能由专门机关管辖处
理的，或者法律、法规禁止采用民间调解方式解决的，以及人民
法院、公安机关或者其他行政机关已经受理或解决的"纠纷，也
不属于人民调解委员会的受案范围。

4. 人民调解应当遵循自愿、平等的原则

"在当事人自愿、平等的基础上进行调解"，是《人民调解法》
第 3 条规定的人民调解委员会调解民间纠纷应当遵循的三大原则
的首要原则，也是人民调解的前提和基础。由于人民调解的受案
范围为涉及民事权利义务内容的各种民间纠纷，而民事主体的平

---

① 应当说，该规定把民间纠纷的主体只限定在公民与公民及公民与法人和其他社
会组织之间，其范围显属狭窄，已不能适应实际需要。因为法人和其他社会组织目前
在乡村及城市街道不断增多，甚至大量存在，因此法人与法人之间、法人与其他社会
组织之间以及其他社会组织之间涉及民事权利义务的争议，也可以纳入人民调解的范
畴。而且，目前人民调解中也有了这样的实践。

等性原则则是民事法律关系的最核心、最本质的特征，因此人民调解工作必须遵循平等协商的原则。平等原则要求，在调解中当事人双方无论是公民，还是法人或其他社会组织，都是平等的民事主体，享有同等的权利，履行同等的义务，任何一方不享有特权。人民调解委员会对任何一方当事人平等相待，既不偏袒一方，也不屈服于一方。同时，作为私权利，民事主体对自己的民事权利依法享有处分的权利，因此，人民调解工作自然也要遵循当事人自愿调解的原则。调解自愿包括调解程序启动自愿和调解协议达成自愿两个方面，亦即是否采取调解的方式解决纠纷以及最终调解协议的达成，都要基于当事人的合意，从调解程序启动开始到调解过程再到调解协议达成，都要充分尊重当事人的意思自治，不能强行要求调解和达成调解协议。《人民调解法》第3条及第17条规定，人民调解委员会调解民间纠纷，应当"尊重当事人的权利，不得因调解而阻止当事人依法通过仲裁、行政、司法等途径维护自己的权利"，"当事人一方明确拒绝调解的，不得调解"。

（二）人民调解的基本特征

与仲裁、行政、司法等解决纠纷的方式相比，人民调解具有自治性、群众性及民间性三个基本特征：

1. 自治性。根据《宪法》、《村民委员会组织法》及《人民调解法》等法律的规定，人民调解委员会是村民委员会、居民委员会的下设机构。而村民委员会和居民委员会是农村和城市居民实行"自我管理、自我教育、自我服务"的基层群众性自治组织，当然，其下设的人民调解委员会也无疑具有自治的特性。人民调解的自治性体现在以下几个方面：（1）主体自治。人民调解由人民调解委员会主持，其他任何单位、组织或个人不能直接介入或干涉人民调解活动；（2）启动调解自治。即，是否采取调解方式解决纠纷及调解程序的启动完全由纠纷当事人自行决定；（3）调解员数量的配置及选择自治。即，"人民调解委员会根据调解纠纷的需要，可以指定一名或者数名人民调解员进行调解，也可以由当事人选择一名或者数名人民调解员进行调解"；（4）选择调解的方式自治。即，"人民调解员根据纠纷的不同情况，可以采取多种方式调解民间纠纷"；（5）调解协议自治。即，是否达成调解协议以及调解协议的内容都由当事人自行决定，同时是否制作调解协议书也由当事人决定；（6）监督自治。人民调解员在调解工作中如有偏袒一方当事人等不当行为，"由其所在的人民调解委员会给予批评教育、责令改正，情节严重的，由推选或者聘任单位予以罢免或者解聘"。

2. 群众性。根据《人民调解法》的相关规定，人民调解的群众性主要体现在：（1）人民调解组织具有群众性。《人民调解法》第 7 条规定："人民调解委员会是依法设立的调解民间纠纷的群众性组织。"（2）调解员的产生与聘任具有群众性。《人民调解法》第 9 条规定："村民委员会、居民委员会的人民调解委员会委员由村民会议或者村民代表会议、居民会议推选产生。"第 13 条规定"人民调解员由人民调解委员会委员和人民调解委员会聘任的人员担任"。（3）对人民调解员的监督具有群众性。《人民调解法》第 11 条规定："人民调解委员会应当建立健全各项调解工作制度，听取群众意见，接受群众监督。"第 15 条规定：人民调解员在调解工作中，如有"偏袒一方当事人、侮辱当事人、索取、收受财物或者牟取其他不正当利益及泄露当事人的个人隐私、商业秘密"

情形之一且情节严重的，人民群众对其可以行使罢免权。

3. 民间性。如上所述，尽管人民调解与民间调解不同，但民间性是二者共同的特性。人民调解的民间性主要体现在：（1）人民调解组织及其人员的非官方性。人民调解是仲裁、行政、司法（诉讼）之外解决纠纷的一种方式，人民调解委员会不属任何官方组织，其组成的人民调解员也是基层最普通的群众，亦即人民调解委员会和人民调解员不属也不代表任何政府部门，是与当事人无利益关系的居中解决纠纷的第三方。人民调解委员会与基层人民政府及其他有关部门之间不是领导与被领导、管理与被管理的关系，基层人民政府或其他有关部门也不能直接介入或干涉人民调解活动；（2）人民调解工作方式方法的非强行性。人民调解的目的是通过对纠纷当事人说服教育、规劝疏导，引导或促成当事人达成调解协议，从而止纷息争，维护社会和谐稳定。而调解程序的启动与调解协议的最终达成都基于当事人双方的合意，因而人民调解不应也不能采取任何的强制性手段；（3）调解程序的非严格的规范性。由于人民调解是一项法律制度，因此《人民调解法》专门以一章规定了人民调解的程序，以示人民调解工作一定的正规性和严肃性。但与仲裁、诉讼相比，人民调解并非要严格遵守程序法，基于人民调解的性质和任务，人民调解程序中内含的制度、规范的因素较少，体现出相当的灵活性和随意性。如，人民调解委员会可以主动调解，亦即"不告也理"；① 人民调解工作

---

① 与仲裁、行政、司法等解决纠纷采取的"不告不理"的事后救济措施不同，人民调解对纠纷的主动性介入是一种"不告也理"的事前救济举措。它强调的是人民调解委员会工作的能动性，目的是防止矛盾纠纷的进一步扩大，把矛盾纠纷抑制在萌芽或初始阶段，并及时消解纠纷，平复社会秩序。

在时间、地点、方式上因需制宜，因人而异，不受约束，不拘形式；根据纠纷的需要并征得纠纷当事人的同意，人民调解员可以邀请当事人的亲属、邻里、朋友或者其他有关社会组织的人员一起参与调解；人民调解委员会调解民间纠纷，不收取任何费用；等等。除人民调解程序的非严格规范性外，人民调解适用的依据（实体）也具有非严格的规范性。只要不违背法律、法规和国家政策，人民调解员可以适用民间习俗等作为调解的依据。

三、人民调解员的任职条件

《人民调解法》第十四条规定："人民调解员应当由公道正派、热心人民调解工作，并具有一定文化水平、政策水平和法律知识的成年公民担任。"根据该规定，人民调解员必须具备以下四个条件：一是政治条件。"公道正派"即为人民调解员的政治条件，它是人民调解员的首要条件，是对人民调解员政治品格方面的要求。该条件强调，作为人民调解员应当首先为人正直，讲公平正义，做事不偏袒、不护短，要刚正不阿，尊重当事人，同时不为金钱所惑。二是思想条件。"热心调解工作"即为人民调解员的思想条件。该条件要求，人民调解员面对纷繁复杂、工作艰苦的民间纠纷，必须具备热情的工作态度和无私奉献的精神，要有诚心、耐心。三是业务条件。"一定文化水平、政策水平和法律知识"即为人民调解员的业务条件。不违背法律、法规和国家政策，是《人民调解法》规定的人民调解工作的一项重要原则。而切实贯彻该项原则的前提，就必须要求人民调解员具备一定的文化水平、政策水平和法律知识。没有一定的文化水平，就无法正确熟悉、理解和把握法律知识和国家政策，并影响调解协议的规范化工作建

设（如口语化、无法准确用词、标点符号错误），没有一定的政策
水平和法律知识，就无法保证调解工作的合法性、合理性和公正
性。四是年龄条件，即人民调解员必须由成年公民担任。因为只
有具备完全民事行为能力的人，才能具备判断是非的能力，并具
备一定或相当的生活和工作经验，才能够真正承担起调解民间纠
纷的任务。

四、广西人民调解的历史变迁及发展[①]

广西民间调解的历史源远流长。清朝及民国时期，民间的一
些口角纷争、打架斗殴和权益纠纷，一般由基层政权或少数民
族、宗教社会组织中有名望的头人、族长来调解解决。第一次国
共合作时期，广西建立的农会组织也负责调解民间纠纷。土地革
命时期，右江革命根据地的区、乡两级苏维埃政权中设置裁判兼
肃反委员，其职责之一是调处民间纠纷。新桂系统治广西后，民
国二十一年（1932年）部分县、区、乡设立息讼会，调解民事纠
纷，后因成效不彰而撤销。民国二十六年，广西又在乡镇建立专
事调解民事纠纷的调解委员会，并规定每案调结的情况须报政府
及司法机关备案，使民间纠纷的调解与司法制度挂起钩来。民国
三十二年（1943年）广西省政府公布了《广西各县市乡（镇）调
解会组织及权限规程》，对当时的广西民间纠纷调解起到了极大的
推动作用。该规程规定：为减少人民诉讼，全省各乡（镇）应设

---

① 该部分内容主要根据《广西通志·司法行政志》中关于人民调解的相关内容整
理而成。参见广西壮族自治区地方志编纂委员会编：《广西通志·司法行政志》，广西
人民出版社2002年版，第8～9页、第275～290页。

立乡（镇）调解会，调解会调解民事纠纷及妨害婚姻及家庭罪等部分刑事事项。同时，规程确立调解会的工作原则，即民事调解事项须得当事人同意、刑事调解事项须得被害人之同意始能调解，乡（镇）调解会不得有阻止告诉及强迫调解各行为；办理调解事项除对于民事当事人及刑事被害人的评定赔偿外，不得为财产上或身体上之处罚；办理调解专项除查勘费由当事人核实开支外，不得征收费用或收受报酬。当然，由于解放前调解组织绝大多数为地主豪绅所把持，民间发生纠纷，百姓多请其他社会组织调解。

解放后，广西于 1950 年 5 月首先在贺县第一区成立了区人民调解委员会，随后于 1951 年元月在梧州市城中镇也成立了镇人民调解委员会。1952 年 6 月，省人民政府发布了《广西省区、乡人民调解委员会试行办法》，人民调解组织得到进一步发展。1954年 3 月，政务院发布《人民调解委员会暂行组织通则》后，广西人民调解组织大批建立。1956 年初，广西已有 70% 的乡（行政村）建立了人民调解组织。1956 年农业合作化后，一些地方认为民间纠纷将会减少，放松了对人民调解的指导，有的地方还将人民调解委员会与民政委员会合并为一个组织，使人民调解工作受到了削弱。1957 年下半年，省司法厅着手整顿、健全人民调解组织，但受"左"的影响，人民调解组织又与治保组织合并为调处委员会。1962 年广西设区划乡时，根据中共中央关于加强人民调解工作的指示，恢复建立人民调解委员会。至 1964 年底，全自治区共建立人民调解组织 9198 个，占应建数的 93%。柳州、桂林等市、县一些工矿企业还试建了人民调解委员会。

1966 年"文化大革命"开始后，人民调解组织因政法机关被"砸烂"失去了依托而陷于瘫痪状态。1972 年起，人民调解组织随着人民法院的恢复也逐步恢复，农村调解组织建立在生产大队一级。

80 年代初，人民调解被列为社会治安综合治理的一项重要基础工作，广西司法行政机关的恢复重建及在乡镇一级配备司法助理员，加强了对人民调解工作的指导。1984 年前广西农村人民调解委员会建在生产队，后实行"政社分设"，基层由原来的"公社—大队—生产队"改为"乡镇—村民委员会—生产小组"，调解委员会设在村民委员会。1985 年下半年开始，自治区直辖市司法局着重解决城市人民调解委员会的组织建设问题。1990 年司法部下发《关于企事业单位建立健全人民调解组织的几点意见》，广西根据司法部的要求，努力推动 200 人以上的厂矿企业建立人民调解组织。至 1990 年底，全自治区建立人民调解组织达 41804 个，其中，村民委员会有 36445 个，占应建的 93%，居民委员会有 1177 个，占应建的 100%，厂矿企业调委会有 1708 个，应建的都基本建立。

新中国成立以来，在广大基层调解人员的努力下，广西的各基层人民调解组织调解了大量的纠纷。如，1963 年，全自治区调解各种纠纷 20 多万件；1964 年，据全自治区半数调解委员会的不完全统计，共调解民事纠纷和轻微刑事案件 66500 件（工作开展较好的地方，调解组织调解的纠纷数相当于当地人民法院收案数的几倍到几十倍）；1974 年，据南宁市及梧州地、市的统计，人民调解委员会共调解纠纷 10572 件，相当于本地、市各级人民法院审理民事案件数的 9.5 倍；1980 年，全区调解组织共调处各种民事纠纷和轻微刑事案件 139409 件，相当于各级人民法院同期处理的民事案件的 7.2 倍。同时，各地调解组织及时排难解纷，防止了凶杀、自杀等事件 422 件；1990 年，全自治区人民调解组织共调解民间纠纷 25.14 万件，调解成功率为 88.06%，防止民转刑案件 349 件；1995 年，全自治区调解各类民间纠纷 18.5 万多件，调解成功率为 92% 以上，其中乡镇司法助理员调处民间纠纷 3.35 万起；等等。此外，各基层人民调解组织还做了大量的预防纠纷发生与激化的工作。尤其是进入 80 年代后，人民调解组织参与社会治安综合治理和社会主义精神文明建设的活动，开展对失足青少年的帮教工作，参加严厉打击刑事犯罪活动的斗争等。人民调解业务的开展，对于减少诉讼，维护社会安定团结，促进社会主义物质文明和精神文明的建设发挥了积极的作用，为广西各历史时期的社会稳定作出了不可磨灭的贡献。

第三节　法制宣传教育概述

一、我国法制宣传教育的历程[①]

传统中国的法律的公布和宣传，有着悠久的历史传统。如明清时期，法律明确规定了"讲读律令"的条文，要求帝国官员必须熟读律令，通晓律意，并且据以处理行政事务和审理诉讼案件；民间百姓如能做到熟读通晓律意，可以享受减轻刑罚的待遇。实践中，明清时期法律宣传的主要途径包括：宣传国家的基本法令，张挂法律摘要、特别条例及各类告示，公布案件裁决，宣传圣谕

---

① 十八届四中全会已把"法制宣传教育"改换为"法治宣传教育"，但因本书探视的该活动内容基本为在改换之前，所以本书仍沿用"法制宣传教育"的名称，特此说明。

等，以此作为政治统治的策略和知识控制的手段，并向民众表达一种意欲建构和维护社会秩序的理想蓝图。①

　　新中国成立后，国家非常重视法律的宣传工作，以此来动员群众、武装群众，如 20 世纪 50 年代在全国范围内曾先后大规模地开展了宣传贯彻新中国第一部婚姻法及第一部宪法的运动，使这两部重要的法律深入人心，取得了积极的效果。中国共产党第十一届三中全会后，社会主义法制得到恢复和发展，国家更是把全民普及法律常识作为人民政治生活中的一件大事来抓，我国的法制宣传工作也由此逐步走向了经常化、系统化和制度化的历程。1985 年 11 月 5 日，中共中央、国务院转发了中宣部、司法部《关于向全体公民基本普及法律常识的五年规划》。同年 11 月 22 日，第六届全国人大常委会第十三次会议表决通过了《关于在公民中基本普及法律常识的决议》。该《决议》指出："为了发展社会主义民主，健全社会主义法制，必须将法律交给广大人民群众掌握，使广大人民知法、守法，树立法制观念，学会运用法律武器，同一切违反宪法和法律的行为作斗争，保障公民合法的权利和利益，维护宪法和法律实施。大力加强法制宣传教育，在公民中普及法律常识，对于加强社会主义法制，保障国家的长治久安，促进社会主义物质文明和精神文明的建设，实现我国在新时期的奋斗目标和总任务，具有重大的意义。"为此《决议》决定，"从一九八六年起，争取用五年左右时间，有计划、有步骤地在一切有接受教育能力的公民中，普遍进行一次普及法律常识的教

---

① 徐忠明："明清国家的法律宣传：途径与意图"，载《法制与社会发展》2010 年第 1 期。

育，并且逐步做到制度化、经常化。"《决议》还要求"一切国家机关和武装力量、各政党和各社会团体、各企业事业组织，都应当认真向本系统、本单位的公民进行普及法律常识的教育。报刊、通讯社和广播、电视、出版、文学艺术等部门，都应当把加强法制宣传教育、普及法律常识作为经常的重要任务。各级人民代表大会常务委员会和人民政府要加强对本决议的实施的领导，制订切实可行的规划，并采取有效措施，认真贯彻执行"。由此，从1986年开始，全面普及法律这项社会主义民主法制建设史上的伟大创举，在全国范围内轰轰烈烈地开展起来，至今已开展到第六个五年普法教育阶段。这六个五年普法教育的基本情况分别为：

（1）"一五"普法（1986—1990年）。在中宣部、司法部1985年6月拟订的《关于向全体公民基本普及法律常识的五年规划》中，"我国的宪法、刑法、刑事诉讼法、民事诉讼法（试行）、婚姻法、继承法、经济合同法、兵役法、治安管理处罚条例以及其他与广大公民有密切关系的法律常识"被确定为"一五"普法的基本内容，其中以宪法为主，此外《规划》还要求"各地应根据不同地区、不同对象的需要，分别选学其他有关法律常识，如民族区域自治法、森林法、环境保护法（试行）、中外合资经营企业法、专利法、文物保护法、食品卫生法及各种税法等"，《规划》确定普及法律常识的重点对象是干部和青少年，其他包括工人、农（牧、渔）民、知识分子、军人、其他劳动者和城镇居民中一切有接受教育能力的公民。此次普法的基本目标是"通过普及法律常识教育，使全体公民增强法制观念，知法、守法，养成依法办事的习惯"。《规划》还就普及法律常识的方法、步骤、考核的方法和标准及组织领导等作出了要求和规定。

（2）"二五"普法（1991—1995年）。"二五"普法的一个重大改变，是把"普及法律常识"改为"法制宣传教育"。根据中宣部、司法部拟订的《关于在公民中开展法制宣传教育的第二个五年规划》，普法的主要内容是"继续深入学习宪法，认真学习行政诉讼法、义务教育法、集会游行示威法、国旗法以及全国普法主管机关确定需学习的新颁布的法律、法规。同时，要有针对性地选学第一个普法期间已经学习过的'十法一条例'的有关内容"，同时《规划》要求各地根据实际需要选学土地管理法、水法、矿产资源法以及与计划生育有关的法律、法规等。在普法对象方面，"二五"普法比"一五"普法的范围有了较大的拓宽，并作了明确的限定。即除了把"工人、农（牧、渔）民、知识分子、干部、学生、军人"继续作为普法的对象之外，一是把"一五"普法中的"其他劳动者以及城镇居民中一切有接受教育能力的公民"改为"个体劳动者以及其他一切有接受教育能力的公民"，二是把"一五"普法中的重点对象"干部和青少年"改并限为"县、团级以上各级领导干部，特别是党、政、军高级干部；执法人员，包括司法人员和行政执法人员；青少年，特别是大、中学校的在校生"。在普法方式方法上，"二五"普法确定了"坚持面授为主"、"坚持理论联系实际，学法用法相结合"以及"有计划、有步骤、分层次、分部门地学习专业法律知识"的原则。"二五"普法确定的目标是"进一步提高干部群众的社会主义法律意识和民主意识，促进各项事业的依法管理，为治理整顿和深化改革创造良好的法制环境，保证国家政治、经济和社会的稳定发展"。

（3）"三五"普法（1996—2000年）。根据中宣部、司法部拟订的《关于在公民中开展法制宣传教育的第三个五年规划》，

"三五"普法的主要任务是："深入学习邓小平关于社会主义民主与法制建设的理论，努力提高各级干部的法学理论水平；继续开展宪法知识和与公民工作、生活密切相关的基本法律知识以及与维护社会稳定有关的法律知识教育；着重抓好社会主义市场经济法制知识的普及；坚持学法用法相结合，全面推进各项事业的依法治理"。此次普法的对象是"工人、农（牧、渔）民、知识分子、干部、企业经营管理人员、学生、军人和个体劳动者以及其他一切有接受教育能力的公民。其中重要对象是：县、处级以上干部、司法人员、行政执法人员、企业经营管理人员和青少年"。《规划》确定的总体目标为"通过在全体公民中继续深入进行以宪法、基本法律和社会主义市场经济法律知识的宣传教育，进一步增强公民的法律意识和法制观念，不断提高各级干部依法办事、依法管理的水平和能力，促进依法治国，努力建设社会主义法制国家"。此外根据《规划》要求，"第三个五年法制宣传教育工作在工作方法上更加强调分类指导，根据不同对象的特点，确定不同的目标、任务，选择不同的方法和方式进行，提高法制宣传教育的效果"。"三五"普法期间，我国在许多基层乡村、社区相继开展了"法律下乡"、"法律进万家"、"法律拥军"及"青少年维权岗"等一系列形式新颖的普法活动。

（4）"四五"普法（2001—2005年）。根据中宣部、司法部《关于在公民中开展法制宣传教育的第四个五年规划》，该次法制宣传教育的对象较以往作了重大改变，即不再描述普法对象的具体范围，而是规定"一切有接受教育能力的公民"都要接受法制宣传教育。《规划》确定"四五"普法的主要内容为"继续深入学习邓小平关于社会主义民主法制理论和党的依法治国、建设社会主义法治国家的基本方略，学习宣传宪法和国家基本法律，学习宣传与公民工作、生产、生活紧密相关的法律法规知识，宣传社会主义市场经济特别是与整顿规范市场经济秩序相关的法律法规，宣传涉及保障和促进国家西部大开发的法律法规，宣传与加入世界贸易组织相关的法律法规"等等。《规划》确定的基本目标是"努力实现由提高全民法律意识向提高全民法律素质的转变，实现由注重依靠行政手段管理向注重运用法律手段管理的转变，全方位推进各项事业的依法治理，为依法治国、建设社会主义法治国家奠定坚实的基础"。

（5）"五五"普法（2006—2010 年）。"五五"普法的最大特点是把法制宣传教育与国家大局及现实需求主动、紧密地结合起来，倡导"法制教育与法治实践相结合，法制教育与道德教育相结合"，确立了"坚持围绕中心，服务大局"、"坚持以人为本，服务群众"、"坚持求实创新，与时俱进"以及"坚持从实际出发，分类指导"的工作原则，还突出了农民是法制宣传教育的重点。根据中宣部、司法部《关于在公民中开展法制宣传教育的第五个五年规划》，"五五"普法的主要目标确定为"适应党和国家工作大局，适应整个社会和广大人民群众对法律知识的现实需求，紧密结合国家民主法制建设的新进展新成果，通过深入扎实的法制宣传教育和法治实践，进一步提高全民法律意识和法律素质；进一步增强公务员法治理念，提高依法行政能力和水平；进一步增强各级政府和社会组织依法治理的自觉性，提高依法管理和服务社会的水平"。该次普法的对象"是一切有接受教育能力的公民"，其中"重点加强对领导干部、公务员、青少年、企业经营管理人员和农民的法制宣传教育"。根据《规划》要求，"五五"普法的主要任务是"深入学习宣传宪法、经济社会发展的相关法律法规、与群众生产生活密切相关的法律法规、整顿和规范市场经济秩序的法律法规以及维护社会和谐稳定、促进社会公平正义的相关法律法规"。《规划》还确立了"法制宣传教育进机关、进乡村、进社区、进学校、进企业、进单位"的"法律六进"主题活动。

（6）"六五"普法（2011—2015年）。"六五"普法的背景正值中央《关于国民经济和社会发展的第十二个五年规划》的实施，《规划》指出："全面落实依法治国基本方略，完善中国特色社会主义法律体系，维护法制权威，推进依法行政、公正廉洁执法，加强普法教育，形成人人学法守法的良好社会氛围，加快建设社会主义法治国家"。"六五"普法规划正是根据这一要求全面谋划而精心制定的。"六五"普法的最大特点，是确立了"坚持法制宣传教育与社会主义核心价值体系教育相结合、与社会主义法治理念教育相结合、与社会主义公民意识教育相结合、与法治实践相结合"的指导思想，并突出了"注重实效"、"普治并举"、"改革创新"等工作原则以及"加强反腐倡廉法制宣传教育"、"深入开展社会主义法治理念教育"、"深入学习宣传保障和改善民生的法律法规"、"积极推进社会主义法治文化建设"等工作任务。根据中宣部、司法部《关于在公民中开展法制宣传教育的第六个五年规划》，该次普法的对象"是一切有接受教育能力的公民"，其中"重点加强对领导干部、公务员、青少年、企业经营管理人员和农民的法制宣传教育，把领导干部和青少年作为重中之重"。主要任务是"突出学习宣传宪法、深入学习宣传中国特色社会主义法律体系和国家基本法律、深入开展社会主义法治理念教育、深入学习宣传促进经济发展的法律法规、深入学习宣传保障和改善民生的法律法规、深入学习宣传社会管理的法律法规、加强反腐倡廉法制宣传教育、积极推进社会主义法治文化建设、深入推进依法治理"等等。《规划》确定的主要目标是"通过深入扎实的法制宣传教育和法治实践，深入宣传宪法，广泛传播法律知识，进一步坚定法治建设的中国特色社会主义方向，提高全民法律意识和法律素质，提高全社会法治化管理水平，促进社会主义法治文化建设，推动形成自觉学法守法用法的社会环境"。

回溯我国近三十年的法制宣传教育的历程，其体现了以下一些特点。一是普法规模波澜壮阔、气势恢宏。在一个人口占世界四分之一的泱泱大国，让"一切有能力接受教育的公民"都得到了"法雨"的滋润和洗礼。同时，不仅宪法和基本法得到了深入的学习宣传与贯彻，而且其他与公民紧密相关的各个领域的部门法律法规都让受众得到了近距离的"触摸"机会；二是突出了宪法的核心地位。宪法是党和人民意志的集中体现，是治国安邦的总章程，在法律体系中处于至高无上的地位。从"一五"普法到"六五"普法的内容（或任务）中，都无不把学习宣传宪法作为法制宣传教育的重中之重；三是与时俱进。从"启蒙"式的基本普及法律常识到依法治理的开展，从"提高全民法律意识"向"提高全民法律素质"的转变，由"注重依靠行政手段管理"向"注重运用法律手段管理"的转变，从"法制"宣传到"法治"理念培育再到社会主义法治文化的建设，从"十法一条例"的普及到市场经济、社会稳定、民生保障等法律法规的学习宣传，从"城镇居民中一切有接受教育能力的公民"到"一切有能力接受教育的公民"普法受众转变，从面授、开法制讲座到媒体宣传再到"法律六进"等法治实践活动的开展，等等，总之，不论在内容上，还是在对象及方式方法上，"一五"普法到"六五"普法的历程都明显地涌动着一个"变"字；四是始终坚持把各级领导干部和青少年作为普法对象的重点。所谓"上梁不正下梁歪"，领导干部带头并模范地学法、守法、用法，是引导全民自觉学法、守法、用法的关键。同时，在整个普法的受众中，青少年这个群体无疑处于承上启下的地位，是国家绵绵不断开展法制宣传教育的动力和基础，否则队伍的"断层"会让这项亘古未有的宏大工程功亏一篑。由此，从"一五"普法到"六五"普法的对象确定上，领导干部和青少年不仅是重点，而且是重中之重。

我国经过六个五年的普法工作，其所取得的巨大成就可谓举世瞩目。广大公民的法律意识和法律素质都普遍得到了较大提高，特别是领导干部运用法治思维和法治方式进行社会治理的能力大大提高。社会主义法治精神得到了弘扬，社会主义法治理念得到了进一步的确立。三十年法制宣传教育所积淀的成果，必将为全面推进依法治国，建设法治中国，提供巨大的助推正能量。

二、组织开展法制宣传教育工作的职能部门

在我国，负责法制宣传教育的组织、协调主体是司法行政机关。司法行政机关由中央司法行政机关司法部和省（自治区、直辖市）、市（地）、县（区）的司法厅、司法局三级地方各级司法行政机关组成。在各级司法行政机关的内设机构中，分别设有法制宣传司、处、科和股。根据国务院办公厅 2008 年 7 月 10 日颁布的《司法部主要职责内设机构和人员编制规定》，司法部法制宣传司的职责是：拟订全民法制宣传教育规划并组织实施；负责司法行政系统的宣传工作；指导检查法制宣传、依法治理工作；组织、

指导法制宣传报道和对国（境）外的法制宣传工作。地方各级司法行政机关的法制宣传部门的职责是：协同有关部门加强对干部和群众的法制宣传教育，在各类学校开设法制教育课，出版法制报刊和法律书籍，在全民中普及法律知识。

对于乡镇、街道办事处以下的法制宣传教育工作是由司法所负责组织实施的。司法所是县（区）司法局在乡镇人民政府（街道办事处）的派出机构，负责指导管理和组织实施本辖区的司法行政各项业务工作。司法行政机关自 1979 年恢复设立以后，基层司法行政机关只设到县（区）一级，在乡、镇、村以及城市的街道办事处仅配备一名司法助理员。根据司法部 1981 年 11 月 18 日发布的《司法助理员工作暂行规定》，司法助理员的职责是：管理人民调解委员会工作；指导检查民间调解工作，参与调解疑难纠纷，接受、处理有关人民调解工作的来信、来访；结合实际需要，进行有关的政策、法律、法令和道德风尚的宣传教育；调查研究本辖区内发生纠纷的原因、特点和规律并提出防止纠纷的办法；了解并向上级报告群众对现行法律、法令和司法工作的意见和要求。从该《规定》看出，在司法助理员的设置之初，法制宣传教育便是其职责之一。20 世纪 80 年代以来，基层司法行政职能在经济体制改革和政治体制改革中得到了延伸和加强。1980 年 10 月，全国第一个公社司法办公室在广东省紫金县蓝塘公社成立，①随后，全国许多地方也先后成立了公社司法办公室。司法办公室的成立，不仅可以配备多名专职的司法助理员，而且其职能范围在司法助

---

① 张勤：《当代中国基层调解研究——以潮汕地区为例》，中国政法大学出版社 2012 年版，第 87 页。

理员的基础上拓展到了提供法律咨询等法律服务的领域。1985年，几乎在司法办公室创办的同时，有些省份的乡镇在司法办公室下成立了司法所，并得到了国务院的肯定。1988年，司法部明确提出有条件的乡镇要积极建立司法所，条件较差的乡镇要克服缺乏编制、经费等方面的困难，创造条件争取早日建立司法所。①

从司法所设立之始，司法所承担的职能虽然根据实际需要有些微调，但其"组织开展法制宣传教育工作"的职能始终没有改变。根据司法部《关于加强司法所建设的意见》（司法通［1996］081号），"司法所主要承担如下职能：（1）协助基层政府开展依法治理工作和行政执法检查、监督工作；（2）指导管理人民调解工作，参与重大疑难民间纠纷调解工作；（3）指导管理基层法律服务工作；（4）代表乡镇人民政府（街道办事处）处理民间纠纷；（5）组织开展普法宣传和法制教育工作；（6）组织开展对刑满释放和解除劳教人员的过渡性安置和帮教工作；（7）参与社会治安综合治理工作；（8）完成上级司法行政机关和乡镇人民政府（街道办事处）交办的其他有关工作"。后来，社区矫正工作在全国开展试点并随着刑法修正案（八）的施行，司法所增加了"承担社区矫正日常工作，组织开展对社区服刑人员的管理、教育和帮助"的职能。

三、广西开展法制宣传教育的历史状况

从广西来讲，由司法行政机关主管法制宣传工作是从1955年广西省司法厅的成立开始的。不过当时司法行政机关只设到省一

---

① 张勤：《当代中国基层调解研究——以潮汕地区为例》，中国政法大学出版社2012年版，第89页。

级、专区、市、县的法制宣传工作主要通过下级人民法院进行。这时期的宣传以公开审判、公开宣判为主要形式，法院还组织审判人员、律师深入工厂农村、机关街道进行法律演讲，利用多种方式广泛向社会进行宣传。"文化大革命"中的 1967 年至 1972 年，政法机关受到严重的冲击，法制宣传停止。1975 年后两次修改中华人民共和国宪法，广西各地都广泛地进行了宣传。中共十一届三中全会后，社会主义法制得到恢复和发展。1980 年自治区司法行政机关重建，主管法制宣传工作。由于 1980 年至 1981 年广西地、市、县大多数尚未建立司法行政机关，因而法制宣传主要通过法院系统进行。1982 年后，各地、市、县司法处、局逐步建立健全，相继承担了法制宣传义务。1980 年至 1985 年广西法制宣传工作基本上是从两个方面展开：一是及时地宣传新的法律，为其顺利实施创造条件；二是围绕各个时期党的中心工作，联系实际有针对性地宣传有关法律法规，以保证中心工作的顺利进行。在 1981 年开始的整顿社会治安、1982 年进行的打击严重经济犯罪斗争、1983 年下半年开展的严厉打击刑事犯罪的斗争中，广西各地司法行政机关与公安、检察、法院密切配合，大力开展了法制宣传。①

1985 年后，广西开展了向全体公民普及法律常识的工作。广西壮族自治区第六届人民代表大会常务委员会第十四次会议，审议了自治区司法厅厅长蓝秀芳受自治区人民政府委托作的《关于用五年左右时间在全区各族人民中基本普及法律常识的汇报》。会议认为，在全区各族人民中普及法律常识，加强法制宣传教育，

---

① 广西壮族自治区地方志编纂委员会编：《广西通志·司法行政志》，广西人民出版社 2002 年版，第 5 页。

是社会主义民主和法制建设的基础工作，是实现社会治安综合治理，争取社会治安根本好转的重要措施。各级人民政府要加强领导，认真贯彻实施，有计划、有步骤地组织全体公民学习《宪法》、《民族区域自治法》、《刑法》、《刑事诉讼法》、《民事诉讼法（试行）》、《婚姻法》、《继承法》、《经济合同法》、《个人所得税法》、《兵役法》、《森林法》和《治安管理处罚条例》等法律。通过学习，使全体公民知法、守法，增强法制观念，自觉依法办事。各级国家机关工作人员要带头学习、宣传并模范地遵守宪法和法律。会议批准这个汇报，并于 1985 年 5 月 3 日通过了《广西壮族自治区人大常委会关于在全区各族人民中基本普及法律常识的决议》。1985 年 5 月 30 日，广西壮族自治区党委、自治区人民政府转发了区党委宣传部、自治区司法厅《关于五年内在全区各族人民中基本普及法律常识的报告》。自此，广西的法制宣传工作逐步走向了经常化、系统化和制度化。自治区和各地、市、县都成立了由党政领导及有关部门负责人组成的普及法律常识工作领导小组，并设普法办公室于同级司法行政机关，负责普法教育的日常工作。同时，随着国家"一五"普法的实施，广西也一直伴随着国家的各个五年普法规划，同步地大规模开展法制宣传教育活动至今。

第四节　社会治安综合治理的由来及发展

一、社会治安综合治理的由来及发展

"社会治安综合治理，是指在社会公众参与下，各级党和政府部门为维护社会政治稳定协调行动，运用各种合法有效措施防治严重治安违法行为和刑事犯罪活动的一项社会管理系统工程。"①

　　社会治安综合治理的战略方针酝酿于 20 世纪 80 年代初。面对着当时严峻的社会治安形势，中央审时度势地指出"必须长期坚持依法从重从快严厉打击严重危害社会治安的刑事犯罪活动"。但是，社会治安问题产生的原因是十分复杂的，是各种社会矛盾纠纷交织的结果。所以，仅靠"打击"的单一手段，不可能有效地减少犯罪以扭转不利的社会治安局面。为此，必须在党委、政府统一领导下，在动员和组织全社会的力量的基础上，综合运用多种手段进行打击、防范、教育等方面的综合治理，铲除社会中不安定因素的滋生与遏制其蔓延，才能从根本上达致社会秩序稳定的目标。鉴此，1981 年 5 月，经中共中央书记处批准，中央政法委员会召开五大城市治安工作座谈会，针对当时社会治安的严重情况，提出依法从重从快惩处严重危害社会治安的犯罪分子，实行社会治安综合治理。之后，在中央和国务院系列涉及社会治安问题的相关文件中，多次重申了社会治安综合治理的方针。

　　为了贯彻落实党的十三届七中全会精神，维护国家长治久安，保障社会主义现代化建设和改革开放顺利进行，中共中央、国务院于 1991 年 2 月 19 日发布了《关于加强社会治安综合治理的决定》，正式确立了社会治安综合治理是解决社会治安问题的战略方针。《决定》认为"我国社会治安形势仍很严峻，刑事犯罪和其他治安问题有增无减，不少地方人民群众缺乏安全感"，指出"为了维护国家长治久安，保障社会主义现代化建设和改革开放顺利进行，必须进一步在全国范围大力加强社会治安综合治理工作"。

---

① 田小穹："社会治安综合治理定义探析"，载《河北法学》2010 年第 8 期。

《决定》明确了社会治安综合治理的主要目标，即"社会稳定，重大恶性案件和多发性案件得到控制并逐步有所下降，社会丑恶现象大大减少，治安混乱的地区和单位的面貌彻底改观，治安秩序良好，群众有安全感"。该《决定》还就加强社会治安综合治理的重要性、任务、要求、原则、工作范围及组织领导和具体措施等作出了明确的规定和布置。同年3月2日，第七届全国人大常委会第十八次会议通过了《关于加强社会综合治理的决定》，以国家最高权力机关的名义，把社会综合治理的有关问题用法律的形式固定下来。该《决定》指出，"加强社会治安综合治理，是坚持人民民主专政的一项重要工作，也是解决我国社会治安问题的根本途径。社会治安问题是社会各种矛盾的综合反映，仅靠打击不可能有效地减少产生犯罪和社会治安问题的复杂因素，必须动员和组织全社会的力量，运用政治的、法律的、行政的、经济的、文化的、教育的等多种手段进行综合治理，才能从根本上预防和减少违法犯罪，维护社会秩序，保障社会稳定，并作为全社会的共同任务，长期坚持下去"，"社会治安综合治理必须坚持打击和防范并举，治标和治本兼顾，重在治本的方针"。《决定》明确社会治安综合治理的主要任务是"打击各种危害社会的违法犯罪活动，依法严惩严重危害社会治安的刑事犯罪分子，采取各种措施，严密管理制度，加强治安防范工作，堵塞违法犯罪活动的漏洞。加强对全体公民特别是青少年的思想政治教育和法制教育，提高文化、道德素质，增强法制观念。鼓励群众自觉维护社会秩序，同违法犯罪行为作斗争。积极调解、疏导民间纠纷，缓解社会矛盾，消除不安定因素。加强对违法犯罪人员的教育、挽救、改造工作，妥善安置刑满释放和解除劳教的人员，减少重新违法犯罪"。

为了统筹全国的社会治安综合治理工作，1991 年 3 月 21 日中共中央发布了《关于成立中央社会治安综合治理委员会的通知》，决定成立中央社会治安综合治理委员会（简称"中央综治委"）。中央综治委是协助党中央、国务院领导全国社会治安综合治理工作的常设机构。其主要任务是：贯彻执行党的基本路线、方针、政策和国家法律，根据国民经济和社会发展的总体规划及社会治安形势，指导和协调全国社会治安综合治理工作。中央综治委下设办公室（简称中央综治办），是其办事机构，与中央政法委机关合署办公。其主要职责是：研究社会治安综合治理的方针政策和需要采取的重大措施，提出建议；掌握各地区各部门社会治安综合治理工作进展情况，及时向委员会反映；开展调查研究，推动各地区各部门落实综合治理的各项措施；总结交流典型经验，鼓励先进推动后进；等等。

在中央成立综治委和综治办后，地方各级也成立了相应的综治机构，社会治安综合治理随即在全国各地得到大规模并有组织、有序的展开。

为充分调动社会各力量参与并维护社会治安工作的积极性，中央社会治安综合治理委员会于 1992 年 1 月 13 日印发了《关于实行社会治安综合治理一票否决权制的规定》（试行）（综治委［1992］1 号）。《规定》指出，实行一票否决权制，是"旨在建立一种奖惩结合、赏罚分明的激励和制约机制，以调动社会各方面力量维护社会治安的积极性，督促后进单位和个人改进工作，真正形成齐抓共管的局面"。《规定》确定的否决内容包括："县（市、区）、乡镇、街道以及机关、团体、学校、企业、事业单位评选综合性的荣誉称号；上述单位的主要领导、主管领导和治安责任人评先受奖、晋职晋级的资格。"之后，为"使各级党委、政府和各部门的有关领导干部切实承担起保一方平安的政治责任，推动综合治理各项措施的全面落实"，中央社会治安综合治理委员会、中央纪委、中共中央组织部、人事部、监察部于 1993 年 11 月 14 日印发了《关于实行社会治安综合治理领导责任制的若干规定》（综治委〔1993〕16 号）。《规定》要求"各级党委、政府都要建立社会治安综合治理的领导责任制"，并规定，"党政领导干部要把开展社会治安综合治理工作作为年度工作计划和述职报告的一项重要内容"以及"各级党委、政府在研究决定各地区、各部门党政领导干部的任免、奖惩等问题时，要把干部本人抓社会治安综合治理工作的能力和实绩作为一个重要条件"。

鉴于农村治安工作的重要性，1994 年 11 月 21 日，中央社会治安综合治理委员会、公安部、民政部、农业部联合下发了《关于加强农村治保会工作的意见》（公发〔1994〕18 号）。《意见》明确了农村治保会的主要任务，并就如何抓好农村治保组织的整顿和建设及治保经费等工作进行了布置与安排。

为纠正社会治安综合治理工作中一些地方出现的"重打轻防"的倾向，并针对当时严重的犯罪问题，2001 年 9 月，中共中央、国务院印发了《关于进一步加强社会治安综合治理的意见》。《意见》明确提出："'打防结合，预防为主'是做好社会治安综合治理工作的指导方针。要坚持打击与防范并举，治标和治本兼顾，重在防范，重在治本。"《意见》指出："打击犯罪是社会治安综合治理的首要环节，必须毫不动摇地依法从重从快严厉打击严重刑事犯罪活动，整治治安混乱的地区，解决突出的治安问题。各级政法部门要把'严打'落实到各个执法环节，把集中打击、专项整治和经常性打击紧密结合起来。要重点打击有组织犯罪和带黑社会性质的团伙犯罪，流氓恶势力犯罪，爆炸、杀人、抢劫、绑架等严重暴力犯罪，打击盗窃、抢夺等严重影响群众安全感的多发性犯罪，打击破坏社会主义市场经济秩序的金融犯罪、走私犯罪等严重经济犯罪。要加强协作配合，形成打击合力，始终保持对各种犯罪活动的高压态势。要正确执行法律和政策，坚持'稳、准、狠'的原则，切实提高'严打'整治斗争的实效。"《意见》还指出："预防犯罪是维护社会治安秩序的积极措施，要进一步把严打、严管、严防、严治有机结合起来。要坚决纠正'重打轻防'的错误倾向，切实把思想观念、工作重点、警力配置、经费投入、考核奖惩机制等真正落实到'预防为主'上来；要集中力量，切实解决好影响社会稳定和社会治安的重点、难点问题；要进一步加强群防群治工作，建立和完善社会治安防控体系，下力气做好预防和减少违法犯罪工作。"

为了把社会治安综合治理的各项部署和要求真正落到实处，并为维护社会和谐稳定提供坚实的基础，就必须切实加强基层组织建设。为此，2003 年 10 月 20 日中央社会治安综合治理委员会、中央机构编制委员会办公室印发了《关于加强乡镇、街道社会治安综合治理基层组织建设的若干意见》。《意见》指出，"乡镇、街道社会治安综合治理委员会及其办公室，是乡镇、街道党（工）委和政府（办事处）领导社会治安综合治理工作的参谋和助手。各级党委、政府特别是县级党委、政府要切实加强对乡镇、街道社会治安综合治理工作的领导，加强乡镇、街道综治委、办的建设，充分发挥它们在维护社会稳定和社会治安方面的组织、协调作用"。《意见》同时要求，"要按照'属地管理'的原则，进一步健全完善乡镇、街道社会治安综合治理委员会。委员会不仅要有县（市、区）政法部门、行政执法部门派驻机构和乡镇、街道有关部门的负责人参加，辖区内一些主要的企事业单位也要派有关负责人参加。为增强乡镇、街道社会治安综合治理委员会在维护稳定、维护社会治安工作中的组织、协调力度，委员会主任应由乡镇、街道党（工）委、政府（办事处）的主要领导担任。乡镇、街道社会治安综合治理委员会办公室主任应由党（工）委副书记担任，办公室要配齐、配强专职干部，确保这项工作有人抓、有人管。公安派出所所长、司法所所长、人民武装部部长等可兼任副主任。要建立健全乡镇、街道综治委、办的各项工作制度，完善工作机制，加强干部的教育培训，提高干部素质。当地政府在安排财政预算时，对乡镇、街道社会治安综合治理的经费要予以保证，并随着经济、社会的发展逐步增加，使乡镇、街道社会治安综合治理工作正常开展"。

　　针对社会治安综合治理基层基础相对薄弱的状况，经中央同意，2009 年 3 月 17 日，中共中央办公厅、国务院办公厅转发了《中央社会治安综合治理委员会关于进一步加强社会治安综合治理基层基础建设的若干意见》。该《意见》在基础工作方面，指出"开展矛盾纠纷排查化解和排查整治治安混乱地区、突出治安问题、安全隐患，是社会治安综合治理最重要的基础工作"，要求"加强情况信息收集工作和社会治安形势分析研判，广辟信息来源渠道，及时掌握社情民意和治安动态，努力做到对社会治安问题和不稳定因素早发现、早报告、早控制、早解决"，并要求"构建以县（市、区）为单位、人防物防技防相结合的治安防控体系"；在机构设置与力量配备方面，《意见》强调要"切实加强乡镇、街道综治委、综治办建设，进一步加强领导、充实力量、增强权威，尤其要配齐配强综治办专职干部，确保这项工作有人抓、有人管、有成效"，同时要"积极研究探索适应社会主义市场经济要求的群防群治工作新形式，不断发展壮大群防群治队伍"；在条件保障方面，《意见》明确"各地区各部门各单位主要领导是社会治安综合治理第一责任人，要亲自研究部署社会治安综合治理基层基础建设中的重要事项，亲自协调解决存在的困难和问题，切实担负起第一责任"，并且要求"进一步加大基层社会治安综合治理工作经费保障力度，确保县、乡两级社会治安综合治理工作经费纳入同级财政预算"。

　　为创新立体化社会治安防控体系，以有效应对影响社会安全稳定的突出问题，中共中央办公厅、国务院办公厅于 2015 年 4 月 13 日印发了《关于加强社会治安防控体系建设的意见》。《意见》确立了社会治安防控体系建设的目标任务，即"形成党委领导、政府主导、综治协调、各部门齐抓共管、社会力量积极参与的社会治安防控体系建设工作格局，健全社会治安防控运行机制，编织社会治安防控网，提升社会治安防控体系建设法治化、社会化、信息化水平，增强社会治安整体防控能力，努力使影响公共安全的暴力恐怖犯罪、个人极端暴力犯罪等得到有效遏制，使影响群众安全感的多发性案件和公共安全事故得到有效防范，人民群众安全感和满意度明显提升，社会更加和谐有序"。《意见》就如何加强社会治安防控网建设、提高社会治安防控体系建设科技水平及完善社会治安防控运行机制等问题作出了周密的布置和安排。

　　30 多年来，在各级党和政府的统一领导下，全国各地区、各部门认真贯彻执行"打防结合、预防为主，专群结合、依靠群众"的方针，周密部署、锐意创新，多维度大力开展社会治安综合治理工作，不断有效地防范、化解和管控影响社会安定的各种问题，人民群众安全感和满意度进一步提升，取得了明显的成效。实践证明，社会治安综合治理这一战略方针，在解决社会治安突出问题方面是行之有效的，是成功的，理应长期坚持。相信在法治的引领以及在习近平总书记提出的"坚持系统治理、依法治理、综合治理、源头治理"的总体思路的指导下，一个建设人民安居乐业、社会安定有序、国家长治久安的平安中国的目标，一定会实现。

二、广西开展社会治安综合治理的基本状况

与全国其他地方一样，广西开展社会治安综合治理的工作也可谓如火如荼。在自治区党委、政府的统一领导下，广西各族人民全力参与，多形式、多渠道、多举措、全方位开展社会治安综合治理工作，取得了较为骄人的成绩。在 2014 年度全国社会治安综合治理工作综合考核中，广西考评得分 90.70 分，进入全国社会治安综合治理工作优秀省（区、市）行列。① 现把广西开展社会治安综合治理的基本状况，择其要作一介绍。

（一）社会治安综合治理开展的立法保障

为对广西社会治安综合治理的顺利开展提供强有力的支撑，

---

① 参见庞革平、尚永江：《广西社会治安综合治理工作进入全国先进行列》，http://gx.people.com.cn/n/2015/0512/c179430-24831877.html，2015 年 5 月 28 日访问。

广西壮族自治区人大常委会特制定了地方性法规《广西壮族自治区社会治安综合治理》（1994 年 7 月 29 日广西壮族自治区第八届人民代表大会常务委员会第十次会议通过，2010 年 11 月 27 日广西壮族自治区第十一届人民代表大会常务委员会第十八次会议修订通过）（下称《条例》）。《条例》共六章四十三条，分别为"总则"、"职责与任务"、"治安防范与整治"、"保障措施"、"奖励与惩罚"及"附则"。在"总则"部分，《条例》规定了制定的目的、方针、原则、组织实施主体等内容，其中第三条规定了"社会治安综合治理应当坚持打击与预防并举、预防为主，治标与治本兼顾、重在治本的方针"和"实行谁主管谁负责、属地管理，专门机关工作与群众路线相结合的原则"。在"职责与任务"一章中，《条例》规定了综治委与综治委成员单位的职责以及社会治安综合治理的具体任务。其中第八条规定："综治委成员单位应当根据社会治安综合治理的任务、要求和工作范围，各司其职、各负其责，并密切配合、互相协调。"在"治安防范与整治"一章中，《条例》就防控体系的建立、法制宣传教育、重大治安事件和群体性事件的防范、重点区域的整治、安全生产、互联网监管、特殊人群的监管、建立健全人民调解委员会、安置帮教等内容作出了详细的规定。在"保障措施"一章中，《条例》就目标管理、经费、人员配备、监督检查等内容作出了规定，其中第三十六条规定"机关、团体、企业事业单位及其他组织的主要负责人为本单位社会治安综合治理第一责任人"，第三十七条规定"县级以上人民政府应当将社会治安综合治理工作经费列入本级财政预算，确保社会治安综合治理工作的必要经费开支"。在"奖励与惩罚"一章中，《条例》规定，"对在社会治安综合治理工作中作出显著成绩的单位和个人，由各

级人民政府或者综治委按照有关规定给予表彰、奖励",同时规定
对于"违反本条例规定,不履行或者怠于履行社会治安综合治理
职责"的,分别受到"当年不得授予综合性荣誉称号,其主要领导、
主管领导和治安责任人不得评先受奖和晋职晋级"及责令限期改
正、通报批评、行政处分、追究刑事责任等处罚。

（二）社会治安综合治理的平台建设

在中央确立社会治安综合治理这一战略方针之初,全国乡镇
一级开展社会治安综合治理的平台基本为其综治委下辖的综合治
理办公室（简称综治办）。但综治办作为综治委下属日常职能机构,
所办事务以咨询、督促为主,基本上不直接参与具体社会治理问
题的处理。[1] 最初的综治平台存在着职责范围窄、工作方法单一、
制度不完善、机制不畅通等诸多问题,无法适应社会治安综合治
理的需要。于是,全国各地纷纷探索社会治安综合治理的新模式。
如广东省于 2006 年 5 月份决定在全省乡镇（街道）建设社会治安
综合治理工作中心（简称综治工作中心）。综治工作中心由乡镇
（街道）党委、政府领导,综治办牵头协调,各有关部门和社团组
织协作联动,集综合治理、维护稳定、平安建设为一体的工作平
台。2009 年,为了从根本上扭转社会矛盾上升、社会治安严峻的
形势,广东省在综治工作中心的原有基础上,对现有综治信访维
稳工作资源进行重新配置和有效整合,统筹人民调解、行政调解、
司法调解三大调解资源,协调镇街相关职能部门力量,既依法履

---

[1] 张勤:《当代中国基层调解研究——以潮汕地区为例》,中国政法大学出版社
2012 年版,第 139 页。

职、各负其责，又密切配合、协调联动，形成统一受理调处群众信访及矛盾纠纷、推进社会治安综合治理的工作平台——镇街综治信访维稳中心。中心由镇街党委副书记兼任综治办和综治信访维稳中心主任，另选配一名专职副主任。中心统一受理群众来信来访，统一排查矛盾纠纷和分流调处，统一协调矛盾纠纷化解工作，统一督办、统一建立工作台账制度，并实行一个窗口服务群众、一个平台受理反馈、一个流程调解到底、一个机制监督落实的"四个一"运作方式。从综治工作中心向综治信访维稳中心演变，通过拓宽核心部门的范围，试图克服综治工作中心资源整合不到位、管理运作机制不规范、组织协调能力不强的缺点，在制度创新上有所突破。①

　　与全国各地一样，广西的社会治安综合治理平台也经历了一个不断摸索及演变的过程。2009年10月，广西壮族自治区社会治安综合治理委员会印发了《建立乡镇（街道）综治信访维稳中心的通知》（下称《通知》）。《通知》指出，为加强社会治安综合治理基层基础工作，充分发挥乡镇（街道）在维护稳定中的重要作用，努力把我区社会治安综合治理工作推上新台阶，根据中央综治委关于全面推进乡镇（街道）社会治安综合治理工作中心建设的要求，经自治区党委、自治区人民政府同意，决定在我区各乡镇（街道）建立综治信访维稳中心。综治信访维稳中心是在乡镇（街道）党（工）委、政府（办事处）领导下，综治委具体组织指导，整合综治办、公安派出所、司法所、民政办、劳动和社

---

① 张勤：《当代中国基层调解研究——以潮汕地区为例》，中国政法大学出版社2012年版，第141～146页。

会保障所、信访办、人民法庭、人民武装部等部门力量，组成的协作联动工作平台。乡镇（街道）综治信访维稳中心和乡镇（街道）综治办是一个机构，两块牌子。在不增加领导职数的情况下，综治信访维稳中心主任由乡镇（街道）党（工）委副书记兼任，设一名专职副主任（副乡级，一般由综治办副主任担任），公安派出所所长、司法所所长、民政办主任、劳动和社会保障所所长、信访办主任、人民法庭庭长、人民武装部部长兼任副主任。中心配备 2 至 3 名专职工作人员，从乡镇（街道）现有行政事业编制中调剂。至此，"综治信访维稳中心"就成为了我区乡镇（街道）最新的社会治安综合治理平台。从以上我区的乡镇（街道）综治信访维稳中心这一组织形式的内容看出，参与中心的成员单位和核心部门的范围得到了拓宽，同时配齐配强了中心的专职人员或干部，充实了力量、增强了权威。

《通知》规定乡镇（街道）综治信访维稳中心的职责是：贯彻执行上级有关社会治安综合治理和维护社会稳定的方针政策和总体部署，研究制定和组织实施年度工作目标和阶段性工作计划；组织、协调、督促、指导辖区部门、单位和广大群众开展平安建设活动，组织开展排查化解社会不稳定因素和矛盾纠纷，排查整治治安混乱地区和突出治安问题；加强群防群治，落实治安防控措施；加强流动人口服务管理，做好刑释解教人员安置帮教，预防青少年违法犯罪，搞好铁路护路联防，开展学校周边治安管理，加强对社区矫正人员、吸毒人员等重点人员帮教管控和对社区闲散青少年、服刑在教人员、未成年子女、流浪儿童、农村留守儿童的教育、服务、救助和管理；开展依法治理活动，加强综治（平安建设）和法制宣传教育；组织开展禁毒工作，加强国家安全人民防线建设，开展反邪教工作；落实安全生产和消防管理措施；对辖区综治成员单位和村（社区）的年度综治工作进行检查考核；接待和处理人民群众来信来访。从中心的以上职责内容看出，与"综治办"这一平台相比，其职能范围不仅作了实质性的拓宽，且其开展工作的方式也变得多样化。

（三）多维度具体开展社会治安综合治理活动

与全国其他许多地方一样，广西在具体开展社会治安综合治理工作中，根据实际需要，不断推出各种新举措，以满足综治工作的有效推进。笔者在此暂举两例：一是建立健全预防和化解社会矛盾机制。加强社会矛盾的预防和化解，是促进社会稳定和经济发展的基础，也是开展社会治安综合治理的得力手段。广西特别注重有效预防和化解社会矛盾综合机制的建设。如，2000 年 9 月 16 日，广西壮族自治区党委办公厅、自治区人民政府办公厅转发了《自治区社会治安综合治理委员会关于进一步加强矛盾纠纷排查调处工作的意见》。该《意见》就矛盾纠纷排查调处工作机制的建立与完善、矛盾纠纷排查调处工作责任的分解与落实、处理矛盾纠纷的工作方法以及矛盾纠纷排查调处责任制的实行与各项工作的落实等方面作了较为详细的安排和布置，具有很强的针对性、实效性和指导性。又如，"2014 年，广西各级政法综治机关围绕广大人民群众所需，积极建立和完善调处化解矛盾纠纷综合机制，加强民间借贷、劳资关系、医患纠纷、环境污染、交通事故等专业性、行业性调解组织建设，全区已建立交通事故纠纷调解组织 89 个、医患纠纷调解组织 87 个、物业纠纷调解组织 37 个，86 个县（市、区）设立劳动争议仲裁院，929 个乡镇（街道）建立了劳动争议调解组织";[①]二是创新立体化社会治安防控体系。在社会治安防控体系的建设方面,"天峨经验"便是其中值得点赞的一例。"广西以网格化管理、社会化服务为方向,以乡镇(街道)、村(社区)为重点,建立健全了全区社会点线面结合、网上网下结合、人防物防技防结合、打防管控结合的立体化社会治安防控体系。2014年,广西有631个乡镇(街道)、5593个村(社区)进行了网格化管理"。[②]

第五节　基层法律服务的由来及发展

一、基层法律服务的概念、由来及发展

在笔者看来,基层法律服务的定义应有广义和狭义之分。从狭义上讲,基层法律服务是指具有特定资格的基层法律服务工作者用自己所掌握的法律知识,面向农村、社区等基层社会提供的有偿或无偿法律帮助的活动。按照司法部的有关规定,为基层提供法律服务的人员统称为"基层法律服务工作者",包括经考试或者按考核程序取得基层法律服务工作者执业资格的人员以及具备律师资格、公证员资格或者企业法律顾问资格而申请从事基层法律服务工作的人员。基层法律服务工作者的执业机构是基层法律服务所,依据司法部《基层法律服务所管理办法》的规定,基层

---

① 参见庞革平、尚永江:《广西社会治安综合治理工作进入全国先进行列》,http://gx.people.com.cn/n/2015/0512/c179430-24831877.html,2015年5月28日访问。

② 参见庞革平、尚永江:《广西社会治安综合治理工作进入全国先进行列》,http://gx.people.com.cn/n/2015/0512/c179430-24831877.html,2015年5月28日访问。

法律服务所是"在乡镇和城市街道设立的法律服务组织"。因此，从狭义上说，基层法律服务仅仅是指基层法律服务所的具有基层法律服务工作者执业资格的人员（包括律师、公证员等）向基层的各单位和公民提供的法律服务。从广义上说，基层法律服务是为基层（农村、社区）提供的法律服务的总称，包括基层法律服务所的基层法律服务工作者及律师、公证员等为基层提供的法律服务，也包括法官、检察官等为基层提供的无偿法律服务（包括法律咨询、调解等）。

在我国，基层法律服务工作产生于20世纪80年代初期。当时，随着国家改革开放的启动，商品经济也随之萌动并快速发展起来。为适应社会经济发展的新形势，法律"主动介入经济活动、为经济建设提供服务"的理念及行动在广东、福建、辽宁等沿海经济较为发达的地方相继生成及开展起来。而当时正值我国司法行政制度恢复初期，律师、公证人员队伍数量不多、力量薄弱，且相对集中在较大城市，其法律服务范围无法覆盖到广大的乡村地区，出现了法律服务供求极为紧张的状况，于是基层法律服务机构便应运而生。如广东便是创建乡镇、街道法律服务组织而走在全国前列的省份。早在80年代初期，广东的顺德、中山、番禺等地相继在乡镇、街道设立了法律服务机构，得到了广东省司法厅的肯定，并于1984年5月在番禺召开的全省司法调解工作会议上，向全省推广在乡镇街道建立法律服务站（所）的做法。同时，1984年11月，司法部在广州召开"人民调解组织为经济建设服务广东现场会"，肯定了广东基层司法调解组织主动介入经济活动，提供多门类法律服务的经验和建立区镇司法办公室、成立法律服务站的做法，大大推动了广东乡镇法律服务站建设的步伐。到1985年底，广东全省建立法律服务站 1303 个，比 1984 年增加 3 倍多。①

司法部在肯定广东、辽宁等地的做法之后，在其系列会议及发布的各种通知中，要求各地在试点的基础上加以推广。随后"要求各地根据实际情况，积极创造条件，在乡镇设立法律服务机构"。同时对已经建立的基层法律服务所要加强管理指导，完善工作制度，提高服务质量，进而提出在城市街道和厂矿企业也要积极探索出加强基层法律服务的路子。从此，基层法律服务机构在全国范围内逐步并迅速发展起来。

鉴于基层法律服务所（站）在全国的不断涌现，对之进行规范与管理便成为必要。司法部于 1987 年 5 月 30 日颁布了《关于乡镇法律服务所的暂行规定》，该《规定》共 11 条，对基层法律服务所的建立宗旨、管理体制、业务范围、人员配备、经费收支等问题作了具体规定。如，"乡镇法律服务所的建立，由乡、镇人民政府根据本地区经济和社会发展的需要决定，并经县（市、区）司法局批准。乡镇法律服务所受乡、镇人民政府领导和县（市、区）司法局指导，由司法助理员（司法办公室）管理"；"乡镇法律服务所由三人以上组成，设主任一人，可以由司法助理员兼任"；"乡镇法律工作者必须具有相当高中以上文化程度和一定的法律知识、政策水平"；"乡镇法律服务所的经费，可以实行全额管理、差额由乡、镇人民政府补助或由乡、镇人民政府统收统支的办法，有条件的地方，也可以实行自收自支"；等等。从该《规定》的内容看出，乡镇法律服务所开始是与司法所处于"两块牌子，一套人

① 张勤：《当代中国基层调解研究——以潮汕地区为例》，中国政法大学出版社 2012 年版，第 94～95 页。

马"的运行体制，并从属于基层政府。

针对基层法律服务所发展过快，不少新建所不符合条件，兼职人员过多等弊端，司法部于 1989 年 11 月 10 日发布的《关于进一步加强乡镇法律服务所组织建设的若干意见》明确规定，法律服务所除由司法助理员担任主任之外，必须有两名高中以上（含高中毕业）文化程度、能从事法律服务工作的专职人员。同时，对兼职人员的任用条件做了限制：（1）具有律师资格，或者具有法律中专以上学历，或者从事过两年以上司法实践工作的；（2）每年能在所属乡镇法律服务所履行职务满 90 个工作日的；（3）非法院、检察院、公安部门现职工作者；（4）非乡镇党政部门和企事业单位领导干部。

司法部 1991 年 9 月 20 日发布的《乡镇法律服务业务工作细则》，规定了乡镇法律服务所的业务范围，涉及法制宣传、调解纠纷、协办公证以及担任法律顾问、代理诉讼活动等部分律师业务。

21 世纪初，我国的基层法律服务迎来了新的发展拐点。那就是司法部于 2000 年 3 月 31 日同时发布了两个新的规章，即《基层法律服务所管理办法》（司法部令第 59 号）和《基层法律服务工作者管理办法》（司法部令第 60 号）。按照司法部在《关于贯彻实施〈基层法律服务所管理办法〉和〈基层法律服务工作者管理办法〉若干问题的意见》（司发通［2000］066 号）中所述，两个新规章颁布的背景是，"基层法律服务工作在历经十多年的发展和改革后，其组织模式、运行机制、队伍建设、管理体制和执业环境等各个方面发生了很大变化，1987 年制定的《关于乡镇法律服务所的暂行规定》已无法适应现实需要。同时随着依法行政方针的确立以及《行政处罚法》和《行政复议法》的颁布实施，司法行政机关对基层法律服务工作的管理必须实现有法可依、有章可循。尤其是在面临地方政府机构改革的新形势下，迫切需要通过建章立制进一步规范和完善对基层法律服务工作的管理，强化司法行政机关特别是县级司法行政机关的管理职能"。由此，司法部适时颁布《基层法律服务所管理办法》取代了 1987 年颁布的《关于乡镇法律服务所的暂行规定》。与过去的规定相比，两个新规章在机构设置、人员管理等方面，不仅进行了较大的完善，还作出了许多新的规定，填补了基层法律服务制度建设方面的诸多空白。从而，基层法律服务工作由此迈入新的运行轨道。其中一个最大的变化，是司法部 59 号令规定"基层法律服务所按照事业法人体制进行管理和运作，独立承担民事责任"、"基层法律服务所的财务管理，原则上实行自收自支、独立核算"，彻底改变了 1987 年制定的《关于乡镇法律服务所的暂行规定》中"乡镇法律服务所的经费，可以实行全额管理、差额由乡、镇人民政府补助或由乡、镇人民政府统收统支的办法"的规定，标志着基层法律服务所成为了独立的社会服务中介组织。

　　然而，法律服务所事业法人的属性和司法所机关法人派出机构的属性并不一致，"两块牌子，一套人马"的固有运行体制无法同时兼容两种属性，① 因此，司法部在 2000 年 4 月 13 日发布的《关于进一步加强基层司法所建设的意见》中又不得不作出了"中庸"式的解决方案，提出"各地应积极创造条件，逐步实现司法所与法律服务所的分设；尚不具备分设条件的，两所可采取'合

---

① 张勤：《当代中国基层调解研究——以潮汕地区为例》，中国政法大学出版社 2012 年版，第 97 页。

署办公'的模式"。另外，根据国务院关于清理整顿经济鉴证类社会中介机构的部署和国务院清理整顿领导小组《关于经济鉴证类社会中介机构与政府部门实行脱钩改制的意见》（国办发［2000］51号）以及清理整顿领导小组办公室给司法部《关于律师事务所、社会法律咨询服务机构脱钩改制有关问题答复意见的函》（清办函［2000］9号）的要求，司法部于2000年9月25日发布了《基层法律服务机构脱钩改制实施意见》（司发通［2000］134号）。《实施意见》要求"挂靠政府部门、社会团体、企业事业单位或由其举办的法律服务所以及已实现自收自支、具备自我发展条件和能力的、由乡镇政府（街道办事处）和县级司法行政机关组建的基层法律服务所，在人员、财务、业务、名称四个方面与原举办或挂靠单位实施脱钩（尚未实现自收自支的基层法律服务所可暂不实行脱钩改制，仍可维持原管理运作体制），实行脱钩的法律服务所，不再属于行政挂靠机构或事业单位，其执业组织形式应当改制为合伙制的法律服务所，实行自主执业、自收自支、自我管理、自我发展的自律性运行机制"。

从以上对基层法律服务所成长史的梳理看出，基层法律服务工作在改革开放中产生，其诞生之初便与司法所成为"你中有我、我中有你"的共生体，并在其法律属性的定位上进行着"分家"与"合署"的拉锯以及从事业性质的法律服务组织到脱钩改制为合伙制的法律服务所的裂变中逐步发展壮大。但其过程无论如何曲折，基层法律服务现毕竟已成为我国司法行政公共法律服务体系的重要组成部分，其业务涵括了应聘担任法律顾问（应聘单位包括本辖区的乡镇、街道政府及其各行政管理部门、村民委员会、乡镇企业、事业单位、农村承包经营户、个体工商户、私营企业、个人合伙组织及公民）、代理参加民事、行政诉讼活动、代理非诉讼法律事务（包括审查合同、参与协商和谈判、参与仲裁活动、代理申请行政复议等）、主持调解纠纷、解答法律咨询、代写法律文书、协助办理公证（包括协助开展证前服务、办理公证申请、办证过程中的有关事项及证后服务）、开展见证工作（应当事人的申请，可以对一些内容单一、权责明确、标的额小、履行期短的协议或合同给予审查和证明，并监督协议或合同的履行）及协助司法助理员开展法制宣传教育和其他有关业务工作等范围。

　　长期以来，我国广大基层法律服务工作者立足农村、社区，发挥扎根基层、熟悉民情、服务快捷、亲民近民、收费优惠的优势，满足了基层政府和基层群众的法律服务需求，也弥补了律师、公证服务不能涉及和覆盖的领域，并与之形成了拾遗补缺、优势互补的格局，成为公共法律服务体系中的一支重要力量，在维护社会稳定、促进经济社会发展中发挥了显著的作用。

二、广西基层法律服务开展的历史状况

　　与全国一些地方相比，广西开展基层法律服务的起步稍晚一点。为适应改革开放后农村中迅速增长的对法律服务的需要，广西司法行政机关借鉴外省的经验，自1984年底起逐步在乡镇一级建立以司法助理员为骨干的法律服务机构（司法办公室）。1984年11月，自治区司法厅在全自治区司法行政工作会议上提出建立乡镇法律服务机构，先搞试点，而后推广。会后，钦州地区司法处向钦州地区政法委员会提交了《关于建立乡镇法律服务站的报告》，提出乡镇一级司法行政工作量很大，仅靠一名司法助理员难以胜任，从本地区经济发展和长治久安的需要考虑，建议逐步建

立乡镇法律服务机构，各县先选择一个人口集中、经济比较活跃的乡镇作为试点，开展法律服务工作。钦州地区政法委员会批转了这个报告。同年 12 月，合浦县石康镇建立了全自治区第一个乡镇法律服务机构——石康镇司法办公室。自治区司法厅以《广西司法简报》向全自治区推广钦州地区的做法。随后，玉林等地、市司法处、局亦先后搞了一批试点。乡镇法律服务机构最初的任务主要是，协助乡镇人民政府调处土地山林水利纠纷及有关公粮、计划生育等方面的纠纷，使乡镇领导从纠纷的重围中解脱出来，并为广大农民群众提供法律服务，参与社会治安综合治理，维护农村的社会稳定。乡镇法律服务工作很快赢得了乡镇党委和政府的支持，得到了广大群众的好评。许多地方注意帮助解决乡镇法律服务机构的实际困难，给人、给钱、给房子、给时间，改善办公条件，充实人员力量，加强对工作的指导。有的乡镇党委书记或乡（镇）长还兼任乡镇法律服务机构的主任。乡镇党委、政府的支持，使乡镇法律服务机构扎下根来。1985 年 4 月，自治区司法厅在全自治区司法行政工作会议上提出，各县（市）司法局现在县城或一个乡镇建立司法办公室（法律服务所），加强领导，总结经验，而后推广，争取两年内在人口集中、交通方便、经济比较发达的乡镇普遍建立司法办公室或法律服务所。会后，各地积极筹建乡镇法律服务机构。1985 年底，钦州地区 118 个乡镇都建立了乡镇法律服务机构，玉林地区绝大多数乡镇也建立了法律服务机构。1986 年底，全自治区建立乡镇法律服务机构 524 个，占全自治区乡镇总数的 43.5%。1987 年 6 月，自治区司法厅在陆川召开第一次全自治区乡镇法律服务工作经验交流会，这次会议推动了全区乡镇法律服务工作的发展。1987 年 9 月，南宁市兴宁区

建立了广西第一个城市街道法律服务所。至 1988 年，全自治区建
立基层法律服务机构 1097 个，占全自治区乡镇总数的 80%，其中
街道法律服务机构 18 个。在发展机构时，广西各地按照司法部关
于乡镇法律服务机构必须有三人以上的规定，对所建机构进行检
查整顿和审批，撤销了一些不符合规定的所。1988 年自治区司法
厅依照司法部的要求，统一印制了《广西壮族自治区乡镇法律服
务所批准证书》，要求各县（市）司法局对已成立和报请建立的基
层法律服务所进行复审和审批，合格者颁发批准证书。原成立的
乡镇司法办公室，要求下设乡镇法律服务所才发给批准证书。这
一部分机构实行一套人马两块牌子，即乡镇司法办公室作为乡镇
人民政府管理司法行政工作的机构，法律服务所作为向社会提供
法律服务的机构。1989 年按照司法部的规定，全自治区法律服务
机构的称谓统一为"乡镇法律服务所"。[①]

　　从广西基层法律服务机构的创办及发展过程来看，法律服务
机构一开始便与司法办（所）处于一种共生关系，而且后来尽管
把法律服务机构的称谓统一为"乡镇法律服务所"，但是二者始终
相伴而行，甚至在国家及自治区司法行政部门的多次整顿下，它
们都无法脱离"你中有我，我中有你"的"两块牌子，一套人马"
的关系。而这，与全国多数地方的状况基本一致。

　　从总体而言，当前，广西基层法律服务工作者严格按照司法
部 60 号令开展法律服务业务，紧紧围绕党和政府的中心工作，坚
持解放思想、实事求是、与时俱进，规范和强化了基层法律服务

---

　　① 上述关于广西基层法律服务机构的创办、发展过程见广西壮族自治区地方志编
纂委员会编：《广西通志·司法行政志》，广西人民出版社 2002 年版，第 262～263 页。

的管理、加强了队伍建设、努力改善了法律服务工作者的执业环境。近几年来，全区基层法律服务工作紧紧围绕"三大行动"活动、"温馨之家·贴心服务"社会管理创新平台创建活动，积极开展法律服务，共为67436家机构担任法律顾问、代理诉讼105198件、非诉讼代理99810件、解答法律询问1637225人次、办理法律援助案件35194件、参与司法行政工作107790人次，为当事人避免和挽回经济损失12.14亿元，在维护广西基层稳定、推进民主法治、构建社会和谐等方面发挥了重要作用。①

就广西民族乡而言，广大基层法律服务工作者立足农村，"围绕中心、服务大局"，发挥扎根基层、熟悉民情、服务快捷、亲民近民、收费优惠的优势，任劳任怨、兢兢业业，克服困难、与时俱进，以极大的热情服务于"三农"，为民族乡新农村建设作出了应有的贡献。

---

① 广西普法网，黎娟，广西基层法律服务工作者协会召开第二次代表大会，（2013-8-28）http://www.gxpf.gov.cn/news_show.asp?id=11073，2014年7月7日访问（摘自2013年8月27日广西基层法律服务工作者协会第二届代表大会"广西基层法律服务工作者协会工作报告"）。

第二章

当代广西民族乡法治建设的具体开展

对于新时期广西民族乡在散居少数民族权益保障、人民调解、法制宣传教育、社会治安综合治理及基层法律服务五大板块法治建设的具体开展状况，本书主要安排了"举措"和"成效"两个层面的考察内容。其中在"举措"层面，考察的内容包括相关制度（含地方立法）的制定、机制的建立健全、具体工作方法（或模式）的使用及其落实与运作过程，还包括相关组织机构、法治队伍、办公设施、业务规范化等方面的建设状况；在"成效"层面，主要是考察民族乡通过系列"举措"的落实与运作所带来的变化或取得的成果，这些"成效"的证成主要通过一些直观的数据以及法治意识、行为方式的变化等实证手段予以体现。

本章在实证调研的对象方面是这样安排的：在民族乡散居少数民族权益保障方面，调研的对象主要有南屏瑶族乡、八腊瑶族乡、东山瑶族乡、洞井瑶族乡、沙里瑶族乡、夏宜瑶族乡、草坪回族乡、同乐苗族乡和滚贝侗族乡；在人民调解工作开展方面，调研的对象主要有马练瑶族乡、夏宜瑶族乡、南屏瑶族乡、八腊瑶族乡、普合苗族乡和滚贝侗族乡；在法制宣传教育工作开展方面，调研的对象主要有南屏瑶族乡、洞井瑶族乡、八腊瑶族乡、夏宜瑶族乡、东山瑶族乡、沙里瑶族乡、八渡瑶族乡、普合苗族乡、十万山瑶族乡、马练瑶族乡和镇圩瑶族乡，其中南屏瑶族乡为"点"的调研对象；在社会治安综合治理方面，调研的对象主要有南屏瑶族乡、八腊瑶族乡、同乐苗族乡、古砦仫佬族乡、滚贝侗族乡、八渡瑶族乡和普合苗族乡；在基层法律服务方面，"点"的调研对象为潞城瑶族乡、东山瑶族乡和镇圩瑶族乡，"面"的调研对象为南屏瑶族乡和八渡瑶族乡。

第一节　广西民族乡散居少数民族权益保障的实践及成效

一、广西民族乡散居少数民族权益保障的多维举措

广西各级党委、政府充分认识到民族乡在整个民族工作中的重要性及保障民族乡散居少数民族权益的必要性，以实现"各民族的共同发展和共同繁荣"为目标，从制度规范、机制创新等层面，多举措对广西民族乡散居少数民族权益实施了支持与保障行动。

（一）广西民族乡散居少数民族权益的制度保障

这里的"制度"包括了规范层面和非规范层面两个方面的内涵。从规范的层面上看，广西民族乡散居少数民族权益的保障包括立法保障和制定行政规范性文件保障。前者是指广西人大及其常委会、南宁市人大及其常委会制定的地方性法规和自治区人民政府、南宁市人民政府制定的规章对民族乡散居少数民族权益实施保障；后者是指广西依法享有地方性法规和规章制定权之外的

其他各类行政机关及被授权的组织制定的，除地方性法规和规章以外的具有普遍约束力和规范体式的决定、命令、通告、意见等行政规范性文件（俗称"红头文件"），[①]对民族乡散居少数民族权益实施保障。从非规范层面上看，是在一些行政指导性文件中，体现了对广西民族乡散居少数民族权益保障的建议的内容。在这些立法、行政规范性文件以及行政指导性文件中，有的专门涉及民族乡散居少数民族权益保障的内容，有的虽然没有对民族乡散居少数民族权益的保障问题作出专门规定，但在涉及整个少数民族权益保障或者农村居民权益保障中涵括了民族乡散居少数民族权益的保障的内容。

1. 政治参与权的保障

在民族乡少数民族参与政治生活的权益保障方面，广西各级机关制定的诸多地方性法规、规章和行政规范性文件都有不同程度的体现。如《广西壮族自治区乡、民族乡、镇人民代表工作条例》（1990 年 12 月 29 日广西壮族自治区第七届人民代表大会常

---

① 行政法学中的抽象行政行为包括两种：一种是制定行政法规和行政规章的行为；一种是制定具有普遍约束力的决定、命令等其他行政规范性文件的行为。对于第二类抽象行政行为，一直以来，行政法学界并没有统一的称谓。有的称为"行政法规、规章之外的其他规范性文件"，有的称为"规章以下行政规范性文件"，有的称为"行政立法之外的抽象行政行为"，有的称为"行政规定"。同时，我国《宪法》和法律对此也没有作出统一的名称规定。马怀德等学者依据《行政诉讼法》和最高人民法院关于《行政诉讼法》的司法解释，采用"行政规范性文件"的称谓，认为该词包含了"行政""规范""文件"等关键词语，既可以涵盖此类行为的基本特征，也能与行政法规、规章相对应，同时避免了其他称谓或拖沓冗长或含义不明的缺陷。为此，笔者也采"行政规范性文件"的称谓。参见马怀德主编：《行政法学》，中国政法大学出版社 2007 年版，第 175 ~ 176 页；熊文钊主编：《民族法制体系的建构》，中央民族大学出版社 2012 年版，第 346 页。

务委员会第二十次会议通过，根据 1996 年 9 月 25 日广西壮族自治区第八届人民代表大会常务委员会第二十四次会议《关于修改〈广西壮族自治区乡、民族乡、镇人民代表大会工作条例〉的决定》第一次修正）（以下简称《条例》）中规定了民族乡少数民族如下的一些基本政治权益：一是担任领导职务的权利。《条例》第 17 条规定："民族乡的乡长由建立民族乡的少数民族公民担任。"第 25 条第 3 款规定："民族乡的人民代表大会中，应当有建立民族乡的少数民族公民担任主席或者副主席。"二是选举权。《条例》第 5 条第 1 款规定：民族乡人民代表大会由选民直接选举的代表组成；第 7 条规定，民族乡人民代表大会行使"选举本级人民代表大会主席、副主席，选举乡长、副乡长"的职权；第 18 条规定，主席、乡长的候选人数一般应多一人，进行差额选举，如果提名的候选人只有一人，也可以等额选举。副主席、副乡长的候选人数应比应选人数多一人至三人，由本级人民代表大会根据应选人数在选举办法中规定具体差额数，进行差额选举。选举采用无记名投票方式，代表对于确定的候选人，可以投赞成票，可以投反对票，可以另选其他任何代表或者选民，也可以弃权。三是监督权。《条例》第 15 条规定，民族乡人民代表大会代表有向本级人民代表大会提出对各方面工作的建议、批评和意见的权利，建议、批评和意见由主席团交有关机关和组织研究处理，并在三个月内答复代表。个别确实需要延长办理期限的，最迟不得超过六个月；第 21 条规定，民族乡人民代表大会举行会议的时候，代表十人以上联名可以书面提出对乡镇人民政府及其所属各工作部门的质询案，由主席团决定交受质询的机关，受质询的机关必须在会议期间负责答复。如果全体代表半数以上对答复不满意，受质询机关的负责人应作补充答复。大会认为有必要时，可以组织对质询内容的调查并作出相应的决定；第 38 条规定，民族乡人民代表大会代表受选民的监督；第 33 条规定，民族乡人民代表大会代表应当同选民保持密切联系，定期走访选民，听取和反映选民的意见和要求，向选民报告履行代表职责的情况。四是罢免权。《条例》第 20 条规定，民族乡人民代表大会举行会议的时候，主席团或者五分之一以上代表联名，可以提出对主席、副主席，乡长、副乡长的罢免案，由主席团提请大会审议；第 38 条第 2 款规定，选民有权依法罢免自己选出的代表。罢免代表须经原选区过半数的选民通过。

还有根据《广西壮族自治区实施〈中华人民共和国村民委员会组织法〉办法》（2001 年 12 月 1 日广西壮族自治区第九届人民代表大会常务委员会第二十七次会议通过，2013 年 9 月 26 日广西壮族自治区第十二届人民代表大会常务委员会第六次会议修订）的规定，广西各民族乡广大少数民族群众在决定村民委员会和村民小组成员的组成、决定办理关涉村民利益的诸如"本村建设规划、经济和社会发展规划、年度计划"等事项中，享有民主选举和民主决策权，对村民委员会的各项工作的开展有要求民主管理的权利，并对此享有民主监督的权利。同时，该办法特制定了"法律责任"条款，以切实保障这些权利的实现。等等。

2. 经济社会事业发展保障

对广西民族乡散居少数民族经济社会事业发展的保障，在立法方面散见于一些涉及整个少数民族权益保障或者农村居民权益保障的规定中。如，《广西壮族自治区扶贫开发条例》（1995 年 11月通过，2002 年 1 月修改）、《广西壮族自治区农村居民最低生活保障办法》（2009 年 10 月 1 日起施行）、《广西壮族自治区实施〈农村五保供养工作条例〉办法》（2011 年 2 月 1 日起施行），等等。
广西民族乡散居少数民族在该方面权益的保障，更具针对性的主
要见于历年的系列行政规范性文件或行政指导性文件。如，2001
年 1 月 19 日广西壮族自治区人民政府发布的《关于进一步加强
民族工作的意见》（桂发〔2001〕4 号）；2003 年 7 月 18 日，广西
壮族自治区人民政府发布的《关于印发广西壮族自治区民族教育
事业 2003 至 2007 年发展规划的通知》（桂政法〔2003〕40 号）；
2003 年 7 月 18 日发布的《广西壮族自治区人民政府贯彻落实国
务院关于深化改革发展民族教育的决定的意见》（桂政法〔2003〕
41 号）以及广西壮族自治区民族事务委员会、广西壮族自治区财
政厅于 2000 年 7 月 7 日颁布新修订的《少数民族地区补助费管理
办法》，等等。其中，1996 年 11 月 14 日，广西壮族自治区民委
制定的《关于加强我区民族乡工作的意见》，是迄今为止广西专门
为发展民族乡经济社会等各项事业的行政规范性文件。该文件由
自治区党委、自治区人民政府于 1997 年 1 月 13 日作出同意意见，
并同日由广西壮族自治区党委办公厅、自治区人民政府办公厅印
发的《关于转发〈自治区民委关于加强我区民族乡工作的意见〉
的通知》组织实施。该《通知》指出："民族乡工作是我们党民族
工作的重要组成部分。民族乡是散杂居少数民族管理内部事务，
依法行使当家作主权利的基础政权，它不同于一般乡。各级党委
和政府必须重视民族乡工作，把民族乡工作列入议事日程。工作
中要充分注意民族乡的特点，采取适合民族乡实际的措施，努力
帮助他们发展经济和各项社会事业，以加快民族乡的发展。"自治
区民委制定的《关于加强我区民族乡工作的意见》共 6 个部分，
其主要内容为：

第一，充分认识民族乡的地位和特点，认真贯彻《民族乡行政工作条例》。各级党委、政府：在执行政策、制订计划、安排工作的时候，要充分考虑民族乡的特殊性，照顾他们的利益，尊重民族乡的自主权；必须认真执行党的民族政策，尊重少数民族的风俗习惯和民族感情，保持散杂居少数民族和民族乡的社会稳定，为民族乡的社会主义现代化建设创造良好的环境；要坚持把帮助民族乡发展经济和文化事业，改善各族人民生活放在首位，以实现各民族的共同繁荣；必须采取各种措施，帮助民族乡培养、选拔、配备好干部；要认真学习《民族乡行政工作条例》，提高法制观念，树立为民族乡、为少数民族办实事的思想，把《民族乡行政工作条例》真正落到实处。

第二，加快民族乡经济发展，改善民族乡的基础设施建设。根据自治区人民政府1996年1月召开的全区民族乡工作会议精神，各地、市、县人民政府要帮助民族乡因地制宜地制定"九五"规划和2010年远景目标。各级党委、政府和各部门要支持和帮助民族乡实现这些目标，在规划和安排本地区的建设项目时，在项目、资金方面要尽可能向民族乡倾斜。金融、信贷部门对民族乡安排的项目，在贷款条件、还贷期限上要适当放宽。国家每年安排的发展资金、以工代赈等扶贫资金要向贫困县民族乡倾斜。

第三，大力发展民族乡教育，提高少数民族文化素质。民族乡经济社会发展滞后的重要原因之一就是基础教育薄弱，要下大力气抓好基础教育，增加对民族乡教育的投入，改善办学条件，普及九年义务教育。各地市、县和民族乡的党委、政府以及教育部门在实施义务教育的同时，要特别重视解决民族乡适龄儿童失学严重、文盲半文盲比例高，民族干部后继无人的问题，要拿出切实可行的解决办法。

第四，加大扶持贫困民族乡的力度。认真帮助贫困民族乡实施以工代赈；改善贫困民族乡的交通基础设施；各种扶贫专项贷款要向贫困民族乡倾斜；要认真组织贫困民族乡的劳务输出；建立健全贫困民族乡扶贫开发培训网络。

第五，正确处理民族关系，促进民族团结。正确处理民族关系，搞好民族团结，对维护稳定，促进改革开放，有着重要意义。我区的民族关系是好的，各民族是团结的，这是我区的一大政治优势。要进一步发挥这一政治优势，必须正确处理新形势下的民族关系，要妥善解决好人民内部矛盾，解决好民族问题，促进各民族的大团结。新闻出版部门要加强各民族的优良传统和民族团结先进典型的宣传。各级党委、政府和有关部门要经常对各族干部和人民群众进行马克思主义民族观和爱国主义教育，自觉维护民族团结和祖国统一，同时要旗帜鲜明地反对破坏民族团结的行为，对那些有损于民族团结，并造成严重后果触及法律的，应坚决依法惩处。

第六，进一步加强民族乡工作的领导。民族平等团结，共同繁荣进步是我国民族工作的主题，也是民族乡工作的方向。要全面贯彻执行党的民族政策，始终把民族平等团结、共同繁荣进步作为民族乡工作的主题。各级党委和政府要把民族乡工作列入重要议事日程，每年至少要听取一次民族乡工作的汇报，研究解决民族乡工作的重要问题，多为民族乡办实事，办好事。

另外，2013年7月24日发布的《广西壮族自治区人民政府办公厅关于落实少数民族事业"十二五"规划的实施意见》（桂政办法〔2013〕74号）（以下简称《意见》），虽然《意见》不是专为民族乡而设，但其实施范围包括了广西民族乡在内的少数民族和少数民族聚居区，即 12 个自治县、3 个享受自治县待遇的县、58 个民族乡^①和 48 个少数民族人口占 30% 以上的县。《意见》基于广西仍处于"欠发达、后发展"的基本区情，确立了"加快发展"作为广西少数民族聚居区的主要任务，提出了"十二五"期间"经济平稳较快发展、基础设施更加完善、特色产业初步形成、对外开放水平显著提升、人民生活全面改善、科技教育发展明显加快、社会建设明显加强、民族优秀传统文化得到有效保护、传承和弘扬、生态文明建设成效显著、民族理论体系和民族政策法规体系更加完备"等十个发展目标。为实现这些目标，《意见》共制定出"加强基础设施建设、加快生态文明示范区建设、培育特色优势产业、推动特殊地区加快发展、不断提高公共服务水平、发展少数民族文化事业和文化产业、巩固和发展民族团结进步事业、加强少数民族各类人才队伍建设、加强民族理论体系和民族政策法规体系建设、创新民族工作体制机制"十个方面的主要任务，同时为保证任务能顺利完成，《意见》在每个具体任务中落实了相应的牵头单位和配合单位，如在"加强民族理论研究"的任务中，规定牵头单位为自治区民委，配合单位为自治区党委宣传部、自治区文化厅、新闻出版局、广西社科院、广西社科联及广西民族大学。同时，为保障少数民族事业"十二五"规划各项目标及具体任务的实现，《意见》落实了十项配套政策，即，（1）整合资金，确保少数民族聚居区基础设施建设投入（如，积极

---

① 因意见发布时，十万山瑶族乡尚未成立，因而意见只标明了 58 个民族乡。但鉴于该意见的精神和实施宗旨，在实施过程中，十万山瑶族乡自然或理所当然地作为该意见的实施范围。

争取中央财政对广西转移支付的稳定增长；加大中央财政性投资对少数民族聚居区的投入力度；提高国家有关部门专项建设资金在少数民族聚居区的投入比重；等等）；（2）实行政府主导的少数民族聚居区产业政策（如，加大少数民族聚居区具有特色优势的开发性种植业、养殖业和旅游业的重点投入，等等）；（3）全面加强金融服务（如，政策性银行对少数民族聚居区开发建设给予重点倾斜；扶持少数民族聚居区妇女、重点种养专业户通过小额担保财政贴息贷款实现创业就业；等等）；（4）实施生态补偿政策（如，增加对少数民族聚居区生态保护与建设、环境整治的专项资金；争取中央提高国家级公益林补偿标准；等等）；（5）实施教育科技扶持政策（如，实行公共教育资源、重大教育工程和项目向少数民族和少数民族聚居区倾斜政策；在少数民族聚居区探索高中阶段免费教育；等等）（6）医疗卫生政策（如，推进少数民族聚居区村级兽医室建设，建立村级动物防疫员队伍，适当提高村级动物防疫员实施重大动物防疫免疫注射补助标准；等等）；（7）实施文化惠民政策（如，实施少数民族聚居区文化遗产的保护政策，加大对少数民族聚居区重点文化保护单位、民族传统建筑和非物质文化遗产保护的财政投入力度，等等）（8）完善社会保障政策（如，加大自治区财政对少数民族贫困群众救助和自然灾害救助的投入力度，建立和完善救灾应急体系；合理确定和逐年提高城乡最低生活保障标准；等等）；（9）实施干部和人才政策（如，继续完善少数民族干部培养、培训机制，加大选拔使用少数民族干部工作力度；建立和完善推进少数民族聚居区干部挂职锻炼和异地交流工作机制；等等）；（10）实施对口支援政策（如，建立和完善我区鼓励经济较发达市、国有大中型企业支援少数民族聚居区发展的机制，采取多种形式，加大对口支援、扶持工作力度，等等）。相信随着《意见》的有效实施，广西民族乡少数民族的经济社会事业发展必定迈向新的高度。

3. 培养和使用少数民族干部的权益保障

该权益保障的规定主要被包含在一些涉及整个广西少数民族干部的培养和使用的行政规范性文件或行政指导性文件中。如，广西区党委组织部、统战部、区民委于 1994 年 6 月 10 日发布的《关于进一步做好培养选拔少数民族干部工作的意见》（桂〔1994〕16号），是广西少数民族干部培养和使用方面的专门性行政指导性文件。该《意见》要求各地各部门务必从战略的高度，充分认识培养选拔少数民族干部工作的重要性和长期性，进一步加强培养教育，提高少数民族干部的政治、业务素质，有计划地扩大数量，拓宽来源，合理配套各类专业技术干部和管理干部队伍，切实改善少数民族干部结构，加强中高级领导干部和符合社会主义市场经济要求的科技、管理人才的培养，积极大胆地选拔使用少数民族优秀中青年干部，着力提高少数民族地区各级领导班子驾驭社会主义市场经济的能力，努力使少数民族干部队伍建设同我区经济建设、社会发展的需要相适应。《意见》还就如何提高少数民族干部的整体素质、扩大少数民族干部队伍、做好少数民族领导干部的选配工作以及建设少数民族后备干部队伍等问题作了具体的安排。再如，2001 年 1 月 19 日广西壮族自治区人民政府发布的《关于进一步加强民族工作的意见》（桂发〔2001〕4号）中指出，"各级少数民族干部是维护民族团结的基础，是贯彻执行民族政策的关键，是促进民族进步的有力保障，在加快经济社会发展中具有不可替代的作用"。因此，"组织、统战、人事和民族工作部门要加强配合，认真做好少数民族干部的培养、选拔、使用和管理工作"。同时,"进一步改善少数民族干部队伍结构,在新录用干部时,要注意录取一定比例的少数民族优秀青年,逐步使少数民族干部占全区干部的比例和少数民族人口占全区人口的比例大体相当。对于人口较少的少数民族,其干部比例要略高于人口比例。民族自治县、民族乡的领导班子,要按照《中华人民共和国民族区域自治法》和国家、自治区有关文件规定选配好少数民族干部。加强对现有少数民族干部和后备干部的培训和教育工作"。

4. 少数民族文化权益保障

该方面权益的保障,主要见之于广西人大常委会于 2005 年 4 月 1 日通过、2006 年 1 月 1 日实施的《广西壮族自治区民族民间传统文化保护条例》(以下简称《条例》)。《条例》共分"总则"、"抢救与保护"、"传承与命名"、"管理与利用"、"法律责任"及"附则" 6 章。在"总则"一章中,《条例》规定了民族民间传统文化保护的目的、范围、原则、经费、组织和管理部门以及民族民间传统文化活动的开展等内容;在"抢救与保护"一章中,《条例》对民族民间传统文化的普查、搜集、整理、研究,民族民间传统文化保护档案的建立、保护名录的建立,民族民间传统文化的选编出版,重要的民族民间传统文化资料、实物的长期保存,列入自治区级民族民间传统文化保护名录的经营、出境以及民族民间传统文化的保密等内容作出了规定;在"传承与命名"一章中,《条例》对公民和单位命名为民族民间传统文化传承人和传承单位的条件及程序、命名为民族民间文化艺术之乡和设立民族文化生态保护区的条件及程序作出了规定;在"管理与利用"一章中,《条例》规定了县级以上人民政府、县级以上人民政府文化行政部门等部门的具体组织管理、编制规划、开发利用以及民族民间传统文化的展演展示、列入民族民间传统文化保护名录的建筑、设施、标识、场所等进行维护、修缮等工作内容；在"法律责任"一章中，《条例》规定，对于违反经费保障、经营或出境民族民间传统文化、在民族文化生态保护区范围内进行工程建设以及国家机关工作人员在民族民间传统文化保护中玩忽职守、滥用职权、营私舞弊的，分别承担行政、民事责任，构成犯罪的依法追究刑事责任。

（二）以民族乡成立逢十周年乡庆活动为契机，促进民族乡经济社会事业快速发展

民族乡成立逢十周年乡庆活动已有几十年历史。为了庆祝民族乡的成立，促进民族乡经济社会各项事业的发展，增强民族团结，国务院和各省、自治区、直辖市都制定了民族乡乡庆的制度。如，广西壮族自治区人民政府办公厅于 2003 年 7 月 17 日发布了《关于规范民族自治县和民族乡成立逢十周年庆祝活动有关问题的通知》（桂政办发［2003］118 号）。该《通知》要求，县庆、乡庆活动要坚持"隆重、热烈、节俭、务实"的基本原则。既要展现"与民同乐、万民同庆"的隆重、热烈场面，又要量力而行，不能借县庆、乡庆之机大宴宾客，馈赠贵重礼品，铺张浪费，搞形式主义；要通过筹备县庆、乡庆活动，扎扎实实地为自治县、民族乡各民族人民办几件看得见摸得着的实事、好事，让各族人民通过县庆、乡庆得到实惠，促进各民族的团结；要通过筹备县庆、乡庆，认真总结前十年自治县、民族乡贯彻落实党的民族政策和民族地区经济社会发展的基本经验，展望后十年自治县、民族乡发展的宏伟蓝图，鼓舞各族人民同心同德、奋发图强。

举行民族乡乡庆活动，是体现党和政府对少数民族关怀，展

示党的民族政策的优越和强大生命力的重要平台，是宣传民族区域自治制度，巩固和发展平等、团结、互助、和谐的社会主义民族关系，维护祖国统一和加强民族团结的重要途径，也是让民族乡各族群众共享改革发展成果，展现精神风貌的一个重要窗口，并对增强民族乡群众对本民族的自豪感、认同感、幸福感和归属感具有十分重要的作用。为了庆祝民族乡的成立，促进民族乡经济、文化等各项事业的发展，增强民族团结，国务院和各省市自治区都制定了民族乡乡庆的制度，通过实施献礼项目、宣传展示发展成果、举行庆祝大会、开展走访慰问等一系列活动，是弥补民族乡自身发展能力不足的重大举措，对拉动民族乡经济社会各项事业快速发展起到重要的作用。如 2011 年 9 月 27 日是东山瑶族乡成立 60 周年庆典日，该乡党委、政府本着"隆重、热烈、节俭、务实"的基本原则，并争取县委、县政府的高度重视，实行"乡庆县办"新模式，按照"五个一"的要求（举办一个庆祝大会、搞好一场文艺演出、办好一批实事好事、制作一批宣传作品、开展一系列民间娱乐活动），提出了建设"一路一街一场一馆一书一画一风貌"献礼工程，争取项目资金达 1600 多万元，完成了 7 个重点献礼项目及 12 个基础设施项目的建设，将乡庆活动办成了民族团结的盛会、加油鼓劲的盛会、和谐发展的盛会，使东山瑶、汉同胞真正体会到了社会主义大家庭的温暖和党的民族政策的优越，促进了社会的稳定、民族的团结和经济社会的快速发展，达到了预期的效果。①

---

① 参见俸娥、盘今：《完善民族乡成立逢十周年乡庆活动制度机制的实践与探讨》，http://smw.glin.cn/mzgzyj/201303/t20130328_289721.htm，2014 年 10 月 10 日访问。

2014 年广西逢十乡庆的共有 44 个民族乡。各民族乡都提早研究部署，积极筹划乡庆工作，所在的市、县党政领导也都予以高度重视，纷纷亲历各民族乡进行调研、检查及指导乡庆工作。如，2014 年 10 月至 11 月，河池市 6 个县（市）11 个民族乡中，有 9 个民族乡举办建乡 30 周年庆典活动。2013 年 8 月 27 日，河池市召开民族乡乡庆筹备工作推进会，研究部署 9 个民族乡乡庆筹备工作。河池市委常委、宣传部部长、副市长黎丽出席会议，并对相关工作提出要求。黎丽指出，9 个民族乡的乡庆，不仅是民族乡各族干部群众政治生活中的一件大事，也是河池市的一件大事。各级各部门要深化认识，统一思想，增强搞好民族乡乡庆工作的责任感和紧迫感；提早谋划，明确责任，狠抓项目落地和工作督查，推动乡庆各项工作有序开展；按照"乡庆县办"的要求，坚持"隆重、热烈、节俭、务实"的基本原则，把活动办成欢乐乡庆、实惠乡庆、平安乡庆。在各级党委、政府和相关部门的重视下，9 个民族乡已于 2012 年底启动了乡庆筹备工作。[①] 另外，2014 年 9 月 21 日，河池市委书记、市人大常委会主任黄世勇，深入天峨县八腊瑶族乡就民族乡乡庆建设、集镇风貌改造、特色农业发展、交通基础设施建设和扶贫开发"整乡推进"工作开展情况等内容进行调研，并看望慰问基层干部。[②]

---

① 《河池日报》（2013 年 8 月 29 日发布）：《广西河池积极筹划民族乡乡庆工作》，http://www.chinaacc.com/new/184_900_201308/29yu1958136231.shtml，2014 年 10 月 10 日访问。

② 天峨县民族局（2014 年 9 月 26 日发布）：《河池市委书记到天峨县检查指导民族乡乡庆工作》，http://www.gxmw.gov.cn/index.php?m=content&c=index&a=show&catid=20&id=10870，2014 年 10 月 10 日访问。

又如，2014 年 11 月 18 日是融水苗族自治县滚贝侗族乡迎来民族乡成立 30 周年庆典日。为确保乡庆工作顺利进行，县政府成立了县乡庆工作领导小组，出台了《融水苗族自治县滚贝侗族乡 30 周年庆典筹备工作方案》，并多次组织召开协调会，专题研究部署乡庆工作。滚贝侗族乡也成立了乡庆工作领导小组，明确一名分管领导和联络员，制定了具体的实施方案，以确保组织领导、责任落实到位。同时以 30 周年庆典活动为契机，结合民族乡实际情况，扎实推进乡庆献礼工程项目。该县政府在民族乡安排工程项目列入乡庆建设项目共计 139 个，其中县、相关企业及单位扶持项目 129 个，柳州市扶持项目 10 个。另外，为营造节日气氛，激发社会各界及广大少数民族群众共同关注、共同庆祝节日的欢乐情绪，激励侗乡人民奋发有为，促进全乡各民族团结，全面推动滚贝侗族乡经济社会进步发展，该县乡庆办邀请广西民族报社、县电视台等有关媒体强力宣传报道；在电视台开设"今日侗族乡"专题栏目，重点宣传展示民族乡 30 年来经济、社会发展成果；民族乡组织制作一本反映民族乡经济社会发展的《回眸 30 年辉煌之路》画册和展板，并精心准备了一场自编、自导、自演的突显本土民族特色的文艺演出。①

还如，2014 年 9 月 23 日，上思县委书记张惠强带领县各有关部门负责人莅临南屏瑶族乡调研指导工作，此次已是其在上任不到一个月的时间内第二次深入南屏贫困村调研指导工作。当天上午，张惠强书记深入常隆村调研扶贫开发工作，视察百马屯铁皮石斛等中草药种植、农村基础设施建设进展以及其他民生工程

---

① 参见陈忠德：《融水滚贝侗族乡 30 周年庆典筹备工作进展顺利》，http://www.rongshui.gov.cn/news/contents/1146/16552.html，2014 年 10 月 10 日访问。

建设推进情况等。下午便到南屏视察 30 周年乡庆项目建设进度和乡庆各项活动工作的准备情况。在乡政府会议室的座谈会上，张书记在听取了各部门负责同志对乡庆活动工作准备情况汇报后，对乡庆活动工作作出了具体指示，要求在严格执行中央八项规定的基础上，把乡庆活动办成热烈、节约、喜庆的民族盛典，对活动中的来宾接待、节目安排、交通线路安排、安全保卫等工作细节都作了具体的指示。接下来对南屏的生态移民工作也作了相关的指示，按照"精准扶贫"的要求，深入了解民情，掌握搬迁群众的具体情况，做到扶得起、致得富、能发展。[①]

　　笔者在调研中感受到，30 周年乡庆的确给各民族乡带来了实实在在的实惠。如，笔者于 2014 年 12 月 25 日在融水苗族自治县滚贝侗族乡调研时，滚贝侗族乡副乡长潘绍能向笔者介绍，该乡 30 周年乡庆共争取到了 143 个开发、建设项目，筹集民营、财政资金共 3.5 亿元，主要用于村村通水泥路等的基础设施建设，相信随着资金的陆续投入，会给侗乡的各项经济社会事业发展以质的提高。另，笔者在 2014 年 4 月 9 日—11 日在天峨县八腊瑶族乡调研时，据八腊瑶族乡党委书记甘实超介绍，值该乡成立 30 周年乡庆之际，在上级部门的支持下，制定了"整乡推进"的发展战略。他向笔者提供了一份《八腊瑶族乡 30 周年乡庆建设项目表》，该《项目表》显示，用于八腊瑶族乡 30 周年乡庆建设的项目共为 33 个，估算总投资 5979.42 万元，涉及基础设施、民生、产业发展等项目的建设和改善。笔者发现，项目表所列的各项目

---

　　① 参见邓启聪:《县委书记张惠强莅临南屏瑶族乡调研指导工作》, http://www.shangsi.gov.cn/bencandy.php?fid=3&id=2261, 2014 年 10 月 10 日访问。

绝大部分为新建，每一个建设项目都具体明列了项目名称、建设性质、建设地址、项目建设规模、项目建设内容、项目估算总投资、牵头单位、配合单位、责任领导、总负责人等，做到建设项目件件明了且资金、责任落实到位。随着这些工程的建设与完成，将有效改善八腊民族乡的生产生活条件，加快民族乡发展，促进民族团结和谐。笔者特对项目表的主要内容作了摘抄，详见以下三表：

表 2.1：八腊瑶族乡 30 周年乡庆建设项目表（基础设施建设项目）

序号	项目名称	建设性质	建设地址	建设规模	建设内容	估算投资	牵头单位
1	八腊乡集镇主街道硬化工程	新建	八腊乡新街	1.2公里	路基、路面、排水系统等	100万元	县交通局
2	八腊乡集镇美化、绿化、亮化工程	新建	八腊乡新街		太阳能路灯、绿化等	60万元	县住建局
3	八腊乡集镇立面风貌改造	新建	八腊乡八腊街		房屋民族特色改造	140万元	县民族局
4	八腊乡人民政府干部职工周转房工程	续建	八腊乡政府大院	2栋（30套）	周转房建设	120万元	县房改办
5	八腊村进户道路硬化工程	新建	八腊村	6公里	路基、路面、排水系统等	48万元	县财政局

续表

序号	项目名称	建设性质	建设地址	建设规模	建设内容	估算投资	牵头单位
6	纳碍村集镇街道硬化工程	新建	纳碍村	470米	路基、路面、排水系统等	53万元	县建设办
7	甘洞村至龙峨村水泥路工程	新建	甘洞村至龙峨村	12.7公里	路基、路面、排水系统等	480万元	县交通局
8	洞里村台上至谷里屯公路硬化工程	新建	洞里村	4公里	路基、路面、排水系统等	200万元	县交通局
9	五福村长岗岭至么谷寨屯级道路工程	新建	五福村	5公里	路基、路面、排水系统等	60万元	县发改局
10	洞里村大房子至小八腊屯级公路工程	新建	洞里村	2公里	路基、路面、排水系统等	18万元	县扶贫办
11	洞里村谷里至洞里屯级公路工程	新建	洞里村	1.4公里	路基、路面、排水系统等	15万元	县扶贫办
12	纳碍村至当万屯屯级公路工程	新建	纳碍村	2公里	路基、路面、排水系统等	30万元	县扶贫办

续表

序号	项目名称	建设性质	建设地址	建设规模	建设内容	估算投资	牵头单位
13	纳碍村巴母至杂恒屯级公路工程	新建	纳碍村	4.5公里	路基、路面、排水系统等	45万元	县扶贫办
14	老鹏村尧山屯至麻洞屯屯级公路工程	新建	老鹏村	1.5公里	路基、路面、排水系统等	10万元	县扶贫办
15	洞里村部至纳黄屯屯级公路工程	新建	洞里村	5公里	路基、路面、排水系统等	54万元	县扶贫办

表2.2：八腊瑶族乡30周年乡庆建设项目表（民生改善工程项目）

序号	项目名称	建设性质	建设地址	建设规模	建设内容	估算投资	牵头单位
1	八腊中学教学综合楼	新建	八腊中学			210万元	县教育局
2	八腊中学学生宿舍扩建工程	新建	八腊中学			52万元	县教育局
3	八腊乡龙峨小学食堂	新建	龙峨小学			44万元	县教育局

序号	项目名称	建设性质	建设地址	建设规模	建设内容	估算投资	牵头单位
4	八腊乡万亩油茶、绿肥体质增收配套项目	续建	八腊乡各村屯	1万亩	冬闲田、果园种植油茶或绿肥	12万元	县农业局
5	八腊乡集镇排水排污工程	新建	八腊乡集镇	1公里	排水排污系统	25万元	县住建局
6	龙峨村、纳碍村、洞里村、甘洞村村委办公楼改建工程	新建	龙峨村、纳碍村、洞里村、甘洞村		村委办公楼改建	108万元	县委组织部及后援单位
7	八腊乡政府驻地集中供水点建设工程	新建	八腊乡政府驻地	9公里	供水管道建设等	100万元	县水利局
8	八腊乡中心卫生院门诊综合楼工程	续建	八腊乡中心卫生院	1栋	土地平整、门诊楼建设	120万元	县卫生局

序号	项目名称	建设性质	建设地址	建设规模	建设内容	估算投资	牵头单位
9	八腊、甘洞、老鹏、五福、纳碍、什里6村土地整治工程	新建	八腊、甘洞、老鹏、五福、纳碍、什里6村	873.72公顷	土地平整、灌溉与排水、田间道路等	3230.44万元	县国土资源局
10	五福村长岗岭水果基地高效节水工程	新建	五福村	239亩	抽水站及管道铺设	43.13万元	县水利局
11	五福村坡黄洞渠道防渗灌溉工程	新建	五福村	3公里	渠道硬化	26.85万元	县水利局
12	面上渠道硬化工程	新建	各村	7公里	渠道硬化	75万元	县水利局
13	八腊乡饮水安全工程	新建	各村	120座	家庭水柜	144万元	县水利局
14	八腊乡地头水柜	新建	各村	150个	基础开挖、水柜池体等	180万元	县水利局
15	纳碍村可怀屯水利渠道工程	新建	纳碍村	4.2公里	土地平整、灌溉与排水、田间道路等	46万元	县发改局

表 2.3：八腊瑶族乡 30 周年乡庆建设项目表（产业发展项目）

序号	项目名称	建 设性 质	建设地址	建设规模	建设内容	估算投资	牵头单位
1	八腊村高俭产业道路工程	新建	八腊村高俭屯	3公里	路基、路面、排水系统等	45万元	县发改局
2	洞里村小八腊产业道路工程	新建	洞里村小八腊	3.5公里	路基、路面、排水系统等	55万元	县发改局

（三）以党的群众路线教育实践活动为契机发展民族乡各项事业

党的十八大明确提出，围绕保持党的先进性和纯洁性，在全党深入开展以为民务实清廉为主要内容的党的群众路线教育实践活动。党的群众路线教育实践活动，第一批于 2013 年 6 月 18 日启动，教育活动时间一年左右，活动将紧紧围绕保持和发展党的先进性和纯洁性，以"为民、务实、清廉"为主题，按照"照镜子、正衣冠、洗洗澡、治治病"的总要求，自上而下在中共全党深入开展。党的群众路线教育实践活动第二批活动于 2014 年 1 月开始进行，是第一批的延伸和深化，这次活动更为贴近基层，在群众家门口开展。广西民族乡广泛开展了更好地服务基层、服务群众的第二批党的群众路线教育实践活动，在为民、务实方面做了大量富有成效的工作。如上思县在开展第二批党的群众路线教育实践活动中，特选定了南屏瑶族乡作为发展农村经济社会事业的示范点。根据《中共上思县委员会关于印发〈上思县党的群众

路线教育实践活动实施方案〉的通知》（上法〔2014〕1号）精神，
经上思县委、县人民政府研究决定，从2014年3月份开始，开展
"到南屏赶考"提升扶贫攻坚工作主题实践活动，并拟定了《上思
县关于开展"到南屏赶考"提升扶贫攻坚工作主题实践活动方案》。
从《方案》看出：一是在众多乡镇中选择了民族乡作为党的群众
路线教育实践活动的地域，足见上思县党委、政府对民族乡的关
心；二是实践活动以"提升扶贫攻坚"为主题，明确了活动的目
标与宗旨；三是借毛泽东"进京赶考"①的寓意取以"到南屏赶考"，
诠释了上思县党委、政府大力发展民族乡经济社会事业，支持和
保障民族乡少数民族权益的决心。《方案》最引人注目的是其所采
取的形式及动真格的落实措施，真正做到领导督促到位、责任落
实到位以及政策宣传入户、致富项目入户、关怀温暖入户，让我
们真切地感到活动不是在耍儿戏、走形式，而是在做扎扎实实的
工作。这从县领导及部门的"挂钩包村安排表"就可窥见，并相
信通过"到南屏赶考"活动的深入开展，南屏瑶族乡的明天会更
好。该《方案》的主要内容有：②

　　（1）指导思想。着力解决关系群众切身利益问题，打通服务
群众"最后一公里"，切实提高各级党员领导干部做好新形势下群
众工作的能力，提升服务群众水平，保持与人民群众的血肉联系；

---

　　① 1949年3月23日，毛泽东率领从炮火硝烟中走来的中国共产党人，从河北省
平山县西柏坡村意气风发、浩浩荡荡地向北平进发。临行前，毛泽东意味深长地对战
友们说："今天是进京赶考嘛。我们决不当李自成，我们都希望考个好成绩！"离开西
柏坡进北平，是中国革命的战略大转移。"进京赶考"表明了中国共产党领导中国人民
夺取中国革命新胜利的必胜信念。

　　② 资料由上思县民族宗教事务局提供。

整合社会力量、聚合扶贫资源、举全县之力开展扶贫攻坚工作，推进南屏瑶族乡经济社会各项事业工作上新台阶。

（2）总体要求。选择县处级党员领导干部和部分县直涉农部门单位挂钩联系南屏瑶族乡9个行政村，定点挂钩联系帮扶。重点围绕南屏瑶族乡基层组织、基础设施、产业开发、农民增收、社会发展5个方面，扎实推进党的群众路线教育实践活动。

（3）工作目标任务。以"五帮五促进五提升"推进南屏瑶族乡扶贫攻坚工作上新水平，使南屏瑶族乡群众收入水平逐年提高，贫困人口持续减少，基础设施显著改善，自我发展能力不断增强，社会事业明显进步，生态环境继续改善。具体为：帮转变观念，促文明和谐，提升发展理念；帮落实项目，促村屯基础设施改善，提升村容村貌全面改观；帮提供服务，促党群干群关系融洽，提升党政公信度；帮政策到户，促民生改善，提升农村文化教育卫生质量；帮脱贫致富，促农村经济发展，提升群众生活水平。

（4）活动形式及措施。采取"领导挂点、部门包村、干部驻村"的形式。要求：领导干部和挂钩联系单位要针对挂钩的行政村制定出五年规划和年度工作计划，确定承诺事项，并向群众公开；明确挂钩帮扶的县直涉农单位要对应所挂钩联系村下派驻村干部，驻村干部坚持每个月20条驻村，驻村工作与部门全脱产；县直挂钩联系部门主要领导至少每个月到所驻村检查指导两次以上，每月至少要听取一次单位下派驻村干部的工作情况汇报，单位领导每个月到驻村集体办公一次，充分发挥部门优势，在资金、项目、技术、人才、信息等方面加大对活动的投入，千方百计为挂钩联系村办好事、办实事。另外，县委县政府把本活动列入重点督查内容，对帮扶工作不到位、措施不力、工作不落实的挂钩联系领导和部门进行媒体曝光，限期整改，年终组织对帮扶工作进行考评，考评结果在全县范围通报。

《方案》同时附上《上思县开展"到南屏赶考"提升扶贫攻坚工作主题实践活动挂钩包村安排表》，见下：

表 2.4：上思县开展"到南屏赶考"提升扶贫攻坚工作主题实践活动挂钩包村安排表

联系点	挂钩县领导	包村单位
常隆村	宾正迎、冯 海	林业局
米强村	彭景东	财政局
巴乃村	杨洪波	交通运输局
渠坤村	冯培聪	水利局
汪乐村	何定业	农业局
江坡村	黎 媚	教育局
英明村	叶吉富	住建局
乔贡村	李 健	扶贫办
枯叫村	侯卫军	水产畜牧兽医局

笔者特于 2015 年 1 月 14 日对"到南屏赶考"工作作了回访，以探视该工作的开展状况。上思县人民政府办公室综合信息股股长林源向笔者介绍了"到南屏赶考"工作开展以来所采取的具体举措及所取得的成果：

一是坚持把产业发展作为扶贫攻坚工作的一项重要内容。结合南屏瑶族乡的实际情况，按照"一村（屯）一品"的方式，大力发展一批"短平快"的扶贫项目，大力发展金花茶、药材、毛竹、香菇、山油茶种植、八角低产林改造和马尾松中幼林培育、溪水养鱼和龟鳖养殖、林下养牛和养羊等产业项目，目前大部分项目已经开始实施，有些项目进展较快。比如，在常隆村已经完成了 30 亩毛竹种植示范项目和 130 亩何首乌林下种植项目，发放了 5000 株土沉香，已经购买 200 斤穿心莲种子发放给农户，完成种植 50 亩，同时积极引导 4 户农户种植铁皮石斛，帮扶黑山羊养殖示范户 5 户；在米强村已经种植金花茶 140 亩，种植牛大力 200亩，计划种植 200 亩山油茶（目前已种植 100 亩，另 100 亩山油茶种植试点造林地已完成备耕）；在汪乐村已建有 3 个龟鳖养殖场，建立十万山花鳖养殖户 4 户，建设鳖池 3.2 亩，养鳖 1600 只，此外还建有 1 个 7 亩紫玉淮山种植示范点；等等。

　　二是加大基础设施建设力度。重点加强贫困村交通、水利、饮水等基础设施建设，切实改善贫困村群众的生产生活条件。首先是加快一批水利基础设施建设。推进米强、常隆、枯叫等 9 个行政村的小型农田水利工程项目建设，该项目计划总投资 790.98万元。常隆村板林屯、百马屯、米强村百管屯、德州屯 4 个渠道三面光工程均已完成初步设计。实施 24 个新增饮水安全工程均已完成初步设计，项目计划总投资 282.45 万元，资金已下达，目前正在开展招投标工作，部分饮水安全工程项目也已经入场施工。南屏瑶族乡汪乐灌片渠道改造工程 2013—2014 年共下达资金 113万元，目前该工程已经竣工验收；其次是实施一批农村道路项目建设。其中，南屏至巴乃公路工程，全长 16 公里，计划总投资966 万元。该工程于 2013 年 9 月份开工，现已建成水泥混凝土路面公路 13.8 公里，完成投资 929 万元。南屏至江坡公路工程，全长 18.9 公里，计划总投资 1350 万元。该工程于 2013 年 9 月初开工，现已建成水泥混凝土路面公路 13.5 公里，完成投资 940 万元。丁朝至乔贡以及华兰至岔路的水泥混凝土路面公路工程已全线完工。丁朝（枯叫）至常隆公路工程于 2014 年 5 月中旬开工建设，现已完成全线级配层铺设，建成水泥混凝土路面公路 4.5 公里，累计完成投资 710 万元。百管环屯道路工程已全线完工，道路全长 321 米，完成投资 15.02 万元。百何环屯道路工程已全线完工，道路全长 480 米，完成投资 19.98 万元。汪厘进屯道路工程已全线完工，道路全长 920 米，完成投资 55.53 万元。新村进屯道路工程已全线完工，道路全长 372 米，完成投资 20.91 万元。琴排环屯道路工程已全线完工，道路全长 238 米，完成投资 15.04 万元。米强村平何屯道路工程已全线完工，道路全长 950 米，完成投资 45.05 万元。百何大桥工程的建设计划投资 500 万元，拟新建的桥梁工程全长 170 延米，桥面宽 6.5 米，该工程已于 2014 年 9 月开工，现正在进行施工场地清理工作；再次是加快一批危房改造和茅草树皮房改造。2014 年优先安排南屏瑶族乡 170 间指标，现已全部分配至各村屯。

三是加快农村社会事业发展。重点是加快贫困村教育、卫生、文化等社会事业发展，集中解决群众反映强烈的村屯通水通电通广播电视和看病、上学等问题。其中，在用电项目建设方面，南屏瑶族乡平丛台区、南屏公变 1#、南屏公变 2# 共 3 个配电台区现已全部施工完毕并通电，惠及户数 355 户。常隆村太平台区现设备、材料已全部到位，部分 10kV 电杆已经完成组立工作，但由于其他方面的影响，施工队暂缓施工；在"村村通"广播电视覆盖方面，先后组织实施 20 户以上已通电自然村"村村通"广播电视工程、20 户以下已通电自然村"村村通"广播电视工程。下一步，在组织实施"户户通"直播卫星覆盖工程过程中，将对米强村、常隆村、枯叫村等条件艰苦的村屯实行政策倾斜，切实帮助群众解决收听收看广播电视难问题；在改善就学条件方面，2014年累计投入 600 多万元，用于南屏瑶族乡教育基础设施建设，总共更新课桌椅 426 套，并对部分教学点的门窗、厨房、地板全部完成维修，更新课桌椅 200 多套。新建婆凡小学学生宿舍楼 1 栋和学生食堂 1 座，目前学生宿舍楼场地平整，学生食堂正在装修，婆凡小学挡土墙、门窗、防盗网、厕所全部维修完成。另外，近年来通过开办民族班，进一步做好少数民族学生特别是南屏瑶族乡学生的人才培养工作。县民族中学第七届"瑶族女子班"共 56人，其中南屏籍学生 38 人，占全班总人数的 67.88%。上思中学第四届"少数民族高中女子班"共 50 人，其中南屏籍 27 人，占全班总人数的 54%；在解决看病难问题方面，在常隆村的枯桂屯、百马屯，米强村的芭相屯、布城屯，新筹备建设 4 个村卫生室。

四是加强劳动就业培训。注重加强对富余劳动力的职业技能培训，有针对性地为农民举办各类种、养、加工技术培训班。截至目前，已组织就业培训机构深入南屏瑶族乡常隆村和米强村开展创业培训和引导性培训 350 人，落实培训补贴 8.35 万元，享受人数 107 人，同时组织 10 多家企业（含代招）深入常隆、米强、枯叫等村举办就业现场招聘会 3 场，提供就业岗位 500 多个，实现农村劳动力新增转移就业 411 人，转移就业人员人均月收入达2200 元以上。

五是积极推进易地扶贫搬迁安置。根据《自治区发展改革委关于下达广西易地扶贫搬迁工程 2014 年中央预算内投资计划的通知》（桂改投资〔2014〕829 号）精神，2014 年上思县易地扶贫搬迁工作任务为易地扶贫搬迁 291 户 1274 人。经实地调研，结合群众意愿，依托南屏瑶族乡小城镇建设，决定整合两个安置点为南屏瑶族乡渠坤安置点建设，搬迁 170 户 814 人，项目总投资 1139.6 万元，其中中央资金 651.2 万元，自治区补助 407 万元，市县配套 81.4 万元。目前，已完成勘测、测绘、征地等工作，征地补偿标准及方案已上报县政府审批。同时委托中国轻工南宁设计工程有限公司深入项目点进行勘探设计工作，项目总评方案已初步确定，正在进行局部优化和修改完善。

二、广西民族乡散居少数民族权益保障的成效

近年来，广西通过建立健全各种制度与机制以及大力开展党的群众路线教育实践活动等举措，广西民族乡散居少数民族权益的保障取得了显见的成效。归结起来，大致体现为：

（一）保障民族平等权和族籍权

笔者在民族乡的一些村屯调研中发现，不论是受访者还是受调查的群众，他们多数认为与别的民族相比总体上还是平等的，同时也敢于表达自己的民族成分，有的还特别表明以自己属于少数民族而感到光荣与自豪。如笔者在八腊瑶族乡甘洞村梁家洞屯（该屯全部为瑶族）调研时，恰遇一些赶圩回来的瑶族妇女同胞，她们大多身着本民族的服装，年龄在 50 岁左右，笔者在与她们聊谈中随口问她们为什么穿着瑶族服装去赶圩，她们说，她们的服装虽然穿起来复杂点，但很漂亮，而且也很有自豪感，像赶圩这样一种与众人见面、交流的场合，就得穿上自己中意的民族服装。笔者又问她们在赶圩中有没有遇到不公平的事，她们说基本没有碰到，感觉大家都是在进行公平的交易，不会因为她们是少数民

族而有何不同。另在问卷调查中，笔者为探究民族平等权及族籍权的保障问题，共设计了5个问题及若干选项：一是"与别的民族相比，在上学、工作中您是否得到了平等的待遇"（选项有"平等"、"有些不平等"、"都不平等"）；二是"有关部门是否能公平处理您与别人发生的纠纷"（选项有"公平"、"不公平"、"不清楚，没发生过纠纷"）；三是"您向有关部门反映问题，能否得到及时处理"（选项有"能"、"偶尔"、"不能"、"不清楚，没反映过问题"）；四是"本民族与别的民族能否和谐相处"（选项有"能和谐相处"、"关系一般"、"不能和谐相处"）；五是"与别人交往时是否敢于表明自己的民族成分"（选项有"敢于表明"、"有些顾虑"、"不敢表明"）。

在回答第一个问题时，东山瑶族乡清水村41人中有31人选择了"平等"，占75.6%；南屏瑶族乡江坡村平在屯60人中有45人选择了"平等"，占75%；洞井瑶族乡小河江村34人中有23人选择了"平等"，占67.6%；沙里瑶族乡果卜村果卜屯21人中有15人选择了"平等"，占71.4%。详细统计数字见下表：

表2.5：民族乡村民"在上学、工作中是否得到了平等的待遇"调查数据统计表

村屯名	回答人数	平等	有些不平等	都不平等
清水村	41人	31人，75.6%	8人，19.5%	2人，4.9%
江坡村平在屯	60人	45人，75%	11人，18.3%	4人，6.7%
小河江村	34人	23人，67.6%	10人，29.4%	1人，2.9%
果卜村果卜屯	21人	15人，71.4%	4人，19%	2人，9.5%

在回答第二个问题时，较多人选择了"不清楚，没有发生过纠纷"。而在发生过纠纷的人中，东山瑶族乡清水村14人中有12人选择了"公平"，占85.7%；南屏瑶族乡江坡村平在屯21人中有18人选择了"公平"，占85.7%；洞井瑶族乡小河江村10人中有9人选择了"公平"，占90%；沙里瑶族乡果卜村果卜屯9人中有7人选择了"公平"，占77.8%。详细统计数字见下表：

表2.6：民族乡村民"有关部门是否能公平处理您与别人发生的纠纷"调查数据统计表

村屯名	回答人数	公平	不公平	不清楚，没发生纠纷
清水村	41人	12人，85.7%	2人，14.3%	27人
江坡村平在屯	60人	18人，85.7%	3人，14.3%	39人
小河江村	34人	9人，90%	1人，10%	24人
果卜村果卜屯	21人	7人，77.8%	2人，22.2%	12人

在回答第三个问题时，部分人选择了"不清楚，没有反映过问题"。而在反映过问题（包括向本村委、村民小组等）的人中，东山瑶族乡清水村32人中有23人选择了"能"，占71.9%；南屏瑶族乡江坡村平在屯47人中有29人选择了"能"，占61.7%；洞井瑶族乡小河江村26人中有20人选择了"能"，占76.9%；沙里瑶族乡果卜村果卜屯15人中有10人选择了"能"，占66.7%。详细统计数字见下表：

表 2.7：民族乡村民"向有关部门反映问题能否得到及时处理"调查数据统计表

村屯名	回答人数	能	偶尔	不能	不清楚，没反映过问题
清水村	41 人	23 人，71.9%	5 人，15.6%	4 人，12.5%	9 人
江坡村平在屯	60 人	29 人，61.7%	15 人，31.9%	3 人，6.4%	13 人
小河江村	34 人	20 人，76.9%	3 人，11.5%	3 人，11.5%	8 人
果卜村果卜屯	21 人	10 人，66.7%	2 人，13.3%	3 人，20%	6 人

在回答第四个问题时，东山瑶族乡清水村 41 人中有 34 人选择了"能和谐相处"，占 82.9%；南屏瑶族乡江坡村平在屯 60 人中有 53 人选择了"能和谐相处"，占 88.3%；洞井瑶族乡小河江村 34 人中有 26 人选择了"能和谐相处"，占 76.5%；沙里瑶族乡果卜村果卜屯 21 人中有 16 人选择了"能和谐相处"，占 76.2%。详细统计数字见下表：

表 2.8：民族乡村民"本民族与别的民族能否和谐相处"调查数据统计表

村屯名	回答人数	能和谐相处	关系一般	不能和谐相处
清水村	41 人	34 人，82.9%	7 人，17.1%	0 人
江坡村平在屯	60 人	53 人，88.3%	6 人，10%	1 人，1.7%
小河江村	34 人	26 人，76.5%	6 人，17.6%	2 人，5.9%
果卜村果卜屯	21 人	16 人，76.2%	5 人，23.8%	0 人

在回答第五个问题时，东山瑶族乡清水村 41 人中有 39 人选

择了"敢于表明",占95.1%;南屏瑶族乡江坡村平在屯60人中有59人选择了"敢于表明",占98.3%;洞井瑶族乡小河江村34人全部选择了"敢于表明",占100%;沙里瑶族乡果卜村果卜屯21人中有20人选择了"敢于表明",占95.2%。值得关注的是,受调查群众没有一个选择"不敢表明"选项。详细统计数字见下表:

表 2.9:民族乡村民"是否敢于表明自己的民族成分"调查数据统计表

村屯名	回答人数	敢于表明	有些顾虑	不敢表明
清水村	41 人	39 人,95.1%	2 人,4.9%	0 人
江坡村平在屯	60 人	59 人,98.3%	1 人,1.7%	0 人
小河江村	34 人	34 人,100%	0 人	0 人
果卜村果卜屯	21 人	20 人,95.2%	1 人,4.8%	0 人

（二）保障少数民族群众的政治参与权

首先,保障民主决策权。民族乡政府特别注重发挥民众的政治智慧,充分考虑并积极吸纳民众的好建议和意见。如南屏瑶族乡政府以人大代表的提议为实施行政管理及经济社会发展的方向,把改善民生放在发展的首位,2012年积极肯定和吸纳了人大代表的多项调研成果,实施了一系列惠民工程。一是投资200万元完成了南屏圩场的建设及主要道路的硬化,修建了瑶乡花园广场,在渠坤村、英明村、汪乐村修建了6条水泥路,并对渠坤旧圩危房进行了部分改造;二是实施了卫生提质工程,新建和改建村级卫生所4个,进一步完善了村级卫生服务网络;三是实施了文化提高工程,完善了5个村的文化活动配套设施,新建了篮球场和戏台,完成了9个村农家书屋等文化活动阵地建设,不断丰富人

民群众的精神文化生活；四是实施了农业提效工程，通过加大对
农民甘蔗种植技术的培训，全乡甘蔗种植逐年增加，从 2011 年的
2.8 万亩增加到 2012 年的 3.1 万亩，甘蔗产量从 2011 年的 9.8 万
吨增加到 2012 年的 10.73 万吨，农民收入得到增加。[①]

　　其次，保障民主监督权。民族乡有关部门非常注重引导群众
（选民）形成民主监督的氛围，并畅通民主监督渠道，保障监督权
的落实。如八腊瑶族乡把对乡人大代表的履职监督落到实处，不
仅把全乡人大代表的姓名、性别、民族、年龄、文化程度、政治
面貌、职务等在乡人民代表大会主席团办公室张榜公布，而且要
求各村要把本村人大代表的履职情况张贴公布，以接受群众（选
民）的监督。笔者把在八腊瑶族乡甘洞村调研的情况作为例证。
在甘洞村政务服务中心办公室里，左面墙上张贴着一张十分醒目
的"人大代表履职监督岗"。上面赫然标明着甘洞村各人大代表
的姓名、性别、出生年月、民族、文化程度、政治面貌、单位职
务、联系电话等基本信息以及 2011 年—2013 年期间参加代表大会、
小组活动、视察调研、提议案建议、办好事实事、学习培训等各
种履职情况。从该"人大代表履职监督岗"的内容看出，甘洞村
共有乡人大代表 6 名，他们分别是易继刚（男，1962 年 7 月出生，
汉族，大专文化，中共党员，乡党委挂职副书记）、田明干（男，
1978 年 2 月出生，汉族，大专文化，中共党员，甘洞村党支部书
记）、兰顺景（男，1972 年 9 月出生，瑶族，中专文化，中共党员，
甘洞村委主任）、黄朝清（男，1971 年 4 月出生，汉族，初中文化，

---

① 资料来源：摘自黎渥恩在 2013 年 4 月 10 日南屏瑶族乡第十六届人民代表大会
第三次会议上的《南屏瑶族乡人大主席工作报告》。

中共党员，甘洞村委副主任）、韦云（女，1978 年 7 月出生，瑶族，初中文化，无党派，甘洞村丰香坪村民）和田玉玲（女，1979 年 3 月出生，壮族，初中文化，中共党员，甘洞村委委员）。同时，各人大代表都履行了规定的各项职责。现把甘洞村人大代表履职的详细情况抄录如下：

表 2.10：甘洞村人大代表履职情况一览表（2011 年—2013 年）

姓名	履职情况
易继刚	参加人代会各 1 次；小组活动分别为 3 次、9 次和 8 次；视察调研分别为 1 次、2 次和 3 次；提议案建议分别为 5 件、6 件和 4 件；办好事实事分别为 6 件、9 件和 7 件；学习培训各 1 次。
田明干	参加人代会各 1 次；小组活动分别为 3 次、9 次和 8 次；视察调研分别为 1 次、2 次和 3 次；提议案建议分别为 5 件、6 件和 4 件；办好事实事分别为 6 件、9 件和 7 件；学习培训各 1 次。
兰顺景	参加人代会各 1 次；小组活动分别为 3 次、9 次和 8 次；视察调研分别为 1 次、2 次和 3 次；提议案建议分别为 5 件、6 件和 4 件；办好事实事分别为 6 件、9 件和 10 件；学习培训各 1 次。
黄朝清	参加人代会各 1 次；小组活动分别为 3 次、9 次和 8 次；视察调研分别为 1 次、2 次和 3 次；提议案建议分别为 5 件、6 件和 4 件；办好事实事分别为 6 件、9 件和 9 件；学习培训各 1 次。
田玉玲	参加人代会各 1 次；小组活动分别为 3 次、9 次和 8 次；视察调研分别为 1 次、2 次和 3 次；提议案建议分别为 5 件、6 件和 4 件；办好事实事分别为 6 件、9 件和 8 件；学习培训各 1 次。
韦云	参加人代会各 1 次；小组活动分别为 3 次、9 次和 6 次；视察调研分别为 1 次、2 次和 3 次；提议案建议分别为 5 件、6 件和 4 件；办好事实事分别为 6 件、9 件和 4 件；学习培训各 1 次。

再次，保障村民自治权。根据《村民委员会组织法》第 2 条的规定，村民自治权包括民主选举权、民主决策权、民主管理权

和民主监督权。从调研情况看，我区民族乡各村基本能做到从制度构建与具体实践两方面保障村民自治权的行使与实现。制度层面，各村委会制定了诸如《村民委员会职责》、《村民委员会主任职责》、《村民委员会副主任职责》、《村党支部书记职责》、《村级事务"四议两公开"工作法的内容》、《村级财务管理制度》、《村级财务预决算制度》、《村级收支管理制度》、《民主理财制度》、《村务公开工作制度》等等。笔者在调研中，特别关注了村民自治权的落实问题，其中选取了村民选举与村务公开两项内容作为重点调研对象。

村民选举方面，笔者在与一些村屯群众的交谈中，普遍感受到他们对村委会选举各项工作满意度较高，如选举的宣传、发动、登记等等。同时，受访的村民还表示，除非选举期间正好外出务工或因别的原因不在家里，否则选举必定参加。在问卷调查中，笔者特设计了两个问题：一是"您的选举权是否得到了保障"（选项有"得到了保障"、"一般"、"没有得到保障"）；二是"您是否参加过选举"（选项有"经常参加"、"有时参加"、"从不参加"）。

在回答"您的选举权是否得到了保障"问题时，受调查者选择"得到了保障"和"一般"两个选项的人数基本持平，少数人回答"没有得到保障"。其中，东山瑶族乡清水村41人中有19人选择了"得到了保障"，占46.3%，有18人选择了"一般"，占43.9%；南屏瑶族乡江坡村平在屯60人中有35人选择了"得到了保障"，占58.3%，有22人选择了"一般"，占36.7%；洞井瑶族乡小河江村34人有15人选择了"得到了保障"，占44.1%，有17人选择了"一般"，占50%；沙里瑶族乡果卜村果卜屯21人中有11人选择了"得到了保障"，占52.4%，有10人选择了"一般"，占 47.6%。从调查数据分析，虽然不能明显反映民族乡群众的选举权得到了很好的保障，但起码反映了群众对选举权的保障达到了一个较好的满意水平。详细统计数字见下表：

表 2.11: 民族乡村民 "您的选举权是否得到了保障" 调查数据统计表

村屯名	回答人数	得到了保障	一般	没有得到保障
清水村	41 人	19 人，46.3%	18 人，43.9%	4 人，9.8%
江坡村平在屯	60 人	35 人，58.3%	22 人，36.7%	3 人，5%
小河江村	34 人	15 人，44.1%	17 人，50%	2 人，5.9%
果卜村果卜屯	21 人	11 人，52.4%	10 人，47.6%	0 人

在回答 "您是否参加过选举" 这一问题时，绝大多数受调查者回答 "经常参加"，少数回答 "有时参加"，极个别回答 "从不参加"。其中，东山瑶族乡清水村 41 人中有 37 人选择了 "经常参加"，占 90.2%；南屏瑶族乡江坡村平在屯 60 人中有 55 人选择了 "经常参加"，占 91.7%；洞井瑶族乡小河江村 34 人有 30 人选择了 "经常参加"，占 88.2%；沙里瑶族乡果卜村果卜屯 21 人中有 17 人选择了 "经常参加"，占 81%。详细统计数字见下表：

表 2.12: 民族乡村民 "您是否参加过选举" 调查数据统计表

村屯名	回答人数	经常参加	有时参加	从不参加
清水村	41 人	37 人，90.2%	4 人，9.8%	0 人
江坡村平在屯	60 人	55 人，91.7%	4 人，6.7%	1 人，1.6%
小河江村	34 人	30 人，88.2%	3 人，8.8%	1 人，3%
果卜村果卜屯	21 人	17 人，81%	2 人，9.5%	2 人，9.5%

村务公开方面，据南屏瑶族乡渠坤村委会副主任林春华介绍，该村非常重视村务信息的公开，其《村务公开工作制度》规定，以下事项必须向村民公开：（1）本村的经济和社会发展规划及年度计划；（2）村集体经济的所得收益及开支使用情况；（3）村各种公益事业的建设方案及实施情况；（4）村民土地承包经营方案；（5）计划生育情况；（6）政府拨付和接受社会捐赠的救灾救助、补贴补助等资金、物资的管理使用情况；（7）农村最低生活保障、医疗救助、临时救助等社会保障的享受对象、标准和五保供养享受对象；（8）农民种粮综合补贴；等等。一般事项一般为每季度公开信息一次。如第一季度公开"农民种粮综合补贴面积申报表"（春种），第二季度公开"享受低保"的人员情况，第三季度公开"农民种粮综合补贴面积申报表"（秋种），第四季度公开冬暖物资（包括衣、被、粮食等救济物）发放的对象及数目情况。同时，还及时公开每家每户的月用电用水量及电价、水价。另据八腊瑶族乡甘洞村委副主任黄朝清介绍，村里建立了一个由7人组成的理财小组，对村里的集体收入以及乡政府拨付的办公费用的使用进行协商并监督，对于600元以上的开支必须经过小组的7名成员集体讨论并一致通过，至少要有5名理财小组的成员在开支单上签字，最后由村主任审核。同时，对集体收入、乡政府拨付的办公费用的数额以及享受危房改造的户名（含资金）、享受低保的户名（含金额）、分发救济款物的户名（含数目）等都及时予以向村民公开，接受群众的监督。①

---

① 关于村民自治权的保障还可参见本章第三节，即"广西民族乡法制宣传教育的实践及成效"一节中的相关内容。

（三）保障及改善民族乡少数民族的生存权

"生存权是我国公民的最重要的人权，也是维持一个民族不断繁衍生息的基础。生存权的实现是指人们赖以生存的社会物质条件、基本生活水平和健康水平得到保障和提高。"[①] 近年来，广西各民族乡的党委、政府认真贯彻执行党在农村的各项方针政策，大力发展经济社会事业，把农业生产和发展农村经济放在首位，以产业结构调整和转变经济发展方式为主线，大力提倡科技兴农，利用各自的资源优势积极发展多种经营，民族乡各族人民奋力拼搏，开拓进取，真抓实干，经济社会事业进一步发展，基础设施建设进一步加强，人民生活条件得到进一步改善，总体呈现出稳中求进的良好态势。如经广西民委统计，2011年，广西民族乡行政区划面积1.55万平方公里，人口110万人，占全区总人口的2.12%，其中少数民族人口77.6万人，占民族乡总人口的70.55%。所辖58个民族乡的585个村民委员会中，已通公路的行政村有577个，占98.63%；已通自来水的行政村有404个，占69.06%；已通电的行政村有585个，占100%；已通电话的行政村有580个，占99.15%；已通邮的行政村有556个，占95.04%。年末实有耕地面积115.4万亩。财政收入1.9亿元，财政支出2.02亿元。学校664所，在校学生10.74万人，教师7714名，图书馆、文化站113个，医院卫生院82所，农村推广服务机构67个，农技推广服务从业

---

① 陆平辉主编：《散居少数民族权益保障研究》，中央民族大学出版社2008年版，第58页。

人员 251 名。^①

　　以下以南屏瑶族乡、八腊瑶族乡及夏宜瑶族乡为例，从 3 个民族乡经济社会事业的发展成就，来具体求证民族乡少数民族生存权的保障状况。^②

1. 基础设施建设

　　民族乡一般地处自然环境恶劣、交通不便的山区，因此包括交通、水电、通讯等方面在内的基础设施建设，是改善民族乡群众生存环境、进行经济建设的前提条件。经过"两基大会战"，民族乡的各项基础设施建设已经有了较大的改观，近年来南屏瑶族乡和夏宜瑶族乡不断加大投入，在完善各项基础设施的基础上，新建了许多基础设施，人民生活环境得到进一步改善，相比之下，有的还产生了巨变。

　　（1）南屏瑶族乡

　　2006—2012 年期间，南屏瑶族乡政府始终把基础设施建设作为重点工作来抓，抢抓机遇，积极谋划上项目，主动向上级部门争取支持，顺利完成一批批的建设项目，极大地改善了该乡的落后面貌，为经济快速发展提供了有力的基础保障。（1）道路交通方面。2007 年完成投资 100 万元的渠坤至江坡、六细 23 公里四级

---

　　① 广西壮族自治区 2011 年民族乡基本情况综述：http://www.gxmw.gov.cn/index.php?m=content&c=index&a=show&catid=25&id=5968，2014 年 6 月 6 日访问。

　　② 这里掌握的资料呈现的是 2013 年前三民族乡近几年基础设施建设、经济建设及社会事业建设的大致情况。其中八腊瑶族乡的基础设施建设状况已在其 30 周年乡庆《建设项目表》中有了较全面的体现，南屏瑶族乡 2014 年的经济社会事业建设各项状况也已在"到南屏赶考"所取得成果的回访中作了介绍，在此不再赘述。同时，所运用的资料除另有注明来源之外，其余为三民族乡政府提供的 2013、2014 年宣传简介，特此说明。

路建设；2009 年完成投资 300 万元的驮卜桥梁项目建设；2010 年完成投资 800 万元的渠坤至婆凡 15 公里的水泥路项目建设（于 2011 年 1 月全面竣工并交付使用）；2006—2010 年 5 年共投入 37 万元，对全乡 62 条总长 120 公里的蔗区道路进行了抢修、扩建；2011 年投资 7 万元完成了百河屯至平何屯 1.5 公里的屯级砂石路建设项目、投资 2 万元完成了乔贡村巴内至念丁的屯级道路平整；2012 年完成了平福岔路口至南屏总长 11 公里的水泥路建设（这是各地通往南屏的主路），完成了汪乐至十万大山森林公园的水泥路建设，完成了汪规屯、汪门屯环屯道路硬化，完成批江屯级道路、驮卜屯级道路、财政所至旧圩道路等财政"一事一议"项目 4 个，并对全乡 85 条总长 262 公里的蔗区道路完成了面上维修，大大提高了甘蔗原料运输能力。（2）水利及人畜饮水方面。2006—2010 年期间，总投入 253 万元，建设人饮工程 25 个，受益人口 1291 人；2011 年完成了英明村百榜屯和汪乐村岩良屯两条共 2630 米的小水利修建，完成人畜饮水项目建设 1 个，解决 1 个屯 450 人的饮水困难问题；2012 年全年总投入 187.5 万元，共建设人饮工程 9 个，受益人口 1513 人。（3）乡村两级办公楼建设方面。2006—2010 年期间，投入 35 万元完成司法楼、计生楼的装修项目，投入 60 万元实施英明村、枯叫村村级公共服务中心项目建设和投入 72 万元实施全乡 9 个村村级卫生室项目建设；2011 年结合"六统强基"工程，完成了英明村、枯叫村村级公共服务中心建设。（4）沼气池建设方面。2006—2010 年期间，按照县政府提出的"小沼气、大战略"思路，积极推进扶贫项目和国债项目的沼气池建设工作，几年来共建沼气池 1250 座，入户率超过了 30%。（5）新农村建设方面。从 2006 年开始推进汪乐村新农村建设示范点工作，争取到市民委、县民

委、县农业局、县水利局、县统战部等上级部门共投入资金 126
万元，完成岩良屯新村规划土地平整、岩良屯和汪门屯入屯水泥
路、岩良屯和汪规屯人畜饮水、汪门屯三面光水利、新建村级卫
生室、村委办公楼装修等项目，示范点建设卓有成效，村容村貌
焕然一新。（6）小城镇建设方面。投入 192 万元，把乡政府所在
地渠坤村的旧圩改造成为风情一条街（新圩或小广场），并完成了
绿化、亮化和街道硬化，新圩两旁商铺基本实现了统一立面，街
道脏、乱、杂的现象得到了有效治理，进一步改善了人居条件。①

（2）夏宜瑶族乡

以 2011—2013 年为例。2011 年：争取到资金 400 万元建设夏
宜江防洪堤，修筑防洪设施和河堤路 1.6 公里；采用"一事一议"
办法筹集 16 万元，硬化夏宜村六娇组道路 1.2 公里；投入 10 万元
完成芦山村村级活动中心；投入 20 万元完成六洛村独杉组人饮工
程、村委楼修建工程和六再桥二期工程；投入 35 万元修建能友村
委楼、村委至哥德桥道路、硬化村组水泥路 0.4 公里；投入 32 万
元新建六海村级活动场所、完成六海十组道路建设；投入 40 万元
修建高雷村平坦渠道 360 米、完成高雷村平坦桥及渠道清淤；完
成了 48 户危房改造；投入 20 万元实施夏宜街城乡风貌改造一期
工程。2012 年：投资 200 万元进行夏宜桥重建；投资 1000 万元基
本建成夏宜变电站；投资 50 万元实施六洛至夏马、马六塘至六香、
能友至连通公路改造共 7 公里；总投资 60 万元在高雷村建成水坝

---

① 根据邓颜文在 2011 年南屏瑶族乡第十五届人民代表大会上作的《南屏瑶族乡
人大主席工作报告》及 2012、2013 年南屏瑶族乡第十六届人民代表大会第二次、第三
次会议上作的《政府工作报告》整理。

一座、人饮蓄水池一座，受益群众 800 多人；对高雷村平坦水坝维修加固，改善灌溉面积 200 多亩；投入 50 多万元在夏宜村建立村级公共服务中心，并完成一个篮球场、一个戏台等建设；投入 40 万元实施夏宜街城乡风貌改造二期工程。2013 年：全乡共投资 1884 万元加大了对水利、交通道路、站所办公楼等基础设施的建设。其中，投资 30 万元用于夏宜村车背坝机耕道及渠道修建、水利设施修复工程；投资 144 万元完成了夏宜桥危桥改造工程；投资 25 万元完成了高雷村渠道防渗加固工程；投资 171 万元完成了夏宜民族学校教学综合楼工程；投资 38 万元新建乡林业站办公用房；投资 52 万元新建乡财政所业务用房；投资 68 万元新建乡中心小学教师周转宿舍楼；投资 60 万元新建乡卫生院公共租赁住房工程（三期）；投入 34 万元在六洛村实施村级公共服务中心工程；投资 100 万元实施夏宜乡变电及技改工程；投资 45 万元开展夏宜瑶族乡风情街民居改造工程；投资 478 万元完成夏宜至芦山、高雷至能友公路路面硬化工程；等等。另外，该乡高雷村、六洛村被列为扶贫村整村推进项目实施村，项目实施村群众经过一年的努力，顺利完成了 2013 年实施项目。村屯路建设方面，高雷村、六洛村硬化村屯道路 1.38 千米，投入资金 37 万元；修建独立桥两座共 18 米，投入资金 21 万元。①

2. 经济建设

（1）南屏瑶族乡

近年来，南屏瑶族乡通过以下几方面的具体举措推进经济建

---

① 摘抄自 2013 年"夏宜瑶族乡政务公开栏"之"2013 年主要工作目标任务完成情况"一节。

设：一是逐年扩大粮食种植面积，增加粮食产量。如 2010 年，全乡粮食种植面积为 8236 亩，粮食总产量为 2016 吨。到 2012 年，全乡粮食种植面积达到了 9820 亩（其中超级水稻种植面积 3610亩），粮食总产量为 3928 吨；二是甘蔗生产逐年取得新突破。如 2011 年全乡种植甘蔗面积为 3.16 万亩，产量为 10.44 万吨。2012年，全乡种植甘蔗面积为 3.2 万亩，产量为 10.73 万吨；三是积极发展高产、优质畜牧、养殖业。如 2011 年在米强村百河屯建立肉牛养殖基地一个，全乡耕牛存栏 1550 头，肉牛出栏 320 头；生猪存栏 2572 头，出栏 1800 头；家禽存栏 53568 羽，出栏 36826 羽；新增养殖山羊 216 只。2012 年，乡党委、政府大力扶持群众发展林下养鸡，采取"公司＋基地＋农户"的方式在汪门屯创建了养鸡示范点，饲养鸡 1 万羽。全年全乡家禽存栏达到了 106230 羽，出栏 97450 羽；生猪存栏 2715 头，出栏 2876 头；牛存栏 1820 头，出栏 454 头。另有水产品产量 193 吨；四是紧紧围绕"做足山上文章，打造瑶族特色，构建和谐瑶乡"的主题，充分利用山地优势，大力发展经济林业及林下经济。如 2011 年全乡植树造林 5000 亩，到 2012 年全乡造林达 7510 亩。这些林木包括八角、玉桂、马尾松、速生丰产林等等，年产松脂 3500 多吨、八角 490 多万斤、玉桂近 8 万吨。同时，积极动员群众发展林下养蜂、种植蘑菇，年均实现林下养蜂 1300 多箱、蘑菇产量 2000 多斤。五是利用本地资源优势，营造"爱商"、"护商"、"重商"的良好氛围，主动"走出去"，加强对外宣传交流，增强对外开放的影响力，加大招商引资力度，引进了一家年加工松香 3000 吨、玉桂叶 2000 吨，年产值 4000 万元的林化加工厂。截至 2012 年，全乡共有 3 家乡镇企业（木材加工企业 2 家，松香加工企业 1 家）。通过以上多种举措，近年来，南屏瑶族乡农民人均收入实现了稳步增长，2010年农民人均收入为4381元，2011年为5256元，2012年为5557元，[①]2013年为6677元。[②]

（2）八腊瑶族乡

以2013年为例，八腊瑶族乡2013年特色产业得到快速发展。一是推进特色农业产业化发展。大力发展特早、特晚、特优农业，以无公害水果、高效蔬菜、龙滩珍珠李、苗圃、核桃、烤烟等特色种植为样板，重点发展特色优质果产业，种植珍珠李22612.3亩、核桃24573.82亩、油桃3130亩、布朗李1112.9亩、小番茄800亩、烤烟753亩。二是推进特色农业基地化建设。深入推进"两个百万、十个一万"生态农业示范工程，不断完善、提升五福珍珠李第一村、高检油桃第一村、洞里秋蜜桃第一村"三大水果第一村"建设。以五福村为中心，辐射周边张家坨等12个屯，大力发展种植珍珠李，打造"万亩珍珠李标准种植示范基地"，目前完成建设方案的制定和新规划土地构图设计1150亩，落实640亩。以八腊村高检屯为中心，重点发展周边5个屯，发展种植优质油桃产业，新种油桃2150亩。以洞里村纳黄屯为中心，辐射带动龙家湾等4个屯种植秋蜜桃，新种秋蜜桃145亩。三是实施特色农业品牌战略。进一步提升八腊龙滩珍珠李的知名度，深化龙滩珍珠李种植技术、深加工、贸易等方面的合作。

---

① 根据邓颜文在2011年南屏瑶族乡第十五届人民代表大会上作的《南屏瑶族乡人大主席工作报告》及2012、2013年南屏瑶族乡第十六届人民代表大会第二次、第三次会议上作的《政府工作报告》整理。

② 上思县委宣传部：《上思南屏瑶族乡迎来建乡30周年》，http://www.gx.xinhuanet.com/dtzx/shangsi/2014-09/30/c_1112690146.htm，2014年10月10日访问。

另外，2013 年全乡耕种面积 2338 公顷，粮食产量 9872 吨。种植蔬菜 853 公顷，产量 5308 吨。以特色养殖业为主的特色产业发展初具规模，全年六画山鸡养殖达 80 万羽；生猪出栏 16000头，年末存栏 27200 头；牛出栏 1600 头，年末存栏 10000 头；山羊出栏 2000 只，年末存栏 8000 只；家禽出栏 57700 只，年末存栏 35400 只。

通过全乡各族人民的共同努力，2013 年全年全乡社会生产总值为 7702 万元，同比增长 6%；工业总产值 3966 万元，比上年增长 64.4%；农民人均纯收入 4052 元，比上年增长 2.4%。

（3）夏宜瑶族乡

夏宜瑶族乡以农业结构调整为主线，根据山区优势，注重加快发展优势特色产业，在各村建立了"一村一品"特色农业产业基地。即芦山村原蚕培育基地、六洛村养蜂基地（2012 年年产天然蜂蜜 2 万公斤，被自治区水产畜牧兽医局评为无公害养蜂专业村）、能友村养兔基地、高雷村黑土猪和山鸡养殖基地、六海村原料林种植基地以及夏宜村生猪养殖基地。这些基地极大地促进了当地的经济发展以及群众生活水平的提高。

夏宜瑶族乡全乡耕地面积 3225 亩，其中水田 185 公顷，旱地30 公顷。2011 年，粮食种植面积 215 公顷，总产量 4302 吨（包括水稻、木薯、玉米、黄豆等）；2012 年，粮食种植面积 215 公顷（其中实施超级稻高产示范片 100 亩，全面推广超级稻 1700 亩），总产量 4368 吨（包括水稻、木薯、玉米、黄豆等）。在养殖业经济发展方面，2011 年，生猪饲养量 7315 头，年末存栏 3300 头；牛饲养量 182 头，年末存栏 60 头；蜜蜂 2153 箱，产蜜 21530 千克；家禽饲养量 61466 羽；水产养殖以塘、河养鱼为主，产量 1128 吨。

2012 年，年底生猪存栏 2820 头，能繁母猪 360 头，后备母猪 48 头、公猪 800 头，肉兔 6800 只，家禽 13200 羽，耕牛 65 头；出栏生猪 3420 头，家禽 59450 羽，肉兔 22900 只，外运生猪 3381 头。在企业经济发展方面，2011—2012 年，共有私营企业 5 家，以木材加工、运输为主，从业人数 63 人，年总产值 200 万元。总之，2011 年以来，夏宜瑶族乡各项经济稳中求进，2011 年全乡生产总值 4000 万元，财政收入 218 万元，农村人均纯收入 2800 元；2012 年全乡生产总值 4800 万元，财政收入 254 万元，农村人均纯收入 3200 元；2013 年全乡生产总值 5280 万元，财政收入 295 万元，农村人均纯收入 3650 元。

3. 社会建设

党的十八大报告指出，"加强社会建设，是社会和谐稳定的重要保证"，"加强社会建设，必须以保障和改善民生为重点"，"要多谋民生之利，多解民生之忧，解决好人民最关心最直接最现实的利益问题，在学有所教、劳有所得、病有所医、老有所养、住有所居上持续取得新进展，努力让人民过上更好生活"。从调研情况看，近年来三民族乡党委政府非常重视社会各项事业的建设，都取得了显著的成绩：

首先，教育事业进一步发展。民族乡坚持把教育放在优先发展的战略地位，加大教育基础设施投入，加强教师队伍建设，人民群众的文化素质不断提高。如南屏瑶族乡现有初级中学 1 所（始建于 1967 年），乡中心小学 1 所（始建于 1953 年），村完小 4 所，教学点 39 个。2003 年基础设施大会战及 2005 年"两基"攻坚大会战以来，在上级党委政府和主管部门的关心及大力支持下，全乡各个学校的办学条件得到了极大的改善。各学校的教学楼、综合楼、学生宿舍楼、学生饭堂等相继新建、改建，初中及各小学均配备有图书阅览室、仪器室、实验室、运动场等"六室一场"，同时校园环境整洁美观。至 2012 年年底，全乡校舍面积 12753 平方米，生均建筑面积 6.63 平方米；全乡教学仪器设备总数 36.83 万元；全乡图书室藏书共计 32222 册，生均 16.76 册；全乡学生总数 1923 人，其中瑶族学生 897 人，寄宿生 889 人；全乡教师总数 94 人，其中少数民族教师 91 人（瑶族教师 24 人）。另据报道，2014 年全乡共考上 58 名大学生。①

　　为探视民族乡教育的发展状况，笔者专程到南屏瑶族乡汪乐村小学进行了实地调研。南屏瑶族乡汪乐村位于十万大山脚下，东面与十万大山森林公园相接，南面与防城区扶隆乡相邻，西面与华兰乡接壤，交通便捷，素有"南屏的窗口，上思的南大门"之称。汪乐村委会所在地汪乐屯距乡政府 38 公里，下辖汪乐、岩良、六榜、汪门、汪规、垌平 6 个自然屯，已全部通路、通电和通电话。其中岩良、汪门、汪乐、汪规、六榜已基本修通环屯水泥路。全村总人口为 1253 人，319 户，98% 以上是瑶族。全村总面积 3.6 平方公里，耕地面积 591 亩，其中水田 301 亩，旱坡地 290 亩。经济来源以八角、玉桂、马尾松经济林等为主。全村有玉桂 9200 亩，八角 8600 亩，马尾松 34200 亩。2012 年农民人均收入约 3500 元，村集体经济年收入 0.2 万元。据汪乐村小学校长蒋乾党介绍，汪乐村小学创建于 1958 年，目前设有 6 个年级 6 个教学班（不含学前班），在校学生 164 人，其中内宿生 74 人，贫

---

① 上思县委宣传部：《上思南屏瑶族乡迎来建乡 30 周年》，http://www.gx.xinhuanet.com/dtzx/shangsi/2014–09/30/c_1112690146.htm，2014 年 10 月 10 日访问。

困生 26 人。近几年，汪乐村适龄儿童入学率都达 100%，在校生巩固率均为 100%，升县中民族班读初中也均为 100%。目前全校教职工 10 人，其中一级教师 3 人、二级教师 7 人，大专 6 人、中师 1 人、本科 3 人，专业教师合格率 100%。学校校园面积 4530 平方米，建筑面积 700 平方米，生均建筑面积 5.4 平方米，学校"五室"齐全，其中，图书 1413 册，生均 10.8 册，价值 2.63 万元，教学仪器、体育器材共计 486 件，价值 2.32 万元，各种设备达农村三类学校标准。蒋校长告诉笔者，多年来，在各级党委、政府以及教育行政部门的正确领导下，学校全面贯彻党的教育方针，坚持"从管理要质量，以质量求生存，以质量求发展"为办学宗旨，以德育为首，教学为中心的教育思想，以知识、能力、情感组织课堂教学，全面实施素质教育，注重培养学生的良好习惯和培养学生的创新精神和实践能力，学校的教学质量稳步提高。在实施九年义务教育的今天，汪乐村小学将树立教师爱生、勤教、团结奉献的教风和独思、好学、拼搏、向上的学风，为后代的成长打下良好的基础，努力把学校办成农村小学的示范学校。

又如夏宜瑶族乡。该乡有九年一贯制学校一所——夏宜民族学校，占地面积 8900 平方米，建筑面积 5300 平方米。2011 年，该校共有 12 个班级，学生 455 人，教职工 45 名。2012 年，该校有 12 个班级，学生 452 人，教职工 46 人。同时，全乡有 5 所村级小学，学校占地面积 6775 平方米，教职工 20 人，20 个班，在校生 199 人。全乡适龄儿童入学率达 100%，初中入学率达 98%。另外，2011 年教育经费投入 163 万元、2012 年投入教育经费 197 万元，用于改造、改建学校的基础设施。

其次，加强民政扶贫等社会保障工作。民族乡坚持"以民为本、为民解困"的工作宗旨，关注民生，强化社会保障和民生服务意识，充分发挥民政工作"调压减震"的功能，努力解决好困难群众的生产生活问题，为调节社会矛盾、促进社会公平及维护民族乡的社会稳定，发挥了积极的作用。如2013年，南屏瑶族乡民政办不断完善与健全工作机制，在深入各村组对各类优抚对象、低保户、弱势群体、特困户等进行逐户排查摸底，全面、系统地掌握每个民政对象的真实情况的基础上，进行了信息化管理，并登记造册，使民政工作心里明、民政对象一目清，达到管理到位、服务到位，以保证获得帮助的是真正的最困难的群众，并能使他们及时得到政府的救助，其工作取得了很好的社会效果。一是积极推进医疗救助工作，扩大医疗救助面，提高救助水平。2013年全乡有农村五保132人、农村低保4187人、城镇低保40人，已全部纳入农村新型合作医疗保险，确保困难群众病有所医，避免因病致贫。同时，还解决了农村大病医疗救助22人；二是继续做好扶贫济困工作，进一步提高农村五保户对象和城镇"三无人员"的集中供养工作以及农村低保户的救济工作。全乡五保供养金由乡民政办按月足额发放，月供养标准农村不低于250元/人·月，集中供养5人，供养标准为360元/人·月，城镇分类施保人员人均215元/人·月。孤儿3人，发放生活补助600元/人·月。文遗1人，发放生活补助200元/月。烈属1人，发放生活补助578元/月。全乡60周岁以上农村籍退役士兵14人，发放生活补助总金额680元/月。参战退伍军人14人，发放生活补助330元/人·月。参战退伍民兵26人，发放生活补助100元/人·月。农村低保4187人，发放生活补助90元/人·月。以上都按要求按时发放定补，并全部实行银行代发；三是加大救灾助困工作。

2012 年末至 2013 年初，共发放冬令救济棉被 296 床、毛毯 270 条、蚊帐 210 顶、棉衣 420 件、绒衣 300 套、单层男冬装 315 套、女冬装 35 套。同时，因自然灾害发放倒房重建资金 5 万元。①

又如，夏宜瑶族乡在 2011 年，全乡新型农村社会养老保险参保人数 2317 人，参保率 68.7%；发放 45 户五保户供养金 31500 元，城乡低保 300 户（712 人）低保金 182860 元；抚恤对象 25 人发放 56332 元，高龄、孤儿等 28 人发放社会福利 33120 元；向困难群众发放救灾救济大米 22000 公斤、衣被 6000 套（件）；实施大病医疗救助 76 人次，报销大病救助资金 24998 元；倒房重建补助 3 户，补助资金 7500 元。2012 年，新农保参保人数达 2761 人，参保率 88.27%；发放 45 户五保户供养金 89300 元，抚恤对象 88 人次 30221 元，高龄补贴 240 人次 22230 元，孤儿补贴 9 人次 7200 元；救灾救济大米 22100 公斤、衣被 3000 套（件）、食用油 225 瓶；实施大病救助 155 人次，报销大病救助资金 109750 元；农村临救 8 户 12 人次 6500 元，发放农房保险理赔金 1 户 5 人 2400 元。

再如八腊瑶族乡，2013 年，共发放优抚金 55 人 17.6 万元、孤儿补贴 38 人 11.16 万元、高龄补贴 385 人 23.2 万元、五保户供养金 178 人 45.74 万元，拨给学校救灾款 1 万元，倒房重建 1 户 0.7 万元、房屋维修 1 户 0.6 万元；高质量、高标准完成农村五保户、低保户、困难户和其他农村贫困户的危房改造任务，全年共完成危房改造 390 户；建立健全帮扶制度，深化"321"的开发扶贫工作责任制，细化帮扶方案和措施，对每人的包户、帮扶情况进行

---

① 资料来源：南屏瑶族乡综治信访维稳中心台账中的《2013 年南屏瑶族乡民政办工作总结》。

列表公示，并积极开展回访活动。为群众联系果苗、化肥、农药等，引导贫困村群众制定产业开发规划，并对产业规划的落实情况进行督查。其中，认真谋划库区移民民生，加大对库区移民产业开发的帮扶力度，扶持移民发展特色种养，切实让移民搬得出、住得下、能致富。另外积极支持农民工返乡创业，帮助返乡创业人员申请小额贷款；积极开展"十百千"人才培训工程，大力培训水果种植和养殖能人，在原有 10 名技术骨干的基础上，开展培训 100 人计划，全年举办基地培训班 8 期，培训人员 150 人，新创建种养培训基地 9 个。

再次，大力发展乡村医疗卫生事业。如南屏瑶族乡 1956 年成立了乡卫生所，1970 年成立乡卫生院。2002 年由自治区政府专项拨款 10 万元完成了住院部楼的建设，2007 年投资了 30 多万元的门诊楼落成，相继配备了 200max 光机、B 超机、心电图机、血液细胞分析仪、尿分析仪、洗胃机等医疗器械 10 多件。到 2012 年底，乡卫生院设有病床 10 张，有医护人员 10 人。另外，9 个行政村都设有卫生室，有卫生员 9 人。又如夏宜瑶族乡 2012 年有各级医疗机构 7 个（包括乡卫生院及 6 个行政村卫生室），固定资产总值 114 万元，有病床 12 张，专业卫生人员 7 名，其中执业医师 3 人，执业助理医师 1 人，注册护士 1 人。夏宜瑶族乡卫生院建筑面积 900 多平方米，设有内科、外科、儿童保健科、妇产科、公共卫生科等 6 个科室，配有心电图、B 超等检查设备，每年完成诊疗 5000 人次。

（四）保障少数民族宗教信仰自由

我国是一个统一的多民族国家，也是一个多宗教的国家。"我国的宗教有着悠久的历史，我国部分少数民族几乎是全民族都信仰宗教。信仰宗教具有民族性和群众性的特点。同时，宗教也具有国际性，宗教在世界各地也有广泛的社会影响。全世界约有30亿人信仰宗教，占世界总人口的 60% 到 70%。因此，正确处理好宗教问题，对于民族团结、国家统一和国际交往，都有重要意义。"①

宗教信仰自由是我国公民的一项基本权利。《宪法》第 36 条明确规定："中华人民共和国公民有宗教信仰自由。任何国家机关、社会团体和个人不得强制公民信仰宗教或者不信仰宗教。不得歧视信仰宗教的公民和不信仰宗教的公民。国家保护正常的宗教活动。任何人不得利用宗教进行破坏社会秩序、损害公民身体健康、妨碍国家教育制度的活动。宗教团体和宗教事务不受外国势力的支配。"我国政府长期以来都注重宗教积极功能的发挥，党的十八大报告就指出："全面贯彻党的宗教工作基本方针，发挥宗教界人士和信教群众在促进经济社会发展中的积极作用。"广西民族乡在党和政府正确的民族宗教政策的指引下，宗教信仰自由得到尊重和保护。如上思县南屏瑶族乡政府对该乡部分瑶胞信仰天主教的宗教活动，给予了尊重与支持，使该乡群众的宗教活动得以正常开展。一是积极、主动摸清信教群众的分布状况及人数。南屏瑶族乡信教的群众主要分布在 3 个村的 6 个屯，即米强村的百管屯、龙因屯、旧米强屯、百规屯，巴乃村的紫针屯及渠坤村的六龙屯。这六个屯每个屯都建有教堂，共有教徒 562 人。二是掌握信教群众的组织机构。6

个屯都设有会长或主要负责人，分别是：百管屯张日光、龙因屯邓桂良、旧米强屯李从广、百规屯邓福兴、崇针屯张日德、六龙屯张日清。会长或负责人的主要职责为组织协调本屯的集体宗教活动。三是掌握南屏瑶族乡天主教活动的形式及规律。该乡天主教活动分为集体与私人两种。私人宗教活动是信教人员自由进行的活动，一般是早晚餐前后做的祈祷。集体活动较为隆重，星期日（主日）教徒进教堂集体过宗教生活，包括祈祷、读经、讲道"告解"、婚配等等活动。另外，每年都有 4 个大节日（瞻礼），分别是复活节、圣神降临节、圣母升天节及圣诞节。大节日一般都由来自南宁的教父主持，活动较为隆重。由于南屏瑶族乡政府能尊重、支持该乡群众正常的宗教活动，加之正确的引导，不仅丰富和充实了各少数民族群众的精神生活，而且还造就了各民族的和睦相处和社会稳定。目前，该乡没有发生利用宗教活动扰乱社会秩序等违法行为，相反为该乡打出了一张文化品牌。

又如，草坪回族乡尊重、支持当地回族群众的宗教活动也可圈可点。据乡党政办主任屈华文介绍，他们乡尊重、支持和保障少数民族宗教信仰自由主要表现在以下两个方面：一是对回族群众正常的宗教活动不干涉、不阻止。非仅如此，在 30 周年乡庆之时，政府出资 20 多万元为潜经村的清真寺及其围墙、大门进行了重建。该工程于 2014 年 6 月底全部完成，修葺一新的清真寺为信徒的宗教活动提供了理想的场所与环境。同时，乡政府发动潜经村村委会干部、村民小组组长及老年协会收集回族历史文化资料，围绕清真寺围墙出资打造了一条民族文化墙。另外，还准备在清真寺前修建一广场，下步打造成民族风情园。二是有关领导还积极参加回族群众的节日活动。如回族一年一度的"古尔邦节"，① 是回族众多节日中最重要的节日。每年乡政府都会给回族举行的"古尔邦节"以一定的经费支持，在节日当天，乡长、分管统战的领导等有关人员还出席相关活动，同时还邀请有关媒体对草坪回族乡的"古尔邦节"进行宣传报道，以宣传回族文化，打造回族文化旅游新目的地。

（五）保障少数民族风俗习惯的权利

少数民族风俗习惯是其民族文化的重要组成部分，它既为民族地区经济社会全面协调发展提供了强大的精神动力，也是民族地区经济社会发展的重要内容。保护和发展民族文化，直接关系到民族地区的经济发展、社会稳定及和谐社会建设。广西各民族乡在开展各项工作中，不仅对少数民族风俗习惯给予了充分的尊重，而且还特别采取各种举措予以保护。

如，南屏瑶族乡对瑶族"度戒"这一民间传统礼俗给予了充分的尊重，并试图予以抢救保护。"度戒"也称"成人礼"，它既是一种宗教仪式，也是对接受礼式者进行本民族传统道德规范教育的一种重要形式。然而，随着时代的变迁，如今生活在南屏的瑶族同胞已渐渐淡化这一沿袭已久的古老文化，甚至有断层的危

---

① 在伊斯兰历法系统中，古尔邦节的日期是固定不变的。但以公历计算，其日期则呈现变化不定状。原因是伊斯兰历法基于月亮的运行，而公历系统则是基于太阳的运行，二者相差10—11天。因此，由于国际日期变更线的关系，古尔邦节在全球各地的日历时间不尽相同。草坪回族乡2014年的古尔邦节是8月20日，因此2015年的古尔邦节是8月10日。古尔邦节的主要内容有：（1）举行会礼。回族群众聚集在清真寺，举行礼拜活动，由阿訇带领向西鞠躬、叩拜；（2）宰牲。一般在节日之前准备好到时要宰杀的牲口，牲口要求必须健康，一般会杀牛和羊。

险。南屏瑶族乡党委、政府十分关心，为了让这一民间文化传承下去，决定由党政办专门抽出人员对当地瑶族"度戒"的程序和内容作出整理。工作人员用了几个月的时间，通过资料搜集及对一些瑶族"度戒"师父和其他长者进行细心的问询，如今已整理出生活在南屏瑶族"度戒"的基本程序和内容。现抄录如下：

瑶族的"度戒"前后要进行两天一夜，是瑶族最隆重的一种仪式。度戒者均为男性，通常度戒者可一人也可多人同时进行。虽然说"度戒"是成人礼，但瑶族人认为年龄无论大小，只要"度戒"过关，就能被记入家谱，就是成年了，才有权利参加社会活动，担任全寨（村、屯）的公职，获得男性人生的社会价值。10 岁至60 岁之间的男子都可以举行成人礼，一个男子一生只能"度戒"一次。男孩一般长到 10 岁左右时，父母就请一个专门选"度戒"吉日的师父按生辰八字为其选定"度戒"的吉利日（年月日）。"度戒"吉日选定后，就开始选为男孩"度戒"的师父。"度戒"师父由道头、师头和三元三部分组成。道头师父意为代表祖先，人数现为 6 人（过去 10 人）；师头师父意在对付妖魔鬼怪，防止它们前来干扰"度戒"仪式，人数现为 5 人（过去为 8 人）；三元师父代表接受"度戒"的男孩，人数现为 3 人（过去为 5 人）。"度戒"的吉日和师父都选定后，父母要事先为男孩的"度戒"做一些准备工作，如，请师父给受戒男孩讲解"度戒"的意义，同时设立一高桌要男孩反复练习"度戒"仪式的动作，等等。"度戒"仪式开始前七天，父母要带男孩或自己去拜请师父，顺带纸、笔、墨由师父请助手代写好"阴阳牒"（亦称"阴阳合同"），同时师父对受戒人要进行训导，告知其"度戒"前应注意的事项，如不准杀生（哪怕是一只蚂蚁）、要戒色、不准出远门（一定要出就要戴帽子），等等。另外，整个"度戒"仪式始终要由两位瑶族妇女歌师吟唱"修斋歌"（或度戒歌），"修斋歌"的歌词会随着"度戒"仪式的不同进程而相应变化。"度戒"开始的第一天，其主要内容是祭拜祖先，并"写信"通报祖先，瑶族后代目前生活欢乐、幸福安康，同时调遣各路神仙、天兵天将保护"度戒"仪式的顺利进行，管家在门外布设各种"武器"以降住妖魔鬼怪进入仪式场所。第一天还有一个重要的内容，就是"度戒"师父取甘露水为度戒者洗身，意即除去其所有不干净的东西，以"洁身"接受度戒。第一天的活动主要是在晚上进行。正式"度戒"是第二天的中午，这天早上要"写信"给祖先，通报接受"度戒"的人及其家庭人员的姓名等情况。上午 10 时左右进行"破狱"（意思是请祖先从地下升到人间参加度戒，并接受瑶族子孙），报告祖先度戒准备开始。中午 12 时左右，"度戒"正式开始，首先由师父围绕在事先搭建的戒台（或称吾台）周围并上到戒台进行一些法事活动，然后由度戒者上到戒台，并用被面之类把度戒者整个罩住（以示其还在娘胎里）。之后，度戒者从戒台上翻身而下，众师父在台下接住，把罩住的被面之类打开，表示男孩已经出生。随即，度戒师父代表度戒者（弟子）与瑶族祖先签订"阴阳牒"。"阴阳牒"的主要内容是要求度戒者向祖先承诺：不骂父母和众亲、不杀人放火、不偷盗抢劫、不强奸妇女、不学邪神及不走邪道、不陷害好人、不吃猫狗肉及不得醉酒、兄弟要团结、要乐于助人、尊重师父并服从师父管教。"阴阳牒"同时写明，如度戒者不信守承诺，必遭惩罚。下午，度戒师父为度戒者进行一些以示呵护或培养其健康成长的活动。最后，师父与受戒者举行"砍香"仪式（即师父与受戒着各把住一根香烛的一头，由师父从中间砍断，其意为"如度戒者不信守承诺，必遭惩罚"），整个"度戒"仪式宣告结束。

从瑶族"度戒"的程序看，虽然其近乎以宗教的仪式完成，但其内容贯穿着瑶族传统道德和戒律的训导，表现出瑶族独有的原生信仰，也与今天的法治精神基本吻合，是一种十分珍贵的非物质文化遗产。南屏瑶族乡党委、政府组织专门人员整理出"成人礼"（度戒）的程序和内容，为的是要让瑶族这一民间习俗得到传承并发扬与光大。

又如，草坪回族乡党政基层工作人员在具体工作中特别注意对回族风俗习惯的尊重。笔者在对乡司法所所长莫四发采访时，他特对此作了强调。他向笔者介绍说，他从 2010 年开始从事司法行政工作，当时在桂林市雁山区柘木镇司法所，于 2013 年调到草坪回族乡司法所，任所长职务。因为司法所被赋予了较多的职能，承担着较多的职责，从指导管理人民调解工作，参与调解疑难、复杂民间纠纷，到指导管理基层法律服务工作，从承担社区矫正日常工作，到协调有关部门和单位开展对刑释解教人员的安置帮教工作，从组织开展法制宣传教育工作，到组织开展基层依法治理工作及参与社会治安综合治理工作，同时还要参加乡里组织的很多中心工作，等等，所有这些工作无不接触回族群众，与他们打交道，直至处理他们之间的矛盾纠纷。所以，自他开始到草坪回族乡工作，首先做的就是确定回族在该乡的分布情况（包括人口数量及所占比例），了解回族的宗教信仰，熟悉回族的风俗习惯，以免给工作带来不便或者困难。同时，为使工作开展顺利并具有实效，他以较快的速度学习并熟悉了党的民族政策及民族法律法规。他说，该乡的回族人口约有 2130 人，占全乡总人数的 37% 左右，主要集中在潜经村，该村群众的信教意识很浓，建有一个清真寺，这里的回族群众每周五都要做礼拜。回族信仰伊斯兰教，其禁忌习俗很多，其中在饮食方面，禁食猪、狗、驴、骡、马、猫，禁吃自死的牲畜、动物，禁止抽烟、喝酒等。这其中，猪又是回族群众饮食风俗习惯中最为敏感的一个问题，在具体工作中要特别注意犯禁，否则不仅受不到回族群众的欢迎，还心怀抵触情绪致使工作无从开展。如，下村时一定不要在回族群众面前谈论吃猪肉方面的事，也不要谈论养猪发展经济的事，更不能买猪肉到回族群众家做吃（因为下到村屯开展工作往往就是一天，午饭或晚饭需要到群众家煮吃，而菜都由工作人员自备）。

　　莫所长给笔者讲述了一个他刚上任后不久亲身经历的、以尊重回族风俗习惯为原则和法律依据进行调解并成功化解纠纷的案例。他说，随着农村经济的发展，村民的生活条件得到了很大改善，村民餐桌上的菜谱不再以青菜、豆腐、辣椒为主，猪肉成为很多家庭餐桌上的常见菜肴。由此，有的专门从事牲畜宰杀的生意人把卖猪肉的生意做到了回族、汉族混居的村庄里。2013年春节前，一村民就在潜经村小学代销店门口设了一个固定的猪肉销售点，这里交通方便又热闹，是一个十分理想的位置，一些汉族村民看到再不用走远路去圩场买猪肉了，纷纷过来购买，生意十分红火。村里的一位回族老前辈见此情景就到村委会反映情况，要求村委会制止在那里摆摊卖猪肉。村委会与这位村民进行了交涉，随即引发了纠纷。村委会把情况反映到乡司法所，并请求司法所出面调解。莫所长与司法所另一工作人员接到村委会的情况反映后，立即赴潜经村与村委主任白发军一道，找到这位卖猪肉的村民，与他沟通交流，希望他尊重回族的风俗习惯，撤走猪肉固定摊点。这位卖猪肉的村民认为，猪肉是卖给汉族村民的，而且为汉族村民买猪肉提供了极大的方便，受到汉族村民的欢迎，坚持不撤走。莫所长耐心地跟该村民解释说，卖猪肉是可以的，方便了汉族群众是好事，但潜经村是本乡回民最集中居住的地方，在回民聚居区域和清真寺旁边卖猪肉，就是对回族同胞风俗习惯的极不尊重。并且，国家法律对尊重与保障少数民族风俗习惯的权利作出了明确的规定，也是党的一贯政策。因此希望该村民从维护民族团结出发，撤走固定猪肉摊点。经过耐心的法律宣传及教育，该村民认识到此举的确有不妥之处，并答应不再在潜经村设卖猪肉的固定摊点。此纠纷的圆满解决，得到了回族同胞的一致赞许。

第二节　新时期广西民族乡人民调解工作的开展及成效

上一节对新中国成立后广西人民调解的历史轨迹及取得的发展成就的回溯，这当然也是对各民族乡部分历史时期人民调解工作的纪实。进入新的历史时期，广西各民族乡的人民调解与其他地域一样，其工作取得了崭新的成就。

为深入贯彻落实《中共中央办公厅、国务院办公厅关于转发〈最高人民法院、司法部关于进一步加强新时期人民调解工作的意见〉》（中办发［2002］23号）和《自治区党委办公厅、自治区人民政府办公厅关于转发〈自治区高级人民法院、自治区司法厅关于认真贯彻中办发［2002］23号文件精神，进一步加强新时期人民调解工作的实施意见〉的通知》（桂办发［2003］29号）精神以及全国人民调解工作会议和全国人民调解工作座谈会议精神，进一步做好新时期人民调解工作，充分发挥人民调解在维护社会稳定中的作用，广西壮族自治区司法厅于2005年2月7日发布了《关于在全区开展人民调解规范化建设活动的意见》（桂办发〔2005〕7号），并制定了《广西壮族自治区人民调解委员会规范化建设标准》。《意见》指出："人民调解工作在预防和化解矛盾纠纷，正确处理人民内部矛盾，维护社会稳定中发挥着不可替代的重要作用。为此，要充分认识开展人民调解规范化建设活动的重要性和必要性；要精心组织、加强领导，确保人民调解规范化建设工作的顺利实施；要切实加强领导，建立健全人民调解工作保障机制。"

　　缘起于2005年广西壮族自治区司法厅发动的这场人民调解规范化建设活动，广西各民族乡人民调解工作获得了新的发展契机。人民调解组织建设、业务规范化建设、调解员队伍素质得到了进一步强化和提高，调解工作条件及人民调解的社会公信力也随之得到了进一步改善和增强。与此同时，广西民族乡人民调解工作领域不断拓展，有效预防和化解了大量矛盾纠纷，为推动广西民族乡的经济社会发展以及维护民族乡的社会稳定做出了积极贡献。

一、新时期广西民族乡人民调解工作的开展状况

（一）广西民族乡人民调解组织机构和调解员队伍建设状况

　　目前，广西各民族乡均设立了乡级人民调解委员会，在各民族乡所辖村的村民委员会均设立了村级人民调解委员会，同时这些人民调解委员会均配备了数量不等的人民调解员，对于不断涌现的民间纠纷的调处提供了前提性组织保障和人员储备。基于"大调解"的格局，在乡级人民调解委员会，其调解人员基本由乡司

法所、派出所、国土所、水利站、林业站、计生办、妇联及综治信访维稳中心等单位工作人员组成。在村级人民调解委员会，其调解人员基本由该村党支部、村民委员会成员或者各村民小组组长担任。以下以平南县马练瑶族乡、蒙山县夏宜瑶族乡及上思县南屏瑶族乡为例，以表格的形式分别说明人民调解委员会的设置及人员配置情况：

（1）平南县马练瑶族乡。该乡共有 13 个人民调解委员会，即马练瑶族乡人民调解委员会及马练村、利俩村、三联村、九槐村、藤旺村、新利村、北胜村、石垌村、水晏村、六石村、新河村和古琉村 12 个村级人民调解委员会。其人员组成基本状况见表 2.13 和表 2.14：

表 2.13：马练瑶族乡人民调解委员会人员组成情况（截至 2014 年 5 月）

姓名	性别	民族	文化程度	政治面貌	职务	现单位及职务
黄海波	男	瑶族	高中	中共党员	主任	司法所所长
郭维民	男	瑶族	本科（在职研究生在读）	中共党员	成员	司法所
黄光忠	男	瑶族	大专（法律函授本科在读）	中共党员	成员	司法所（聘用）
黄定恒	男	瑶族	大专（法律函授本科在读）	中共党员	成员	司法所（聘用）
王伟升	男	瑶族	中专	中共党员	成员	国土所所长
黄定辉	男	瑶族	高中	中共党员	成员	林业站站长
郭起勇	男	瑶族	高中	中共党员	成员	计生站站长
方静	女	汉族	大专		成员	妇联主席

资料来源：平南县司法局马练司法所。

表 2.14：马练瑶族乡各村级人民调解委员会人员组成情况（截至 2014 年 5 月）

调解委员会名称	人员组成基本情况
马练村人民调解委员会	黄天新（主任）、李万有（副主任）、罗朝芳（成员）、莫龙杰（成员）、潘小艺（成员，女，汉族，大专文化程度）。
利俩村人民调解委员会	郭廷飞（主任）、韦荣东（副主任）、卓义科（成员）、郭起琏（成员）、郭雪群（成员，女）。
三联村人民调解委员会	郭杰（主任）、谢立光（副主任）、陶书云（成员，女）、郭志旺（成员）、黎勤慧（成员，女）。
九槐村人民调解委员会	郭和（主任）、陈崇光（副主任）、陆北（成员）、郭焴（成员）、欧传燕（成员，女）。
藤旺村人民调解委员会	黄盛金（主任）、郭起平（副主任）、蓝家雄（成员）、黄帮飞（成员）、潘兰（成员，女）。
新利村人民调解委员会	蓝家福（主任，高中文化程度）、黄林（副主任）、蓝海（成员）、欧天旺（成员）、黄燕静（成员，女）。
北胜村人民调解委员会	陈高旺（主任）、黄辉（副主任）、吴胡锦（成员）、陈超余（成员）、黄柱英（成员，女）。
石垌村人民调解委员会	黄位安（主任，高中文化程度）、卓义明（副主任）、黄科（成员）、龙书来（成员）、谢妮周（成员，女）。
水晏村人民调解委员会	黄位昌（主任，高中文化程度）、区华志（副主任）、黄素兆（成员）、覃家新（成员，壮族）、黄妮明（成员，女）。
六石村人民调解委员会	黎显亚（主任）、黄耀金（副主任）、吴德武（成员）、陆振发（成员）、林桂行（成员，女，汉族）。

调解委员会名称	人员组成基本情况
新河村人民调解委员会	陈胜全（主任）、何段林（副主任）、陈金华（成员）、吴强（成员）、郭永玲（成员，女，汉族）。
古琉村人民调解委员会	梁绍东（主任）、黄英健（副主任）、肖培伟（成员）、黄位柱（成员）、刘永燕（成员，女，汉族）。

注：表2.14凡没有标明民族的，其余均为瑶族；没有标明文化程度的，其余均为初中文化程度。同时，各村人民调解委员会委员均为该村党支部和村委会成员兼职担任，且均为中共党员。资料来源：平南县司法局马练司法所。

（2）蒙山县夏宜瑶族乡。该乡共有7个人民调解委员会，即夏宜瑶族乡人民调解委员会及夏宜村、六海村、高雷村、能友村、芦山村和六洛村6个村级人民调解委员会。其人员组成基本状况见表2.15和表2.16：

表2.15：夏宜瑶族乡人民调解委员会人员组成情况（截至2014年5月）

姓名	性别	民族	文化程度	出生年月	政治面貌	职务	现单位及职务
邓济群	女	瑶族	本科	1976.9	中共党员	主任	人大主席
李正平	男	汉族	大专	1964.1	中共党员	副主任	司法所所长
秦松	男	汉族	中专	1976.6	中共党员	副主任	综治办副主任
谢建英	女	汉族	中专	1968.5	中共党员	成员	妇联主席
李家慧	女	汉族	本科	1987.4	中共党员	成员	团委书记
蔡平	男	汉族	中专	1964.8	中共党员	成员	派出所所长
黄勇	男	汉族	高中	1974.9	中共党员	成员	国土所所长
白枚	男	汉族	中专	1965.8	中共党员	成员	林业站站长

姓名	性别	民族	文化程度	出生年月	政治面貌	职务	现单位及职务
韦国信	男	瑶族	高中	1963.4	中共党员	成员	水利站站长
莫辉	男	瑶族	高中	1963.5	中共党员	成员	民政办助理
莫玉华	女	瑶族	本科	1988.10	中共党员	成员	司法助理

资料来源：蒙山县司法局夏宜司法所。

表 2.16：夏宜瑶族乡各村级人民调解委员会人员组成情况（截至2014 年 5 月）

调解委员会名称	人员组成基本情况
夏宜村人民调解委员会	韦运福（主任，高中文化程度）、李才德（成员，高中文化程度）、谢国强（成员，初中文化程度）。
六海村人民调解委员会	罗国开（主任，初中文化程度）、廖秀琼（成员，女，初中文化程度）、贤庆文（成员，初中文化程度）。
高雷村人民调解委员会	莫国雨（主任，高中文化程度）、覃祚德（成员，大专文化程度）、温承华（成员，初中文化程度）。
六洛村人民调解委员会	陆俊良（主任，初中文化程度）、李先贵（成员，高中文化程度）、罗朝丽（成员，女，初中文化程度）。
芦山村人民调解委员会	吴文忠（主任，初中文化程度）、潘德新（成员，初中文化程度）、廖炎（成员，初中文化程度）。
能友村人民调解委员会	李祖春（主任，初中文化程度）、莫庆国（成员，高中文化程度）、曾运华（成员，初中文化程度）。

注：表 2.16 凡没有标明民族的，均为瑶族。同时，各村人民调解委员会委员均为该村党支部和村委会成员兼职担任，且均为中共党员。资料来源：蒙山县司法局夏宜司法所。

（3）上思县南屏瑶族乡。该乡共有 10 个人民调解委员会，即南屏瑶族乡人民调解委员会及英明村、渠坤村、江坡村、汪乐村、巴乃村、米强村、常隆村、乔贡村和枯叫村 9 个村级人民调解委员会。其人员组成基本状况见表 2.17 和表 2.18：

表2.17：南屏瑶族乡人民调解委员会人员组成情况（截至2014年6月）

姓名	性别	民族	文化程度	出生年月	政治面貌	职务	现单位及职务
吴军	男	壮族	本科	1976.7	中共党员	主任	人大主席
宁彪	男	壮族	本科（函授）	1970.12	中共党员	副主任	综治办副主任
黄庭逸	男	壮族	本科（函授）	1968.12	中共党员	副主任	司法所所长
刘美振	男	壮族	高中	1959.12		成员	司法助理
邓巧	男	瑶族	大专	1985.2	中共党员	成员	司法助理
李建民	男	壮族	大专	1976.1	中共党员	成员	国土所所长
周天朗	男	壮族	本科（函授）	1974.5	中共党员	成员	水利站站长
潘致华	女	壮族	本科	1974.7	中共党员	成员	妇联主席
刘愈坚	男	壮族	中专	1956.10	中共党员	成员	民政办助理

资料来源：上思县司法局南屏司法所。

表 2.18：南屏瑶族乡各村级人民调解委员会人员组成情况（截至 2014 年 6 月）

调解委员会名称	人员组成基本情况
渠坤村人民调解委员会	罗景业（主任，高中，壮族）、韦旭山（成员，初中文化程度，壮族，非党员）、林春华（成员，女，初中文化程度，壮族）。
英明村人民调解委员会	刘汉东（主任，初中，壮族）、陆冠良（成员，初中，女，非党员）、张竹生（成员，壮族，初中，非党员）。
汪乐村人民调解委员会	蒋伟标（主任，初中，瑶族）、马思跃（成员，瑶族，初中）、李华春（成员，女，瑶族，初中）。
江坡村人民调解委员会	刘志武（主任，大专，瑶族）、李从迪（成员，瑶族，中专）、蒋春梅（成员，瑶族，女，初中）。
巴乃村人民调解委员会	陈廷军（主任，初中，壮族）、李珠山（成员，初中，壮族）、林宏炳（成员，壮族，女，初中，非党员）。
米强村人民调解委员会	李从东（主任，瑶族，初中）、周建胜（成员，壮族，初中）、邓小花（成员，瑶族，女，初中，非党员）。
枯叫村人民调解委员会	陈成东（主任，壮族，初中）、凌辉业（成员，壮族，中专，非党员）、李思敏（成员，汉族，女，初中，非党员）。
常隆村人民调解委员会	蒋富堂（主任，瑶族，初中）、蒋秀璜（成员，瑶族，初中，非党员）、李秀建（成员，瑶族，女，初中，非党员）。
乔贡村人民调解委员会	周福加（主任，壮族，初中）、黄海平（成员，壮族，初中，非党员）、陈兰凤（成员，壮族，女，初中，非党员）。

注：表 2.18 凡标明非党员的，其余均为中共党员。同时，各村人民调解委员会委员均为该村党支部和村委会成员兼职担任。资料来源：上思县司法局南屏司法所。

从上述表 2.13 至 2.18 看出，三个民族乡的乡级以及乡所辖行政村级人民调解委员会已全部建立，实现了乡村人民调解网络的全覆盖。从各人民调解委员会的人员组成来看，其结构形式不仅合法，而且合理。一是每个人民调解委员会由三人以上委员组成，都设有主任一人（村级人民调解委员会一般配设副主任一人），保证了人民调解委员会组织机构的合法性。同时，人民调解员队伍中不仅有建乡的少数民族成员，同时适当搭配有其他少数民族的人民调解员，人民调解委员会成员中基本还有妇女成员以及乡级调委会有各种具有专业技术性知识的人员参与，并且既有充满活力的新生力量，也有老成持重、富有调解经验的"老"调解员，[①]这些都说明了人民调解委员会组织结构的合法性与合理性，对于人民调解工作的正常开展奠定了前提性基础。二是人民调解员都具有一定文化水平、政策水平，部分具有一定或相当的法律知识。从上述 6 表看出，人民调解委员会委员中有较多的党员，保证了人民调解员的政策水平。乡级人民调解委员会的委员一般都具有高中以上文化程度（多数具有大专以上学历），村级一般都具有初中以上文化程度，保证了人民调解员的文化水平。同时，部分人民调解员（如马练瑶族乡人民调解委员会）为在读函授法律本科或在读法律方面的在职研究生，保证了人民调解员一定法律知识的储备。

---

① 在广西民族乡人民调解队伍中，不乏兢兢业业、无私奉献于人民调解工作，为人民调解事业作出突出贡献的人民调解员，其中马练瑶族乡人民调解委员会主任黄海波 2013 年荣获广西人民调解工作突出贡献奖，即是明证。

（二）广西民族乡人民调解设施规范化建设状况

从调研情况看，目前广西民族乡乡级人民调解委员会基本能做到有人民调解委员会标牌、印章和人民调解的标识。同时，乡级人民调解委员会能依托乡司法所，设有专门的调解办公室、调解室，并具备了必要的办公桌椅、资料柜，用于日常办公、接待来访和存放调解案件资料卷宗等。同时，调解室基本按要求进行了规范化设置，体现了人民调解应有的庄重性。如西林县普合苗族乡人民调解委员会人民调解室的规范化设置，即是其中的代表。普合苗族乡人民调解委员会设在乡司法所办公楼的一楼，在一楼的居中位置与司法所标牌并排悬挂着"普合苗族乡人民调解委员会"的标牌。调委会的调解室被安排在一楼左边最宽敞的办公室里，面积20平方米左右。在调解室正面墙上居中位置悬挂着人民调解徽章，徽章左右分别张贴有"依法调解、公正和谐"8个大字。在徽章下方设置了主持人、调解员和记录员席，配备了3套桌椅，上面分别放置了主持人、调解员和记录员的牌子。左右两旁各设有当事人席，分别配备了两套桌椅。左、右墙分别张贴一幅版，左墙幅版的正上方标有"以事实为依据"6个大字，其下为调解工作制度各项具体内容的描述，分别是：调解程序、人民调解的基本原则、人民调解委员会受理纠纷的范围、人民调解委员会的任务和工作原则、调解工作原则、调解责任制度、调解规则、人民调解员工作纪律、纠纷当事人的权利和义务及调解文书管理制度等；右墙幅版的正上方标有"以法律为准绳"6个大字，其下为调委会机构、调委会概况、乡人民调解委员会主任职责、乡人民调解委员会工作职责及乡人民调解委员会工作制度等内容的介绍，同时配有普合苗族乡人民调解委员会三级（乡、村、屯）调解机构网络图。

（三）广西民族乡人民调解制度建设状况

按照《广西壮族自治区人民调解委员会规范化建设标准》，要求各人民调解组织建立健全岗位责任制度、学习例会制度、工作汇报制度、纠纷信息报告制度、纠纷排查调处制度、重大疑难纠纷集体讨论制度、预防纠纷激化制度、纠纷调解督办制度、板报宣传制度、回访制度、健全工作簿册制度、文书档案管理制度、统计制度及考评制度。从所调研的情况看，广西民族乡各村级人民调解委员会对以上制度基本没有制定，乡级人民调解委员会制定了其中的部分制度且落实较好。如，乡级人民调解委员会的文书档案管理，基本能做到一案一卷，并按要求应有的申请书、纠纷受理审查登记表、送达回执、调查笔录、调解笔录、调解协议书及回访笔录等内容装订成册。卷宗封面一般记载有受案日期、受案编号、当事人姓名、调解员姓名、案由、受理人民调解委员会名称、结案日期及调解结果等内容，让人一目了然。本书选取业务培训、纠纷信息报告及回访三种制度的落实情况，以上思县南屏瑶族乡、天峨县八腊瑶族乡及蒙山县夏宜瑶族乡为例分别具体展示它们的制度运作实效：

1.上思县南屏瑶族乡对人民调解员的业务培训状况

该乡建立健全了人民调解员岗位培训制度，基本能做到组织相关部门和人员不定期对人民调解员进行业务培训，收到了较好的效果。其中，对新任职的人民调解员必进行一次集中培训，培训的主要内容为人民调解的意义、价值以及《人民调解法》中必须掌握的法律知识点，包括人民调解的性质、任务、原则、程序，调解协议书载明的内容，人民调解员的职业道德和纪律等内容；对在岗的人民调解员必进行年度培训，培训内容主要帮助人民调解员及时了解国家新近颁行和作出的一些与调解当地民间纠纷密切相关的法律法规和政策，以适应人民调解工作发展的需要。下面是南屏瑶族乡司法所所长黄庭逸在一次对人民调解员业务培训时的发言讲稿（节录）：

人民调解相关法律法规培训

南屏司法所　黄庭逸

各位人民调解员，大家好：

在座的有参加人民调解工作几十年的老调解员，也有经换届选举刚刚步入人民调解员行列的人民调解员。今天非常高兴在此与大家共同学习，共同探讨有关人民调解的工作。人民调解工作是一项比较困难，也是非常具有挑战性的工作。下面我谈谈人民调解的价值和调解中应注意的问题，希望对大家以后的工作有所帮助。

一、人民调解的价值及存在的优势和困难

（一）人民调解员在构建和谐社会中的价值

和谐稳定的社会环境是全面建设小康社会的重要保障。然而，在走向小康社会、实现全民富裕的过程中，出现了许多不和谐的因素。构建和谐社会，就是要积极有效地化解各种不和谐因素。人民调解员在构建和谐农村，建设社会主义新农村过程中具有非常重要的作用。

1.人民调解员作为农村的一员，具有带头示范作用。你们在座的各位调解员，一般都是村委干部或在当地比较有威望的人，同时又是致富能手，受到大家的普遍尊重和信任。因而，你们是值得当地群众学习的楷模，具有促进地方和谐的作用。

2. 人民调解员的调解职能，具有积极化解民间纠纷，妥善解决民间矛盾的作用。人民调解员处在化解纠纷的第一线，可以通过平时闲谈、群众反映、当事人申请调解等方式接触各种矛盾，能在矛盾纠纷发生的萌芽阶段了解、接触矛盾，有利于及时化解矛盾纠纷，促进一方和谐。

3. 人民调解员具有上情下达，下情上报的作用，便于及时排查处理各种不稳定因素。许多人民调解员都是村委干部或信访牵线人员，对政府的相关政策以及村民的一些不和谐因素和动态都有一定了解。如果能对这些不和谐因素进行及时排查，并与上级部门一起及时疏导，许多矛盾纠纷就会在不知不觉中化解掉。同时，人民调解员每天都生活、工作在普通群众中，对民情民意有着最直接的了解和感受，把群众普遍反映的问题反馈给党和政府，能让党和政府及时、全面掌握群众之最需，从而有助于党和政府作出科学而有效的应对之策。

4. 人民调解员具有宣传法律、提高群众法律意识的作用。人民调解员通过对纠纷的调解，需要为当事人讲解法律，实际上就是一次最直接、感同身受的法制宣传教育。

（二）人民调解员调处纠纷的优势及存在的困难

1. 人民调解员调解处理纠纷的优势

（1）人民调解员作为农村社会生活的一员，能够及时发现纠纷，也易于了解当事人引发矛盾纠纷的真实原因，这便于人民调解员组织双方调解并提出合理的调解方案，促进双方当事人达成协议，以及时化解矛盾。

（2）人民调解员对于争议双方当事人的性格比较了解，这便于调解员能够运用不同的调解技巧促使双方达成调解协议。

（3）人民调解员对于争议双方当事人的亲戚朋友比较熟悉，这便于调解员能够有效地邀请争议双方的亲戚朋友及各种有利的社会力量对双方做劝导工作。

（4）许多人民调解员在当地的威望较高，便于利用自己的人格魅力让争议双方接受调解建议。

2. 人民调解员调解处理纠纷存在的困难

（1）对一些常见的法律规定不是很熟悉，影响人民调解员不能提出合理合法的调解建议，也不能判断当事人达成的调解协议是否违法。

（2）有的人民调解员与双方当事人的关系都比较好，有时怕得罪人，碍于面子问题，不能及时提出有效的调解建议，不敢作出果断的决断。

（3）有的调解员的调解经验缺乏，能力不强，说服教育能力不够。

以上是人民调解员在调解纠纷中的优势和困难，只要调解员充分利用自身优势，积极克服困难，一定会在人民调解工作中做出较好的成绩。

二、人民调解员应注意的问题

（一）调解协议不能违反法律规定

调解员在主持双方当事人达成调解协议时，即使是双方当事人的真实意思表示，也一定不能违反法律的规定。如某地有这样一个案例，王某因土地纠纷将李某打成重伤，村调解员得知后积极组织双方协调，最终双方达成协议，由王某赔偿李某医疗费等共计 20000 元，其他责任一律不予追究。这个协议虽然是双方当事人的真实意思表示，但实际是违法的。因为王某的行为已经触犯了刑法，应依法受到刑法的制裁。人民调解员可以就赔偿问题主持双方达成协议，但不能对王某的刑事责任作出处分。

（二）调解协议应是双方当事人的真实意思表示

调解自愿原则是调解员组织矛盾双方进行调解的基础和前提，它包含自愿参与调解和自愿达成调解协议两层意思。亦即在双方当事人自愿平等的基础上进行调解，尊重当事人的诉讼权利，不得因未经调解或者调解不成而阻止当事人向法院起诉。因此，人民调解员在主持双方调解时，应事先征得双方当事人的同意，如果一方当事人不同意调解或调解后不同意达成调解协议，则不能强制调解或强制达成调解协议（列举法律规定）。

（三）制作调解协议书用语应尽量规范，格式统一

调解协议应注意以下几点：首先，调解协议要体现出是双方达成的协议；其次，调解协议对履行协议的方式、地点、期限要明确；再次，调解协议对履行的标的物要明确，如对借款争议案件，要明确具体的本金及利息。对财产分割纠纷，要明确具体财产的名称、品牌及数量，如对家用电器进行分割，就应明确电视、电冰箱等财产的品牌及数量，以免在履行协议时产生争议。

（四）人民调解员调解矛盾纠纷要用足方式方法

当前民间纠纷的类型不断翻新，就是相同类型的纠纷也因当事人等方面的不同而使得调解遇到不同的困难。因此，面对各种纠纷，人民调解员应当有用尽用足调解方法的准备。如，如果一味地坚持用法律调解难以成功时，不妨从道德层面以及民间风俗

习惯巧妙地运用其中，也许会起到事半功倍的作用。又如，在调解中可以动员或邀请当事人的亲戚朋友以及村里有较高威望的长辈等各种社会力量参与协助调解。对于有的当事人来讲，他们也许对调解员存有一定的疑虑、甚至偏见，这时单一依靠调解员的调解，往往无法顺心遂愿。但调解中的"新人"出现，也许会使当事人产生"好奇"之感，正是这种"好奇"，会成功调处纠纷。

总之，人民调解员肩负着维护农村社会稳定的重要职责，是"第一道防线"的捍卫者，任务艰巨而光荣。大家一定要诚心诚意地战斗在这个神圣的工作岗位，扎实工作，锐意进取，为全面建设小康社会做出新的更大的贡献。

从这篇发言稿看出，南屏瑶族乡对人民调解员的业务培训非常具有针对性和实用性：一是通过人民调解工作的重要价值和职能的切入，首先从人民调解员的思想上注入人民调解工作的重要性，这是对受训调解员政治思想的教育，意在调动人民调解员的工作积极性。二是通过人民调解员在化解民间矛盾纠纷中的优势及存在困难的宣讲，使广大人民调解员能充分了解到自身的长处和短处，使他们做到取其所长，避其所短，以利于他们更好地掌握及利用便捷、有效的工作方法开展调解工作。三是通过具体案例的剖析，向受训人民调解员展示了调解工作中应当吸取的经验和教训，以使他们在开展调解工作时能时常提醒、告诫自己应当注意的各种问题，保证调解程序及调解协议达成的正当性和合法性。同时通过调解书规范用语及文书样式统一的讲解，使人民调解员提高了对调解协议的履行率及保障调解公信力重要性的认识。四是不厌其烦地通过具体案例的讲解，并结合主讲人自身丰富的人

民调解工作经验，交流与教授了人民调解工作的几种基本方法和
技巧，让受训的人民调解员、特别是新上任的人民调解员能直接
或便捷地掌握到调解应遵循的基本步骤和切实可行的调解工作方
法及技巧，使他们节省了大量的摸索调解工作方法的时间和精力。

2. 天峨县八腊瑶族乡的纠纷信息报告状况

天峨县八腊瑶族乡人民调解委员会能做到定时向上级党委、
政府报告本乡的纠纷发生及解决的信息，使有关部门能及时掌握
该乡的各种矛盾纠纷的基本状况，有利于相关部门对社会建设进
行预判和决策。以下是该乡 2013 年 1 月—2014 年 3 月调处"三
大纠纷"的案件报告情况，具体内容见表 2.19：

表 2.19：天峨八腊瑶族乡调处"三大纠纷"案件报表（2013 年 1 月—
2014 年 3 月）

序号	案件名称	申请人	被申请人	争议地名及面积	受理时间	调处情况	责任人
1	八腊村下寨屯山林权属纠纷	石少良	李朝飞	吴家湾杉木地 0.3 亩	2013.1.15	达成协议	班华乐
2	老鹏村姚家洞土地权属纠纷	陆宏现	陈仕旺	屋边土地权属纠纷	2013.2.14	达成协议	陆学应
3	五福村三寨瑶林地权属纠纷	田玉英	侯天明	对门坡界限不清	2013.2.15	达成协议	陆学应
4	什里村桃子湾屯林地权属纠纷	崔道乾	田儒相	老屋基杉木地 0.6 亩	2013.2.26	下处理意见	班华乐

序号	案件名称	申请人	被申请人	争议地名及面积	受理时间	调处情况	责任人
5	麻洞村厂上屯林木纠纷	曹光利	金祥会	屋边核桃树	2013.3.10	达成协议	陆学应
6	麻洞村厂上屯土地权属纠纷	金化军	金化美	厂上屋边0.1亩	2013.3.25	达成协议	陆学应
7	什里村纳常屯山林权属纠纷	韦显当	韦显华	周大山坡1亩	2013.3.28	达成协议	陆学应
8	八村新街屯砍椿树纠纷	廖松林	张万盈	狮子山椿树1株	2013.4.1	达成协议	陆学应
9	五福村杨家湾屯山林权属纠纷	刘世忠	杨秀初	纳用坡山林1.2亩	2013.4.10	达成协议	陆学应
10	麻洞村苏比洞屯土地权属纠纷	罗昌杰	刘银湾	梁上土地0.1亩	2013.4.27	达成协议	班华乐
11	麻洞村苏比洞屯土地权属纠纷	罗昌杰	罗昌领	梁上土地0.5亩	2013.4.27	达成协议	班华乐
12	什里村九岸屯火烧杉木纠纷	彭天应	汪荣发	辉朝坡烧杉木493株	2013.5.2	达成协议	杨芳蕴
13	什里村巴翁与九岸土地权属纠纷	牙韩杰	汪武旺	巴翁坡杉木地权属纠纷	2013.5.4	达成协议	杨芳蕴

序号	案件名称	申请人	被申请人	争议地名及面积	受理时间	调处情况	责任人
14	兴龙坪与坡阳屯引用水纠纷	房梓多、房文桥	李昌凡、李茛贵、曾彩娥	引用水与农田用水纠纷	2013.5.6	达成协议	陆学应
15	五福村杨家湾屯山林权属纠纷	刘世林	陈召胜	纳用坡山林0.2亩	2013.5.7	达成协议	陆学应
16	纳碍村林顶屯土地权属纠纷	毛丹仙	刘富财	交湾田坎上0.2亩	2013.5.8	达成协议	杨芳蕴
17	老鹏村邵家坳屯土地权属纠纷	邵先群	邵先谋	狮子口沙坝田0.1亩	2013.5.15	达成协议	陆学应
18	老鹏村邵家坳屯土地权属纠纷	邵先群	邵先强	狮子口沙坝田0.5亩	2013.5.15	达成协议	陆学应
19	老鹏村邵家坳屯土地权属纠纷	邵先强	邵先群	黄泥堡0.2亩	2013.5.15	达成协议	陆学应
20	老鹏村邵家坳屯土地权属纠纷	邵先谋	邵先群	瓦厂0.1亩	2013.5.16	达成协议	陆学应
21	老鹏村邵家坳屯土地权属纠纷	邵先锋	邵先强	大坑0.1亩	2013.5.16	达成协议	陆学应

序号	案件名称	申请人	被申请人	争议地名及面积	受理时间	调处情况	责任人
22	老鹏村邵家坳屯土地权属纠纷	吕秀	邵先强	狮子口沙坝田0.3亩	2013.5.16	达成协议	陆学应
23	五福村上平里屯土地权属纠纷	杨再礼	罗正友	背湾地土地权属纠纷	2013.5.25	达成协议	陆学应
24	龙峨村下牛屯土地权属纠纷	龙美琴	韦明建	八腊中坝田边线纠纷	2013.6.3	达成协议	班华乐
25	八腊村小寨屯农田用水纠纷	易继宽	汪云初	纳哈田用水纠纷	2013.6.18	达成协议	陆学应
26	八腊村懂更屯土地权属纠纷	房文凡	张昌杰	懂更屋边约5亩	2013.7.5	达成协议	陆学应
27	甘洞村长曹屯土地损失赔偿纠纷	田明华	田明福	屋边自留地纠纷	2013.7.9	达成协议	陆学应
28	五福村么谷寨屯山林权属纠纷	黄修美	罗再堂	后头坟土地权属纠纷	2013.7.15	达成协议	陆学应
29	五福村常里屯宅基地纠纷	杨宗照	田发令	后洞老食品店土地权属纠纷	2013.8.9	达成协议	陆学应
30	八腊村水井湾与龙峨村土地权属纠纷	秦义光	罗荣昌	八腊坡土地权属纠纷	2013.8.22	达成协议	陆学应

序号	案件名称	申请人	被申请人	争议地名及面积	受理时间	调处情况	责任人
31	老鹏村水井坳土地权属纠纷	管恩林	张远成	屋边茶林地纠纷	2013.9.25	达成协议	陆学应
32	八腊村下架里屯林木权属纠纷	孙孝叁	孙孝昌	架里屋边约2亩	2013.10.13	达成协议	陆学应
33	龙峨村大八洋屯土地权属纠纷	朱明权	朱明华	田坎界限不清	2013.10.15	达成协议	陆学应
34	八腊村下架里屯宅基地纠纷	孙孝昌	孙孝山	墙壁权属纠纷	2013.10.22	达成协议	陆学应
35	八腊村下新街屯土地权属纠纷	龙达恩	龙小娥	坝上水渠边水田纠纷	2013.10.25	达成协议	陆学应
36	甘洞村岩坎上荒山纠纷	潘永忠	韦相	苦梅李湾公路坎上纠纷	2013.11.4	达成协议	陆学应
37	五福村长岗岭土地权属纠纷	黄朝民	张秀国	长岗岭土地权属纠纷	2013.11.6	达成协议	陆学应
38	什里村山林土地权属纠纷	韦显升	韦丰应	纳灾坡山林土地权属纠纷	2013.11.8	达成协议	陆学应
39	八腊村弯里一、二组林地纠纷	宋洋发	宋洋龙	张家湾杉木地纠纷	2013.11.22	达成协议	陆学应

续表

序号	案件名称	申请人	被申请人	争议地名及面积	受理时间	调处情况	责任人
40	丰香坪与弄林屯土地权属纠纷	韦银庆	韦庆忠、韦庆军、韦庆光	纳梁土地权属纠纷	2013.11.25	达成协议	陆学应
41	纳碍村陇凤屯林木权属纠纷	卢纯良	卢武松	水井湾林木权属纠纷	2013.11.29	达成协议	陆学应
42	纳碍村陇凤屯林木权属纠纷	卢纯良	卢祖田、卢祖文	梁田坡土地权属纠纷	2013.11.29	达成协议	陆学应
43	凤山白岩脚与纳光引水纠纷	唐仲友	卢祖现	梁田坡引水纠纷	2013.11.29	达成协议	陆学应
44	龙峨村与八腊村林木权属纠纷	赵兴松	冉景成、吴秀权	楠竹湾山林地权属纠纷	2013.11.29	转县调处办	陆学应
45	什里村交瓢屯韦润波与纳劳屯席文必纠纷	韦润波	席文必	韦龙凤湾土地约1亩	2013.12.28	达成协议	罗玉英
46	麻洞村汉尧屯土地权属纠纷	黄家芳	刘华胜	栏门坳约1亩	2014.1.8	达成协议	罗亮海
47	什里纳设屯与拉收屯水源林及土地纠纷	龙永飞	韦永新	水源林及土地权属保护	2014.1.11	达成协议	罗玉英

续表

序号	案件名称	申请人	被申请人	争议地名及面积	受理时间	调处情况	责任人
48	洞里村纳皇屯土地权属纠纷	熊银生	唐召良	张家湾约1.5亩	2014.1.21	达成协议	陈明华
49	八腊村下新街屯责任田纠纷	龙达恩	龙小峨	八腊坝上田约1.5亩	2014.1.23	下处理意见	陆学应
50	八腊村巴谢屯土地纠纷	董清明	冉景阳	钻子坪约3亩	2014.1.23	达成协议	王林秋
51	五福村常里屯土地权属纠纷	甘孝文	范志伦	瑶营土地约0.5亩	2014.1.25	达成协议	田兴阳
52	五福村常里屯土地权属纠纷	甘孝文	范志干	瑶营土地约1亩	2014.1.25	达成协议	田兴阳
53	五福村常里屯土地权属纠纷	甘孝文	邵凤仙	瑶营土地约0.6亩	2014.1.25	达成协议	田兴阳
54	八腊村巴谢屯林地纠纷	董清明	冉双彪	李家坪约5亩	2014.1.26	达成协议	王林秋
55	大华坪屯林地权属纠纷	冉光绪	冉光礼	大坟塘约1.3亩	2014.2.7	达成协议	冉志兴
56	纳碍村纳明屯与外明林地纠纷	田景亮	向应福	林纳坳约5亩	2014.2.8	达成协议	张近华
57	洞里村桃里屯林地权属纠纷	熊昌汉	熊昌明	桃里坡约2亩	2014.2.8	达成协议	陈明华

序号	案件名称	申请人	被申请人	争议地名及面积	受理时间	调处情况	责任人
58	纳碍村牙述满与牙韩湾土地纠纷	牙述满	牙韩湾	纳甲水库沟约0.5亩	2014.2.12	达成协议	易城民
59	纳碍村张长现与张长思责任田纠纷	张长现	张长思	纳谭田约0.6亩	2014.2.12	达成协议	易城民
60	纳碍村杨秀双与杨秀双占地纠纷	杨秀双	杨秀双	纳明地约0.3亩	2014.2.18	达成协议	张近华
61	罗仁广与杨胜发烧杉木纠纷	罗仁广	杨胜发	交力坡1.5亩	2014.2.22	达成协议	班荣锋
62	洞里村交满屯土地权属纠纷	刘贵贤	何文华	大梁子约1.5亩	2014.2.22	达成协议	房仁庆
63	张清佑与向应贵占地纠纷	张清佑	向应贵	纳明屋边地约0.5亩	2014.2.25	达成协议	班荣锋
64	什里村纳常屯土地权属纠纷	韦显辉	韩建辉	大山坡约0.2亩	2014.2.26	达成协议	韦国成
65	五福村余家坪屯土地权纠纷	任德庆	仲建平	高检地约0.3亩	2014.2.26	达成协议	田兴阳
66	五福常里屯土地权属纠纷	范志伦	曾志发	过桃地0.5亩	2014.2.26	达成协议	田兴阳

序号	案件名称	申请人	被申请人	争议地名及面积	受理时间	调处情况	责任人
67	洞里村威良洞屯排水纠纷	房继强	冯仁锐	威良洞屋边	2014.3.6	达成协议	陈明华
68	洞里村威良洞屯土地纠纷	冯仁锐	房继强	薄家背后约2亩	2014.3.6	达成协议	房仁庆
69	洞里村洞里屯与林锋移民用水纠纷	黄朝勇	林锋移民	洞里屯	2014.3.11	达成协议	甘实超
70	纳碍村高检屯土地权属纠纷	韦名相	韦名欢	高检寨上约2亩	2014.3.20	达成协议	班荣锋
71	纳碍村高检屯土地权属纠纷	罗永平	班华堂	高坡约5亩	2014.3.20	达成协议	班荣锋
72	龙峨村陇金屯土地权属纠纷	刘永超	刘长富	中学背后沙田	2014.3.20	达成协议	班华乐
73	纳碍村巴用屯土地权属纠纷	班华忠	覃书勇	坝上约1.5亩	2014.3.27	达成协议	班荣锋
74	龙峨村陇峨屯土地权属纠纷	何文必	何庭福	八腊中学背后	2014.3.31	达成协议	陆学应

资料来源：八腊瑶族乡综治信访维稳中心。

从上表看出，天峨八腊瑶族乡人民调解委员会报告纠纷的内容包括了案件名称、类型（性质）、争议当事人双方的姓名、争议事项（争议焦点）、争议地点、受理时间、调处结果及包案领导（责任人）等内容，涵盖了每一件矛盾纠纷案件的最基本的情况，为有关部门及领导提供了可靠的信息资料，并为其决策奠定了坚实的基础。

3. 人民调解回访制度的制定及落实状况

"实行回访制度，有助于人民调解员及时发现和纠正调解工作中的失误，防止当事人的思想反复和矛盾激化，还便于调解员联系群众，听取群众的意见和要求，总结经验教训，不断改进调解工作。"①《人民调解法》第三十一条第二款规定："人民调解委员会应当对调解协议的履行情况进行监督，督促当事人履行约定的义务。"人民调解回访制度的制定，即是主要监督调解协议履行，以巩固调解的效果。蒙山县夏宜瑶族乡人民调解委员会对回访制度的制定给予了高度重视，且基本做到了落实。笔者在该乡调研中，随手翻阅了该乡人民调解委员会的历年调解档案卷宗，所翻阅的每一个调解卷宗都发现有回访笔录记载。笔者随机抽取了 2013 年的一个卷宗，该卷宗载明当事人的申请调解时间是 2013 年 8 月 2 日，夏宜瑶族乡人民调解委员会于 2013 年 8 月 8 日和 10 月 9 日对该纠纷进行了两次调解。该纠纷的基本案情是：申请人贤某某等 5 人（户）为六海村十组村民，其在本组六档冲尾辽豪地有一幅共有的林地，并持有政府颁发的林权证（林权证号：〔2013〕蒙林证字第 0902100518 号，记载面积为 74.1 亩）。5 申请人在共有

---

① 刘江江主编：《人民调解法治新论》，中国政法大学出版社 2009 年版，第 171 页。

林地进行更新造林时，与本组村民被申请人梁某某等4人（户）因该片林地中的30亩林地权属产生争执。4被申请人认为，1982年分山时，上述林权证记载的74.1亩中的约30亩分给了其4人（户），且1990年左右他们4人（户）将这约30亩的杉木砍伐并出售，5申请人并没有提出异议，因此这约30亩的林地应属于4被申请人。人民调解员通过走访当年参与分山的工作人员盘某某、卓某某得知的实际情况是：1982年分山时，该约30亩的争议地采取的是"山还山分，木还木分"的方法，即山地分给了贤某某等5申请人，地上的杉木则分给了梁某某4被申请人，梁某某等4人（户）砍完杉木后即把该争议地归还给贤某某等5人（户）。调解员据此事实对双方进行调解，并邀请了当年参与分山的工作人员盘某某、卓某某一起参与调解。通过耐心的规劝与说服，最终在2013年10月9日的调解中促成双方达成了调解协议。协议的内容有两项：（1）贤某某等5申请人自愿给梁某某等4被申请人6000元作为现有林地上杉木的补偿款，于2013年12月30日前支付完毕；（2）梁某某等4被申请人自愿放弃约30亩的争议地。该调解协议的最后履行情况如何，调解员李正平、莫玉华于2014年1月6日对此进行了回访。其回访笔录的内容大致为：双方当事人自调解协议达成后，不再对争执林地的权属发生争议，且补偿款也已经支付。可以看出，夏宜瑶族乡人民调解委员会主持调解的贤某某等5申请人与梁某某等4被申请人的林地权属纠纷，取得了圆满的成功。

另，南屏瑶族乡人民调解工作的回访制度也落实到了实处。如，2013年5月9日，南屏瑶族乡人民调解员黄庭逸、邓巧就当年3月份调解完毕的英明村村民韦某与黄某因旱地改造为水浇地导致土地灌溉引发的纠纷进行了回访。该纠纷通过南屏瑶族乡人民调解委员会多次组织调解，最终双方当事人自愿达成了调解协议，将双方的激烈矛盾化干戈为玉帛。但因该调解协议签订时，其中一方已将耕地播种，所以协议的内容只能在庄稼收割之后才能履行。针对此问题，为了维护调解协议的效力，巩固调解结果，防止双方矛盾反弹，两人民调解员就调解协议是否能真正得到切实履行而对双方当事人分别进行了走访询问。纠纷双方当事人一致表示，现两家已重归于好，并同时承诺在来年耕种之前，按照协议规定的内容认真、完全地履行。

（四）人民调解业务规范化建设状况

根据《广西壮族自治区人民调解委员会规范化建设标准》的要求，在人民调解工作程序方面，"人民调解委员会除在紧急情况下进行的调解外，调解纠纷应当符合人民调解工作程序，做好纠纷受理审查、调解前准备、权利义务告知、公平公正调解、依法达成协议、督促履行协议环节等工作"。在受理调解后的工作方面，"人民调解委员会受理调解申请后，应当根据纠纷的性质、种类、情节及复杂程度确定调解方式，确定调解员，并把调解的时间和地点以书面或口头形式通知当事人"以及"人民调解委员会必须充分做好调解纠纷的有关准备工作，应当分别向双方当事人询问纠纷的事实和情节，了解双方的调解要求及理由，根据需要进行有关调查、收集证据，认真做好对当事人举证的审查核实工作"。在调解开始前，"人民调解员应把人民调解的性质、原则和效力，以及当事人在调解活动中享有的权利和应当承担的义务以口头或书面形式告知当事人"。在人民调解协议书的制作方面，"经人民调解委员会调解解决的纠纷，有民事权利义务内容的，或者当事人要求制作书面调解协议的，应当制作书面调解协议。人民调解协议书必须按照司法部人民调解文书格式要求严格制作，调解协议书需载明当事人基本情况（姓名、性别、年龄、民族、职业、单位或住址，法人及社会组织的名称、地址，法定代表人姓名和职务）和纠纷的主要事实及争议事项，必须明确表述经调解，当事人自愿达成协议的内容，履行协议的方式、地点及期限等，调解协议必须由纠纷当事人（法定代理人）签名或盖章，调解员签名，明确填写日期并加盖人民调解委员会印章后生效"。

从调研情况看，广西民族乡各人民调解委员会在调解工作中，尚能遵循人民调解的原则，人民调解员亦能遵守应有的纪律，同时基本能遵循调解的程序（包括步骤），调解协议书的制作一般也较为规范，对《人民调解法》和《广西壮族自治区人民调解委员会规范化建设标准》的贯彻比较到位。

1. 调解程序的遵循

笔者在马练瑶族乡调研时，从该乡人民调解委员会的调解档案中随机抽取了一个案例。这个调处成功的案例产生的时间为2011年，编号为〔2011〕马调字第6号。该案卷宗封面载明了如下基本信息，收案日期：2011年3月31日；申请人：陈某某；被申请人：新河村新村屯陈氏二、三房；调解员：黄海波；案由：新河村新村屯陈氏二、三房争议鱼塘纠纷案；受理人民调解委员会：马练瑶族乡人民调解委员会；结案日期：2011年3月31日；处理结果：结案。

翻开该案卷宗，其具体的内容依次为：申请书、纠纷受理审查登记表、调查笔录、调解笔录和调解协议书。现对其"调查笔录"
和"调解笔录"分别抄录如下：

调查笔录

时间：2011 年 3 月 31 日；地点：新河村村委；调查人：黄海波；
记录人：黄海波；被调查人：陈某某等晚房代表及二、三房代表。

问：这鱼塘的来由？

答：是祖宗遗留，是封水塘，是防火塘。

问：历来是怎样管理的？

答：历来都是晚房管理。大集体时拼过，轮流过各管理一年，
后来都是晚房管理。每年出租收租金 100 元，这租金用来修大门
和读书开支，八月秋分拜山开支（这款由陈远发退休老师管理，
有账目，收、支款项记录清楚，还有一点余款）。

问：二房有什么要求？

答：是祖宗的鱼塘，我们二房就要有份。

问：三房有什么要求？

答：既然是祖宗的，我们三房就要有份。

问：晚房这么多年来清理塘泥，你们有谁出来帮过或干涉吗？

答：没有。

问：特别是去年底晚房请购机来清塘泥，你们二、三房出有
钱和干涉吗？

答：没有。

调解笔录

时间：2011 年 3 月 31 日；地点：新河村村委；主持人：黄海波；

记录人：黄海波；案由：祖宗鱼塘纠纷；参加人：新河村支书及村干陈寿文、陆尚松、陈远海；当事人：申请人陈某某晚房代表及被申请人新村屯陈氏二、三房代表。

主持人宣布调解纪律和应注意事项，宣布调解会开始。

笔录：今天召集双方当事人代表来讨论协商新村陈氏鱼塘争议纠纷案，请所到会的代表要依照陈氏兄弟为原则，特别是要讲事实、讲道理、讲文明、讲团结、讲和谐，不能蛮不讲理。因为大家都是兄弟，特别是要吸取吴姓兄弟为小事而打伤打死人、家破人亡的事件，现在公安捉了不少人，这是血的教训。大家要把问题大化小、小化无，千万不能再出现打架流血事件。

经双方协商，一致认为要以团结和谐为目的，不能蛮不讲理，同意乡政府和村委会调解，并达成如下协议：

此鱼塘不准买卖，不准建房。如国家征收所得的钱款，新村屯晚房及二、三房陈氏兄弟共同享受。

调解主持人、参与调解村干及当事人各方签名。

从马练瑶族乡人民调解委员会的上述案例卷宗中所列的内容看出，基本反映了民族乡人民调解员在人民调解工作中的程序意识和对调解程序的严格遵守。其调解程序完全符合《人民调解法》关于"调解程序"的有关规定：一是遵循了人民调解的基本步骤，亦即能按照"申请—审查立案—调查—调解—达成协议"的步骤依次进行调解工作。二是遵循了人民调解的自愿、平等原则，并尊重当事人在人民调解活动中所享有的各项权利。因为案例是在当事人申请人民调解委员会调解的情况下，经人民调解委员会审查并予受理的。同时，人民调解员在调查及调解过程中，争议双方当事人都同意由人民调解委员会调解，都能接受、配合人民调解员的工作，并在人民调解员的主持下自主表达意愿，进行友好、充分的协商而自愿达成调解协议。由此说明，案例中的当事人都没有明确拒绝调解或要求终止调解，人民调解员在调解工作中也没有强制进行调解的情形。因而，人民调解员不仅遵循了人民调解的自愿、平等原则，同时对当事人享有的各项权利都予以了保障。三是人民调解员在调解中能坚持原则、明法析理、主持公道、耐心疏导。马练瑶族乡人民调解员黄海波在调解中，不仅能充分听取双方当事人的陈述和意见，还从"陈氏兄弟"的亲情出发，同时以本村发生的刑事案件为鉴，引导大家要"五讲"，以团结、和谐为重，把争议问题"大化小、小化无"，规劝大家互谅互让，成功地帮助当事人自愿达成了调解协议。四是调解都能及时、就地进行，有效防止了矛盾激化。马练瑶族乡人民调解委员会2011年马调字第6号案例，于2011年3月31日受理申请后，做到当日受理、当日调查、当日就地（新河村委会）调解、当日达成调解协议，该调解可谓一气呵成，大大提高了调解效率和调解工作的社会公信力。五是人民调解员都对调解的具体情况进行了记录，且都建立了调解工作档案，将调解登记、调解工作记录、调解协议等材料立卷归档，完全符合《人民调解法》第27条的规定。

2. 调解协议书制作规范

除《广西壮族自治区人民调解委员会规范化建设标准》的要求外，根据《人民调解法》的相关规定，规范的调解协议书还应有以下几方面的要求：一是当事人认为需要制作调解协议书或者人民调解委员会认为有必要的，人民调解委员会应当制作调解协议书。二是调解协议书的用语规范。首先，调解协议书需要载明的内容要基本反映当事人的基本情况、纠纷的主要事实、争议事项、各方当事人的责任以及当事人达成调解协议的内容、履行的方式、地点和期限；其次，调解协议书所载明内容的用词要具体、明确、易懂，不能含混不清，出现歧义。同时要做到逻辑严谨、语言流畅、标点符号正确。三是调解协议书的格式规范。要求调解协议书统一格式，并按申请人与被申请人的基本情况（包括姓名、性别、民族、年龄、职业、住址等）、纠纷的主要事实、争议事项、各方当事人的责任以及当事人达成调解协议的内容、履行的方式、地点和期限等内容依次分段写作。最后，由各方当事人签名、盖章或者按指印，人民调解员签名并加盖人民调解委员会印章。

笔者在西林县普合苗族乡调研时，从该乡人民调解委员会2013年的调解档案中随机抽取了一份卷宗，该卷宗记录的是一起侵占土地纠纷，双方当事人蒋某某（申请人）与李某某（被申请人）均为该乡者底村上伟徕屯村民。该案于2013年5月9日受理、于2013年5月12日调解成功并当日制作调解协议书。整体上，该协议书表现出了较好的规范性，现抄录如下以示为例证：

人民调解协议书

申请人：蒋某某，男，瑶族，32岁，农民，现住西林县普合苗族乡者底村上伟徕屯19号。

被申请人：李某某，男，瑶族，38岁，农民，现住西林县普合苗族乡者底村上伟徕屯36号。

纠纷简要情况：申请人蒋某某称：今年的4月底，者底村上伟徕屯村民李某某（被申请人）没有经过其同意，擅自在他家位于德舍的土地边上开了一条沟，想在沟里用水泥砖砌一道田坎，大概占用了他家 7 到 8 个平方米的土地。无论他及家人如何阻止，被申请人就是不听且继续开沟砌坎。而被申请人称：他家的田是在申请人家的田上面，其砌的田坎是在双方公共的地方，不在申请人家的田里砌。为此双方产生纠纷。纠纷争议的事项为被申请人砌田坎是否占用了申请人的土地。

经调解，双方自愿达成如下协议：

一、蒋某某与李某某在德舍田的纠纷由李某某在靠蒋某某的田边让出 5.2 平方米给蒋某某作为补偿李某某在蒋某某田里所砌田坎的补偿；

二、蒋某某同意李某某继续再用水泥砖砌田坎；

三、在让出的 5.2 平方米处水泥砖需要拆除和改建的，由李某某自行完成。

履行协议的方式、期限：本协议双方签字生效后二日内，双方自觉履行。

本协议一式三份。双方当事人、普合苗族乡人民调解委员会各持一份。

当事人签名或盖章：蒋某某　李某某

调解员签名：王志鸿　彭华

西林县普合苗族乡人民调解委员会（盖章）

2013 年 5 月 12 日

从以上协议书我们看出，该协议书的规范性表现在：当事人的基本情况、纠纷的主要事实、争议事项、各方当事人的责任以及当事人达成调解协议的内容、履行的方式、期限等基本明确，调解协议书所载明内容的用词也具体、明确，同时调解协议书的格式也正确，反映了调解员较高的综合素质。

（五）因地制宜创新人民调解工作模式

根据《人民调解法》第 14 条规定："人民调解员应当由公道正派、热心人民调解工作，并具有一定文化水平、政策水平和法律知识的成年公民担任。"但人民调解员的任职条件只就通常意义而言，在民族乡这样一个具有特殊地理和人文的环境中开展人民调解工作，人民调解员不是仅有一份人民调解的热心和一定的文化水平、政策水平及法律知识，便可让调解工作得心应手的。如，民族乡的居民一般除至少有 30% 的建乡的少数民族以外，多数情况下同时还居住着其他的各少数民族。由于各种原因，这些少数民族中的一部分在日常生产、生活交流中长期使用的是本民族的语言，除本民族语言外，他们既不通晓汉语普通话，甚至就当地大家熟悉的方言也不会。鉴此，人民调解员通晓当地少数民族语言便成为需要。就此而言，广西民族乡的人民调解委员会不断探索有效的调解模式，创新方式方法，以适应民族乡人民调解工作的现实需要。如滚贝侗族乡创设的"双语调解"即是众多调解模式创新的典型代表。滚贝侗族乡总人口约 1.9 万，居住着侗、苗、壮、瑶、水、汉 6 个民族，其中侗族人口 9000 多人，约占全乡总人口的 47%。目前该乡有的侗族同胞只知晓本民族语言，既不会当地的桂柳方言，更不会说汉语普通话，同时有的人民调解员也不通晓当地民族语言，语言沟通不畅成为了人民调解工作开展的瓶颈。为此，滚贝侗族乡特创设了"双语调解"的新模式（聘请一些既懂桂柳话和汉语普通话、又知晓当地某少数民族语言的社会人士为人民调解员并参与调解活动），为有效化解民间纠纷、促进各民族和谐相处起到了积极的作用。笔者在滚贝侗族乡调研时，司法所所长覃伟达（同时为滚贝侗族乡人民调解委员会主任）向笔者讲述了这样一个运用"双语调解"模式而成功调处的案例：2013年5月15日，该乡平等村尧等屯的侗族村民贺某和韦某同时来到乡人民调解委员会，用侗语向调解员覃伟达和石开瑜讲述他们之间存在纠纷情况，并请求调解。但覃伟达和石开瑜都不懂侗语，双方当事人又不会说桂柳话，无论如何调解员都不知双方争议的原因及事项是什么。后只好请来"双语"调解员蒙军，经蒙军用侗语询问才了解双方纠纷的原委：2012年韦某在砍伐自家的杉木时，因越界错砍了贺某的8株杉木。贺某要求赔偿每株300元损失费，而韦某则认为，其赔偿过高，每株最多只赔偿100元，因双方就赔偿数额意见不统一，由此产生纠纷。经过双语调解员蒙军的耐心调解，并提出调解建议，最后双方各让一步，表示愿意接受"每株按120元共赔偿960元损失费"的调解方案并达成了书面协议。

（六）充分发挥乡级人民调解委员会的联动功能

从表2.13、2.15和2.17看出，民族乡乡一级人民调解委员会成员一般都由司法所、派出所及林业站、土地所等单位组成，有的民族乡人民调解委员会能充分发挥这一优势，在联动机制引领下，人民调解工作取得了很好的实效。如滚贝侗族乡人民调解委员会主任（司法所所长）覃伟达向笔者讲述了该乡启动联动调解机制，成功化解一起长达 30 多年的集体山场纠纷案例。纠纷的当事人为该乡平等村尧等屯的 6 个村民小组。在 1982 年分集体山场之前，全屯村民关系融洽，红白喜事大家都聚在一起，相互帮忙，相互来往。然而到了 1982 年分山场时，各村民小组对本屯一处叫"乐汉坡"的山场划分意见分歧很大，一直无法达成一致意见。由于山场权属不明，也就无法经营管理，山场因此荒废，给村民造成了很大的经济损失，同时各小组村民还因此积怨多年，村组之间关系紧张，纠纷频发，村民团结受到严重影响。为此，村委曾多次召集六组村民代表到"乐汉坡"山场实地进行沟通协商调解，并于 2013 年 3 月初步达成口头协议，但事后第六村民小组以本组分得"乐汉坡"山场面积少，其他的山场又分不得为由，强占种了第四、五组的山场。第四、五组村民不服多次找他们理论，第六组村民坚持不让，村委也多次调解未果，于是就把情况反映到了乡人民调解委员会。接到情况报告后，调委会决定主动介入调解，并立即成立由司法所、派出所、林业站组成的联合调解组赶赴现场。通过各方仔细了解案情之后，联合调解组把六组的村民小组长以及部分村民代表召集在一起进行现场调解。刚开始村民代表的情绪激烈，各方代表各执一词，互不相让，几乎陷入了僵局。眼看调解工作无法再进行下去，联合调解组先稳定各方情绪，就案件争议焦点以及要解决的问题进行再次阐述，并明确提出调解的方案。还向村民发放了相关法律资料，针对本案实际情况，组织各方村民代表进行学习，动之以情，晓之以法，阐明案件的利害关系。经过联合调解组几个小时耐心、细心和诚心的说服、规劝，各组村民代表最后被调解员的耐心和诚心打动。他们认为调解员不辞辛苦来到现场为他们化解矛盾纠纷，且能秉公办事、明辨是非，理应尊重调解员的辛勤劳动，他们纷纷表示大家是亲戚朋友关系，都是一个屯的村民，应该本着互谅互让、相互包容的原则来解决问题，认为不再寸土必争了，只要有利于生产生活，大家都可以商量解决。在联合调解组的引导下，经过大家的共同协商，最后六村民小组就"乐汉坡"山场的划分方案达成了协议，调解组当场为他们制作了《人民调解协议书》，各村民小组长代表本组村民在协议书上签字。随后，调委会又召集尧等屯各小组的村民代表到乡人民调解室进行勾图，确定了各组山场的具体界限，在联合调解组、村委干部以及各组村民代表的共同努力下，"乐汉坡"山场纠纷终于画上了圆满的句号，彻底化解了这起长达 30 多年的纠纷，圆了全屯的团结梦。

二、新时期广西民族乡人民调解工作取得的成效

当前，广西民族乡经济持续平稳较快发展，社会事业不断进步，人民生活不断改善，社会总体上保持和谐稳定的局面。但民族乡影响社会和谐稳定的因素仍大量存在。随着经济体制深刻变革，社会结构深刻变动，利益格局深刻调整，思想观念深刻变化，广西民族乡与其他社会各领域一样，在经济社会生活中涌现出越来越多的矛盾纠纷，有的甚至发生了群体性冲突事件，严重影响了正常的社会秩序和经济的持续发展，这给民族乡人民调解工作提出了严峻的考验。

从广西总体来讲，其人民调解工作的成效有目共睹。如，有人对截至 2011 年的广西人民调解工作作了这样的总结："近年来，广西不断加强人民调解工作，以化解矛盾纠纷为主线，组织开展人民调解工作示范市县（区）创建活动，创新人民调解

工作机制，警民联合、省际边界人民调解协作机制初步建立。积极发展行业性、专业性人民调解委员会，努力化解医疗、交通事故、人事劳动、食品药品安全、物业管理等领域的矛盾纠纷。目前，全区有 82 个县（市、区）成立了道路交通事故人民调解委员会，33 个县（市、区）建立了医疗纠纷人民调解委员会试点。大力开展争当人民调解能手活动和"人民调解化解重大复杂疑难矛盾纠纷专项攻坚克难活动"，切实提高调解员的能力和工作水平。2011 年，广西全区各类人民调解组织共调解民间纠纷 317885 件，调解成功 306416 件，调解成功率为 96.4%；防止群体性上访 4061 件，防止群体性械斗 3395 件，防止民转刑案件 3275 件。[①] 又如，有人对截至 2014 年的广西人民调解组织建设总结道："2014 年，广西各级政法综治机关围绕广大人民群众所需，积极建立和完善调处化解矛盾纠纷综合机制，加强民间借贷、劳资关系、医患纠纷、环境污染、交通事故等专业性、行业性调解组织建设，全区已建立交通事故纠纷调解组织 89 个、医患纠纷调解组织 87 个、物业纠纷调解组织 37 个，86 个县（市、区）设立劳动争议仲裁院，929 个乡镇（街道）建立了劳动争议调解组织"。[②]

　　农村人民调解工作是社会治安综合治理的"第一道防线"，在社会矛盾纠纷调解工作体系中具有基础作用。通过调研，笔

---

　　① 参见莫小松：《广西发挥人民调解作用化解社会矛盾一年成功调解民间纠纷 30 余万件》，http://www.legaldaily.com.cn/bm/content/2012-03/08/content_3411386.htm?node=20739，2014 年 5 月 28 日访问。

　　② 参见庞革平、尚永江：《广西社会治安综合治理工作进入全国先进行列》，http://gx.people.com.cn/n/2015/0512/c179430-24831877.html，2015 年 5 月 27 日访问。

者的总体感受是，与广西其他地域一样，广西民族乡广大人民调解员站在国家全局高度，以饱满的政治责任感和预防化解社会矛盾纠纷为己任，充分认识新时期人民调解工作的重要性和紧迫性，与时俱进，求真务实，兢兢业业，以创造性的工作方法，积极投身于人民调解事业，为民族乡的社会和谐与稳定发挥了积极的作用。

如上所述，在新的历史时期，广西各民族乡人民调解工作以广西壮族自治区司法厅发动的人民调解规范化建设活动为发展契机，人民调解工作取得了显著成效。一是人民调解组织建设、业务规范化建设、调解员队伍素质得到了进一步强化和提高，调解工作条件及人民调解的社会公信力也随之得到了进一步改善和增强；二是广西民族乡人民调解工作领域不断拓展，有效预防和化解了大量矛盾纠纷。关于此项成效，笔者特以平南县马练瑶族乡、蒙山县夏宜瑶族乡为例，以表格的形式分别说明 2011 年至 2013 年期间二民族乡人民调解调处各类纠纷的情况，来具体体现民族乡人民调解的工作成果。

（1）平南县马练瑶族乡。该乡辖区面积 240 平方公里，共辖 12 个行政村，目前总人口 4.5 万余人，居住着瑶、壮、苗、侗、仫佬、汉等民族，其中瑶族人口约占 65%。由于人口较多，且多民族居住，加之 2009 年林改工作遗留的历史问题较多，该乡各类矛盾纠纷、特别是涉及林权纠纷数量较多。据初步统计，该乡各级人民调解委员会近 3 年来调解各类矛盾纠纷共计 490 件。具体情况见下表：

表 2.20：马练瑶族乡各级人民调解委员会调处矛盾纠纷情况（2011—2013 年）

年份	矛盾纠纷类别及数量	合计	备注
2011 年	山林纠纷 130 件、土地纠纷 10 件、水利纠纷 2 件、婚姻家庭纠纷 6 件、邻里纠纷 2 件、房屋宅基地纠纷 3 件、坟山纠纷 4 件、损害赔偿纠纷 3 件、生产经营纠纷 9 件。	169 件	调结率 90.6%
2012 年	山林纠纷 120 件、土地纠纷 7 件、水利纠纷 3 件、婚姻家庭纠纷 11 件、邻里纠纷 6 件、房屋宅基地纠纷 5 件、坟山纠纷 6 件、损害赔偿纠纷 3 件、生产经营纠纷 3 件。	164 件	调结率 95%
2013 年	山林纠纷 117 件、土地纠纷 8 件、水利纠纷 1 件、婚姻家庭纠纷 10 件、邻里纠纷 2 件、房屋宅基地纠纷 4 件、坟山纠纷 3 件、损害赔偿纠纷 5 件、生产经营纠纷 7 件。	157 件	调结率 93%

资料来源：马练瑶族乡人民调解委员会。

（2）蒙山县夏宜瑶族乡。该乡辖区面积 117.4 平方公里，共辖 6 个行政村，截止 2013 年底总人口 6796 人，居住着瑶、壮、苗、汉等民族，其中瑶族人口约占 90%。由于人口较少，且瑶族居多，与其他较大的民族乡相比，该乡各类矛盾纠纷数相对较少。当然，因 2009 年林改工作遗留的历史问题较多，该乡各类矛盾纠纷中，涉及林权纠纷的数量居多。据统计，夏宜瑶族乡人民调解委员会近 3 年来调解各类矛盾纠纷共计 142 件。具体情况见下表：

表 2.21：夏宜瑶族乡人民调解委员会调处矛盾纠纷情况
（2011—2013 年）

年份	矛盾纠纷类别及数量	合计	备注
2011 年	山林土地纠纷 64 件、婚姻家庭纠纷 2 件、邻里纠纷 4 件、房屋宅基地纠纷 2 件、合同纠纷 1 件、生产经营纠纷 2 件、损害赔偿纠纷 1 件、其他 1 件。	77 件	调解成功 74 件
2012 年	山林土地纠纷 20 件、婚姻家庭纠纷 4 件、邻里纠纷 5 件、房屋宅基地纠纷 1 件、合同纠纷 1 件、生产经营纠纷 1 件、其他 2 件。	34 件	调解成功 31 件
2013 年	山林土地纠纷 14 件、婚姻家庭纠纷 3 件、邻里纠纷 7 件、房屋宅基地纠纷 3 件、合同纠纷 1 件、损害赔偿纠纷 1 件、其他 2 件。	31 件	调解成功 28 件

注：由于各村级人民调解委员会调处的纠纷均为口头协议，同时也没有对近年调处纠纷的具体数字进行统计，所以表 2.21 反映的是夏宜瑶族乡人民调解委员会近 3 年调处矛盾纠纷的数据。资料来源：夏宜瑶族乡人民调解委员会。

第三节　广西民族乡法制宣传教育的实践及成效

一、广西民族乡多维开展法制宣传教育展示

党的十八大报告指出："深入开展法制宣传教育，弘扬社会主义法治精神，树立社会主义法治理念，增强全社会学法尊法守法用法意识。"十八届四中全会《决定》指出："坚持把全民普法和守法作为依法治国的长期基础性工作，深入开展法治宣传教育，引导全民自觉守法、遇事找法、解决问题靠法。"广西民族乡与其

他各单位及各地域一样，法制宣传教育的开展也如火如荼。

为深度掌握广西民族乡法制宣传教育的开展状况，笔者重点对南屏瑶族乡法制宣传教育工作的具体开展情况作了较为深入的调研。现把南屏瑶族乡近年开展法制宣传教育活动的详细情况介绍如下：

（一）南屏瑶族乡司法所的基本概况

南屏瑶族乡司法所的刘美振司法助理员给笔者介绍了该司法所的基本概况。他说，目前他是所里年龄最大的一位，其生于1959年12月，壮族，高中文化程度，1983年10月参加工作，至今享受科员待遇。他开始参加工作时做的是治安工作（后为治安队长），1996年成为南屏瑶族乡的一名司法助理员。据其介绍，南屏瑶族乡于20世纪80年代初期成立了司法办公室。该乡的第一个司法助理员是盘日金，第二个是潘茂兰，第三个是江冲，他本人是该乡的第四个司法助理员。南屏瑶族乡司法所成立于2004年6月，自成立至2006年，司法所就他一人。2006年年底，上级部门调入黎礼芳来做所长，从此司法所为2人。2011年6月黎礼芳调离（到上思县思阳镇工作），随后配备了农海波（公益性岗位），2013年农海波离开司法所（他被调到上思县叫安乡司法所工作）。2012年司法所充实了人员力量，县司法局调入黄庭逸来做所长，同时招录了邓巧。所长黄庭逸于2004就开始在司法所工作，调入本所之前在上思县在妙镇司法所，可以说其具有丰富的司法行政工作经验。邓巧生于1985年2月，于2012年7月以"政法干警招录培养体制改革试点"的方式招录进司法所。他2010年6月毕业于广西警察高等专科学校的安全保卫专业，2013年考入

广西民族大学读法律函授本科。南屏瑶族乡司法所目前固定的 3
人，是老、中、青的梯次组合，又是具有丰富司法行政工作经验
与新生力量的组合。同时，3 人中有两名壮族，1 名瑶族，对于主
要由瑶族和壮族构成的南屏瑶族乡来说，对各种工作的开展极为
有利。下表是该司法所工作人员的基本信息情况：

表 2.22：南屏瑶族乡司法所工作人员组成情况（截至 2014 年 6 月）

人员	性别	民族	出生年月	文化程度	是否党员	司法工作年限	职务	备注
黄庭逸	男	壮族	1968.12	本科（函授）	是	11 年	所长	兼乡人民调解委员会副主任
刘美振	男	壮族	1959.12	高中	否	19 年	司法助理员	兼乡人民调解委员会调解员
邓巧	男	瑶族	1985.2	专科（法律本科函授在读）	是	3 年	司法助理员	兼乡人民调解委员会调解员

南屏瑶族乡经过多年的发展，在上级部门的支持和关怀下，
办公条件有了较大改观。2004 年在南屏瑶族乡建乡 20 周年之
际，司法所建起了一座独立办公的三层楼房，面积约 250 平方
米，设办公室、调解室、档案室。同时，配置有面包车一台（五
菱牌）、摩托车一部、电脑两台、打印机两台、办公桌椅各四张、
资料柜三个（铁皮柜两个、木制柜一个），为组织开展法制宣传
教育及其他业务奠定了坚实的基础。下面是该司法所办公条件
一览表：

表2.23：南屏瑶族乡司法所办公条件基本状况一览表（截至2014年6月）

名称	数量	备 注
办公楼	1栋	属司法所的独立办公楼房，面积约250平方米
面包车	1台	五菱牌，2009年配置
摩托车	1部	建设牌，2006年配置
电脑	2台	联想牌，其中一台为2014年配置
打印机	1台	2014年配置，属多功能数码复合机
办公桌椅	各4张	
资料柜	3个	铁皮柜2个、木制柜1个

（二）南屏瑶族乡近年来开展法制宣传教育工作的具体状况

1.制定了开展法制宣传教育的总规划

法制宣传教育是一项宏大的系统工程，需要各地区、各部门结合实际，从总体上就法制宣传教育的目标、任务、原则、对象、要求、步骤及组织保障等内容作出筹谋，以引导及推动法制宣传教育活动的顺利、正确实施。南屏瑶族乡在开展法制宣传教育活动中，结合本乡实际首先制定了开展法制宣传教育的总体规划，为本民族乡开展法制宣传教育工作奠定了前提基础。如，2011年11月1日该乡印发了《关于在全乡公民中开展法制宣传教育的第六个五年规划（2011—2015）》（南发〔2011〕13号，以下简称《规划》）。现把该《规划》的主要内容摘抄如下：

第一，目标。《规划》确定的第六个五年法制宣传教育的主要目标是："通过深入扎实的法制宣传教育和法治实践，深入宣传宪法，广泛传播法律知识，进一步坚定法治建设的中国特色社会主义方向，提高全乡公民的法律意识和法律素质，提高全社会法治化管理水平，促进社会主义法治文化建设，推动形成自觉学法守法用法的社会环境。"

第二，原则。《规划》确定第六个五年法制宣传教育应遵循的原则是："坚持围绕中心，服务大局；坚持以人为本，服务群众；坚持分类指导，注重实效；坚持学用结合，普治并举；坚持与时俱进，改革创新。"

第三，任务。《规划》确定第六个五年法制宣传教育的主要任务是："突出学习宪法；深入学习宣传中国特色的社会主义法律体系和国家基本法律；深入开展社会主义法治理念教育；深入学习宣传促进经济发展的法律法规；深入学习宣传保障和改善民生的法律法规；深入学习宣传社会管理的法律法规；加强反腐倡廉法制宣传教育；积极推进社会主义法治文化建设；继续深化法律'进机关、进乡村、进社区、进学校、进企业、进单位'主题活动；进一步深入开展'12·4'全国法制宣传日活动；深入推进依法治理。"

第四，对象和要求。《规划》确定第六个五年法制宣传教育的主要对象和要求是：把领导干部作为重点的法制宣传教育对象。要求领导干部切实加强学法守法用法、大力推进公务员学法守法用法、深入开展青少年法制宣传教育、扎实开展农民法制宣传教育。

第五，工作步骤。《规划》确定第六个五年法制宣传教育的工作步骤是："2012年上半年为宣传发动阶段，各村、乡直各单位根据本规划，研究制定本村本部门本行业五年普法规划；2012年下半年至2015年上半年为组织实施阶段，各村、乡直各单位根据本规划确定的目标、任务和要求，结合实际制订年度普法计划，认真组织实施，确保本规划得到全面贯彻落实。2013 年开展中期检查督导和表彰；2015 年下半年为检查验收阶段，在乡党委和政府统一领导下，乡普法依法治理领导小组办公室负责组织对规划实施情况进行总结验收，对先进集体和个人进行表彰。"

第六，组织领导和保障。《规划》确定第六个五年法制宣传教育的组织领导和保障措施是："切实加强领导，各村、乡直各单位要高度重视，把法制宣传教育纳入经济社会发展规划，纳入党委和政府目标管理，进一步完善党委领导、人大监督、政府实施的领导体制；健全考核评价体系，对本规划实施情况进行年度考核、阶段性检查和专项督查；落实法制宣传教育经费保障，乡政府要把法制宣传教育经费纳入本级政府财政预算，保障法制宣传教育工作正常开展；抓好队伍建设，培养专兼职相结合的法制宣传教育队伍；推进阵地建设，完善乡村公共活动场所法制宣传教育设施。"

2. 积极调动社会力量为普法注入正能量

法制宣传教育是一项宏大及复杂的工作，需要全社会共同努力、密切配合，仅靠司法行政部门孤军作战难以实现或根本不可能实现预定目标。南屏瑶族乡为大力推动全乡法制宣传工作深入有效的开展，善于调动社会资源，整合及发挥各方的力量和智慧，在乡直有关部门和社会其他部门遴选了一批具有较好法律基础、丰富实践经验、良好表达能力和热心普法公益事业的法律专长人员和部门业务骨干，组建了南屏瑶族乡"六五"普法讲师团，并以南政发［2012］26 号文件《关于成立南屏瑶族乡"六五"普法讲师团的通知》下发给各村、乡直各单位。《通知》明确：如各村、各单位和部门需要邀请讲师团成员授课的，可直接与讲师本人联系预约，也可以与乡依法治乡领导小组办公室联系约请。下表是普法讲师团成员名单：

表 2.24：南屏瑶族乡"六五"普法讲师团成员名单

姓名	单位及职务	主讲内容
黎渥恩	南屏瑶族乡乡人大主席	监督法
宁彪	南屏瑶族乡综治办副主任	法治建设
潘致华	南屏瑶族乡妇联主席	新婚姻法解读
苏云达	南屏瑶族乡党委委员	中国法治建设的回顾与展望
栾彩云	上思县人民法院助审员	民事诉讼法
李振生	上思县人民法院助审员	知识产权法、行政诉讼法
马小梅	上思县人民法院助审员	物权法、侵权责任法
刘帅武	上思县人民法院助审员	民法通则、婚姻法
黄庭逸	南屏瑶族乡司法所所长	刑法
刘美振	南屏瑶族乡司法所干警	预防职务犯罪
刘海田	南屏瑶族乡中心校校长	预防未成年人犯罪
吴立明	南屏瑶族乡党政办主任	信访条例释义
樊平	南屏瑶族乡派出所所长	治安管理处罚法、禁毒法
裴尚友	南屏瑶族乡派出所民警	道路交通安全法
黄文锋	南屏瑶族乡纪检书记	中国共产党党员领导干部廉洁从政若干准则
黄文薇	心田律师事务所律师	青少年心理成长

注：此表隐去了讲师团成员的联系电话。

为确保"讲师团"工作良性运行，南屏瑶族乡政府专门制定了《南屏瑶族乡普法讲师团工作暂行办法》（以下简称《办法》），以对普法讲师团开展法制宣传教育工作进行规范化管理。《办法》规定，讲师团成员由乡直有关部门的专业工作者和执业经验丰富的法律工作者等人员组成，由乡依法治乡办聘任并颁发聘书，聘期5年。其基本任务是负责对全乡普法重点对象法制教育的授课辅导，参与全乡法制宣传教育的调查研究、重大法律咨询服务活动，针对普法工作的热点、难点问题提出对策建议，积极为乡党委、乡政府的普法工作提供决策参考，参与全乡法制宣传教育资料的编写等。《办法》要求，讲师团成员应紧密结合乡党委、政府的中心工作，认真备课，注重案例教学，并将授课（讲座）内容提前交乡依法治乡办审核后方可进行讲授。同时，各讲师团成员尽可能满足邀请单位的讲课需求，如无故拒绝讲课3次以上（含3次）的，取消其聘任资格。为鼓励讲师团成员积极讲课，充分发挥其法制宣传的作用，《办法》特别规定了讲课激励机制，即：凡是经过乡依法治乡办统一安排的讲座，给予讲课人适当津贴，津贴标准为50元/课，半年计发一次；乡依法治乡办负责对每次授课的时间、规模、内容、态度、效果等情况进行考评，对考评评定为"优秀"的讲座，将获得20元/次的奖励津贴；根据参与讲课、帮助法制宣传教育活动的次数、效果等表现，每年评选出10名优秀讲师，给予物质奖励。连续三年获得优秀讲师称号的，自动列入五年一度的普法总结表彰先进个人候选人名单。最后，《办法》规定了讲师团成员授课统一由乡政府安排接送车辆以及讲师团开展工作的必要经费从乡普法经费中列支等保障性措施。

3. 制定多项制度突出对领导干部普法的龙头地位

党的十八大报告指出："提高领导干部运用法治思维和法治方式深化改革、推动发展、化解矛盾、维护稳定能力。"十八届四中全会《决定》指出："坚持把领导干部带头学法、模范守法作为树立法治意识的关键。"南屏瑶族乡把普法的对象重点放在乡镇及村领导干部法治思维与法治方式的培育上。对此，南屏瑶族乡制定了系列针对性的制度，如乡党委理论中心组学法制度、乡党政领导干部会前学法制度、乡党政领导干部法制讲座制度、乡党委理论中心组法律知识考试制度、法律培训制度及重大事项决策前的法律咨询制度等各种制度。将法制宣传教育工作进行制度化、规范化，不仅是对法制宣传教育总体规划的具体落实，也是保障规划各项内容得以有效实施的前提和基础，进而使法制宣传教育工作在更高的层次、更广的范围得以持续推进。现把该乡 2011 年制定的《南屏瑶族乡党委理论中心组学法制度》的具体内容作一介绍并作例证：[①]

2011 年南屏瑶族乡党委理论中心组学法制度

一、党委中心组成员是我乡最高领导班子成员，是各项事业的决策者、组织者、管理者，是经济发展的带头人。因此，中心组成员要高度重视学法用法、带头学法用法、依法行政，为各部门各单位作出好的样板，带头和促进其他领导干部学法用法工作健康发展。为此，每个成员全年集中学法次数不少于 4 次。

二、乡普法办要将党委理论中心组学习列入领导干部学法用法工作的重要组成部分，与全乡普法工作统筹安排、抓好落实。

三、党委委员具体负责党委理论中心组学法工作，制订学习计划，组织和安排学法的具体时间、内容，保障时间和学习质量。

---

① 资料来源：南屏瑶族乡司法所档案。

四、党委理论中心组要把学习法律作为中心组学习的重要内容，列入学习议程。每年党委理论中心组学习不得少于4期，每期学习均由党委主要领导主持，列出学习提纲，探讨学习心得，并建立每个成员学法档案。

五、党委理论中心组学习法律与"六五"普法规划要求紧密结合起来，依据规划要求的形式、内容、措施，有条不紊地开展法律学习，形成领导干部学法制度化、经常化。

六、党委理论中心组成员要高度重视和严肃对待学习形式，增强学习效果，要把学习法律作为提高自身素质的重要途径。

另外，该乡制定的各种制度的内容不仅具体详尽，可操作性强，而且还相应制定了各种具体的实施意见、措施及学习计划将各项制度予以贯彻落实。如在《南屏瑶族乡领导干部学法用法实施意见》中，规定了乡各级领导干部（特别是副科级以上领导干部）通过普法所要达到的具体目标、学法的主要内容、学习方法和要求及考试考核等内容。其中对学习方法和要求的规定是：坚持集中培训、坚持党委理论中心组学习、坚持自学与辅导相结合。同时要求领导干部要学以致用、注重实效，提高解决问题的能力，力求做到学法与依法行政相结合、学法与维护好群众的利益相结合及学法与法制宣传教育功能相结合。另外，坚持学法笔记制度，要求副科级以上干部每年记载学法内容和心得体会不少于3000字。在考试考核方面，规定：乡组织部门负责对学法用法工作的宏观指导和监督，把领导干部学法用法的情况列入干部考核内容。本着以考促学的宗旨，定期开展对法律知识水平和依法办事的能力进行考试考核，原则上每年一次，采取闭卷、开卷测试和抽查学法笔记本形式进行。

以下是 2011 年南屏瑶族乡党委理论中心组制定的全年学法计划及安排表，可作为南屏瑶族乡领导干部学法用法制度落实的另一例证：

2011 年南屏瑶族乡党委理论中心组学法计划

2011 年是"六五"普法全面启动年，为全面提高我乡领导干部依法决策、依法行政、依法管理水平，促进我乡党委理论中心组成员在"六五"普法启动年学习中再上新台阶，特制订以下学法计划：

一、指导思想：以"三个代表"重要思想为指导，坚持科学发展观，注重实践社会主义法治理念，紧紧围绕十七大、十七届三中、四中全会精神，为深入推进"法治南屏"的创建营造良好法治氛围。

二、学习内容：继续学习以宪法为核心内容的、与本职工作和人民群众利益密切相关的法律法规。

三、学习方法：自学与法制讲座。

四、时间安排：第一季度学习《宪法》和《中华人民共和国行政许可法》；第二季度学习《国有土地上房屋征收与补偿条例》《中华人民共和国突发事件应对法》；第三季度学习《中华人民共和国人民调解法》《中华人民共和国禁毒法》《中华人民共和国节约能源法》；第四季度学习《中华人民共和国侵权责任法》《中华人民共和国劳动争议调解仲裁法》《中华人民共和国劳动合同法》。

五、学习地点：南屏瑶族乡政府党政办公会议室。

附：《2011 年南屏瑶族乡党委理论中心组学法安排表》

表 2.25：2011 年南屏瑶族乡党委理论中心组学法安排表

时间	学习内容	学习形式	重点发言人	学习安排
1 月份	《宪法》	专题学习	邓颜文	第二、四周星期二下午集中学习，其他时间自学。
2 月份	《宪法》	集体研讨	黄文锋	第二、四周星期二下午集中学习，其他时间自学。
3 月份	《行政许可法》	专题学习	蒙来山	第二、四周星期二下午集中学习，其他时间自学。
4 月份	《国有土地上房屋征收与补偿条例》	专题学习	李建民	第二、四周星期二下午集中学习，其他时间自学。
5 月份	《突发事件应对法》第一、二、三、四章	专题学习	黎渥恩	第二、四周星期二下午集中学习，其他时间自学。
6 月份	《突发事件应对法》第五、六、七章	集体研讨	黎渥恩	第二、四周星期二下午集中学习，其他时间自学。
7 月份	《中华人民共和国人民调解法》	集体研讨	刘美振	第二、四周星期二下午集中学习，其他时间自学。
8 月份	《中华人民共和国禁毒法》	专题学习	樊平	第二、四周星期二下午集中学习，其他时间自学。
9 月份	《中华人民共和国节约能源法》	专题学习	唐万洲	第二、四周星期二下午集中学习，其他时间自学。
10 月份	《中华人民共和国侵权责任法》	集体研讨	陆佳屹	第二、四周星期二下午集中学习，其他时间自学。

时间	学习内容	学习形式	重点发言人	学习安排
11月份	《中华人民共和国劳动争议调解仲裁法》	集体研讨	宁彪	第二、四周星期二下午集中学习，其他时间自学。
12月份	《中华人民共和国劳动合同法》	专题学习	户海	第二、四周星期二下午集中学习，其他时间自学。

另外，南屏瑶族乡的法制宣传教育活动采取与特定区域、特定人群、特定时间相结合的方式进行，且普法内容具有针对性、有效性。如，2013年6月6日，南屏瑶族乡邀请上思县检察院检察长傅启杰在乡政府多功能会议室上了一堂《职务犯罪警示教育课》，70多名乡、村干部参加听取。傅检察长结合2012年来发生在全区及本县较典型的职务犯罪案例，深入浅出地讲解了与乡村干部密切相关的几种职务犯罪的概念、特征、立案标准及处罚规定，深刻剖析了职务犯罪的犯罪心理、原因，通过算政治、经济等七种账，进一步指出了职务犯罪的社会危害性及预防职务犯罪的重要性，并结合工作实际，给参加听课的乡村干部传授了一些具体的预防措施，让听课者受到了很好的警示教育。

4. 确立了以宪法为核心内容的普法原则

梳理"一五"到"六五"普法的内容，宪法一直被作为法制宣传教育的核心内容。因为，宪法是国家的根本法，是治国安邦的总章程，具有最高的法律地位。党的十八届四中全会《决定》明确指出："坚持依法治国首先要坚持依宪治国，坚持依法执政首先要坚持依宪执政。"因此，必须增强全社会的宪法意识，弘扬宪法精神。笔者在调研中发现，南屏瑶族乡不仅在其制定的普法规划中确立了以宪法为核心内容的地位，而且在具体普法活动开展中也能做到一致。

2014 年 11 月 1 日，十二届全国人大常委会第十一次会议审议通过了《关于设立国家宪法日的决定》，明确将 12 月 4 日设立为国家宪法日，国家通过多种形式开展宪法宣传教育活动。2014 年 12 月 4 日，作为我国的第一个"宪法日"，南屏瑶族乡把对宪法的宣传、学习更是推上了一个高潮，这是笔者于 2015 年 1 月 13 日又一次到南屏瑶族乡调研时的最大感受。据司法所邓巧介绍，他们积极参加了由上思县依法治县领导小组组织开展的 2014 年 "12·4" 国家宪法日暨全国法制宣传日系列宣传活动。该系列活动从 2014 年 11 月下旬开始，到 12 月中旬结束，活动紧紧围绕"弘扬宪法精神，建设法治中国"这一主题，集中开展宪法专题学习、宣传、宣讲，认真学习贯彻四中全会和习近平总书记系列重要讲话精神。2014 年 12 月 3 日前，在南屏瑶族乡政府等单位门口及广场，已经悬挂了宣传横幅和张贴了诸如"学习贯彻党的十八届四中全会精神，全面推进依法治国"、"弘扬宪法精神，树立宪法权威"、"学习宪法，宣传宪法，遵守宪法，维护宪法"、"恪守宪法原则、弘扬宪法精神、履行宪法使命"、"奉法者强则国强，奉法者弱则国弱"、"法令行则国治，法令弛则国乱"等宣传标语。2014 年 12 月 4 日上午，司法所积极协办了在上思县人民路中段举办的"防城港市 2014 年度'12·4'全国法制宣传日法制宣传一条街活动"，该活动通过法律咨询、发放宣传资料、播放宣传片等人民群众喜闻乐见的形式，有效地开展了法制宣传活动。

5. 多举措突出对农民普法的大头地位

面对自然条件差、文化素质低、人员居住分散等特点的广大农村地区，南屏瑶族乡始终把对农民的普法放在重要的位置，采取因地制宜、因时制宜、因人制宜并不厌其烦地开展法制宣传教育。

（1）组建"轻骑队"大力开展法律进农村活动。南屏瑶族乡针对村屯交通不方便的特点，为了推进法制宣传教育进一步贴近基层、贴近群众，不给法制宣传教育留死角和盲区，由司法所工作人员、基层法律工作者、法律志愿者参加并号召各村干、组干等普法宣传员组建了南屏瑶族乡法制宣传"轻骑队"（骑摩托送法进村屯），"轻骑队"现已成为该乡法制宣传教育的主力军。"轻骑队"根据法制宣传教育开展的不同状况，每年会制定出相应的活动方案，以针对性地开展工作。如《2012 年南屏瑶族乡法制宣传"轻骑队"开展法律进乡村活动方案》的工作目标定为：大力开展《宪法》的学习宣传，努力提高广大农民和农村"两委"干部的宪法意识；大力开展与农民生产、生活密切相关的法律法规的学习宣传，维护农村稳定；大力开展以"学法律、讲权利、讲义务、讲责任"为法制主题的教育活动，引导农民依法维权、依法表达利益诉求。具体措施是：重点对经济基础相对薄弱、矛盾纠纷相对突出的行政村，采取各种有效措施开展法制宣传教育活动；针对农村当前存在的突出问题，组织编印通俗易懂的普法资料发放到各村屯农户；针对农村比较突出或带有共性的问题，对农村"两委"干部开展面对面的法制讲座，同时由基层法律工作者、法律志愿者分期分批，采取巡回方式开展法律咨询活动；根据农民生产、生活实际，编排出广大农民喜闻乐见的法制文艺节目，通过具有浓郁地方特色的艺术形式，深入各村屯巡回演出。

（2）编制各种农村常用法律知识读本向农村地区投放。南屏瑶族乡结合农村的实际，以"三农"中常见的问题或者与农村生产、农民生活密切相关的法律问题着手，从公民的权利义务、村民自治、宅基地和土地承包、农村治安管理、计划生育、婚姻家庭、农村医疗及社保、农民进城务工、民间纠纷（"三大纠纷"）调解、农村生产经营、农民维权指导等方面为内容，编制各种农村常用法律知识读本，采取问答的形式开展法制宣传教育，以提高广大农民的法制观念和法律素质，帮助农民朋友了解和掌握维护自身合法权益、解决矛盾纠纷的法律途径和法律常识，引导教育群众通过正常合法渠道表达诉求和解决问题。如对农民进城务工问题，拟出了进城务工农民能否参加社会保险、如何遵循计划生育的法律规定、对克扣农民工工资或拖欠工程款的行为如何处理、劳动合同应具备哪些条款、哪些情形应当认定为工伤或视同为工伤、劳动合同中约定"工伤概不负责"是否有效、法律规定的解决劳动争议有哪些等农民进城务工密切相关的问题，并一一作了解答。又如对"三大纠纷"问题，拟出了"三大纠纷"的含义及种类是什么、发生了"三大纠纷"首先应该怎么办、发生"三大纠纷"后应到哪里申请调处、申请权属纠纷调解处理必须符合哪些条件、申请调处权属纠纷的申请书应写哪些内容、递交申请书时还要提供哪些资料、什么材料能作为确定权属的证据和参考凭证、当事人在参加调处过程中有哪些权利和不得有哪些行为以及当事人对处理决定不服的该怎么办等问题，且都一一进行了详细的解答。笔者发现，这些简明读本所进行的解答非常具有实用性、可操作性。

　　另外，南屏瑶族乡司法所在明显位置置放了法制宣传、法律服务、公证服务、法律援助、社区矫正、安置帮教等各种"服务指南"折叠的小卡片及各种法律法规汇编小手册。小卡片设置精巧，用最节约的空间承载了诸如条件、范围、流程图、工作职责及原则等最基本的内容，使群众用最短的时间了解完最基本的内容。一方面方便群众取阅，一方面方便群众携带。

　　（3）对农村中的特殊人群采取专门、专场的普法活动。如，南屏瑶族乡每年都要举行一到二次的"妇女维权法制宣传教育"活动。2012 年 3 月 7 日，南屏瑶族乡普法依法治理领导小组组织乡有关单位、各村委开展了"法律进社区暨三·八妇女维权宣传"活动。该活动以庆祝"三·八"妇女节为契机，以"落实'六五'普法规划，促进和谐防城港建设，加强妇女维权法制宣传教育，依法维护妇女权益"为主题，就《妇女权益保障法》、《婚姻法》、《未成年人保护法》及《劳动合同法》等法律进行了宣传及对相关法律条款进行了重点讲解。参加活动的司法所、计生所、民政办、团委、妇联等部门负责人现场解答了涉及邻里纠纷、婚姻家庭、劳务纠纷、法律援助及妇女维权等法律问题。活动前，主办单位还对活动的时间、地点、内容作了提前预报，据统计，共有 300 多名妇女踊跃参加了当天的活动，共发放学习宣传资料 200 余份，解答法律咨询 40 多人次，展出板报 2 版，发放避孕药具 100 多盒，为全社会关心妇女合法权益营造了浓厚的法制氛围，取得了良好社会效果。2013 年 1 月 23 日上午，南屏瑶族乡妇联组织本乡的部分农村妇女和从事基层工作的女工部举办了一次妇女维权讲座，上思县法律援助中心主任、律师黄炳华受邀主讲。黄律师从如何维护妇女自身合法权益角度出发，结合农村常见法律问题，深入浅出地讲解了《农村土地承包法》和涉及相邻纠纷、婚姻家庭纠纷及劳动合同纠纷的法律法规及其解决方法。同时，黄律师还耐心地解答了大家提出的离婚共有财产分割、子女抚养及继承等婚姻家庭法律问题，赢得了在座妇女的赞赏。通过此次讲座，妇女们对维权法律有了更进一步的理解，她们表示今后遇到自己合法权益受到侵害时要用法律来捍卫和保护，并向更多的姐妹宣传学法、懂法、用法的意识，学会用法律保护自己的合法权益，从而更好地维护家庭和睦和社会的和谐稳定。

（4）创新普法机制，发挥致富带头人在普法中的引领作用。面对不断发展的新形势和农村法治文化建设相对滞后的情况，南屏瑶族乡司法所积极探索农村法制宣传新载体，抓点带面，在社会主义新农村建设中着力培植出一批法治文化建设典型，将致富带头人培养成学法守法用法带头人，以引领农村法治文化建设的全面发展。如，2012 年 8 月 14 日，南屏瑶族乡司法所举办了一场农民致富带头人法律知识培训学习活动，全乡 20 余名农民企业家、种养大户参加了该次法律知识培训。该活动重点在于提高农民致富带头人的学法意识、合同意识、依法维权意识和法律宣传意识，着力将他们培养成农民学法守法用法的带头人，提升农村法治文化的渗透力和引导力，以推动法治文化在农村的建设与发展。

6. 竭尽全力突出青少年普法的源头地位

加强对青少年的法制宣传教育，是普法的一项最重要的工程。国家历次普法，都把青少年作为普法的重点对象予以圈定，特别是"六五"普法更是将青少年作为普法对象中的重中之重。针对青少年的生理、心理特点和接受能力，南屏瑶族乡不断加大及提高普法的力度和比重，多维度、多形式对全乡青少年展开法制宣传教育。

首先，积极开展"六个一"工程，有效推进"依法治校"创建工作，为青少年普法取得实效夯实基础、提供保障。一是设立一个法制宣传橱窗，定期更新内容，让学生能随时随地并及时学习法律知识。二是上一堂法制课，发挥课堂主渠道作用，将法制教育列入日常教学内容，宣传讲解与青少年健康成长密切相关的法律法规。三是上一次法制报告，配齐配强法制副校长、法制辅导员，积极开辟第二课堂教育，定期为学生作法制报告。四是举办一次法制主题班队会，定期组织学生开展活动，引导青少年学法、守法，预防和减少违法犯罪。五是观看一场法制教育专题片，以真实的案例教育学生注意自己的一言一行，从我做起，从小事做起，做一个懂法、守法的好公民。六是举行一场法律知识竞赛，通过竞赛，激发青少年学生的学法积极性，引导同学们遵守法律，学习法律，依法保护自己的合法权益。

其次，精选一些发生在中小学生身边的案例，编制成精巧的小册子、小卡片向全乡中小学生发放，通过以案释法的形式，深入浅出、通俗易懂地阐释基本法律知识，以培养青少年的知法、守法意识。如，给青少年宣传交通安全时，列举了这样一个案例。2011年2月10日，广西某县某乡路段发生了一起特大交通事故。14岁的岑某和父母、舅舅一起准备外出走亲戚。为了出行方便，岑某决定驾驶父亲买来的二手摩托车并搭载上父母和舅舅。当岑某驾车行驶到一个急转弯处时，刚好与王某驾驶的向左转弯的小车相遇。由于车速过快，刹车和闪避都已经来不及了，摩托车与小车发生了严重的碰撞，导致岑某与其父母、舅舅4人当场死亡。事后经交警调查，岑某属无证驾驶，摩托车无牌号，且搭载的 3 人都没有戴安全头盔；岑某和王某均属超速行驶。这一天刚好是大年初八，人们都还沉浸在新春的喜悦中，而这场交通事故却给岑某的亲人带来了极大的悲痛。这个血淋淋的教训告诉我们，道路交通安全要牢记。即根据《中华人民共和国道路交通安全法》的规定：机动车经公安机关交通管理部门登记后，方可上道路行驶；驾驶机动车，应当依法取得机动车驾驶证；机动车上道路行驶，不得超过限速标志标明的最高时速。在没有限速标志的路段，应当保持安全车速；机动车载人不得超过核定的人数；机动车行驶时，摩托车驾驶人及乘坐人员应当按规定戴安全头盔。

再次，普法讲师团、司法所等单位及人员不断身体力行，到中小学校开展面对面的"送法进校园"活动，通过开设法制讲座、播放法制专题影片、现场解答法律咨询、法律知识竞赛、法制有奖征文（作文）比赛等形式，立体式、全方位、不间断地展开对青少年学生法制教育。以 2012 年为例，2012 年 4 月份，南屏瑶族乡"六五"普法讲师团深入全乡各中小学校开展"送法进校园"巡讲活动。2012 年 4 月 29 日，南屏瑶族乡司法所所长黄庭逸应南屏中心小学的邀请为小学生作法制宣传教育讲座。2012 年 6 月份，南屏瑶族乡司法所积极组织干警深入全乡各学校和教学点开展法制宣传活动。等等。在进行的法制讲座中，主讲人都能做到结合校园实际、青少年的特点、中小学生普遍存在的不良行为，因时、因地、因人进行因材施教，互动学讲。利用同学们身边及日常生活中发生的小事讲权利、讲责任、讲义务，使他们懂得法就在他们身边，敦促他们要不断学法、守法、用法，树立正确的世界观、人生观、价值观。如，南屏瑶族乡司法所黄庭逸所长在 2012 年 4 月 29 日为南屏瑶族乡中心小学所作的法制讲座中，其课件内容的布局可谓循循善诱、浅显而丰富。黄所长首先告知大家，青少年是祖国的未来、民族的希望，是社会主义现代化事业的接班人，党和政府十分关心和高度重视青少年的健康成长，以此树立在座学生的自豪感。接着，黄所长告诉大家近年来由于各种消极因素和不良环境的影响，我国青少年犯罪率日渐提高，有些犯罪给社会造成了严重的危害，也给家庭和个人造成了巨大的不幸，以此让在座学生明白学法、守法的重要性。随后，黄所长开始进入正题，他向同学们介绍了近年来一些典型的未成年人犯罪案例，一一分析了未成年人犯罪的特点及原因，从戒贪、戒奢、戒骄、戒假、戒黄、戒毒、戒赌、戒妒 8 个方面引导学生远离不良行为，构筑起预防犯罪的强大心理防线。最后，黄所长号召同学们认真学好法律知识，增强辨别是非的意识和能力，并学会用法律保护自己的合法权益。该法制讲座极富启示性、引导性，加之黄所长轻松活泼、幽默诙谐的讲课方式，博得了同学们的阵阵掌声，达到了教育意义，取得了良好的效果。

7. 大力开展民族政策与民族法制宣传教育活动

南屏瑶族乡在开展普法的同时，注重运用"法律六进"载体把民族政策与民族法制的宣传教育纳入其中，有步骤、有计划地深入农村、学校、企业、机关和单位进行广泛开展。如，2012年 9 月 19 日—25 日，南屏瑶族乡开展了以"学习宣传、贯彻落实《中华人民共和国民族区域自治法》"为主题的民族法制宣传周活动。活动立足民族工作，采取各种有效形式，向广大少数民族群众灌输"各民族共同团结奋斗，共同繁荣发展"的方针、"三个离不开"的思想及民族政策、民族法律法规，不仅使受普及的少数民族群众法律意识得以提高，而且促进了各民族之间和睦相处的氛围。

又如，在南屏瑶族乡人民政府正对面的小广场左侧的一块高约2米、长约8米的宣传橱窗里，2013年8月出版了一期"民族理论、民族政策和法律法规宣传专栏"，橱窗里的正上方赫然标着"民族团结进步宣传橱窗"10个大字。该专栏由"前言"、"民族知识"、"民族政策"、"民族工作与少数民族权利"及"少数民族风俗习惯"5项内容组成，除"前言"外，其余均采取问答方式进行。"前言"的内容为：我国是一个统一的多民族国家，民族问题是关系国家命运、民族兴衰的重大问题。新中国成立以来，我们党始终高度重视搞好民族关系，高度重视维护民族团结，制定和实施了正确的民族政策，开创了适合中国国情、具有中国特色的解决民族问题的正确道路，实现了各民族人民共同当家做主、管理国家事务，建立、巩固和发展了社会主义的民族关系。为了广泛地宣传党和国家的民族理论、政策和法律法规，加强各民族共同团结奋斗，共同繁荣发展，正确运用党的民族理论政策知识去应对解决各种复杂的民族矛盾和民族问题，自觉坚持"四个维护"原则，使"三个离不开"思想观念更加深入人心，特出版该期党和国家民族理论、民族政策和法律法规宣传专栏，欢迎大家学习和阅读。在"民族知识"一栏设置的问答内容主要有：什么叫民族、我国各民族分布的特点是什么、我国少数民族地区的一般特点是什么、广西境内有哪些世居民族、上思县少数民族分布情况如何，等等。在"民族政策"

一栏设置的问答内容主要有：什么是民族问题、当前我国民族问题的主要表现是什么、处理我国民族问题的基本原则是什么、我国的民族政策主要有哪些内容、我国民族关系"三个离不开"的内容是什么、民族工作坚持的"四个维护"的原则的内容是什么、党和国家对民族风俗习惯的政策是什么、如何尊重少数民族风俗习惯、党对宗教问题的基本政策是什么、如何理解宗教信仰自由与遵守国家法律的关系、如何正确处理青少年的宗教信仰问题，等等。在"民族工作与少数民族权利"一栏设置的问答内容主要有：什么是民族工作、新时期民族工作的主题是什么、解决民族问题的根本途径是什么、如何加快民族地区的经济发展及意义、建立民族乡的意义及民族乡有哪些具体的权利、什么是民族区域自治、民族自治地方的自治权有哪些、实行民族区域自治的优越性有哪些、为什么说实行民族区域自治的关键是培养少数民族干部，等等。在"少数民族风俗习惯"一栏里，主要介绍了京族、壮族和瑶族的生产、生活禁忌。

从以上看出，南屏瑶族乡的法制宣传教育工作，在《规划》的引领下，突出了领导干部这个龙头、农民这个大头、青少年这个源头，把目标定位在培育领导干部的法治思维和法治方式、农民法律素养及维权意识的提高以及青少年预防犯罪防线的构筑，在形式上采取了普法考试、开设法制讲座、发放法律宣传资料和宣传单、出版法律宣传栏和专刊、解答法律咨询、张贴标语及宣传车等宣传工具和手段，在内容上选择了与普法对象密切相关的法律法规，在方法上采取了依法管理与依法行政相结合、依法管理与辖区群众文明养成教育相结合、定点宣传与流动宣传相结合、平常与专题相结合，做到因地制宜、因时制宜、因人制宜地开展

法制宣传教育。总之，南屏瑶族乡的普法模式能围绕大局、突出
重心、着眼实效，开展形式多样、内容丰富并具针对性、方法得
当，其法制宣传教育工作为南屏瑶族乡的经济社会发展发挥了很
好的引导、服务和保障作用。以下三表记录了南屏瑶族乡司法所
近 3 年开展法制宣传教育活动的具体数据，从中可领略出该乡法
制宣传教育活动的具体开展状况：①

表 2.26：南屏瑶族乡司法所法制宣传教育基本情况一览表（2011 年）

序号	项目	数目	备　　注
1	领导干部法制讲座	2 期	每期参加讲座的人数各为 16 人
2	培训普法骨干	1 期	乡直属单位及各村负责普法的领导 15 人参加
3	举办法制宣传教育活动	6 次	共印发宣传资料 3100 份、张贴标语 210 张、永久性标语 4 条、出动宣传车 12 次、出版法律宣传栏 5 期
4	到学校上法制教育课	4 次	分别讲解了《宪法》、《刑法》、《未成年人保护法》、《道路交通安全法》等
5	解答法律咨询	50 人次	法律咨询涉及林地、林木、土地、婚姻家庭、损害赔偿、生产经营、劳动合同等内容
6	法制文艺演出	2 次	专业文艺团体演出，观看人数共约 2800 人
7	广播站	1 个	开设法制专栏一个

---

① 资料来源：南屏瑶族乡综治信访维稳中心 2011—2013 年工作台账。

表 2.27：南屏瑶族乡司法所法制宣传教育基本情况一览表（2012 年）

序号	项目	数目	备　　注
1	领导干部法制讲座	1 期	参加讲座的人数为 16 人
2	培训普法骨干	1 期	乡直属单位及各村负责普法的领导 15 人参加
3	举办法制宣传教育活动	4 次	共印发宣传资料 2700 份、张贴标语 80 张、永久性标语 4 条、出动宣传车 13 次、出版法律宣传栏 4 期、举办图片展览 2 次、举行法制报告会 3 次
4	到学校上法制教育课	3 次	分别讲解了《宪法》《预防未成年人犯罪法》《未成年人保护法》《治安管理处罚法》等
5	解答法律咨询	46 人次	法律咨询涉及林地、林木、土地、婚姻家庭、损害赔偿、生产经营、劳动合同等内容
6	法制文艺演出	1 次	业余文艺团体演出，观看人数约 700 人
7	广播站	1 个	开设法制专栏一个

表 2.28：南屏瑶族乡司法所法制宣传教育基本情况一览表（2013 年）

序号	项目	数目	备　　注
1	领导干部法制讲座	1 期	参加讲座的人数为 16 人，召开领导小组会议 1 次
2	培训普法骨干		乡直属单位及各村负责普法的领导 15 人参加
3	举办法制宣传教育活动	4 次	共印发宣传资料 2900 份、张贴标语 90 张、永久性标语 4 条、出动宣传车 11 次、出版法律宣传栏 6 期、举办图片展览 1 次、举行法制报告会 1 次

序号	项目	数目	备　　注
4	到学校上法制教育课	3次	分别讲解了《宪法》、《民法通则》、《刑法》、《未成年人保护法》、《治安管理处罚法》等
5	解答法律咨询	53人次	法律咨询涉及林地、林木、土地、婚姻家庭、损害赔偿、生产经营、劳动合同等内容
6	法制文艺演出	1次	业余文艺团体演出，观看人数约800人
7	广播站	1个	开设法制专栏一个

二、广西民族乡法制宣传教育的实效表现

在广大基层司法所司法行政工作人员的努力及其他各单位、社会志愿者等的配合下，广西民族乡的法制宣传教育工作取得了令人欣慰的可喜成绩。笔者通过"点"与"面"的调查，从民族乡党委政府（领导干部）与公民（群众）两个维度进行归纳总结，广西民族乡普法所取得的实效具体体现为：

（一）依法行政与法治政府得到有效推进和建设

依法行政的基本含义是指政府的一切行政行为应依法而为，受法之约束。[1]依法行政要求：行政职权必须首先基于法律的授予，行使行政职权必须依据法律的明文规定，即"法无授权不可为"；依法行政要求政府自身守法，要求政府依法提供服务和依法接受

---

① 姜明安主编：《行政法与行政诉讼法》，北京大学出版社、高等教育出版社2007年版，第64页。

监督，即"法定职责必须为"。笔者在调研中感受到，经过多年的普法实践，民族乡领导干部的法治思维与法治方式得到有效培育，现代化治理能力获得了较大提高，民族乡在推进依法行政及法治政府建设方面取得了明显进步。

1. 行政管理规则化

法治社会意味着"法律之治"，其核心是一种规则治理。[①] 以南屏瑶族乡为例，其规则治理表现得较为突出。笔者从南屏瑶族乡综治信访维稳中心2013年社会治安综合治理和平安建设工作台账的内容，发现从社会政治稳定、治安状况、安全生产状况、执法活动、严打整治专项行动、治安防控体系建设、基层组织建设、预防化解矛盾纠纷等每一项工作的开展几乎都有相关的制度、方案、计划等进行配套并实施。如开展社会政治稳定工作制定了《南屏瑶族乡2013年国家安全人民防线工作要点》、《南屏瑶族乡2013年防范和处理邪教组织工作要点》和《南屏瑶族乡整治非法安装卫星电视接收设施活动实施方案》等等；开展治安工作制定了《社会治安重点地区排查整治工作实施方案》、《南屏瑶族乡2013年刑释解教人员安置帮教工作计划》、《南屏瑶族乡2013年创建无毒社区活动实施方案》、《南屏瑶族乡2013年学校及周边治安环境整治百日专项行动工作方案》及《南屏瑶族乡2013年预防青少年犯罪工作方案》等等；对于安全生产工作的开展制定了《南屏瑶族乡2013年安全生产年度工作计划》、《南屏瑶族乡突发公共事件总体应急预案》以及《防火应急预案》、《预防交通事故工作预案》、《食

① 王聪：《法治思维与法治方式的价值、内涵及养成》，载《上海政法学院学报》2013年第6期。

品安全事故应急预案》、《突发疫情防治工作预案》等等；在预防化解矛盾纠纷方面制定了《南屏瑶族乡重大事项社会稳定风险评估化解制度》等。

2. 行政决策民主化

广西各民族乡人民政府在各项行政决策工作中，注重调动人民群众的积极性、主动性、创造性，广纳群言、广集民智，增进共识、增强合力，取得了显见的成果。如南屏瑶族乡人民政府决定在渠坤村旧圩建设风情一条街项目，需拆迁在规划建设红线内的居民房屋及附属设施。就拆迁补偿涉及的法律问题及《拆迁补偿协议书》的拟定，乡政府主动向乡司法所工作人员进行咨询，并把涉及拆迁补偿的法律法规的收集、协议书的拟定的任务交由乡司法所完成，在乡领导班子和司法所工作人员对拟定的《拆迁补偿协议书》共同讨论后，再付诸实施，以保证拆迁行为的合法性。目前，该项目已顺利实施完毕。又如，灌阳县洞井瑶族乡值30 年乡庆之际，为美化集镇风貌，准备在洞井江南侧进行滨江路开发项目。但是由于十几年前河流改道，致使河床裸露出来，目前大片滩涂已被附近村民耕种或建屋。若落实滨江路的修建，保证该项目的顺利实施，就必须把在这些滩涂上耕种的农作物和房屋进行清、拆除。但是，乡政府在考虑是否要对清、拆除的农作物和房屋进行补偿问题上犯了难。对此，为保证项目实施的合法性，乡政府领导认真咨询了乡司法所的工作人员，并特别邀请乡司法所的工作人员召开了专门的研讨论证会。司法所工作人员表示：根据我国《民法通则》、《土地管理法》等相关法律规定，滩涂属于国家所有，不属于农村集体土地，农民在滩涂上耕种和建房屋的行为是侵权行为，因而对被占用的滩涂应以回收的方式（而不是以征收土地的方式）进行，亦即对被农民占用的滩涂上清、拆除农作物和房屋无须按法律规定进行土地补偿、安置补助及地上附着物（青苗）补偿。司法所工作人员建议，虽然村民的行为违法，但为了确保滨江路修建工程的顺利完成，在肯定村民在滩涂上垦荒种植、充分发挥土地价值的基础上，考虑到农民在滩涂上耕种、建房的时间以及复垦土地所花费的费用，乡政府可拿出适当的费用对之进行补偿，在合法、合情、合理的氛围下与村民进行沟通并妥善予以清、拆除农作物和房屋。此建议得到了乡政府的采纳，政府工作人员对当事村民进行了周到的法律宣传和认真细致的思想工作，得到了当事村民的理解与支持，该项目很快得到了实施。

再如，2014 年是八腊瑶族乡建乡 30 周年及实施扶贫开发"整乡推进"的第一年，许多惠民、利民的建设项目落地八腊，为使项目建设更加接地气，更加符合广大群众的意愿，该乡在实施项目建设的过程中，充分调动和尊重群众的参政、议政的权利，通过走访群众、召开座谈会等形式，广泛深入一线听取各方意见和建议，努力使每一个项目都办成群众满意的工程。如 2014 年 3 月 31 日下午，该乡组织了退休老干部、部分村组干部、群众代表及乡直单位负责人等共 30 多人进行座谈。座谈会上，乡主要负责人向大家汇报了集镇风貌改造、道路硬化、街道绿化美化等项目建设前期准备情况，与会的退休老干部、部分村组干部、群众代表纷纷表示要大力支持全乡项目建设，动员周边、身边群众配合好项目建设，同时，还对集镇风貌改造、街道建设等方面提出了自己的意见和建议（如一位退休老同志认为"集镇的风貌改造不仅要突出八腊瑶族乡的特色，还有安全、适用"）。据统计，实施 30

周年乡庆和扶贫开发"整乡推进"项目建设以来，该乡共组织群众召开征求意见座谈会 6 次，走访农户 64 次，征求到意见和建议 29 条。

3.行政决策规范化

十八届四中全会《决定》指出："把公众参与、专家论证、风险评估、合法性审查、集体讨论决定确定为重大行政决策法定程序，确保决策制度科学、程序正当、过程公开、责任明确。"广西民族乡对于涉及经济社会发展和人民群众切身利益的重大政策、重大项目，一般能做到从合法性、合理性、可行性和可控性评估，特别是从社会稳定、环境影响、安全条件、经济效益、法律效果等方面进行决策风险评估。如，南屏瑶族乡于 2012 年 3 月 25 日制定的《南屏瑶族乡重大事项社会稳定风险评估化解制度》（下称《制度》），就重大事项的界定、风险评估的内容及实施步骤分别作出了较为详细的规定。《制度》对重大事项作出的界定是"全乡经济社会发展中，事关广大人民群众切身利益的重大决策；关系较大范围群众切身利益调整的重大政策；涉及较多群众切身利益并被国家、自治区、市、县拟定为重点工程的重大项目；涉及多数群众切身利益的重大改革"。《制度》对重大事项风险评估的具体内容确定为"合法性"、"合理性"、"出台或实施前的前提条件"、"涉及环境问题"、"社会治安"及"其他可能影响社会稳定的重大问题"6 项，每一项内容都规定有具体的测评指标，如"合法性"的测评指标为："（1）重大事项的出台或实施是否符合党和国家的大政方针，是否与现行政策、法律、法规相抵触，是否有充足的政策、法律依据；（2）重大事项所涉及政策调整、利益调节的对象和范围是否界定准确，调整、调节的依据是否合法。"《制度》对重大事项风险评估实施的步骤依次确定为"确定评估对象，全面掌握情况"、"缜密分析预测，准确评估风险"、"制定维稳预案，落实维稳措施"、"编制评估报告，主动化解矛盾"及"审查评估报告，严格报告审定"，每一个实施步骤都相应规定了较为详细的要求，如"确定评估对象，全面掌握情况"步骤，要求"对拟出台或实施的每个重大事项，要通过深入细致的调查研究，查阅、收集相关文件、资料，调查专家、业主、相关党政领导，召开干部职工、社会各界及群众座谈会，走访听取意见、问卷调查、民意测评等方式，了解掌握所评估对象（重大决策、重大政策、重大项目、重大改革）的有关基本情况，广泛征求各方面的意见，掌握社情民意，为预测评估提供准确可靠的第一手资料"，"缜密分析预测，准确评估风险"步骤，要求"根据了解掌握的有关重大事项的第一手资料，按照前述六个方面，对重大事项确定（重大决策作出、重大政策出台、重大项目开工、重大改革实施）之后，可能出现的不稳定因素进行逐项分析预测，科学、客观地作出评估。必要时，可邀请相关专家、学者、人大代表、政协委员召开社会稳定风险评估会或听证会"。

从南屏瑶族乡的该《制度》看出，其体现了如下法治思维与法治方式的内容：一是对民生的关切和爱护，一切以民生为始终。"保障公民权利是依法治国的根本目的，也是法治的应有之义。因为判断一个国家是否法治国家，要看宪法是否得到切实执行，公民权利是否得到切实的保障。公民权利得不到保障，其他的目的也无法实现。"[①] 该《制度》无论对重大事项内涵的界定，还是对风

---

① 刘卉："依法治国是实现中国梦的必然路径"，载《检察日报》2013年5月27日第3版。

险评估、测评的具体标准，无不围绕民生而思考，为民生而行为，体现了一切为大多数群众利益为中心的理念。二是体现了法律至上的观念。"法律至上是指法律在整个社会规范体系中具有最高的权威，任何社会活动主体都必须服从法律、遵守法律的规定，而不能超越法律；任何权力都必须接受法律的约束，受到法律的制约。"① 这是法治的基本特征。该《制度》评估、测评风险的第一个标准即是"合法性"，以此作为整个评估思想和行为的逻辑起点，意指"合法性"管控着其他评估标准，无合法性，既无重大事项（重大决策、重大政策、重大项目、重大改革）的开启。三是体现了程序正当原则。"行政程序作为法律程序的一种，是行政权力运行的程序，具体指行政机关行使行政权力、作出行政行为所遵循的方式、步骤、时间和顺序的总和。"② 传统中国秩序原理的特色是只问结果、不计手段，人们更强调的是实质性价值判断，而并非程序公正。③ 然而，程序的合法是实体合法的有力保障，也是实体合理、公正的有力保障。特别是严格遵循行政程序，能防止行政专制，保障行政民主，能有效保护行政相对人的合法权益不受违法的行政行为侵犯。这是经过了众多实践检验并达成了的共识，是法治的应有内涵之一。从南屏瑶族乡的该制度的"实施步骤"内容看出，其很好地遵循了从立项到最后备案的制定行政规范性文件的程序要求。四是体现了民主、科学的原则。民主立法保障法律具有公正性和正义性，科学、合理的立法则是保障

---

① 张文显主编：《法理学》，高等教育出版社、北京大学出版社 2007 年版，第404 页。

② 马怀德主编：《行政法学》，中国政法大学出版社 2007 年版，第 131 页。

③ 季卫东："论法制的权威"，载《中国法学》2013 年第 1 期。

法律具有可操作性和实效性。我国《立法法》第 5 条规定："立法应当体现人民的意志，发扬社会主义民主，保障人民通过多种途径参与立法活动。"第 6 条规定："立法应当从实际出发，科学合理地规定公民、法人和其他组织的权利与义务、国家机关的权力与责任。"行政机关制定其他行政规范性文件（甚至行政指导性文件），也要遵循这两个原则。南屏瑶族乡的该《制度》规定：对拟出台或实施的每个重大事项，都"要召开干部职工、社会各界及群众座谈会，走访听取意见、问卷调查、民意测评等方式，了解掌握所评估对象的有关基本情况，广泛征求各方面的意见，掌握社情民意，为预测评估提供准确可靠的第一手资料。必要时，可邀请相关专家、学者、人大代表、政协委员召开社会稳定风险评估会或听证会"，等等，这是民主原则的充分体现。同时，该《制度》规定的对重大事项可能出现的社会稳定风险先期预测、先期评估、先期化解的思想，对制定涉及稳定隐患的预案应充分体现周密、具体、可行的原则，对因重视不够、工作不力而发生影响稳定重大问题的责任查究办法的制定，等等，无不体现了科学的原则。

4. 政务信息不断公开化

根据我国《政府信息公开条例》的规定，政务信息公开"是为了保障公民、法人和其他组织依法获取政府信息，以提高政府工作的透明度，促进依法行政，并充分发挥政府信息对人民群众生产、生活和经济社会活动的服务作用"。尽管近年来政务信息公开化问题饱受社会诟病，但是，政务信息公开的范围及渠道在不断的完善与改进中，也是不容置疑的事实。广西民族乡亦如此。以夏宜瑶族乡 2013 年的政务公开为例，我们可以感受到该乡在政务信息公开方面的努力。在该乡政府办公楼的左侧，一块长方形的橱窗赫然在目。橱窗里的正上方是"夏宜瑶族乡政务公开栏"的标题。具体内容有"夏宜瑶族乡简介"、"乡政府工作职责"和"2013 年主要工作目标任务完成情况"三大内容。在"2013 年主要工作目标任务完成情况"一栏中，详细地介绍了经济工作、为民办实事工作和民生工作等方面的具体内容。如，在"基础设施建设工作"项目一栏中公开了如下内容：今年我乡共投资 1884 万元加大了对水利、交通道路、站所办公楼等基础设施的建设。其中，投资 30 万元用于夏宜村车背坝机耕道及渠道修建、水利设施修复工程；投资 144 万元完成了夏宜桥危桥改造工程；投资 25 万元完成了高雷村渠道防渗加固工程；投资 171 万元完成了夏宜民族学校教学综合楼工程；投资 38 万元新建乡林业站办公用房；投资 52 万元新建乡财政所业务用房；投资 68 万元新建乡中心小学教师周转宿舍楼；投资 60 万元新建乡卫生院公共租赁住房工程（三期）；投入 34 万元在六洛村实施村级公共服务中心工程；投资 100 万元实施夏宜乡变电及技改工程；投资 45 万元开展夏宜瑶族乡风情街民居改造工程；投资 478 万元完成夏宜至芦山、高雷至能友公路路面硬化工程；等等。在"扶贫开发工作"中公开了如下内容：我乡高雷村、六洛村列为扶贫村整村推进项目实施村，项目实施村群众经过一年的努力，顺利完成了 2013 年实施项目。村屯路建设方面，高雷村、六洛村硬化村屯道路 1.38 千米，投入资金 37 万元；修建独立桥两座共 18 米，投入资金 21 万元。技术培训方面，培训 83 人次，投入资金 3760 元。在六洛村发展中药材种植、娃娃鱼养殖、山塘养鱼、蜜蜂养殖等特色种养基地，扩建高雷村七彩山鸡养殖基地。同时，对全乡桑园完成低改和品改

45 亩，种植油茶 500 亩。另对我乡 562 户扶贫户完成信息更新数据录入工作。

又如，八腊瑶族乡对于各种行政给付，因涉及利益的分配问题，为达致公平公正，不仅经过严格的核查，同时还要进行公示，以接受社会监督。如笔者在八腊瑶族乡调研时，发现乡政府的公示栏里张贴有《天峨县中央财政内陆捕捞渔船油价补助申请公示表（2013）》，笔者随即进行了详细抄录。以下是天峨县水产畜牧兽医局于 2014 年 2 月 25 日就八腊瑶族乡申请 2013 年度中央财政内陆捕捞渔船油价补助情况进行公示的全部内容：

天峨县八腊乡申请 2013 年度中央财政内陆捕捞渔船油价补助情况公示

根据农业部办公厅《关于做好 2013 年渔业油价补助资金发放工作的通知》（农办渔［2013］95 号）文件精神和县委、县人民政府的总体要求，结合我县实际，我局对八腊乡登记在册的捕捞机动渔船所提交 2013 年度渔业油价补助申请表进行了审核，除"有证无船"、"国家工作人员名下渔船"、"船舶存在严重安全隐患，无法正常生产作业"的船只外，符合申报 2013 年度渔业油价补助的捕捞机动渔船共有 16 艘，现予以公示。如对公示有异议，请以书面材料提交到县水产畜牧兽医局。

本公示期为 5 天，即 2014 年 2 月 25 日至 3 月 1 日止。

监督电话：0778—7828017、7832170。

天峨县水产畜牧兽医局（章）

2014 年 2 月 25 日

附（表2.29）：天峨县中央财政内陆捕捞渔船油价补助申请公示表（2013）

序号	船名	渔船编码	船籍港	作业类型	主机总功率（kW）	检验证书编号	登记证书编号	捕捞许可证号	渔船所有人	地址	是否正常生产	有无违法行为
1	桂峨渔11932	45122220 8057332	天峨	刺网	24.00	45122220 110121	45122220 11121	桂天峨捕（2013）NH—001291	袁学朝	八腊洞里老屋基	是	无
2	桂峨渔11242	45122220 8018211	天峨	刺网	16.18	45122220 080715	45122220 08715	桂天峨捕（2013）NH—001205	房文超	八腊街	是	无
3	桂峨渔11241	45122220 8088210	天峨	刺网	16.18	45122220 080714	45122220 08714	桂天峨捕（2013）NH—001206	班华恩	八腊纳碍村巴用	是	无
4	桂峨渔11729	45122220 9037126	天峨	刺网	16.20	45122220 090211	45122220 09211	桂天峨捕（2013）NH—000127	罗昌成	八腊什里巴杰	是	无
5	桂峨渔11835	45122220 9077132	天峨	刺网	16.18	45122220 090329	45122220 09329	桂天峨捕（2013）NH—000133	韦敏友	八腊什里巴蓬	是	无
6	桂峨渔10084	45122220 3017265	天峨	刺网	16.20	45122220 090303	45122220 09303	桂天峨捕（2013）NH—000259	罗凤国	八腊什里巴牙	是	无
7	桂峨渔10391	45122220 5097077	天峨	刺网	14.70	桂峨（2007）440	桂峨—C0468	桂天峨捕（2013）NH—000082	罗大斌	八腊什里巴牙	是	无

续表

序号	船名	渔船编码	船籍港	作业类型	主机总功率(kW)	检验证书编号	登记证书编号	捕捞许可证号	渔船所有人	地址	是否正常生产	有无违法行为
8	桂峨渔10423	4512222007107079	天峨	刺网	16.17	桂峨(2007)471	桂峨—C0500	桂天峨捕(2013)NH—000084	罗大权	八腊什里巴牙	是	无
9	桂峨渔11313	4512222008057212	天峨	刺网	16.18	4512222080786	4512222008786	桂天峨捕(2013)NH—000210	韩代发	八腊什里巴牙	是	无
10	桂峨渔70060	4512222008027176	天峨	刺网	16.18	4512220100059	45122010059	桂天峨捕(2013)NH—000176	韦凤树	八腊什里可勒	是	无
11	桂峨渔11312	4512222008047416	天峨	刺网	14.70	4512220080785	451222008785	桂天峨捕(2013)NH—000397	韦英康	八腊什里纳根	是	无
12	桂峨渔11248	4512222008087075	天峨	刺网	16.18	4512220080721	451222008721	桂天峨捕(2013)NH—000080	李明练	八腊什里纳尚	是	无
13	桂峨渔11384	4512222008048225	天峨	刺网	16.20	4512220080857	451222008857	桂天峨捕(2013)NH—001191	韦凤胜	八腊什里什里	是	无
14	桂峨渔10411	4512222007088042	天峨	刺网	22.00	4512220100062	451222010062	桂天峨捕(2013)NH—001314	姚良证	八腊老鹏村	是	无
15	桂峨渔11883	4512222008117225	天峨	刺网	16.20	4512220110072	451222011072	桂天峨捕(2013)NH—000223	韦凤飞	八腊什里纳常	是	无
16	桂峨渔11876	4512222008107370	天峨	刺网	16.17	4512220110065	451222011065	桂天峨捕(2013)NH—000354	罗著来	八腊什里什里	是	无

5. 指导、支持、帮助和保障村民实现自治取得实效

根据《村民委员会组织法》第 2 条的规定：村民委员会是村民自我管理、自我教育、自我服务的基层群众性自治组织，村民自治权包括民主选举权、民主决策权、民主管理权和民主监督权。第 3 条规定：中国共产党在农村的基层组织，依照宪法和法律，支持和保障村民开展自治活动、直接行使民主权利。第 4 条规定：乡、民族乡、镇的人民政府对村民委员会的工作给予指导、支持和帮助，但是不得干涉依法属于村民自治范围内的事项；村民委员会协助乡、民族乡、镇的人民政府开展工作。根据以上规定，基层人民政府与村民委员会的关系显然不是领导与被领导的关系，而是"指导、支持、帮助"与"协助"的关系，亦即村民自治权在基层人民政府的指导、支持和帮助下实现。然而，正如有学者所言，"'指导、支持、帮助、协助'这几个词严格来说并不适合作为法律用语，作为法律上的用语，这几个词是很难把握具体操作的度的。"[①] 事实上，在过去较长一段时期，我国许多地方在村民自治实践中，始终没有理顺乡政与村治的关系，二者一直处于一种对立或混乱的状态。这种状态或者表现为基层政府的"侵权"与村委会的"越权"，[②] 或者表现为"附属行政化"和"过度自治化"。[③] 过去，广西民族乡与其他地方一样，乡政与村治的关系

---

① 潘嘉玮、周贤日：《村民自治与行政权的冲突》，中国人民大学出版社 2004 年版，第 87 页。

② 潘嘉玮、周贤日：《村民自治与行政权的冲突》，中国人民大学出版社 2004 年版，第 104 页。

③ 王冠中："村民自治中乡村关系的两种不良倾向的原因与对策"，载《云南行政学院学报》2002 年第 5 期。

也不免表现为这种紧张的关系。

如今，通过系列的普法，广西民族乡乡政与村治的关系正处于缓和态势，乃至向良好状态运行。笔者 2014 年 8、9 月份到各民族乡调研时，正值村"两委"换届选举之时。为做好 2014 年村"两委"换届选举工作，广西各民族乡政府纷纷制定实施方案，不仅顺利完成了村"两委"的换届选举工作，而且很好地指导、支持和帮助村民实现了自治权。以灌阳县洞井瑶族乡为例，该乡于 2014 年 7 月 25 日印发了《〈洞井瑶族乡 2014 年村"两委"换届选举工作实施方案〉的通知》（洞发〔2014〕21 号），我们对该乡 2014 年村"两委"换届选举工作实施方案的内容解读出：一是各级党组织在换届选举中为村民开展自治活动、直接行使民主权利发挥支持和保障作用；二是公开职位、公开条件、公开程序，以保证群众的知情权、参与权、选举权、监督权；三是换届选举的各个环节依《中华人民共和国村民委员会组织法》、《广西壮族自治区实施〈中华人民共和国村民委员会组织法〉办法》和《广西壮族自治区村民委员会选举办法》执行，以保证过程的合法性；四是引入有序的竞争机制，以避免或遏制操纵选举、罢选、拉票、贿选等违法行为的产生；五是指导、帮助村民选举出符合自己意愿的农村基层干部队伍。以下是笔者对该《实施方案》所作的纲要性摘抄，可一窥该乡政府指导、支持和帮助村民实现自治的情况：

2014 年洞井瑶族乡村"两委"换届选举工作实施方案

一、指导思想。紧紧围绕"阳光选举、和谐换届"的主题，充分发扬民主，严格依法办事，选举产生守信念、讲奉献、有本领、重品德的村"两委"班子，打造党性能力强、发展能力强、服务能力强、维稳能力强、自律能力强的"五强"农村基层干部队伍。

二、基本原则。（一）坚持党的领导；（二）坚持发扬民主；（三）坚持依法办事；（四）坚持竞争择优。

三、目标任务。（一）选好配强村"两委"班子成员；（二）优化村"两委"班子结构；（三）实行"公推直选"和村"两委"选举联动；（四）推进平稳换届。

四、优化结构

（一）规范职数配备。村党支部委员会一般由3—5人组成，村党总支部委员会一般由5—7人组成，村党委会一般由7—9人组成；村民委员会由主任、副主任和委员共3—7人组成；村监督委员会由3—5人组成。

（二）严格候选人的资格条件。被处以管制以上刑罚，解除劳动教养或刑满释放不满3年的，正被纪检、司法机关立案侦查的，违反计划生育政策未经处理的，拖欠集体资金的，侵占集体土地的，外出不能回村工作的，不宜推选为村"两委"班子成员候选人。此外，同一村"两委"班子成员候选人之间不得有夫妻关系、直系血亲关系、三代以内旁系血亲关系以及近姻亲关系。

（三）拓宽选人用人渠道。鼓励和支持农村致富能手、复转军人、外出务工经商返乡农民、回乡大中专毕业生、村医、小学教师、县乡机关和企事业单位提前离岗或退休干部职工积极参加选举。

五、选举程序和方法步骤

（一）组织准备阶段。7月25日前乡成立村"两委"换届选举工作指导委员会及其办公室；7月27日前通过多种形式完成宣传发动工作；7月27日前抽调专门力量进村入户完成调查摸底工作；7 月 31 日前完成负责村"两委"换届选举工作人员的业务培训工作；7 月 31 日前完成任期责任目标考察；7 月 31 日前完成村级财务审计；8 月 2 日前召开村"两委"联席会议，提出村民选举委员会成员建议名单；8 月 2 日前召开村第六届村民代表会议，听取村第六届村民委员会任期工作报告及村财务审计报告、推选产生第七届村民选举委员会、确定第七届村民委员会成员职数和村民代表、确定选举日、讨论通过《第七届村民委员会换届选举办法》和《村民监督委员会推选办法》。

（二）选民登记阶段。8 月 5 日前完成选民登记；8 月 10 日前推选出村民代表；8 月 10 日前召开村民小组会议推选村民小组长。

（三）村民委员会选举阶段。8 月 20 日前提名村民委员会成员初步候选人；8 月 25 日前颁发选民证；8 月 26 日前召开第七届村民代表会议确定候选人；8 月 27 日前组织候选人与村民见面；8 月 30 日召开选举大会选举。

（四）村务监督委员会推选阶段。村务监督委员会与村委会任期相同，在新一届村民委员会产生后 10 日内，由村民选举委员会组织实施。

六、组织实施。（一）强化领导责任；（二）加强工作配合；（三）加强分类指导；（四）注重全程监督；（五）严肃换届纪律；（六）注重舆论引导；（七）搞好统筹安排；（八）认真做好换届后续工作。

另外，东山瑶族乡十分重视村"两委"的换届选举工作。乡政府于 2014 年 7 月初就设立了村民委员会选举工作指导委员会，指导村民委员会的选举工作。不仅制定了换届选举工作实施方案，而且从乡政府各部门及乡直各单位抽调精干力量，组成 16 个工作小组分派到各村进行具体指导。工作组进村入户宣传选举的法律法规，指导各村推选产生村民选举委员会，协助村民选举委员会开展宣传动员工作、告知村民选举事项、解答有关选举的询问等各项工作，顺利完成了 2014 年的村民委员会选举工作。以下是一份该乡锦荣村村民委员会的选举结果报告单，从该报告单看出，锦荣村的村民在村民委员会选举工作中其选举权与被选举权得到了充分保障：

锦荣村第七届村民委员会选举结果报告单

锦荣村共有选民 1887 人，于 2014 年 9 月 14 日 16 时进行投票选举第七届村民委员会。全村参加投票选民 1568 人，共发出主任选票 1568 张，收回选票 1558 张；发出副主任选票 1568 张，收回选票 1558 张；发出委员选票 1568 张，收回选票 1558 张。本次选举应选主任 1 名、副主任 1 名，委员 2 名。现将选举结果报告如下：

竞选人姓名	竞选职务	得票数	是否候选人	性别	年龄	文化程度	政治面貌	原任职务	备注
王治波	主任	1228	是	男	56	高中	党员	村委会	当选
盘纯学	副主任	1197	是	男	48	中专	党员	村委会	当选
奉世元	委员	1357	是	男	57	高中	党员	村支委委员	当选
盘奇红	委员	1250	是	男	39	高中	党员	村总支副书记	当选
李兵	主任	306	是	男					

竞选人姓名	竞选职务	得票数	是否候选人	性别	年龄	文化程度	政治面貌	原任职务	备注
李正国	副主任	337	是	男					
孟英	副主任	5	另选他人	男					
奉冬花	委员	406	是	女					

总监票员：盘永龙（签字）　　　　监票员：孟鹰（签字）

唱票员：盘明祥（签字）　　　　总计票员：李忠新　蒋安生（签字）

村民选举委员会主任：唐昌根（签字）

（二）民族乡群众的法律意识和维权意识得到提高

1. 学法的积极性提高

通过多年的法制宣传教育，民族乡多数村民能善于利用和选择各种平台与路径学法，且不断培养成了一种学法的自觉。目前，民族乡各村基本建立了农村书屋，"书屋"里除收藏关于农村经济社会发展及农村种养技术的书籍之外，还有一定存量的与"三农"密切相关的法律书籍，供村民借阅。如笔者在南屏瑶族乡英明村的"农村书屋"里就发现了较多的法律书籍，如《打工权益》、《乡村干部行政涉法300问》、《中国农民工维权法规政策解读》、《村务公开与民主治理制度典范》、《村务公开民主管理干部读本》、《法律帮助一点通》、《农民工权益保护问答》、《与农民朋友谈村民自治》、《农村外出务工人员政策法律解答》等等。据村委副主任张竹生介绍，该村"书屋"应当还不止这些法律书籍，有些已被村民借走了，目前尚未归还，这说明村民们不仅在乎学习种养技术知识，同时也对法律知识饶有兴趣。另，民族乡村民学法的积极性和自觉性，从笔者进行的访谈及问卷调查的数据也可以得到证实。如笔者在八腊瑶族乡甘洞村梁家洞屯调研时，专门采访了农民罗陆英，作为一名中年妇女，她非常喜欢学法，几乎每晚都要看中央12套即"社会与法"节目，这让笔者感到十分惊讶。她对笔者说："除非白天劳动太疲劳，否则每天必看无疑。"从问卷调查所得出的数据来看，民族乡多数村民有了学法的多重路径选择，如电视、网络、报纸、杂志、普法宣传等等，同时调查数据证明了村民学法的主动性有了一定程度的提高。下表是受调查村屯村民在回答"您主要通过哪种或哪几种方式学法或了解法律信息"一问题的数据统计：

表2.30：民族乡村民学法路径选择数据统计表

村屯名	回答人数	电视（比例）	网络（比例）	报纸、杂志（比例）	普法宣传（比例）
清水村	41人	41人，100%	31人，75.6%	37人，90.2%	40人，97.6%
江坡村平在屯	60人	58人，96.7%	12人，20%	29人，48.3%	10人，16.7%
小河江村	34人	34人，100%	14人，41.2%	16人，52.9%	12人，35.3%
果卜村果卜屯	21人	20人，95.2%	10人，47.6%	12人，57.1%	5人，23.8%

2. 法律意识提高

笔者在问卷表中特设置了两个问题来考察民族乡村民的法律意识。一个是"法律与本人现实生活的关系",另一个是"法律与道德哪个重要"。据问卷调查统计的数据来看,受调查村民多数认为法律与本人的现实生活关系密切、法律与道德一样重要,有部分村民认为法律要比道德重要,少数村民回答法律与本人的现实生活没有关系及道德要比法律重要。问卷调查数据说明,民族乡村民的法律意识有了明显的提高。如在回答"法律与本人的关系"一问题时,清水村41人全部选择了"关系密切"的选项(100%),"关系不大"、"毫无关系"和"不了解"三个选项没有一人选择(0%);江坡村平在屯60人中有56人选择了"关系密切",(占93.3%),有4人认为"关系不大"(占6.7%),"毫无关系"和"不了解"没有人选择(占0%);小河江村34人中有32人选择了"关系密切"(占94.1%),有2人选择了"关系不大"(占6%),"毫无关系"和"不了解"没有人选择(占0%);果卜村果卜屯21人中有14人选择了"关系密切"(占66.7%),有5人选择了"关系不大"(占23.8%),有2人选择了"毫无关系"(占9.5%),"不了解"一项没有人选择(占0%)。在回答"法律与道德哪个重要"一问题时,清水村41人全部选择了"法律"选项;江坡村平在屯60人中有53人选择了"一样重要"(占88.3%),有5人选择了"道德"(占8.3%),有2人选择了"法律"(占3.3%);小河江村34人中有22人选择了"一样重要"(占64.7%),有10人选择了"法律"(占29.4%),有2人选择了"道德"(占5.9%);果卜村果卜屯21人中有14人选择了"一样重要"(占66.7%),有7人选择了"道德"(占33.3%)。具体分别见2.31和2.32两表:

表 2.31：民族乡村民法律意识（"法律与本人的关系"）调查数据统
计表

村屯名	回答人数	关系密切	关系不大	毫无关系	不了解
清水村	41 人	41 人，100%	0 人	0 人	0 人
江坡村平在屯	60 人	56 人，93.3%	4 人，6.7%	0 人	0 人
小河江村	34 人	32 人，94.1%	2 人，6%	0 人	0 人
果卜村果卜屯	21 人	14 人，66.7%	5 人，23.8%	2 人，9.5%	0 人

表 2.32：民族乡村民法律意识（"法律与道德哪个重要"）调查数据
统计表

村屯名	回答人数	法律	道德	一样重要
清水村	41 人	41 人，100%	0 人	0 人
江坡村平在屯	60 人	2 人，3.3%	5 人，8.3%	53 人，88.3%
小河江村	34 人	10 人，29.4%	2 人，5.9%	22 人，64.7%
果卜村果卜屯	21 人	0 人	7 人，33.3%	14 人，66.7%

3. 维权意识提高

民族乡村民维权意识的提高，除了人民调解、法律援助、法律咨询等数据可以证实外[①]，还可以从以下两方面得到证实：一方面是民族乡的诉讼案件量，另一方面是民族乡村民的问卷调查数据。前者如，据天峨县人民法院统计，2011 年—2013 年 3 年期间整个天峨县的民事案件共计为 980 件，其中八腊瑶族乡群众在这 3 年期间通过诉讼解决民事纠纷的案件为 127 件（占整个案件数的

---

① 参见本章第二节、第五节统计的人民调解及基层法律服务的数据表。

12.96%)。而天峨县下辖 9 个乡镇，那么，其他 8 个乡镇群众近 3 年通过法院解决民事纠纷的数量平均为 106.6 件，这样，八腊瑶族乡通过诉讼解决民事纠纷的数量要多于其他 8 个乡镇的平均数。再如，据平南县法院统计，原、被告均属或一方为马练瑶族乡的离婚案件，2011 年为 21 件，2012 年为 9 件，2013 年为 26 件。以上案件诉讼量，说明民族乡村民在纠纷产生后，能够优先选取正常、合法的渠道进行维权，或者在采取人民调解等方式无法得到有效解决时选择向法院提起诉讼以继续维权。同时还可以说明，民族乡群众在认为自己的合法权益受到侵犯时，不再认为是丢面子、怕麻烦的事，而是勇于打破沉默、敢于奋起维权；对于后者，笔者特在问卷调查表中设计了"当您的合法权益受到侵犯时如何处理"一问题，有"寻求法律保护（打官司或者向有关部门申诉、申请调解）"和"自认倒霉，多一事不如少一事"两个选项。受调查者普遍回答"寻求法律保护"，而极少回答"自认倒霉，多一事不如少一事"，这也说明了民族乡群众维权意识的明显提高。详细情况见下表：

表 2.33：民族乡村民维权意识（"当合法权益受到侵犯时如何处理"）
情况统计表

村屯名	回答人数	寻求多种方式保护	不寻求任何方式保护	备　注
清水村	41 人	40 人，占 97.6%	0 人	1 人不作任何选择
江坡村平在屯	60 人	59 人，占 98.3%	1 人，占 1.7%	
小河江村	34 人	32 人，占 96%	2 人，占 4%	
果卜村果卜屯	21 人	16 人，占 76.2%	4 人，占 19%	1 人不作任何选择

4. 反映诉求理性化

在调研中，笔者真切地感受到，当前民族乡多数群众在发生纠纷时不仅表现出较高的维权意识，而且通过正常方式或渠道进行维权的理性化也彰显得比较突出，不像过去那样动辄使用武力或者借人多势众欺压弱方，而是更多地选择协商或寻求法律帮助。如笔者在南屏瑶族乡江坡村对村委副主任蒋春梅访谈时，她向我们反映，最近村里可能要打官司。说是承包村集体林场的承包户，有的已有4年没有按约定交承包金了（承包金每年500元），村干部多次上门找这几人讲道理、做工作，劝说他们尽快履行承包合同的义务，但他们不是拖沓，就是不予理睬，给村民造成了极不好的影响。本来，瑶族群众基于淳朴、憨厚、率直的秉性，通情达理、与世无争。然而，随着社会的发展及他们与外界交往的日益增多，瑶族同胞的价值观也随之发生了改变。由此，解决村与那几个拖欠村集体承包金的瑶族群众的纠纷，显然已无法再沿袭过去"情、理"的解决方法，看来也无法通过人民调解方式解决，而是要动用法律的手段了。她说："我们准备在适当的时候向法院起诉，由法院把他们拖欠的村集体承包金强制执行回来。"又如，笔者在八腊瑶族乡甘洞村梁家洞屯采访了该屯的部分瑶族群众，他们是兰华国（组长）、韦满金、兰光六、潘华兵和罗陆英。当问及"如果你的权益被他人侵犯将采取何种渠道解决"时，他们基本一致的回答是"首先请村调委会调解，不能解决就请乡调委会调解，再不行就去法院打官司"；当问及"如果不满意法院处理结果如何办"时，他们回答"可以采取上访，但不能采取武力手段"。受访者韦满金当场给笔者讲述了他们家正发生的一件土地纠纷。案情是：韦满金的母亲有一块早年生产队发包给她的土地（有土地承包证），因其过世有两三年没有耕种。2009 年林改时，本屯的一村民在林业部门勘界时把该土地报到了他的名下，并给他发了林权证。而韦满金一直在外面一家工厂工作，不知晓这件事，2013 年退休回家时发现母亲承包的土地被那个村民种满了果树，经一番打听才明白原委。韦满金当即找这位村民进行了论理和交涉，该村民认为，林业部门给他颁发了林权证，该土地使用权已属于他的了。而韦满金认为，该块土地是其母亲早在开展农村土地承包时期就承包了的，土地承包在前，林改在后，所以该土地使用权是其母亲的。当我们问及他将如何处理此事时，韦满金回答说："既然我与这位村民协商不成，那我就准备请村人民调解委员会来调解，村调解不下，就去乡人民调解委员会请求调解，实在调解不下，就去法院打官司。总之要依规进行，并且一定要把属于我母亲的土地拿回来。"显然，韦满金处理该纠纷的态度是非常理性的。

另外，从问卷调查统计的数据分析，民族乡群众的理性维权也可见一斑。问卷设计的问题是"您与他人发生纠纷时首选的解纷方式是什么"，选项有"与对方协商解决"、"采取法律途径（申请村、乡人民调解委员会调解或向法院起诉）"、"上访"、"武力解决"和"不了了之"5 个。受调查者绝大多数选择了"与对方协商解决"和"申请村、乡人民调解委员会调解或向法院起诉"两项，较少选择"上访"、"武力解决"和"不了了之"。详细情况见下表：

表 2.34：民族乡群众诉求理性化（ "您与他人发生纠纷时首选的解纷方式是什么"）统计表

村屯名	回答人数	协商解决	法律途径	上访解决	武力解决	不了了之
清水村	41 人	12 人, 29.3%	29 人, 70.7%	0 人	0 人	0 人
江坡村平在屯	60 人	22 人, 36.7%	30 人, 50%	8 人, 13.3%	0 人	0 人
小河江村	34 人	12 人, 35.3%	20 人, 58.8%	1 人, 2.9%	1 人, 2.9%	0 人
果卜村果卜屯	21 人	10 人, 47.6%	10 人, 47.6%	1 人, 4.8%	0 人	0 人

5. 参政、议政意识提高

与过去普遍缺乏自觉的民主要求相比，今日民族乡群众表现出了较强的民主责任意识和参政、议政的主动性、积极性。笔者在与一些民族乡村民的交谈中，普遍感受到了他们的这种热情，他们希望能有更多机会参与到村民自治、政府决策中发表意见、表达愿望。如南屏瑶族乡江坡村平在屯村民盘日标，即是其中的代表。他对笔者说，自从部队转业回来后，他不仅积极参加村里的各种选举活动，还为村里的经济社会建设提出了很多意见和建议。他说，通过部队的几年锻炼，他的综合素质有了较大提高，很希望能作为村里的代表到乡政府或县政府等部门，通过参加各种座谈会、咨询会等渠道，为群众表达诉求，并为农村经济发展出谋划策。另从问卷调查统计数据来看，在回答"您是否愿意对村的管理、决策及对政府的行政决策等发表意见"时，多数受调查村民选择了"十分愿意"，少部分选择了"不怎么愿意"，个别

选择了"不愿意",总体上说明民族乡群众表达了积极参与管理、决策的愿望。见下表:

表 2.35: 民族乡群众参政议政意识情况数据统计表

村屯名	回答人数	十分愿意	不怎么愿意	不愿意
清水村	41 人	37 人, 90.3%	3 人, 7.3%	1 人, 2.4%
江坡村平在屯	60 人	51 人, 85%	7 人, 11.7%	2 人, 3.3%
小河江村	34 人	27 人, 79.4%	6 人, 17.6%	1 人, 3%
果卜村果卜屯	21 人	16 人, 76.2%	4 人, 19%	1 人, 4.8%

6. 当代法治观念和法律规范在村规民约中大力植入

过去,民族乡村规民约的一些内容表现出与法治冲突的地方,如东山瑶族乡六字界村的"庙款"中定有"我族人不论何人受外人欺侮时,如需动用人力,每个人要随叫随到,不得借故不到,借故不到者作外人处理";竹坞村的"庙款"中定有"如有偷摸行为者,视其情节轻重分别给罚款。款额由公人断议,如果不服罚款者,对当事人视为外人,不准参加村内活动";等等。① 而新近民族乡的村规民约中,则有了较大改观,有的已看不到与法律冲突的条款了,而是充分体现了现代法治气息,如八腊瑶族乡甘洞村的《村规民约》,就是例证。该《村规民约》的内容涉及"社会治安"、"消防安全"、"村风民俗"、"邻里关系"和"婚姻家庭"5项内容,现把其各项具体内容介绍如下:

在"社会治安"一项中,该《村规民约》规定了以下内容:

---

① 中共全州县委、全州县人民政府编印(自印本):《东山瑶族文化变迁》,2011年9月,第172～174页。

"（一）每个村民都要学法、知法、守法，自觉维护法律尊严，积极同一切违法犯罪行为作斗争。（二）村民之间应团结友爱，和睦相处，不打架斗殴，不酗酒滋事。严禁侮辱、诽谤他人，严禁造谣惑众、拨弄是非。（三）自觉维护社会秩序和公共安全，不扰乱公共秩序，不阻碍公务人员执行公务。（四）严禁偷盗、敲诈、哄抢国家、集体、个人财物，严禁赌博，严禁替罪犯藏匿赃物。（五）严禁非法生产、运输、储存和买卖爆炸物品。经销烟花、爆竹等易燃易爆物品须经公安机关等有关部门批准。不得私藏枪支弹药，拾得枪支弹药、爆炸物品的，要及时上缴公安机关。（六）爱护公共财产，不得损坏水利、道路交通、供电、通信、生产等公共设施。（七）严禁非法限制他人人身自由或非法侵犯他人住宅。不准隐匿、毁弃、私拆他人邮件。（八）严禁私自砍伐国家、集体或他人的林木，严禁损害他人庄稼、瓜果及其他农作物。加强牲畜看管，严禁放浪猪、牛、羊。"同时规定，对违反"社会治安"各项条款，"触犯法律法规的，报送司法机关处理；尚未触犯刑律和治安处罚条例的，由村委会批评教育，责令改正"。在"消防安全"一项中，该《村规民约》规定的内容为："（一）加强野火用火管理，严防山火发生；（二）家庭用火做到人离火灭，严禁将易燃易爆物品堆放户内、寨内，定期检查，排除各种火灾隐患；（三）加强村寨防火设施建设，定期检查消防池、消防水管和消防栓，保证消防用水正常；（四）对村内、户内电线要定期检查，损坏的要请电工及时修理、更新，严禁乱拉乱接电线；（五）村民应加强自家少年儿童安全用火用电知识宣传教育。"在"村风民俗"一项里规定有："（一）提倡社会主义精神文明，移风易俗，反对封建迷信及其他不文明行为，树立良好的村风、民风；（二）红白喜事由红白喜事理事会管理，喜事新办，丧事从俭，破除陈规旧俗，反对铺张浪费，反对大操大办；（三）不请神弄鬼或装神弄鬼，不搞封建迷信活动，不听、看、传淫秽书刊、音像，不参加任何邪教组织活动；（四）建立正常的人际关系，不搞家族主义；（五）积极开展文明卫生村建设，搞好公共卫生，积极参加村容村貌整治活动，严禁随地乱倒乱堆垃圾、废物，修房盖屋余下的垃圾碎片应及时清理，柴草、粪土应定点堆放；（六）建房应服从村庄建设规划，经村委会和上级部门批准，统一安排，不得擅自动工，不得违反规划或损害四邻利益。"同时规定，"违反上述规定的给予批评教育，出具检讨书，情节严重的交上级有关部门处理"。在"邻里关系"中规定了以下条款："（一）村民之间要互尊、互爱、互助，和睦相处，建立良好的邻里关系。（二）在生产、生活、社会交往的过程中，应遵循平等、自愿、互惠互利的原则，发扬社会主义新风尚。（三）邻里纠纷，应本着团结友好的原则平等协商解决。协商不成的，可申请村调委会调解，也可依法向人民法院起诉，树立依法维权意识，不得以牙还牙、以暴制暴。"在"婚姻家庭"一项规定的内容为："（一）遵循婚姻自由、男女平等、一夫一妻、尊老爱幼的原则，建立团结和睦的家庭关系。（二）婚姻大事由本人做主，反对包办干涉，男女青年结婚必须符合结婚年龄要求，提倡晚婚晚育。（三）自觉遵守计划生育法律、法规、政策，实行计划生育，提倡优生优育，严禁无计划生育或超生。（四）夫妻地位平等，共同承担家务劳动，共同管理家庭财产，反对家庭暴力。（五）父母应尽抚养、教育未成年子女的义务，禁止歧视、虐待、遗弃女婴，破除生男才能传宗接代的陋习。子女应尽赡养老人的义务，不得歧视、虐待老人。"

从甘洞村《村规民约》的各项具体内容看出，明显体现了现代法治、社会主义精神文明建设的理念及当代社会主义的核心价值观。

第四节　广西民族乡开展社会治安综合治理的实践及成效

一、广西民族乡开展社会治安综合治理的实践

（一）普遍建立了以"综治信访维稳中心"为组织形式的社会治安综合治理新平台

根据广西壮族自治区社会治安综合治理委员会印发的《建立乡镇（街道）综治信访维稳中心的通知》的精神，广西民族乡普遍挂牌成立了综治信访维稳中心，在村级建立了综治站（会）。从调查情况看，目前民族乡综治信访维稳中心的硬、软件建设基本能满足其开展组织、协调、督促、指导社会治安综合治理等职能的需要。从硬件建设上看，虽然目前民族乡综治信访维稳中心没有自己独立的办公楼房（一般与司法所等机构共用一栋办公楼房），但中心基本都有独立的办公室及其他办公设备。办公室基本为一间，面积在 15—20 平方米不等，同时配有电脑、办公桌椅、文件柜、沙发等；从软件建设上看，民族乡综治信访维稳中心都配备了专职、兼职干部，中心主任一般由乡党委副书记或乡人大主席兼任，除一名专职副主任外，其余兼职成员基本来自乡派出所、司法所、武装部等单位。以南屏瑶族乡为例，综治信访维稳中心的硬、软件建设状况分别为（详见表 2.36 和表 2.37）：

表 2.36：南屏瑶族乡综治信访维稳中心办公设施设备一览表（截至 2015 年 1 月）

设施、设备名称	数量	备　　注
办公室	一间	目前与乡妇联合用，面积约 23 平方米
电脑	两台	一台联网，一台保密电脑
打印机	一台	
桌椅	一套	另有一张铁制长凳
文件柜	一个	
照相机	一部	
交通工具	无	

表 2.37：南屏瑶族乡综治信访维稳中心组成人员一览表（截至 2014 年 6 月）

人员	单位职务	综治信访维稳中心职务
吴军	乡人大主席	主任
黄文锋	乡党委委员、纪检书记	副主任
刘天湖	乡武装部部长	副主任
樊平	乡派出所所长	副主任
黄庭逸	乡司法所所长	副主任
宁彪	综治办副主任	中心专职副主任
邓时峰	乡党政办负责人	成员
潘致华	乡妇联主席	成员
黄钰	乡人大秘书	成员
李建民	乡国土所所长	成员
刘愈坚	乡民政助理	成员
李教山	乡文化站站长	成员

（二）普遍建立了社会治安综合治理的各类领导小组

社会治安综合治理是一项依靠全社会的力量，运用政治的、法律的、行政的、经济的、文化的、教育的等多种手段进行运作的系统工程，必须在各级党委、政府的统一领导下，才能平稳有序、正常有效地开展。从调研情况看，广西民族乡纷纷建立了各类社会治安的领导小组，负责指导、协调、检查、监督社会治安综合治理各项具体工作的落实与开展。一是在乡一级建立社会治安综合治理领导小组，负责对全乡范围内社会治安综合治理工作开展的指导、协调、检查和监督，负责制定全乡社会治安综合治理的总体工作规划和实施方案，以及根据县委、县政府下达的综治责任目标，结合本民族乡实际，细化、分解目标任务。领导小组一般由乡领导班子成员组成，并随着人员变动及时予以调整或充实。二是在村级建立社会治安综合治理工作小组，负责对本村的社会治安综合治理的指导、协调、检查和监督，根据本村实际制定社会治安综合治理的工作规划和实施方案，为各小组（屯）细化、分解目标任务。工作小组一般由村党支部和村委会成员组成，并随着人员变动及时予以调整或充实。三是按社会治安综合治理的工作内容，相应地成立各类具体的领导小组。各领导小组一般由乡领导班子中主管或分管该项工作的成员担任组长，小组成员为从事该项工作的各部门工作人员和其他部门（包括村）的负责人组成。各领导小组负责制定本综治范围的工作计划及实施方案，并予具体组织实施。以南屏瑶族乡为例，该乡就成立了预防化解矛盾纠纷及信访工作领导小组、国家安全人民防线领导小组、防范和处理邪教组织工作领导小组、刑释解教人员安置帮教

工作领导小组、"平安家庭"创建活动领导小组、重点人群教育
管理工作领导小组、消防工作领导小组、安全生产领导小组、应
急领导小组等等。其中，2013 年调整后的预防化解矛盾纠纷及信
访工作领导小组的组长为官尚元（乡党委书记），副组长为黎渥
恩（乡人大主席）、黄文锋（乡纪检书记），组员有：黄庭逸（司
法所所长）、宁彪（乡综治办副主任）、吴立明（乡党政办负责人）、
黄钰（乡综治干事）、周天朗（水利站站长）、李建民（国土所所
长）、邓巧（司法所干部）、黄柄钧（水利站干部）和张维存（交
通安全助理）。各领导小组基本上每年都会根据不同的情况针对
性地制定工作计划或实施方案，以 2013 年为例，南屏瑶族乡制
定了诸如《2013 年度刑释解教人员安置帮教工作计划》、《2013
年度预防青少年犯罪工作方案》、《2013 年度青少年维权活动工作
方案》、《2013 年度开展创建"平安家庭"活动方案》、《2013 年
度"平安文化市场"活动实施方案》、《2013 年度国家安全人民防
线工作计划》、《2013 年度社会治安重点地区排查整治工作实施方
案》、《2013 年度安全生产工作计划》、《2013 年度重大安全责任
事故处置工作预案》等等。

　　总之，围绕社会治安综合治理的各项内容，广西民族乡基本
建立起了"纵向到底、横向到边、上下联动"的组织网络，为民
族乡社会治安综合治理的开展提供了强有力的组织保障。

　　（三）普遍制定了各种工作制度及建立健全了各种工作机制

　　按照中央综治委及广西综治委的要求，乡镇（街道）综治办
（综治信访维稳中心）要制定、落实工作例会、首问责任、情况报
告、分流督办、检查考核等工作制度，并建立健全社会治安联合

防控、矛盾纠纷联合调解、重点工作联勤联动、突出问题联合治理、基层平安联合创建等协作联动工作机制。广西民族乡各综治信访维稳中心都能按照上级要求，根据综治信访维稳中心的职责，制定与建立了相应的各种工作制度及工作机制，并且都在中心办公室显要位置予以张贴，不仅为社会综合治理的有效开展提供了规范与保障，而且也利于群众了解及监督。以南屏瑶族乡综治信访维稳中心为例，其制定的工作例会制度、首问责任制度、情况报告制度、分流督办制度、检查考核制度、领导包案制度、值班制度及建立的"六联"工作机制，不仅内容详尽周到，且可操作性强。笔者特把张贴在该中心办公室两边墙上的各种制度及机制的详细内容进行了抄录，现一一介绍如下：

关于"工作例会制度"，其规定为："（1）每周召开一次中心办公会议，总结上周综治信访维稳工作情况，布置本周工作任务；（2）每月召开一次综治信访维稳中心联席会议，传达学习上级有关文件精神并根据当前工作遇到的新情况、新问题进行分析研究，制定工作措施，抓好落实；（3）每季度召开一次乡综治委成员会议，听取综治信访维稳中心的工作情况汇报，研判社会动态，解决工作中存在的问题，部署下一阶段的工作任务。"

关于"首问责任制度"，其规定为："（1）群众到综治信访维稳中心反映情况或请求解决有关问题时，第一个接访的工作人员为首问责任人；（2）首问责任人要本着认真负责的态度接待每一位来访群众，处理好每一件信访事项；（3）首问责任人要热情、耐心地听取信访人陈述，对信访人反映的问题或要求，要认真做好记录；（4）首问责任人对不属于本中心受理的问题，应按照相关规定向信访人做好解释工作，并按照'属地管理、分级负责'

和'谁主管、谁负责'的原则，将信访人反映的信访事项转交相关职能部门办理，不得以信访人所反映的问题不属于自己职责范围为由推诿、拒绝；（5）对违反上述规定，造成信访人越级上访的，按照有关规定追究首问责任人责任。"

关于"情况报告制度"，其规定有："（1）每月定期向上级报告综治信访维稳有关情况和数据，及时总结工作中好的做法和典型经验，做到半年有小结，年终有总结；（2）对本地区影响稳定的重大情况和治安突出问题应当及时向本级党委、政府领导和上级机关作出书面报告；（3）日常报告信息的主要内容：通过排查掌握的各种不稳定因素、本辖区综治信访维稳工作的重大部署及主要措施、群体性事件苗头及有关处置情况、各类邪教组织及其顽固分子的滋事破坏活动、群众集体上访等事件的情况、在较大范围内影响社会稳定的重大刑事案件及治安灾害事故等重大事件、重大节日期间和敏感时期社会政治稳定情况、各时期突出的矛盾纠纷特点、成因及对策意见；（4）上报的情况务必准确及时，对党政一把手和上级机关的批示要第一时间传达到相关部门并抓好落实。"

关于"分流督办制度"，其规定："（1）梳理。中心受理群众来信来访后，要认真分析归纳，并按'分级负责，归口办理'，'谁主管，谁负责'的原则，按以下路径分流办理：对属于人民调解范畴的案件交司法所组织调解。对属行政调解范畴的案件，由行政主管部门组织调解。对属司法调解范畴的案件，由法庭组织诉讼调解。确实无法调解的则引导当事人通过诉讼，由法庭依法裁定、判决。（2）直办。对上访人咨询或反映的一般性问题，中心应按有关法律、法规、政策直接答复上访人，并做好疏导化解工作。（3）交办。中心有权将受理的矛盾纠纷，分流指派给相关单位和职能部门办理。根据程序先发出交办通知书，实行全程监督。接到交办通知书的单位和部门必须严格按照有关要求承办，在期限内完成并回复中心。（4）督办。承办单位未能在规定期限内办结的，由中心发出督办通知书进行催办。（5）联办。对涉及面广、问题复杂的矛盾纠纷，由中心组织协调相关单位和职能部门联合查办。"

关于"检查考核制度"，其规定："（1）乡综治委每季度对综治信访维稳中心开展工作的情况做一次分析评估，及时掌握工作状况，查找薄弱环节，有针对性地调整工作部署。检查综治信访维稳中心处理各类矛盾纠纷的情况，对办理矛盾纠纷工作绩效较差的责任单位和个人，要根据具体情节，严格追究相应责任。（2）乡综治委每年组织对乡综治信访维稳工作进行考核，对成绩显著的单位给予表彰奖励；对年度平安建设考核不达标的单位，给予通报批评；对发生影响社会稳定重大问题的单位给予'一票否决'。被'一票否决'的单位，一年内取消其评选综合性荣誉称号或奖项的资格，其第一责任人、直接责任人、治安责任人以及相关职能部门负责人不得评先受奖、晋职晋级，对不适合现工作岗位的责任人进行调整。"

关于"领导包案制度"，其规定："（1）对下列情况，实行领导包案处理：①群众到县（市、区）以上党政机关集体上访反映重要信访问题。②中央、自治区、市、县领导批示交办需报结的信访案件。③经排查，可能引发群众大规模越级集体上访的信访隐患和重大矛盾纠纷。④群众20人以上联名信反映的重要问题。⑤上访老户及重复上访和其他信访热点、难点问题；

（2）责任分工。按照'属地管理、分级负责，谁主管、谁负责'的原则，对群众反映的信访问题，根据问题的性质和所属系统，分别由有关职能部门和乡领导实行包案，其他相关部门协办。（3）包案问题的处理要求。包案领导要落实'五定三包'责任，即定牵头领导、定部门负责人、定具体办案人、定结案和汇报时间、定回访巩固率及包案、包人、包落实。（4）责任追究。对已确定为包案的信访问题，如因工作不力、处理不及时、不到位而引起越级集体上访或重复上访造成严重后果的，按照《信访条例》和综治维稳有关工作规定，追究有关包案领导及责任单位的责任。"

关于"值班制度"，其规定有："（1）综治信访维稳中心由成员单位派人轮流值班，并编制值班安排表，抓好落实。（2）值班人员要坚守工作岗位，不得无故缺席。（3）值班人员要耐心接待群众来访，认真解答群众咨询，同时要做好工作记录。能处理的要及时予以妥善处理，一时无法处理的要做好正确引导，解释宣传，平息事态，并及时将群众来访问题报告中心主任。（4）中心主任对值班负总责，将不定时对中心值班情况进行检查，对不认真履行职责的相关人员，要严格追究其责任。（5）值班人员值班时要及时把工作记录材料整理好，并按有关制度规定进行处理。"

关于"六联"机制，规定："（1）矛盾纠纷联合调解机制。中心要定期或不定期开展矛盾纠纷排查工作，按照分级负责、归口调处的要求，落实责任单位、责任人，限期解决。对其他部门转入的矛盾纠纷或群众来信来访，实行统一受理、统一分流、统一协调、统一督办、统一归档，综合运用人民调解、行政调解、司法调解等方法进行疏导化解。重大疑难或涉及多部门、单位的纠纷，由中心组织协调有关部门、单位共同协商。（2）社会治安联防联控机制。中心要在整合基层治安力量的基础上，按照网格化布防的原则，建立横到边、纵到底，全面覆盖、专群结合的治安联防网络。指导督促企事业单位强化内部安全保卫工作，建立健全治安防控队伍，落实内部安全保卫制度，参与区域联防、协调工作。积极推广技防和物防建设，发动群众开展户户联防、邻里互助，落实治安防控措施。（3）重点工作联勤联动机制。中心统一指挥各组成部门和工作人员开展工作，统一调配中心人员值班备勤，并纳入突发性事件预警处置体系。制定各种应急处突预案，经常开展应急处突等联勤演练，一旦发生突发性群体性事件，在党委、政府领导下，组织协调有关部门依法妥善予以处置。（4）突出问题联合治理机制。中心要定期进行治安形势分析，提出针对性工作意见，及时发布预警报告及防范措施。要定期组织排查辖区治安混乱地区和突出治安问题，组织专项整治。（5）基层平安联合创建机制。要围绕平安建设总体目标，整合各方面力量，广泛组织开展平安村、平安单位、平安企业、平安校园等基层平安创建活动。将重点人口帮教、社区矫正、禁毒、预防青少年违法犯罪、反邪教、安全生产监督、法律服务和法制宣传等作为平安创建的重要内容，丰富创建内涵，提高创建实效。（6）流动人口联合管理机制。中心要整合公安、计生、劳动、文化、建设等部门，以流动人口治安管理、出租屋管理和计划生育服务为重点，按照'一次全方位信息采集、一个人口信息系统、一套综合管理服务手段'，联合开展流动人口的治安、出租屋、计生、劳动就业等各项管理服务。"

（四）以防为主，大力开展社会治安防控体系建设

除以上建立健全了各类社会治安综合治理领导小组及工作机制、围绕社会治安制定了各类具体的工作制度、计划及实施方案之外，广西民族乡在开展社会治安防控体系方面，还主抓了以下几个方面的建设：

1.建立责任网络

社会治安防控体系的建设，必须明确职责、责任到位。如，南屏瑶族乡党委、政府不仅确立了党政主要领导为综治第一责任人，建立了"党政一把手亲自抓、直接抓，分管领导重点抓、具体抓，其他领导齐心协力配合抓的领导机制"，而且还明确第一责任人和其他责任人的职责，"把各项工作责任具体落实到领导、单位和个人，建立'纵向到底、横向到边、上下联动'的责任网络"。同时，建立考核监督机制，"将综治工作纳入乡、村干部年度考核内容，以确保一级对一级负责，一级督促一级落实"。① 又如，八腊瑶族乡也普遍实施了社会治安综合治理目标管理领导责任制，乡与村、村与屯（组）、屯（组）与户分别签订社会治安综合治理目标管理责任书，层层落实综治责任制。以该乡的甘洞村为例，2013年甘洞村为了认真贯彻落实八腊瑶族乡《关于建设"平安八腊"的实施意见的通知》，结合本村实际，分别与各屯（组）签订了《社会治安综合治理目标责任书》，同时，村各户又

---

① 摘自南屏瑶族乡综治信访维稳中心2012年台账之乡党委书记戴永兴所作的《南屏瑶族乡综合治理述职报告》。

承签了《创建平安家庭责任书》。笔者从八腊瑶族乡综治信访维稳中心的台账里，随手抽阅了甘洞村村民委员会与桐子坪村民小组于 2013 年 3 月 24 日签订的《社会治安综合治理目标责任书》以及桐子坪村民小组村民付某某于 2013 年 3 月 24 日承签的《创建平安家庭责任书》。前者涉及综合机构建设、落实社会治安综合治理措施及服务重点等内容；后者之承签人在《创建平安家庭责任书》里表示，"构建社会主义和谐社会，建设平安家庭是我村每一个家庭共同担负的重要责任"，并承诺"家庭每一个成员积极参加平安家庭创建活动，以家庭的文明促进社会的稳定，为加快建设平安家庭作出应有的贡献"。现把该两份《责任书》的内容分别作一介绍：

甘洞村村民委员会（签字代表为村支书田明干）与桐子坪村民小组（签字代表为组长肖玉龙）签订的《2013 年甘洞村社会治安综合治理目标责任书》，其内容为："一、综合机构建设。（一）小组要提高认识，成立工作领导小组，研究平安创建工作；（二）人民防线、治保、调解、帮教、普法和治安联防等组织网络健全，工作制度落实；（三）有创建平安工作实施方案，并认真落实，日常工作有记录；（四）群防群治工作经费落实。二、落实社会治安综合治理措施。（一）有平安创建工作日常管理规定；（二）开展防火、防盗及防治公共事故等宣传教育，并有记录；（三）治安组织、'六大员'人员落实，职责明确，制度健全，定期排查和整治治安突出问题，有信息宣传档案；（四）有治安巡逻队的正常巡逻活动，并有记录；（五）及时排查调解各类矛盾纠纷，做到小事不出组，如有重大矛盾纠纷要及时上报；（六）防范和处置群体性措施落实，无集体越级上访、聚众闹事和群体性斗殴等重大事件发生；（七）加强对青少年的教育、管理和服务工作；（八）深入开展普法依法治理宣传和创建无毒村组活动。三、服务重点，做好'平安'建设。（一）把建设平安活动作为重点工程列入工作议程，开展宣传教育；（二）深入开展防范和处理邪教警示教育活动；（三）有突发事件应急预案和防范措施；（四）环境卫生整治清洁，辖区内无乱丢垃圾现象。"

桐子坪村民小组村民付某某承签的《创建平安家庭责任书》的内容为"一、认真学习国家的法律法规，依法行使公民的权利和义务，依法维护自己的合法权益；二、崇尚科学，反对迷信，拒绝毒品，拒绝赌博，建立健康文明科学的生活方式；三、尊老爱幼，互相帮助，依法维护老人在家庭中的合法权益，重视科学教子，友善待人，建立团结和睦的邻里关系；四、夫妻相互理解，相互信任，互相忠实，互相关爱，树立家庭间平等、谦让、宽容、融洽的良好家风；五、制止家庭暴力，共创祥和家庭的环境；六、杜绝打架斗殴、酗酒滋事等影响社会治安秩序的事件发生，同不良风气作斗争，共同创建一个稳定的社会环境；七、不参与上访，不盲目维权，遇到问题依法解决；八、遵守男女平等基本国策，自觉行使计划生育；九、做好安全防范工作，防火防盗，安全生产；十、爱护公物，不损坏公共设施，自觉维护社会秩序；十一、做好清洁卫生工作，确保家园、水源、田园清洁"。

2. 加强治安防控队伍建设

各民族乡纷纷建立了乡、村治安巡防队，以加强圩镇范围、城乡结合部及村屯的治安巡查力度，同时，为及时掌握社会治安信息，还组建了乡、村社会治安信息员队伍。笔者特摘抄了南屏瑶族乡乡级治安巡防队及各村社会治安信息员的名单，以作为例证：

表 2.38：南屏瑶族乡治安巡防队名单一览表（2013 年）

姓名	巡防队职务	单位及职务
樊平	中队长	南屏瑶族乡派出所所长
黄文锋	指导员	南屏瑶族乡纪检书记
黎渥恩	队员	南屏瑶族乡人大主席
吴立明	队员	南屏瑶族乡监察室主任
刘天湖	队员	南屏瑶族乡人武部部长
黄庭逸	队员	南屏瑶族乡司法所所长
黄钰	队员	南屏瑶族乡综治办干事
宁彪	队员	南屏瑶族乡综治办副主任
李建民	队员	南屏瑶族乡国土所所长

资料来源：南屏瑶族乡综治信访维稳中心。

表 2.39：南屏瑶族乡各村社会治安信息员名单一览表（2013 年）

村名称	信息员姓名及人数	备　　注
渠坤村	罗景业、黄宏卫、黄学胜、刘海清、黄宣梅、李云、黄阳秀、刘宏军、盘志华、甘日锋、吴朝庭，共 11 人。	罗景业为村支书，其余为各组组长。
英明村	刘汉东、张莆超、陆汉吉、林海朝、黄德冠、甘春礼、刘重钦、刘泽民、黄秀和、王新天、刘汉模、黄绍怀、陆志文、凌富源，共 14 人。	刘汉东为村支书，其余为各组组长。

续表

村名称	信息员姓名及人数	备　注
汪乐村	蒋伟标、李德天、盘日初、邓振官、吴日光、蒋德教、邓振东，共6人。	蒋伟标为村支书，其余为各组组长。
米强村	李从东、李从深、张道安、周阳胜、李从行、邓贵权、邓安芳、蒋道芳、李从香、李安南、邓福贵、邓秀堂、李权荣、蒋德成，共14人。	李从东为村支书，其余为各组组长。
枯叫村	陈成东、邓成周、李秀章、邓德元、陆忠基、陆万基、蒋振清，共7人。	陈成东为村支书，其余为各组组长。
江坡村	刘志武、邓瑞强、李从锋、何加敢、李志坤、蒋国春，共6人。	刘志武为村支书，其余为各组组长。
巴乃村	陈廷军、周营昌、周申昌、黄宝忠、李永绍、李青山、梁云万，共7人。	陈廷军为村支书，其余为各组组长。
常隆村	蒋富堂、李从深、李秀顺、盘志林、邓付明、邓秀盘，共6人。	蒋富堂为村支书，其余为各组组长。
乔贡村	黄福加、黄志荣、黄瑞禄、梁绍生、黄锡发、黄志帮、吴振锋，共7人。	黄福加为村支书，其余为各组组长。

资料来源：南屏瑶族乡综治信访维稳中心。

　　特别一提的是，"天峨经验"在八腊瑶族乡的开展也是如火如荼。"'天峨经验'是广西河池市在巩固基层政权组织、加强农村社会治安防控体系建设、推进社会管理创新、开展社会主义新农村建设工作中探索总结出的成功经验，是依靠群众、组织群众、发动群众、密切党群关系的一个成功做法。其核心内涵是'三依靠、四到位、五联防、六大员'。'三依靠'，即依靠县党委、政府，推动乡镇构建治安防控体系建设；依靠乡镇党委政府，推动村'两委'构建治安防控体系建设；依靠村'两委'，合理配置推动构建基层社会治安组织防控工作。'四到位'，即依靠各级党委政府、农村'两委'，做大、做强、做细农村治安防控体系建设，保障人员、经费、装备、待遇到位。'五联防'，即构建起派出所与农村警务室（站）、农村警务室（站）与'六大员'、'六大员'与屯级警务联络点、警务联络点与治安中心户、治安中心户与党员群众的农村治安防控网络。'六大员'，即充分赋予治安积极分子'人民调解员、治安信息员、法制宣传员、交通安全员、义务防消员、抢险救灾员'六大职能，在警务室（站）民警的带领下，开展政策、法律宣传、治安巡逻防控等工作。"[①]为加大村治安防范力度，八腊瑶族乡各村普遍成立了社会治安综合治理、调解及来信来访等工作领导小组，并发动农民群众组建了集宣传员、调解员、消防员、维权员、交通安全员、治安信息员"六大员"为一体的多功能巡防队伍，构建了一张张扎实的农村治安防范"天网"。同时制定了"六大员"的工作职责、治安巡防工作制度，并制定了相关制度加强对"六大员"的管理。如，甘洞村"六大员"治安巡逻制度的内容为："一、巡防队员巡逻执勤时，每班不少于二人，必须佩带统一的巡防执勤标志。二、巡防队员以徒步巡逻，按照规定的时间、路线巡逻，不得减少巡逻时间和巡逻路线。三、巡防队员要在巡逻中了解掌握本村人口的基本情况，收集各种影响本村秩序的信息和动态。四、巡防队员在巡逻时对重点区域要重点

---

① 天峨县委宣传部：《群防群治筑牢"幸福之基"凝心聚力建设"和谐家园"》，www.gx.xinhuanet.com，2012年5月18日发布，2014年8月9日访问。

巡查，到达本村重点区域时，对周围应仔细巡视。五、巡防中发现可疑人员，遇到突发事件，责任区民警在岗时，巡防队员应积极配合责任区民警盘查和扭送现行违法犯罪嫌疑人；责任区民警不在岗时，巡防队员应及时报告社区民警，保护现场，抢救伤员，留置可疑人员直至民警赶到现场，也可直接报告110。六、巡防队员在制止现行犯罪活动时，有权扭送犯罪嫌疑人到公安机关；七、巡防队员对当班巡逻情况应做好记录，向下班巡防队员进行交接。"

3. 实行"一村一警"制

为促进农村地区的社会和谐稳定，近年来，广西各地公安机关从本地实际出发，纷纷实施了"一村一警"的警务战略机制。"一村一警"意即把警力延伸到广大农村地区的各个村屯，做到每一个村都有一名民警具体负责，以提高农村地区的见警率，构建治安防范新格局。"村警"分"挂村民警"和"驻村民警"两种，其主要职责是开展治安防范、收集治安信息、调解矛盾纠纷、为群众提供各种便捷服务等。广西各民族乡基层派出所也紧跟形势，与时俱进，普遍建立了"一村一警"制度。笔者在同乐苗族乡和古砦仫佬族乡调研时，专就两乡"一村一警"制度的具体实施状况作了采访及参与式观察，发现两乡不仅都根据现有警力及各民警的实际，按驻村民警与挂点民警相结合的方法，进行了科学安排及合理调配，而且实实在在地开展了一些具体工作，取得了较好的社会效益。笔者特对同乐苗族乡"一村一警"配备的具体情况进行了抄录（见下表），以为例证：

表 2.40：三江侗族自治县同乐苗族乡"一村一警"配备情况表（截至 2013 年）

行政村名	驻村民警	挂村民警	所在单位
同乐村		吴代华	同乐苗族乡党委委员
七团村		陆拥民	同乐派出所
归美村	吴东		同乐派出所
岑甲村	吴丹弘		同乐派出所
归东村		唐仪亮	刑事侦查大队
寨大村		李俊	刑事侦查大队
净代村		侯纪来	治安管理大队
高培村		廖克多	治安管理大队
归亚村		全星星	交通管理大队
良冲村		杨永春	同乐派出所
高邑村		梁益溢	刑事侦查大队
孟寨村		梁乾坤	刑事侦查大队
高旁村		侯汉阳	刑事侦查大队
八吉村		李海金	刑事侦查大队
地保存		梁剑平	交通管理大队
高武村		龚普革	国保大队
归夯村		梁善智	纪检监督室
高洋村		吴平	治安管理大队
桂书村		潘启宣	交通管理大队

注：归美村的驻村民警吴东已于 2013 年退休，至笔者调研时尚未对其空缺进行补充。

　　按照有关规定，挂村民警为每月下村 8 次，驻村民警为每月在所驻村至少工作两天。这不仅很好地解决了日常工作与挂（驻）

村工作的冲突，而且使各项工作能有条不紊地进行。笔者在调研中发现，每一个挂（驻）村民警每年都建有一本台账，台账详细记录了挂（驻）村民警每次下村的工作日记。同时，每个民警都统一配发有一个下村时工作的公文包，以表民警下村工作的严谨，公文包装放着当年的挂（驻）村台账。古砦仫佬族乡派出所民警韦华贵是龙美村及古砦社区的挂点民警。笔者仔细翻阅了他2014年下村访查的工作日记，从其日记看出，他不仅完成了每月8次下村的指标，而且详细记录了下村访查的时间、地点、人物（工作开展的联系人、工作开展对象及联系电话）、工作具体内容、解决了什么问题及解决问题的结果等内容。

　　古砦仫佬族乡派出所教导员邓晓军（以下简称邓教）2013年10月开始为上富村的驻村民警。邓教告诉笔者，他去到上富村的第一件事是摸清该村的自然屯数、人口数、居住民族、经济发展等基本情况，走访群众，了解村情民意，并把印有名字和电话的名片发到村民手中。他说，上富村共有13个自然屯，人口3000多，居住着仫佬族和壮族两个民族，其中三分之二为仫佬族，以种植甘蔗为主。目前村民总体来讲能和睦相处，治安案件很少发生。但一些常见的山林土地等民间纠纷还是时而出现，每年大致有20件左右。自他做驻村民警以来，共为村里做了以下一些工作：一是为村民提供便捷服务，为群众办实事。如主动收集没有办理二代身份证的人数及人员，为村民就地照相，办好后主动及时送到群众手中。二是维护农村社会稳定。指导制定一些治安防范的制度和措施，如组建了村治安巡逻队、消防宣传救援队等，并对队员进行了必要的培训，在重大节日或者案件高发期、火灾易发期开展定期、定点、定路线巡逻。如每年的农历六月初二上富村都要举办"唱欢"节（对歌节），邀请罗城、宜州、柳城的群众来进行对歌比赛，期间各屯还要进行友好交流、宴请等活动，规模较大，场地分散。邓教未雨绸缪，事先与村委干部拟定各种计划及应急措施，不仅亲自参与维持秩序，同时安排治安巡逻、消防宣传救援队员做好定点巡逻值班工作。又如羊额屯发包集体土地，每年有 6 万元的集体收入，对于这些集体收入如何分配可能会导致一些群众的不满情绪，进而引发矛盾。邓教与队组干部协商，认为要一定围绕公正、公平、公开这个中心，不论男女老幼都不能有差别，特别注意要保护出嫁女的合法权益，分配方案必须组织全屯村民开会共同决定。组长组织一些村民代表拟订了一个分配方案，即收入的一半按人口分，另一半按户数分，出嫁女只要户口没有迁出则一律同等对待。后该方案在屯村民大会上表决一致通过，没有发生任何纠纷。再如，在调处纠纷时，亲自参与协调，并宣讲法律。如村民覃某与韦某因土地纠纷，村里调委会较长时间没有解决，不仅影响了两家群众的正常生产、生活，同时还影响稳定。邓教知道此事后，及时与村委主任韦代新（现任村支书）取得联系，了解了纠纷的内容及过程，趁下村之机，召集双方当事人到村委会进行协调，双方当事人觉得有民警的协调，很快达成了协议。总之，通过努力上富村一年多来没有发生刑事案件和重大治安事件，保持了全村的和谐稳定。三是为上富村清理重复户口。随着农村经济社会的发展，人员的流动导致了有的人出现双重户口的现象。如有的人在本村有一个户口，到了外地（如出嫁）又有了当地的户口，这对人口的正常管理极为不利。邓教自作为驻村民警以来，共为上富村清理重复户口 26 人，并及时在派出所做了注销，维护了户籍制度的严肃性。四是组织村民举行篮球比赛。在开展党的群众路线实践教育活动中，上级有关单位为村里建了一个灯光球场。邓教自己掏钱买了一个篮球赠送给村委，并在 2014 年春节期间组织村里年轻人或者与其他村屯村民进行了几场篮球比赛。利用这个机会，不仅增进了村民之间的友谊，还凝聚了村民团结向上的力量和增进了民族认同感。

　　为亲身感受"村警"的工作，2014 年 12 月 12 日上午，笔者专程跟随他到上富村进行查访。邓教告诉笔者，这次到上富村主要办（处）理以下三件事：一是催办二代身份证。目前整个村还有上富村上富屯的吴玉月一人没有办理二代身份证，这次要找到她并催促她及时去乡派出所补办。他说，本来他与派出所另一民警到上富村有过照相办理二代身份证的安排，当时绝大多数村民都照了相，而且他还把办好的二代身份证亲自送到了村民家里，但是吴玉月当时不在家里，错过了照相的机会，所以她只能自己去乡派出所办理二代身份证之事了。二是上富村有一个患有精神病的村民，要与村委会干部及其家人进一步商讨加强管理的计策。三是目前是砍甘蔗季节，与村委干部商讨如何加强交通安全及外来砍甘蔗人员管理的计策。路上邓教打电话给村支书韦代新，告知他今天去村里要办的事情。我们 10 时许到了上富村委会办公楼，村支书韦代新（2014 年 9 月 22 日 "两委" 换届选举时当选为村支书，之前任村委会主任 15 年）接待了我们。他告知邓教，那个患精神病的村民已在前几天过世了，吴玉月外出劳动了，要到中午才能回家，村主任覃代祥在砍甘蔗，也要中午才能回家。邓教决定先去一些村民家里走访，到中午再去吴玉月家。邓教领着笔者一起走访了下富屯、羊额屯和上富屯在家里的村民（共计 21 家），每到一家或路遇村民，邓教都与他们亲切交谈。交谈中，邓教问及和提示村民的内容多为家人身体、生活是否安好、有什么困难需要帮助以及风干季节注意防火、砍运甘蔗要注意安全等等。笔者注意到，有的村民称呼邓教为"邓哥"、"邓老弟"，可见邓教已与村民打成了一片，他们的感情已不同一般。13时许，邓教到上富屯找到了吴玉月，交代她及时去派出所办理二代身份证。13时30分许，我们（包括村主任覃代祥）一起到了村支书韦代新家里，邓教与二位村干商量关于如何加强砍运甘蔗交通安全及外来务工人员的管理事宜（期间也不时牵涉村里的其他问题）。邓教说："我来的路上，遇到一辆满载甘蔗挂着贵州车牌的中型货车，超载似乎很严重。虽然通村的路已基本为水泥路，但道路较为狭窄，而且有几处还没有完全修建好，有一段还是泥巴路，路况总体上欠佳。所以，要通知各村民注意检查运蔗车辆的安全性能，提示他们不要超载。同时，通知各家各户，对从外面请来帮砍运甘蔗的人员，都必须检验好他们的有效身份证件，并复印统一交到村委会，由覃主任转送给我以示备案。同时，应及时组织各屯组的组长到村委会聚集开个会，把今天商讨的事形成书面通知，由各组长带回分发到各村民住户。另外，通知村治安巡逻队、消防宣传队队员做好巡逻工作。"二位村干对此表示完全赞同。15时40分，因村主任要忙于砍运甘蔗（要在糖厂发放的砍蔗票的规定时间砍运完），他们结束交谈，并说好对未尽事宜待电话联系交流。随后，邓教领笔者参观了上富村新建的灯光球场及上富村政务服务中心，于18时许返回到了古砦仫佬族乡派出所。亲历邓教在上富村的工作过程，让笔者感受到了当代民警亲民、爱民的温暖情怀以及为维护农村社会安定而孜孜不倦、踏踏实实的工作作风。同时，当天邓教的系列工作，完全符合驻村民警的职责要求。

（五）源头治理，全面优化社会治安环境

大力开展矛盾纠纷排查化解和排查整治治安混乱地区、突出治安问题、安全隐患工作，这是社会治安综合治理最重要的基础性工作。广西民族乡在该项工作中，基本能做到积极、主动摸清影响社会治安和社会稳定的基本情况、基本数据和基本信息，及时掌握社情民意和治安动态，并对收集的情况信息进行认真的社会治安形势分析研判，努力做到对社会治安问题和不稳定因素早发现、早报告、早控制、早解决。以南屏瑶族乡 2013 年该项工作的开展为例，该乡主动"出击"，2013 年全年共排查并化解各类矛盾纠纷 27 例，取得了较好的成绩。详见表 2.41：

表 2.41：南屏瑶族乡 2013 年矛盾纠纷排查登记表

月　　份	纠纷类型及数量	处理结果
1 月份	财产侵权 1 件	已调结
2 月份	生产经营纠纷 3 件、宅基地纠纷 1 件	已调结
3 月份	生产经营纠纷 1 件、相邻纠纷 1 件	已调结
4 月份	赔偿纠纷 2 件	已调结
5 月份	赔偿纠纷 2 件、宅基地纠纷 1 件	已调结
6 月份	宅基地纠纷 1 件、山林纠纷 1 件	已调结
7 月份	无	
8 月份	赔偿纠纷 1 件	已调结
9 月份	赔偿纠纷 1 件、坟山纠纷 1 件	已调结
10 月份	林地纠纷 1 件	已调结
11 月份	生产经营纠纷 1 件、赔偿纠纷 1 件	已调结
12 月份	生产经营纠纷 2 件、山林纠纷 1 件、相邻纠纷 2 件、家庭纠纷 2 件	已调结

资料来源：南屏瑶族乡综治信访维稳中心。

另外，南屏瑶族乡能定期向上级报告综治信访维稳有关情况和数据，及时总结工作中好的做法和典型经验，做到半年有小结，年终有总结。以下是笔者从南屏瑶族乡《社会管理综合治理和平安建设工作台账》中摘抄的南屏瑶族乡 2013 年上半年矛盾纠纷排查调处工作汇报的主要内容，以作为例证：

南屏瑶族乡 2013 年村屯矛盾纠纷工作汇报

2013 年上半年，我乡把矛盾纠纷排查调处工作作为一项重要工作来抓，立足于严密排查、提前预防、迅速调处，把各种矛盾纠纷解决在基层，解决在萌芽状态，促进了全乡社会的持续稳定。

一、新排查矛盾纠纷与历年积案状况。今年上半年，全乡共新排查出各类矛盾纠纷 15 起，调解 14 起，调处成功 12 起，调处率 93%，成功率 86%。另经统计，历年积案 25 起，未能有效调解。

二、2013 年矛盾纠纷排查调处工作的主要措施

（一）进一步加强组织领导，把矛盾纠纷排查调处工作作为维护社会稳定的一项重要的基础性工作来抓，使矛盾纠纷排查调处工作进一步制度化、规范化和经常化。

（二）突出重点，做到预防与化解相结合。如针对春耕春种等特殊或敏感时期，专门组织人员，集中时间和精力，进行逐村开展专项排查和调处。经排查没有发现问题的也要记录在案，实行"零报告"制度，确保乡不漏村、村不漏屯、屯不漏户，做到底数清、情况明，不留死角和空当。

三、当前影响我乡社会稳定的主要因素

（一）因历史遗留问题，许多土地、山林权属不清，乡与乡、村与村、屯与屯之间的土地、山林归属问题纠纷较多。

（二）历年积案较多，且调处难处大，如不能及时解决，发生群体性上访和群体性事件的隐患大。

（三）部分群众法律观念淡薄，无理取闹，不配合调解，增加了调处难度。

（四）专业调解人员紧缺。如林业纠纷需要勘界勾图，专业性较强，但目前乡林业站人员全部被抽调到县林业局工作，林业纠纷调解的及时性得不到保证。

四、下一步工作计划

我乡将坚持以人为本，不断探索新形势下矛盾纠纷排查调处的新路子、新方法，充分发挥基层人民调解、治保在维护社会稳定方面的"第一道防线"作用。继续加大矛盾纠纷排查力度，力争第一时间掌握矛盾纠纷情况，并加大矛盾纠纷调处力度，做到及时化解，对矛盾激化较深，有可能发生群体性恶性事件的纠纷优先调处。

南屏瑶族乡社会管理综合治理办公室（章）

2013 年 6 月 26 日

（六）强化对重点人群的服务和管理工作

按照中央综治委等部门的要求，对重点人群、特殊群体的服务和管理，"一是切实掌握重点人群的基本情况，提高重点人群管理的信息化水平；二是着力抓好以出租房屋为重点的流动人口落脚点管理，落实房屋出租人、承租人的治安责任，重点加强对流动人口中高危人群的管理控制；三是加强对刑释解教人员的帮教安置工作；四是有针对性地强化对社区矫正人员、吸毒人员、'法轮功'人员等重点人员的管控措施；五是切实关心未成年人的成长，提高对社区闲散青少年、服刑在教人员未成年子女、流浪儿童、农村留守儿童等青少年群体的教育、服务、救助和管理水平；六是高度重视并认真落实对艾滋病患者、精神病人等特殊群体的服务和管理措施"。广西民族乡通过完善各种制度和措施，在对流动人口、刑释解教人员、社区矫正人员、吸毒人员、未成年人及艾滋病患者、精神病人等重点人群、特殊群体的服务和管理工作中，取得了较好的实效。以下以南屏瑶族乡和古砦仫佬族乡为例，分别就其对禁吸毒戒毒、社区矫正及流动人口三大工作的开展情况作一具体介绍。

1. 多举措管控吸毒

首先是掌握全乡吸毒人员的基本情况，下表为南屏瑶族乡近年掌握的该乡吸毒人员的基本信息情况：[①]

表 2.42：南屏瑶族乡吸毒人员基本信息状况（2011 年—2013 年）

年份	人数	性别组成	人员分布	备　注
2011 年	36 人	男性 35 人，女性 1 人。	渠坤村 15 人、英明村 17 人、枯叫村 3 人、米强村 1 人。	在 2010 年基础上新增吸毒人员 7 人，其中有两人脱毒。2010 年死亡 1 人。
2012 年	48 人	男性 47 人，女性 1 人。	渠坤村 20 人、英明村 22 人、枯叫村 4 人、米强村 1 人、巴乃村 1 人。	在 2011 年基础上新增吸毒人员 12 人。
2013 年	48 人	男性 47 人，女性 1 人。	渠坤村 20 人、英明村 22 人、枯叫村 4 人、米强村 1 人、巴乃村 1 人。	无新增吸毒人员。有 1 人迁至灵山县。

注：此表隐去了具体吸毒人员的姓名。

---

① 资料来源：南屏瑶族乡综治信访维稳中心。

从上表看出，南屏瑶族乡综治信访维稳中心近 3 年掌握的本辖区吸毒人员的情况包括了人员总数、具体人员（含新增人员）、性别、村屯分布、人员变动等基本信息，总体上较为详细，为强化对吸毒人员的管控措施奠定了基础。近年来，南屏瑶族乡禁毒部门狠抓禁吸戒毒工作，在全乡范围内严格按照"两个一律"的原则收戒吸毒人员。为了巩固吸毒人员的戒毒效果，降低复吸率，注重加大"四位一体"帮教工作力度，对戒毒出所人员实行跟踪帮教。乡妇联和禁毒办还组织乡直机关的妇女干部找吸毒人员谈心，宣传禁毒法规，与吸毒人员结对子帮教，帮助吸毒人员戒断毒瘾，取得了积极效果。从上表看出，虽然 2012 年新增了吸毒人员 12 名，但是 2013 年没有新增，这说明南屏瑶族乡的禁吸毒戒毒工作的各项措施是有效的。

其次是大力开展禁毒斗争。为了有效遏制吸毒现象，南屏瑶族乡近年来具体采取了创建"无毒乡"、"无毒社区"、"不让毒品进我家"等系列活动，并都制定了实施方案。以该乡 2013 年开展的"不让毒品进我家"为例，年初该乡禁毒委即召开禁毒工作会议，专题研究部署"不让毒品进我家"活动工作，通过了《2013年南屏瑶族乡开展"不让毒品进我家"活动实施方案》，对活动的意义、组织原则、工作范围、目标任务、方法步骤等作了明确规定。会议确定，"不让毒品进我家"活动具体由乡妇联与乡禁毒办联合负责组织实施，两单位成立由主要领导挂帅的工作领导小组，同时禁毒委各成员单位积极协同配合，发挥各自职能作用，以确保活动各项工作迅速、顺利、有效开展。此活动在 2013 年主要开展了以下工作：

一是乡妇联、禁毒办以"6·26"国际禁毒日为契机，在乡政府所在地的圩场大力展开了"不让毒品进我家"活动，当日向广大群众发放"不让毒品进我家"宣传单及各种禁毒宣传资料 1500 多份，张贴标语 200 多条，组织妇女、青少年参观禁毒教育宣传画 50 多幅，并组织"不让毒品进我家"签字活动，等等。

二是乡妇联为充分调动妇女在禁毒工作中的作用，向全乡妇女群众发出倡议，争当好妈妈。"看好自家的门，管好自家的人"，让广大妇女意识到，不仅自己要自觉抵制毒品，还要做到在家庭中对子女经常开展毒品预防教育，使广大青少年充分认识毒品的危害，从精神上树立起拒绝毒品、远离毒品的防线，在行动上自觉抵制毒品，在每个家庭中牢牢筑起一道拒毒防线。

三是在全乡各村屯发动群众签订"不让毒品进我家"承诺书。全乡 9 个行政村 3465 户，截至 2013 年 12 月 17 日共有 3366 户签订了承诺书，签订率为 97.1%。以下是南屏瑶族乡 2013 年开展"不让毒品进我家"禁毒承诺书签订一览表：[1]

表 2.43：南屏瑶族乡"不让毒品进我家"禁毒承诺书签订活动统计表（截至 2013 年 12 月 17 日）

村名称	户　　数	已签订承诺书户数
渠坤村	935	922
英明村	551	535
汪乐村	363	350
乔贡村	258	245

---

[1] 资料来源：南屏瑶族乡综治信访维稳中心。

村名称	户　数	已签订承诺书户数
巴乃村	402	393
江坡村	257	244
米强村	308	299
枯叫村	162	159
常隆村	229	219
合计（9个）	3465	3366

2. 加强刑释解教人员的安置帮教和社区矫正工作

截至 2013 年，南屏瑶族乡共接收社区矫正人员 13 名，新增"两劳"人员 2 名，其中依法解除社区矫正 3 人，依法收监执行 1 人。目前全乡在册的社区矫正服刑人员 9 人，在册的"两劳"人员 8 名。[①] 近来，南屏瑶族乡一直把加强对刑释解教人员的安置帮教和社区矫正作为重点工作来抓，其中社区矫正对象无重新犯罪出现，取得了很好的社会效果。其具体举措如下：

首先是成立了刑释解教人员安置帮教工作领导小组和建立健全了社区矫正领导机构及办事机构。其中刑释解教人员安置帮教工作领导小组还在各行政村设立分小组，同时组建了社区矫正志愿者队伍，使工作的正常开展有组织保障，有辅助力量的参与。下二表分别为刑释解教人员安置帮教工作领导小组和刑释解教人员安置帮教工作分小组的成员名单：

---

① 数字来源于南屏瑶族乡司法所 2013 年的工作总结。

表 2.44：南屏瑶族乡刑释解教人员安置帮教工作领导小组成员一览表（截至 2013 年底）

姓名	性别	年龄	文化程度	政治面貌	现任职务	安置帮教工作职务
黎渥恩	男	39	本科	党员	乡人大主席	主任
黄庭逸	男	45	本科	党员	司法所所长	副主任
樊平	男	34	本科	党员	派出所所长	副主任
宁彪	男	42	大专	党员	乡综治办副主任	副主任
凌小倩	女	28	本科	党员	乡团委书记	成员
潘致华	女	36	本科	党员	乡妇联主任	成员
黄钰	男	43	大专	党员	乡综治办干事	成员
邓巧	男	27	大专	党员	司法所干警	成员
刘美振	男	55	高中		司法所干警	成员

表 2.45：南屏瑶族乡刑释解教人员安置帮教工作分小组成员一览表（截至 2013 年底）

姓名	性别	年龄	文化程度	政治面貌	现任职务	安置帮教工作职务
罗景业	男	51	高中	党员	渠坤村支书	组长
韦旭山	男	51	高中	党员	渠坤村主任	副组长
陈成东	男	43	高中	党员	枯叫村支书	组长
凌辉业	男	36	中专	党员	枯叫村主任	副组长
周福加	男	43	高中	党员	乔贡村支书	组长
黄海平	男	29	高中	党员	乔贡村主任	副组长
刘汉东	男	49	高中	党员	英明村支书	组长
张竹生	男	35	高中	党员	英明村主任	副组长

姓名	性别	年龄	文化程度	政治面貌	现任职务	安置帮教工作职务
李从东	男	46	高中	党员	米强村支书	组长
周建胜	男	44	高中	党员	米强村主任	副组长
蒋伟标	男	47	高中	党员	汪乐村支书	组长
马恩跃	男	42	高中	党员	汪乐村主任	副组长
蒋富堂	男	52	高中	党员	常隆村支书	组长
蒋秀璜	男	50	高中	党员	常隆村主任	副组长
刘志武	男	34	大专	党员	江坡村支书	组长
李从迪	男	34	大专	党员	江坡村主任	副组长
陈廷军	男	34	初中	党员	巴乃村支书	组长
李珠山	男	47	初中	党员	巴乃村主任	副组长

注：此表中的安置帮教工作分小组成员，同时也为社区矫正志愿者队伍的成员。

　　其次是制订了刑释解教人员安置帮教工作计划。为切实做好刑释解教人员安置帮教工作，认真落实帮教工作措施，预防和减少重新犯罪，南屏瑶族乡近年来每年都会根据本乡的实际情况，制订年度帮教工作计划。以 2013 年为例，《南屏瑶族乡 2013 年度刑释解教人员安置帮教工作计划》规定的主要内容为：（1）在接到《刑释解教人员衔接通知书》后，必须在 3 日内将通知送达刑释解教人员所在的村委会，以核实刑释解教人员的基本情况，并登记造册，按一人一档一卷的要求建立档案。（2）在村刑释解教人员安置帮教工作分小组成员中，指定帮教责任人，要切实做到"帮教人员、帮教对象、帮教措施"三落实。（3）乡刑释解教人员安置帮教工作领导小组负责协调工作，帮助、引导、扶助刑释解教人员落实就业或解决生活出路问题，并对各村安置帮教工作开展情况进行监督、检查和指导。（4）安置帮教工作人员必须在刑释解教人员返乡一周内与其见面和谈话，向其讲明当前社会状况、法律法规、村规民约等基本情况，每月坚持与其谈话一次，重点帮教对象要每月谈话2—3次。通过与帮教对象定期谈话和帮教，准确掌握帮教对象的家庭情况、思想动态及回归社会后遇到的具体困难，以便有针对性地落实帮教措施。（5）村刑释解教人员安置帮教工作分小组要及时把帮教对象的变动情况报告给乡刑释解教人员安置帮教工作领导小组，严防漏管失控。

再次是落实了社区矫正对象的具体矫正工作人员，把矫正的责任落实到具体个人。同时，对社区矫正对象和"两劳"人员分别造册登记，建立一人一档案，做到无漏失矫正现象发生，并把全乡社区矫正服刑人员信息全部录入全国社区矫正信息管理系统。笔者从南屏瑶族乡司法所2013年的社区矫正工作档案中随机抽取了一个，以探视该乡社区矫正的具体工作。该档案载明的社区矫正对象是米强村米本屯的李某某，其因犯非法占用农用地罪而被判处有期徒刑一年，缓刑一年。档案的内容主要有：（1）社区矫正基本信息表。信息表显示了李某某的身份情况、居住地、联系电话、个人简历、家庭成员及主要社会关系、所犯罪行、社区矫正决定机关、矫正期限、主要犯罪事实等。（2）接受社区矫正保证书。保证书由保证人（李某某）作出自愿接受社区矫正，并服从社区矫正机构的管理教育、遵守社区矫正制度、履行法律义务、在规定区域内活动的承诺，并由保证人和担保人签字。（3）社区矫正工作监护协议书。协议书由社区矫正工作主体（南屏瑶族乡司法所）、矫正对象（李某某）与矫正对象监护人（李某某）达成，分别规定了司法所、矫正对象及矫正对象监护人各自的责任。（4）社区矫正志愿者帮教协议书。协议书确立了米强村支书李从东作为志愿者，参与司法所的社区矫正帮教工作，与矫正对象李某某建立"一帮一"的矫正帮教关系，并明确了志愿者的主要工作内容及矫正对象积极接受志愿者帮教的要求。（5）矫正个案表。该表载明了服刑人员李某某的身份及身体、心理、家庭经济收入来源、生活习惯等基本情况、矫正小组成员名单、矫正措施等内容。（6）社区矫正对象参加集体教育情况记载表。该表记载了李某某在接受矫正中参加集体学习的具体情况。时间为 2013 年 8 月 21 日—2014 年 6 月 30 日期间，共学习 11 天，授课时数为每天 8 节，授课内容有《社区矫正实施办法》、《刑法》、《治安管理处罚法》等，授课纪律全部标明为"好"，司法所考核意见全部为"合格"。（7）社区矫正对象参加集体公益劳动情况登记表。该表记载了李某某在接受矫正中参加公益劳动的具体的情况。时间为 2013 年 8 月 21 日—2014 年 6 月 30 日期间，共参加劳动 11 天，每天的工时为 8 小时，劳动地点为乡政府大院、南屏菜市场、南屏公园等，劳动项目为清除垃圾或扫地等，考核等级除两次"中"之外，其余均为"好"。（8）李某某接受矫正后的思想汇报。（9）社区矫正对象季度考核表。该表记录了 2013 年第三季度和第四季度对李某某接受矫正的考核，均评定为"良好"。（10）社区矫正对象年度评定表。该表记录了对李某某 2013 年矫正的总体评价。（11）对社区矫正对象家庭及村委会走访登记表。该表记录了司法所矫正人员两次对李某某家庭及村委会了解其近期的工作、生活、思想、行为表现等情况。（12）对社区矫正对象的走访（谈话）笔录及照片。两份走访笔录总体记录了矫正人员询问李某某的近期身体、工作、是否离开过本县、是否参与违法活动、家庭情况、是否享受低保、学习法律情况（包括学习渠道）等内容。（13）社区矫正对象李某某参加公益劳动的照片（作为实证）。通过该档案所载的材料，总体上反映了李某某接受了较为规范的社区矫正与帮教工作，相信取得了较好的效果。

3. 加强对流动人口的管理工作

流动人口给当地经济和社会的发展注入了活力，起到了积极的促进作用，但随着流动人口的快速增长，同时也给当地的社会治安带来了负面影响，使管理面临着严峻的挑战。为有效防止外来流动人员治安案件的发生，广西民族乡派出所基本推出了以出租屋管理为抓手的策略，逐步确立了"以房管人"的管理模式。从调研情况看，目前民族乡派出所普遍与房屋出租人、承租人签订了综治责任书，取得了很好的实效。如柳城古砦仫佬族乡派出所，民警韦华贵向笔者介绍，目前该乡办理了居住证的流动人口为60人，他们基本是来本乡做生意的。近年来，派出所严格对他们进行管理，目前在流动人口范围没有出现违法事件（包括治安案件和刑事案件）。韦警官说，按规定，每一个流动人口在承租房屋时，出租人必须先与派出所或者社区（村）警务室签订《治安责任保证书》，不签或者拒签《治安责任保证书》的，不准出租房屋。出租人签订《治安责任保证书》后，出租人与承租人必须在派出所的监督下签订《租赁房屋治安责任协议书》。《协议书》首先明确出租的房屋必须符合消防安全和治安管理规定，然后详细规定双方的治安责任以及违反治安责任的法律后果。《协议书》明确约定，"出租人必须承担下列治安责任：（1）不准将房屋出租给无合法有效证件的承租人、不准留宿来历不明的外来流动人员、不准窝藏逃犯或者其他犯罪嫌疑人、不准窝藏赃款赃物、不准利用出租房从事其他违法犯罪活动。（2）与外来流动人员签订租赁合同，应当带领其到派出所或者社区（村）警务室申报并办理居住证。(3)对承租人的姓名、性别、年龄、常住户口所在地、职业或主要经济来源、服务处所等基本情况进行登记,并向派出所或者社区(村)警务室备案,做到人来登记,人走注销。(4)发现承租人有违法犯罪活动或者有违法犯罪嫌疑的,要及时报告公安机关;发现逃犯或其他犯罪嫌疑人要及时向公安机关举报。(5)对出租的房屋要经常进行安全检查,及时发现和排除安全隐患,保障承租人的居住安全。(6)出租人要按照公安机关要求申请门牌编号,并随时接受公安机关对出租房屋治安管理等方面的检查。(7)房屋停止出租的,要及时到派出所或社区(村)警务室办理注销手续。(8)出租人委托代理人管理出租房屋的,代理人必须遵守有关规定,承担相应责任。"《协议书》同时要求"承租人必须履行下列治安责任:(1)必须持有本人居民身份证或者其他合法身份证件;(2)承租人必须按户口管理规定,在三日内到派出所或者社区(村)警务室申报并申领暂住证;(3)将承租房屋转租或者转借他人的,应当向派出所或者社区(村)警务室申报备案;(4)安全使用出租房屋,发现承租房屋存在安全隐患,应当及时告知出租人予以消除;(5)承租的房屋不准用于生产、储存、经营易燃、易爆、有毒等危险物品,不准从事其他违法犯罪活动;(6)集体承租或者单位承租房屋的,应当建立安全管理制度,遵守治安管理规定"。《协议书》最后规定:出租人、承租人不履行各自的治安责任,视情节轻重,依照《中华人民共和国治安处罚法》第57条、《中华人民共和国身份证法》第16条以及《广西壮族自治区外来务工经商人员户籍管理规定》等予以处罚,触犯刑律构成犯罪的,依法追究刑事责任。

此外,古砦仫佬族乡派出所为外来流动人员承租房屋都建立有一个监管服务的档案,并每月对承租房屋进行检查。档案内容包括《租赁房屋治安责任协议书》、《出租房屋基本情况登记表》、《承租人登记表》、《出租房屋检查记录表》及出租房屋在古砦仫佬族乡地图上的具体地址等。笔者从该乡 2014 年外来人员监管服务档案中随机抽取了一个翻阅，该档案显示：出租人和承租人分别是吴某某、齐某某，双方于 2014 年 1 月 9 日签订《租赁房屋治安责任协议书》；《出租房屋基本情况登记表》载明了出租房主的姓名、性别、联系方式、身份证编号、现住址、出租屋地址、出租屋性质等内容。《承租人登记表》载明了姓名、性别、年龄、民族、文化、婚姻、政治面貌、户口地址、居民身份证编号、暂住事由、租房起始时间及联系方式等。《出租房屋检查记录表》载明了派出所民警韦华贵、吕保安自 2014 年 1 月到 12 月每月对出租房屋检查的记录，内容包括：消防、防盗设施检查（含整改措施）及是否存在违法活动检查；宣传法律法规及发放防盗、防火、反恐常识手册；清查藏、疆独分子。等等。从该档案所载情况来看，一方面表明了民警对外来人员管理的严格与仔细，另一方面显示了防控（管理）与服务相结合的理念，注重以入户调查、安全检查、发放宣传手册等为手段，开展治安防范宣传教育，提高流动人口的自我保护意识和能力，保护他们的合法权益。由此可见，古砦仫佬族乡派出所对当地流动人口的服务管理的面与度都是到位的。

（七）确立并落实领导包案制度

民族乡不断完善责任制，对排查出的矛盾纠纷、信访苗头、治安问题和安全隐患，明确措施、明确责任、明确人员，重要问题实行领导包案解决。下表是笔者从南屏瑶族乡综治信访维稳中心摘抄的 2013 年部分矛盾纠纷领导包案的内容，基本反映了南屏瑶族乡领导包案处理矛盾纠纷的具体情况：

表 2.46：南屏瑶族乡 2013 年部分矛盾纠纷领导包案一览表

序号	纠纷类别	信访案件及诱发原因	起始时间	涉及区域或单位	涉及人数	信访人	事态发展经过	预测评估走向	责任单位	责任人
1	三大纠纷	枯叫村米元屯群众反映："三定"时，政府划给他们组的山林大少，要求政府多划些给他们承包经营业。1983 年落实林	2011 年	南屏瑶族乡枯叫村米元屯与十万山林场	180	何广飞	他们认为当时政府划给他们的山地太少，2011 年到十万山山林场管辖的山地种植甘蔗，开挖 17 个宅基地，面积约 300 亩，经多次调解未果	若解决不了，可能引发十万山林场员工和群众上访	乡政府	黎喔恩
2	三大纠纷	巴乃村渠亚屯倒流瑶族群众 70 多亩水田被平福乡那明村那紫屯群众侵占经营	1995 年	巴乃村渠亚屯倒和平福乡那明村那紫屯	120	李有汉李秀东	县政府已派工作组到该屯调解并强制执行过，但收效甚微	不妥善处理容易引发群体性上访事件	乡政府	邓颜文

续表

序号	纠纷类别	信访案件及诱发原因	起始时间	涉及区域或单位	涉及人数	信访人	事态发展经过	预测评估走向	责任单位	责任人
3	三大纠纷	乔贡村乔贡屯和宁明县那贡楠乡枯敏屯在交界山处产生山林纠纷，乔贡屯群众2011年曾到区上访	2003年	乔贡村乔贡屯和宁明县那贡楠乡枯敏屯	380	凌振坤	两地纠纷经县、市、区调解，没有得到妥善解决	还有可能上访	乡政府	宁彪
4	三大纠纷	常隆村米律屯与十万山林场在"曾龙山"产生林权纠纷，今年一月发生群体斗殴事件	2013年	常隆村米律屯与十万山林场	30		县政府今年已裁决，但常隆村米律屯村民不服，已向市政府申请复议	有可能上访	乡政府	黎渥恩
5	其他纠纷	七坡林场在运输木材时，渠坤村枯谭屯的部分群众以经过他们的自修道路为由不让车辆通行	2013年	七坡林场与渠坤村枯谭屯	15		乡组织双方调解，未果	可能引起群体事件	乡政府	黎渥恩

（八）积极参与"大调解"工作

从调研情况看，目前民族乡司法所、派出所、综治信访维稳中心等基层单位部门都承担着调解的职能，形成了"大调解"的格局。"大调解"是指在党委、政府的统一领导下，由政法综合治理部门牵头协调，司法行政部门进行业务指导，调解中心具体运作，职能部门共同参与，整合各种调解资源，对社会矛盾纠纷的协调处理。① 按照苏力教授的理解，"'大调解'是指人民调解、行政调解（协调）和司法调解的整合和联动。"② "大调解"的机理在于党委、政府统一领导下各种调解资源的协调联动和一体化运作，实现解纷资源和权力的整合，能够有效地解决积聚的纠纷矛盾，缓解各解纷机构之间的混乱和无效状态，提高了解纷效益，降低了成本和风险，有利于维护社会公众和当事人的权益。③

司法所作为县区司法行政部门在乡镇的职能延伸机构，目前已基本作为了人民调解的主力军，参与了大量的村调解委员会不调解、调解不成或者跨村的民间纠纷的调处工作。可以认为，乡人民调解委员会实际就是司法所的附设机构，而其承担的行政调解职能基本为人民调解所替代。④ 近年来，民族乡司法所参与调处

---

① 章武生："论我国大调解机制的构建——兼析大调解与 ADR 的关系"，载《法商研究》2007 年第 6 期，第 111 页。

② 苏力："关于能动司法与大调解"，载《中国法学》2010 年第 1 期。

③ 范愉：《纠纷解决的理论与实践》，清华大学出版社 2007 年版，第 555 页。

④ 从调研情况看，各民族乡人民调解委员会的机构都设在司法所。实践中，司法所工作人员主持的民间纠纷调解，大部分是以调解委员会的名义进行。虽然行政调解与人民调解在这里处于一种"不规矩"的交融，但正如一些司法所工作人员所说的，老百姓不在乎是行政调解还是人民调解的性质，他们注重的是调处结果。所以，这种"不规矩"的交融已作为近来很少为人诟病的"理想"存在。

了大量的乡村民间纠纷，人民调解工作取得了显著的成效，为社
会治安综合治理作出了极为重要的贡献，起到了维护社会稳定"第
一道防线"的作用。①

　　派出所的治安调解，属于行政调解的范畴。广西民族乡公安
派出所积极投身治安行政调解工作，为维护当地社会和谐稳定，
发挥了重要的作用。如古砦仫佬族乡派出所，据民警韦华贵介绍，
近年来，该所坚持"小事不出乡"的思想，对治安事件引起的纠
纷不推脱、不敷衍，积极、主动主持调解，并尽可能调处成功，
以最大气力把矛盾纠纷化解在基层。对于争议较大而实在调解不
下，或当事人不愿调解的纠纷，则积极引导当事人通过诉讼的正
当渠道予以解决。据统计，该所 2012 年调解纠纷 63 起，调解成
功率为 82.4%；2013 年调解纠纷 61 起，调解成功率为 79%；2014
年调解纠纷 56 起（至笔者调研时止），调解成功率为 80.8%。又
如，据同乐苗族乡派出所所长杨永春介绍，由于该乡较大，且居
住的民族较多，治安问题一直比较突出，同时近来因修建高铁、
高速公路需征收该乡的大量集体土地，纠纷不断增多，治安事件、
刑事案件发生率都比过去有所增加。如，2012 年刑事案件数为 34
件、治安案件数为 147 件；2013 年刑事案件数为 29 件、治安案件
数为 160 件；2014 年刑事案件数为 29 件、治安案件数为 163 件（至
笔者调研时止）。从这组数字就可以看出，该乡的刑事案件、治安
案件一直居高不下，治安案件甚至有"稳中求增"之势，而且比
起别的民族乡或者其他普通乡镇来说，这组数字也并不见低。杨
所长说，所里一直注重调解的优异功能，确立了"以调解促和谐"

---

① 参见本章第二节"广西民族乡人民调解的具体开展及成效"的相关内容。

的指导思想，把调解作为维持农村社会稳定的重要手段。因为，调解根植了"和为贵"的文化传统，它既能让当事人不伤和气、不结怨仇，而且调解后当事人的和睦情节会更持久，并更增强。所以，尽管面对如此的治安压力以及该所十分有限的警力，派出所还是想法在指缝中抽出时间和精力，全身心地投入到治安行政调解。2012 年调解纠纷 26 件，调解成功率为 90%；2013 年调解纠纷 29 件，调解成功率为 95%；2014 年调解纠纷 31 件（至笔者调研时止），成功率为 99%。杨所长特别给笔者强调，单从派出所主持调解纠纷的数量来看，也许看不出成绩，但基于纠纷当事双方出于调解自愿的前提，派出所主持的调解率为 100%，而且成功率保持了一个很高的水平，在警力明显不足的情形下，如此表明民警是花了足够功夫的。

民族乡综治信访维稳中心在履行组织、协调、督促、指导的职责之外，同时也身体力行地直接参与纠纷的调解工作。2014 年 6 月 28 日，笔者在南屏瑶族乡综治信访维稳中心调研时，有电话告知在乡小广场东侧发生了一件纠纷，要求中心马上前去调解处理。笔者跟随中心宁彪副主任及司法所干警邓巧一起前往现场。我们到现场时，已围观了许多群众，且当事人双方争论激烈。宁副主任启动"矛盾纠纷联合调解机制"，立即打电话通知派出所来人维持秩序，并一起疏导化解矛盾纠纷。该起纠纷的原委是：当天上午 11 时许，一辆悬挂安徽牌照的小货车从南宁送货到此，卸完货倒车时不慎碰刮了村民的一棵树。该村民召集一群人拦住货车司机，要求赔偿 3000 元。笔者发现小树被碰刮掉了一块皮，致树身往一边呈倾斜状。宁副主任问村民提出 3000 元赔偿的理由，该村民说这棵树买来时就很贵，且又培养长了多年。宁副主任又问货车司机是否愿意赔偿，司机答应赔偿，只不过认为赔偿过高而无法承受。了解清楚事实后，宁副主任便与派出所民警、司法所干警一起两头开展调解工作。司机提出赔偿 300 元，而村民坚持要赔偿 3000 元，否则不让走人。调解一时陷入僵局。宁副主任知道当事村民是该乡某村支书的小孩后，就给某村支书打电话，请他给其小孩做工作。后该村民还是坚持赔偿 1000 元，少一分免谈。在场的调解主持人不断动之以情、晓之以理，耐心细致做双方的思想工作，并不时严肃地告知当事村民的法律后果。宁副主任对货车司机说："首先强调的是，虽然你是外地的，但我们不会偏袒本地人。你也看到了，我们一直在做村民的工作，要求他把赔偿数额降低下来。你的车碰坏了别人的树，赔偿是应当的。希望你能提高一些赔偿数。"司机答应赔偿 500 元。宁副主任对村民严肃指出："你不要认为司机是外地人，就可以开出不实际的赔偿价，甚至趁机实施敲诈。维护社会秩序和稳定是我们政府的重要职责，不管是什么人，只要做出违法的行为，我们一定会按法律对其进行不折不扣的处理。"在宁副主任与派出所民警、司法所干警的共同不懈努力下，此起纠纷最后得到了合法合情合理的调解解决：村民愿接受 600 元的赔偿（司机也答应，并当即交付）。宁副主任告诉笔者，近年来，有不少外地人来到南屏瑶族乡做生意，如果处理纠纷时向着本地人，不体现公平和正义，不仅无法维护好当地治安秩序，也无法发展好本乡的经济。笔者亲历这起纠纷的现场调处，观察到宁副主任等调解人员能始终坚持事实和法律，坚持公平与公正的价值取向（相信货车司机也会非常满意），运用智慧在情理与法律之间找到解决问题的切合点，有耐心、真心，又附有一定的严肃性。可以想见，正是依靠民族乡广大基层综治工作人员的不懈努力和无私贡献，才使民族乡社会秩序得以稳定。

除上述外，民族乡大多建立健全了人民调解、行政调解、司法调解的联动工作体系，努力化解矛盾纠纷。笔者在潞城瑶族乡和八渡瑶族乡调研时，关于行政调解与人民调解、司法调解（或诉讼）与人民调解的对接工作开展非常具有成效。人民调解与行政调解对接的工作流程为：行政机关接待登记受理的纠纷，经审查不属行政调解范围的，则引导当事人选择人民调解。当事人接受人民调解建议的，则转由人民调解委员会主持进行调解。如调解成功，制作《人民调解协议书》，当事人要求司法确认的，法院经审查在 5 日内出具《民事调解书》；如不成功，则由行政机关部门协调，引导当事人向人民法院起诉。人民调解与司法调解的对接，分为诉前告知人民调解、诉中委托人民调解和诉中协助调解。诉前告知人民调解，即为法院受案时，有意识地引导当事人通过人民调解方式先行调解，如当事人不同意，则法院予以立案进入诉讼程序。如当事人同意诉前调解，则由当事人在《人民调解建议书》签字确认，法院暂缓立案，并把有关材料移送人民调解委员会。如人民调解委员会调解成功，则制作《人民调解协议书》，如调解不成，且当事人坚持诉讼的，由法院予以立案进入诉讼程序。诉中委托人民调解即为，诉讼中承办法官选择出适合人民调解的案件，建议或引导当事人由人民调解委员会组织调解，如当事人同意委托调解，则填写《委托调解确认书》，法院向人们调解委员会出具委托调解函，并移交案件的主要材料复印件，如调解不成功且当事人坚持诉讼的，则再行进入诉讼程序。诉中协助调解即为，诉讼中承办法官认为需要人民调解员协助调解，且当事人同意协助调解的，则法院向人民调解委员会发出《协助调解函》，人民调解委员会在法院指定的期限内指派人民调解员协助调解。

　　八渡司法所司法助理员杨志春向笔者介绍了一个典型的诉讼与调解对接的案例。该案的案情为：八渡瑶族乡那囊村六弄屯村民梁某某与李某某因渭右沟（地名）的一块面积约3亩的山地权属发生纠纷。梁某某认为，其于1992年就开始在争议山地开荒并种植油茶树和油桐树，梁某某对此一直无异议，该3亩的山地权属理应归其享有；而梁某某认为，该3亩山地已经由政府部门登记到了他的《土地承包经营权证》，权属应当归他，根本不存在争议。2012年7月28日，李某某到那囊村人民调解委员会请求调解，村调解委员会经过多次调解，皆因双方争论激烈而未果。期间，李某某把梁某某种植在涉案土地上的杉木苗、玉米苗及生姜进行了破坏。梁某某于2014年5月10日向田林县人民法院起诉，要求李某某退还被其侵占的3亩山地。田林县法院经审查认为，虽然案件双方当事人争议较为激烈，但案情较为简单，基于当地人民调解委员会对案件当事人熟悉，对案情也容易了解，为及时、有效地解决纠纷，减轻当事人的负担，同时将简单的案件化解在基层，遂决定劝导当事人双方进行诉前调解。后当事人双方同意诉前调解，田林县法院即把案件材料移送到八渡瑶族乡人民调解委员会。八渡瑶族乡人民调解委员会于2014年5月19日立案，人民调解员刘应彪、杨志春于5月21日经现场察看并走访相关证人，于5月22日组织当事双方到乡人民调解委员会进行调解，经过调解员耐心细致的情、理、法的讲解和劝说工作，双方终于达成了调解协议，并签订了书面调解协议。该案从立案到调解成功，前后只用4天的时间，不仅突出了效率，而且使争执了几年的矛盾纠纷最终得以成功化解，从而有效地维护了农村社会的和谐稳定。

（九）贯彻"打防结合、预防为主"的指导方针

广西民族乡在开展社会治安综合治理的实践中，加强和完善社会治安综合治理工作机制，善于采取多种举措贯彻"打防结合、预防为主"的指导方针。如，滚贝侗族乡运用民族文化做足促和谐的文章，很好地实现了"预防"的目标。据滚贝侗族乡副乡长潘绍能介绍，滚贝侗族乡党委、政府十分重视民族文化建设，确立了"以文化促和谐"的社会治理思路，培育、挖掘和发展民族文化，以民族文化建设塑造民族精神、培育民族信仰、增强民族凝聚力、促进民族和谐力。2009 年以来，乡党委、政府致力于"七个一"（每村建有一个寨门、一座风雨桥、一座鼓楼、一个篮球场、一支篮球队、一支业余文艺队及一支芦笙队）民族文化工程建设，通过开展多种形式的群众性文体活动，以促进村屯人们之间的交流，在增进村民间的友谊、团结及加深彼此的感情中，消除、化解人与人之间的相互猜疑和戒备心理，并不断改善民族群众的思想观念、行为习惯和生活习性。近年来，该乡在每年的"五一"、"七一"、"八一"及春节等重要节日期间，都会举办规模不同的篮球比赛。在乡开展的各种群众性文体活动中，村村都有队伍参加，有的村屯还自发组织篮球友谊比赛。现在，每逢节日村村响芦笙，寨寨闻歌声。民族文化建设，增强了民族自信心和创造力，提高了群众的法律意识和发展理念，推动了社会和谐稳定，滚贝乡各族群众的精神面貌焕然一新。潘副乡长特给笔者提供了该乡各种节日及节日期间的具体活动安排，现抄录如下：

表 2.47：滚贝侗族乡坡会、节日一览表

节日名称	时 间	地 点	活动内容及蕴意
侗族"热伴"节	农历正月十一日	吉羊村大云屯	芦笙踩堂、芦笙比赛、斗马、斗牛、斗鸡、斗鸟、舞龙、舞狮、侗歌、苗歌、汉歌对唱、篮球比赛等
水族南瓜节	农历九月的第一个"午"日	同心村朱砂屯	祭拜祖宗、砍南瓜、跳水族赶山舞
滚坡节	农历三月初三	三团村基道屯	男女谈情立誓，相拥滚下草坡，表明对爱情忠贞
新禾节	农历六月二十七	滚贝村滚贝屯	到河边（或田里）抓鱼、吹芦笙、篮球赛、文艺晚会
赶鬼节	农历正月初一	吉羊村大云屯	当天上午11点有人戴面具装扮鬼神、有人敲锣打鼓赶鬼，下午芦笙踩堂
拔河节	农历五月十四日	同心村岩屋屯	到滚贝老山找藤子拉拔河、唱山歌
甜粑节	农历三月初三	平浪村平浪屯	用山上的甜藤、田里的黄草榨汁泡糯米蒸熟舂粑，然后炒吃，邀请亲朋好友共享，唱酒歌，抒情意
兄弟节	农历七月初一	同心村下头坪屯	兄弟劳碌奔波，一年相聚不容易，定此日兄弟回家相见，而后各奔前程。杀鸡宰羊邀请亲朋好友到家喝酒团圆

　　另据滚贝侗族乡文化站站长韦斌介绍，民族文化建设成果促进民族群众之间的和谐有实实在在的例证。他说，该乡吉羊村的

吉羊屯（苗族）与大云屯（侗族）过去很长时间因各种原因处于不和睦状态，两屯村民可说是老死不相往来，还经常发生吵架、打斗，甚至出现过群体用鸟枪对峙的局面，两屯有近20年的时间没有通婚。如今，在民族文化建设氛围下，两屯村民的隔阂不断被打破，相互间的交流逐渐增多，直至常来常往并通婚，形成了相互尊重、相互包容、相互依存、共同发展的和谐局面。另外一个例证就是，整个乡的刑事案件和治安案件大幅减少，近年该乡本土没有出现刑事案件（现在接受社区矫正的是在外地犯罪的本乡人）。再就是，现在在市场或街上摆卖小商品或农副产品的群众根本不需要把卖不完的拿回家，就地放置并盖上一些东西（以避风雨）即可，没有人会去偷拿。该乡通过开展民族文化活动而形成的精神文明建设成果——滚贝诚信菜篮子（村民把蔬菜等农产品摆在农贸市场的一固定位置，不需要人看守，顾客只要按习惯或市场行情自觉地把适量的钱放入到摊主事先准备好的小网兜里，即可拿走相应分量的蔬菜，双方的交易就在这种无声的诚信氛围中自觉完成，没有人只拿菜不给钱，也不会偷拿这些菜钱）曾得到中央电视台、新华网等媒体的报道，这就是最好的佐证。

又如，古砦仫佬族乡在加大对扰乱社会治安秩序打击和惩治力度的同时，对重点问题制定出周到、适合的预防措施，让"打防结合"的方针落到实处。据乡派出所教导员邓晓军介绍，仫佬族是中国一个古老的民族，过去因崇信多神，因而节日较多，一年中除个别月份外几乎每个月都有节日。由于该乡每年下半年的每一个村或屯都几乎相继有一个节日（如"开塘"节等），节日期间农村家家户户要进行大规模的宴请活动，这里的习俗是来家里的客人越多越好（来人不管相识与否，只要进家就可以参与宴请活动），哪一家客人多就证明这一家在外朋友多，在本村就很有面子，甚至把此作为有势力的象征。大量聚集的人群导致各村屯秩序混乱，有的酒后造成争吵并演变为打架斗殴，治安事件以及刑事案件（包括较多命案）频繁发生。因过去公安部门采取的是以案件数量越少越能见成效的考核机制，所以在这种机制下很多轻伤案件归于自诉范围，派出所不予立案，这样导致治安秩序更加恶劣。现在改变了考核机制，采取了以打促防的策略，以破案数量作为成效的体现，于是派出所加大了打击力度，把轻伤之类的自诉案件全部作为公诉案处理，以发挥法律的威慑力。同时突出预防，做到未雨绸缪：一是加大了对各村屯群众的普法力度；二是与村委会一起协商制定了节日期间的治安、防火、交通等各种安全保障措施；三是与劳动与社会保障部门一道共同疏导农村剩余劳动力到外面务工，以减少在家过节的人员；四是积极宣传、倡导文明过节，引导村民规范节日期间的各种行为；五是节日期间投入警力，提高在各村屯的见警率。通过以上"打防结合"的举措，目前古砦仫佬族乡的治安秩序大为好转，治安及刑事案件逐年减少。

二、广西民族乡开展社会治安综合治理的成效

经过近几年系列的社会治安综合治理，广西民族乡农村治安基层组织机构逐步健全，社会治安防控体系逐渐建立并完善，社会治安综合治理力度加大，矛盾纠纷排查调处成效显著，创新农村社会治理亮点频现。总体上广西民族乡的社会秩序处于可控范围，呈现出较好的运行态势。

首先，治安案件和刑事案件得到了有效控制并出现逐年减少趋势，甚至无任何治安和刑事案件发生。如，据八腊瑶族乡综治

信访维稳中心的台账反映，八腊瑶族乡 2012 年的刑事案件为 6 起，治安案件为 44 起，2013 年的刑事案件为 6 起，治安案件为 15 起，两年内刑事案件数没有增加，治安案件数则大大减少，可以看出该乡在稳控刑事案件发生率的基础上，社会秩序呈现向良好方向运行，也说明该乡在综合治理方面的举措具有实效。又如，据夏宜瑶族乡综治信访维稳中心的台账反映，夏宜瑶族乡在 2011—2013 年 3 年时间里无任何治安和刑事案件发生，足见该乡的社会治安综合治理取得了更好的实效。再如，滚贝侗族乡近几年的刑事案件发案率均为零，治安案件 2012 年为 31 件，2013 年为 10 件，2014 年为 8 件，2015 年截至 6 月为 3 件，治安案件逐年减少，群众的安全感满意度一直处于较高状态。同时，2012 年至 2014 年综治平安建设工作年度绩效考评均为优秀，2011 年被评为县级综治平安建设先进单位、信访维稳先进单位，2012 年被评为县级综治平安建设先进乡镇，2013 年被评为柳州市综治平安建设工作先进单位。

其次，特殊群体得到有效管控。如，据南屏瑶族乡综治信访维稳中心的台账反映（见表 2.42），南屏瑶族乡吸毒人员虽然 2012 年在 2011 年基础上有所增加，但 2013 年仍保持 2012 年的数目不变而没有增加，说明该乡的吸毒人员数量得到了有效控制，也看出该乡禁吸毒戒毒工作的各项措施具有一定的效果。另外，南屏瑶族乡的社区矫正取得了骄人的成绩，据南屏瑶族乡综治信访维稳中心的台账以及司法所负责社区矫正工作的邓巧反映，该乡的社区矫正对象无一重新犯罪。

再次，安全生产、交通管理、消防管理等工作取得了较好的成效。如以南屏瑶族乡 2012 年为例，据南屏瑶族乡综治信访维稳中心的台账反映，该乡在强化各种管理措施并认真落实之下，安全生产、交通管理、消防管理等领域没有发生较大事故。以下是上思县有关部门为之出具的证明，现抄录如下作为例证：

证　　明

2012 年，我县南屏瑶族乡没有发生违反民爆物品、剧毒等危险物品管理规定发生致人死亡事故。

上思县公安局（章）
二〇一二年十二月五日

证　　明

2012 年，我县南屏瑶族乡没有发生工矿、商贸、水上交通、农业机械、建筑施工等一次死亡 3 人以上较大安全生产责任事故。

上思县安全生产监督管理局（章）
二〇一二年十二月五日

证　　明

2012 年，我县南屏瑶族乡没有发生火灾事故一次死亡 3 人以上、重伤 10 人以上、居民受灾 20 户以上、直接经济损失 300 万元以上事件。

上思县安全生产监督管理局（章）
二〇一二年十二月五日

证　　明

2012 年，我县南屏瑶族乡没有发生食品安全防范措施和卫生疫情预防不得力造成致人死亡的事件。

上思县卫生局（章）

二〇一二年十二月五日

　　为进一步探视民族乡社会治安综合治理取得的成效，笔者在问卷调查中，特设计了"您对本地治安状况的评价"的问题，该问题共提出"非常满意"、"比较满意"和"不满意"3个选项。多数群众选择回答"比较满意"，少数群众选择了"非常满意"和"不满意"。从总体上可以说明，群众对当地治安状况的满意度处于较高位阶。具体见下表：

表2.48：民族乡村民"对当地治安状况的评价"调查数据统计表

村屯名	回答人数	非常满意	比较满意	不满意
清水村	41人	10人，24.4%	25人，61%	6人，14.6%
江坡村平在屯	60人	23人，38.3%	34人，56.7%	3人，5%
小河江村	34人	9人，26.5%	23人，67.6%	2人，5.9%
果卜村果卜屯	21人	8人，38%	12人，57.2%	1人，4.8%

第五节　广西民族乡基层法律服务工作开展的实践及成效

　　为有效探视广西民族乡基层法律服务工作开展的具体情况，笔者在调研中特采取了点面结合的方法。在设立有法律服务所的民族乡中，选取了田林县潞城瑶族乡法律服务所、全州县东山瑶族乡法律服务所以及上林县镇圩瑶族乡法律服务所作为"点"的考察样本，即专门或重点就该三民族乡的基层法律服务问题进行调研，以深度显示民族乡基层法律服务工作的开展状况。同时，在没有设立法律服务所的民族乡中，选取了上思县南屏瑶族乡和田林县八渡瑶族乡作为"面"的考察样本，即在该两民族乡调研其法治建设状况中附带基层法律服务的内容，以全面反映民族乡基层法律服务工作开展的状况。

为取得预期效果，笔者在这5个民族乡的调研中主要采取了访谈的形式，并结合文献研究的方法进行。访谈的对象为法律服务所的主任及其他基层法律服务工作者，内容包括法律服务所的设立、人员组成、办公条件、业务开展及对典型个案的陈述等；文献资料搜集的内容主要为一些业务统计报表及与基层法律服务相关的文件。

一、"点"样本开展基层法律服务的基本状况及成效

（一）田林县潞城瑶族乡法律服务所

潞城瑶族乡法律服务所成立于2001年10月。自成立至今，其一直没有独立的办公场所及办公设备，一直依托于乡司法所。其办公室设在司法所办公楼的一楼，其他办公设备都是司法所配置，两所共用。服务所主任由司法所所长黄忠义兼任。黄所长自2004年到司法所工作以来，至今已有10年的基层司法工作经历。据他介绍，服务所现有法律服务工作者3人，其中他本人与司法所的司法助理员张曲波为兼职，专职的一人（名叫黄海），基本处于"两块牌子、一套人马"的工作状况。服务所工作人员基本情况见下表：

表 2.49：潞城瑶族乡法律服务所从业人员基本情况一览表（截至2014 年 7 月）

姓名	性别	年龄	民族	文化程度	职　务	备　注
黄忠义	男	53 岁	壮族	大专	主任	司法所所长兼
张曲波	女	44 岁	壮族	大专	法律服务工作者	司法助理员兼
黄海	男	35 岁	壮族	大专	法律服务工作者	专职，实习律师

谈到服务所的具体业务开展，黄主任告诉笔者，本所的法律服务业务主要由专职法律工作者黄海负责，具体情况要由他介绍。黄海出生于 1979 年 12 月，从事基层法律服务已有 8 个年头，具有较丰富的实践经验。难能可贵的是，黄海于 2012 年通过了国家司法考试，如今在田林县一家律师事务所实习。笔者于 2014 年 7 月 23 日上午在潞城瑶族乡法律服务所调研时，黄海正在乡下参与调解一起纠纷，临近中午才赶回所里接受笔者的采访。

黄海介绍说，潞城瑶族乡面积 481 平方公里，辖 19 个行政村、78 个自然屯、118 个村民小组，生活着瑶、壮、汉、苗、布依、满 6 个民族，目前人口 2.5 万多人，是一个较大的乡。在法律服务的覆盖方面，田林县虽有两家律师事务所，执业律师 8 人，但远远不能满足基层群众对法律的需求。因此，潞城瑶族乡法律服务工作一直开展得较好和正常，并为当地老百姓提供了优质的法律服务。具体业务的开展主要有诉讼、非诉讼、法律咨询、法律援助、见证等。其中办理非诉讼案最多，2008、2009 年两年，所里年均办理非诉讼案 70 余件，因为那两年正碰上修建百色至隆林高速以及进行林改，所以因此引发的纠纷较多，自然所里的工作量较大。2010 年后，所里办的非诉讼案少了一点，年均 50 余件。至于诉讼案的办理，在整个业务中所占比例不多，每年平均大约有 10 个（2013 年多一点，共有 24 个），因为他们有一个理念，就是尽可能通过调解解决纠纷，让纠纷解决在农村最基层，以发挥农村社会稳定"第一道防线"的作用。另外，他们服务所还办理了较多的法律援助案件，如 2012 年有 13 件、2013 年有 22 件。

关于业务收费问题，所里严格执行自治区物价局、自治区司法厅《广西壮族自治区基层法律服务收费管理办法的通知》（桂价费〔2007〕562 号）的规定，不会随口叫价，收费标准及数额以双方协商为主，以群众能承受为原则，可以说表现出了十分"亲民"的一面。如"三大纠纷"的非诉讼案一般收取 300—500 元，诉讼案一般收取 1000 元。另，除法律援助案件不收取费用外，其他的业务基本要收费，近几年每年的业务收入 15000 元左右。服务所的财务采取自收自支形式，业务收费用于工作人员办案开支（加油、差旅补助等）及支付法律服务工作者的工资。

在谈到潞城瑶族乡法律服务所的发展前景时，黄海首先表示，基层法律服务所应有继续开办下去的必要，而且政府部门应当给予充分的重视，在人、财、物等方面加大对基层法律服务所的投入，给其强有力的支撑，以夯实服务所的基础。当前有的人认为，由于律师数量有了较快增长，因而基层法律服务所就可有可无了，甚至可由律师事务所替而代之。但基于目前的实际以及民族乡艰苦的自然条件，律师无法也不可能包揽解决发生在广大农村的各种纠纷。像潞城瑶族乡，离乡最远的村有 50 多公里，全乡 19 个村中只有 4 个村通了水泥路，其余村屯全为泥巴路，这种情况下，律师谁会始终如一地把对村屯的法律服务延续下去呢？同时，尽管随着农村经济的发展，部分生活殷实的村民选择律师为他们解决纠纷，但毕竟经济困难或处于弱势的群众还是占据多数，他们需要基层法律工作者为他们提供法律援助。而且，某些民间纠纷由具有丰富基层调解经验的法律工作者调解解决，才更具社会效果，更有利于农村社会的和谐稳定，这也为基层政府对乡村的有效治理起到了不可替代的作用。因而，基层法律服务是不可或缺的。当然，目前基层法律服务所的发展的确面临着诸多困境，就拿潞城瑶族乡法律服务所来说，目前首要的问题便是工作人员没能或无法得到补充，如果本人要转行去做专职律师，就会给法律服务所的工作开展造成很大的影响，甚至有停止运转的可能。另外，基层法律服务所的性质一直以来没有定位，影响了基层法律服务工作者的工作积极性。按理，基层法律服务所被分配有协助基层政府调解纠纷及协助司法助理员开展法制宣传教育等职责，且这种"协助"工作是免费的，那么基层法律服务所应当被确立为事业法人性质进行管理和运作，这是理所当然的选择，至少民族乡的法律服务所应当这样。

在调研中，黄海分别给笔者提供了 2013 年所里办理的法律援助和诉讼代理案件登记表，可一窥潞城瑶族乡法律服务所的业务开展情况。现把这两份表分别抄录如下：

表 2.50：潢坡瑶族乡法律服务所法律援助案件登记表（2013 年）

姓名	案件名称	受援人类型	收案日期	开庭日期	结案日期	承办人	援助方式	处理结果
黄衣祥	宅基地纠纷	农民工	2012 年 12 月 6 日		2013 年 1 月 10 日	黄忠义	非诉	调结
陈远香	财产损害赔偿纠纷	老年人、妇女	2013 年 2 月 15 日		2013 年 2 月 28 日	黄海	非诉	调结
梁秀芬	土地承包经营纠纷	老年人、妇女	2013 年 2 月 16 日		2013 年 3 月 1 日	黄海	非诉	调结
黄贵德	相邻权纠纷	农民工	2013 年 3 月 2 日		2013 年 3 月 15 日	黄海	非诉	调结
盘文明	土地使用权纠纷	农民工	2013 年 3 月 26 日		2013 年 4 月 10 日	黄海	非诉	调结
罗福新	土地使用权纠纷	老年人	2013 年 4 月 27 日		2013 年 6 月 4 日	黄海	非诉	调结
覃向明	土地使用权纠纷	农民工	2013 年 4 月 30 日		2013 年 5 月 14 日	黄海	非诉	调结
李绍生	土地使用权纠纷	农民工	2013 年 5 月 5 日		2013 年 5 月 15 日	黄忠义	非诉	调结

续表

姓名	案件名称	受援人类型	收案日期	开庭日期	结案日期	承办人	援助方式	处理结果
熊金秀	土地使用权纠纷	妇女	2013 年 6 月 2 日		2013 年 6 月 15 日	黄忠义	非诉	调结
蒋金莲	土地使用权纠纷	妇女	2013 年 6 月 21 日		2013 年 7 月 18 日	黄忠义	非诉	调结
熊正勇	机动车责任事故	农民工、老年人	2013 年 6 月 23 日	2013 年 8 月 8 日	2013 年 9 月 29 日	黄海	诉讼	判决
卢美莲	土地使用权纠纷	农民工、妇女	2013 年 7 月 5 日		2013 年 7 月 13 日	黄海	非诉	调结
杨代宝	土地使用权纠纷	农民工、老年人	2013 年 8 月 24 日		2013 年 8 月 28 日	黄忠义	非诉	调结
罗正恩	土地使用权纠纷	农民工	2013 年 8 月 29 日		2013 年 9 月 19 日	黄海	非诉	调结
梁远信	土地使用权纠纷	农民工、老年人	2013 年 9 月 5 日		2013 年 9 月 20 日	黄海	非诉	调结
王志良	土地使用权纠纷	农民工	2013 年 8 月 5 日		2013 年 9 月 25 日	黄海	非诉	调结

续表

姓名	案件名称	受援人类型	收案日期	开庭日期	结案日期	承办人	援助方式	处理结果
罗正峰	土地使用权纠纷	农民工	2013 年 10 月 9 日		2013 年 10 月 20 日	黄海	非诉	调结
杨志龙	土地使用权纠纷	农民工	2013 年 10 月 15 日		2013 年 10 月 30 日	黄忠义	非诉	调结
王许明	相邻权纠纷	农民工	2013 年 11 月 1 日		2013 年 11 月 6 日	黄忠义	非诉	调结
黄东平	土地使用权纠纷	农民工	2013 年 11 月 12 日		2013 年 11 月 21 日	黄海	非诉	调结
黄彩统	土地使用权纠纷	农民工、妇女	2013 年 12 月 2 日		2013 年 12 月 5 日	黄海	非诉	调结
黄秀团	土地使用权纠纷	农民工、老年人	2013 年 12 月 13 日		2013 年 12 月 23 日	黄忠义	非诉	调结

注：出于多方面的考虑，表中隐去了当事人的身份证号码及其所在村屯名。

　　从上表可见，潞城瑶族乡法律服务所所实施法律援助的纠纷是目前农村最常见的涉及土地、相邻纠纷，受援对象多为农民工、老年人、妇女等弱势群体，完全符合实施法律援助的有关规定。同时，承办人从接案到结案都能在较短时间，利用调解方式予以及时解决。采取非诉即调解的方式解决纠纷，正好印证了黄海"让纠纷解决在农村最基层，以发挥社会稳定'第一道防线'的作用"的理念。可以断定，潞城瑶族乡法律服务所承办的法律援助案件取得了显见的社会效果，也反映了该所应尽的社会责任。

表 2.51：潞城瑶族乡法律服务所民事、行政代理案件登记表（2013 年）

序号	当事人姓名	法律地位	案由	受理时间	受理法院	承办人
1	黄桂金	原告	不服行政处罚决定	2013.1.28	田林法院	黄海
2	黄文利	原告	交通事故损害赔偿	2013.2.26	右江区法院	黄海
3	姚其敏	原告	离婚纠纷	2013.3.5	田林法院	黄海
4	陆广先	原告	土地承包经营纠纷	2013.3.6	田林法院	黄海
5	罗秀花	原告	离婚纠纷	2013.3.15	象州法院	黄海
6	罗广德	原告	劳务合同纠纷	2013.3.18	玉龙法庭	黄海
7	黄善宁	原告	财产损害赔偿纠纷	2013.4.1	田林法院	黄海
8	黄宜善	原告	不服行政处罚决定	2013.4.19	右江区法院	黄海
9	梁波	原告	不服行政处罚决定	2013.4.19	右江区法院	黄海
10	潘文能	原告	不服行政处罚决定	2013.4.19	右江区法院	黄海
11	韦永高	原告	不服行政处罚决定	2013.4.19	右江区法院	黄海
12	邓阳兵	原告	不服行政处罚决定	2013.4.19	右江区法院	黄海
13	邓贵荣	原告	不服行政处罚决定	2013.4.19	右江区法院	黄海

序号	当事人姓名	法律地位	案由	受理时间	受理法院	承办人
14	韦正堂	原告	不服行政处罚决定	2013.4.19	右江区法院	黄海
15	李玉雄	原告	不服行政处罚决定	2013.4.19	右江区法院	黄海
16	黄恒高	原告	不服行政处罚决定	2013.4.19	右江区法院	黄海
17	何宗勤	原告	不服行政处罚决定	2013.4.19	右江区法院	黄海
18	黄彩艳	原告	支付抚养费纠纷	2013.4.20	田林法院	黄海
19	陈丽	原告	房屋买卖合同纠纷	2013.9.20	田林法院	黄海
20	黄炳丰	原告	婚约财产纠纷	2013.10.20	田林法院	黄海
21	黄胜刚	原告	财产损害赔偿纠纷	2013.10.20	田林法院	黄海
22	王海亮	原告	不履行法定职责	2013.11.2	右江区法院	黄海
23	王宏生	原告	不履行法定职责	2013.11.2	右江区法院	黄海
24	邓贵荣	上诉人	房屋买卖合同纠纷	2013.12.30	百色市中院	黄海

上表尽管载明的内容有些缺漏，如没有反映结案的时间、处理结果等，但从中也能说明该所开展诉讼代理业务的基本事实。同时，上表给我们一个最为关注的问题，就是该所所有承接的案件的主办人均为黄海，可见，如果黄海作为生力军改做专职律师而离开服务所，那么潞城瑶族乡法律服务所的正常运转、甚至生存，的确令人担忧和揪心。这也从一个侧面印证了广西民族乡基层法律服务工作所面临的发展困境。

从总体上看，潞城瑶族乡法律服务工作开展的价值取向和目标明确，符合国家法治精神。同时，服务所制定的制度能落实到位，工作机制健全且能良好运行，业务量比较饱和，程序较为规范，社会效果较佳。

（二）全州县东山瑶族乡法律服务所

笔者从 2014 年 8 月 21 日开始，在全州县司法局副局长刘鲜文等人的引领下到东山瑶族乡司法所对其基层法律服务、人民调解等工作展开调研。虽然东山瑶族乡政府所在地距离县城不算远（37 公里），但因东山瑶族乡地处全州县东南部的都庞岭高寒山区，这里崇山峻岭，道路蜿蜒，交通极为不便，加之乡司法所等政府工作人员正忙于村"两委"换届选举工作，故调研共用了 4 天的时间。

从司法所办公楼大门左右两侧分别悬挂的"东山瑶族乡司法所"和"东山瑶族乡法律服务所"两块炫目的牌子，可以想见两所一定是"两块牌子，一套人马"的运行模式。事实的确如此，司法所所长李红星向笔者介绍，与其他民族乡（或其他乡镇）一样，东山瑶族乡法律服务所也是依托司法所而设，亦即服务所的办公场所以及其他办公设备都"借用"于司法所，组成人员也主要来自司法所工作人员的兼职。目前服务所的工作人员共 3 人，由李红星兼任服务所的主任，其余两人分别为乡司法所的在编司法助理员李龙辉和聘任的公职律师刘永平。其成员组成的基本情况可见下表：

表 2.52：东山瑶族乡法律服务所从业人员基本情况一览表（截至 2014 年 8 月）

姓名	性别	年龄	民族	文化程度	职　务	备　注
李红星	男	39 岁	瑶族	大专	主任	司法所所长兼
李龙辉	男	54 岁	瑶族	大专	法律服务工作者	司法助理员兼
刘永平	男	41 岁	汉族	大专	法律服务工作者	公职律师

李红星主任 1997 年毕业于天津轻工业学院经济外贸系法律专业，获大专文凭。毕业后即到东山瑶族乡司法办从事司法助理员工作。半年后，到该乡雷公岩村委会挂职锻炼，任村主任助理，1999 年到竹坞村挂职，任该村党支部副支书。2000 年开始回到乡司法办主持工作，任司法办主任，2001 年撤司法办改司法所，任司法所所长并兼任法律服务所主任至今。谈起自己的工作经历，李主任（所长）颇有"老司法"的自豪感。

据李主任介绍，东山瑶族乡基层法律服务开展的时间几乎与司法办同龄，即乡司法办成立的同时就有了一定程度的基层法律服务开展了。目前服务所的业务主要办理法律援助案件、代写法律文书和解答法律咨询等，此外还担任了几家法律顾问、代理了适量的非诉讼和诉讼案件、办理了少许的见证业务以及协助办理了几件公证业务。由于代写法律文书和解答法律咨询不收取费用，因而服务所的业务收费并不多，每年 7000 元左右。业务收入用来日常办公或下乡加油，因为收入甚微，所以根本不能保障服务所工作的正常运转。实际上，服务所的中心工作是协助司法所进行法制宣传教育活动以及协助政府调解民间纠纷。所以导致服务所工作人员无法脱身承办各类案件，自然影响了服务所的业务收入，同时也影响了大家的工作积极性。

说起基层法律服务的作用，李主任认为，基层法律服务是公共法律服务体系中必不可少的一部分，而且在当今时代，基层法律服务要比其他法律服务形式更加重要。因为，当今社会矛盾和冲突最为集中的地方在农村，化解农村的矛盾纠纷成为维护整个社会稳定的最关键的一环。而目前现有的律师数量远远无法满足处理农村大量纠纷的需要，比如，虽然全州目前有 5 家律师事务所，33 名

执业律师，但全州是一个大县，其总面积 4021.19 平方公里，辖 18
个乡镇，人口近 100 万，是桂林市行政区规划面积最大、人口最多
的县，在广西也是排前几名，这样人均起来律师在其中的比重便
显捉襟见肘了。何况，律师的业务范围还不仅仅局限于全州本地，
而且律师为了生存或追求利益最大化，根本顾不上或不愿意处理、
承办那些琐碎繁杂、耗时费力且无利可图的农村矛盾纠纷。另外，
东山瑶族乡人口约 3.3 万，瑶族人口占 86.6%，土地面积 420 平方
公里，是全州县的 1/10。这里地处山区，虽林木丰饶，但耕地极为
匮乏，同时与湖南省永州市的零陵区、道县、双牌县相邻，省际边
界线 154 公里，占全州县省际边界线的一半，因而该乡的山林、土
地纠纷以及边界争议频繁发生，且处理难度极大，到 2014 年初累
计历年积案 40 余起，极大地影响了东山瑶族乡广大农村地区的社
会和谐稳定。东山瑶族乡地广人稀、自然环境恶劣、交通极为不便，
加之该乡群众普遍使用的是瑶族语言，尤其是上了年纪的群众，通
用的全州话都不会讲。如果不通晓当地的瑶族语言和风俗，则可
能无法与纠纷当事人进行沟通，所有这些客观存在的问题无疑加
剧了纠纷解决的艰巨性。由此，外面的律师更加不愿或无法为东
山瑶族乡群众提供各种法律服务了。这样，解决东山农村矛盾纠
纷的重任自然落到了东山瑶族乡基层法律服务所。

　　当谈到目前东山瑶族乡的基层法律服务工作遇到的问题时，
李主任面露难言之色。他说，可能与其他民族乡一样，东山瑶族
乡法律服务所面临着极大的生存困境。一是基层法律服务工作者
人员出现断层的危险。虽然目前该所三人都有基层法律服务资格
证，但由于国家已经取消了基层法律服务工作者执业资格的全国
统考，且在 2012 年后广西对基层法律服务资格证的授予又采取的

是"保留原有，停止新增"的政策，因此随着现有持证人员的退休（如李龙辉今年已54岁）或者转行（如刘永平律师），东山瑶族乡仅有的几名法律服务工作者将会慢慢退出基层法律服务的舞台，直至最后断层。二是各级领导对基层法律服务工作的重要性缺乏足够的认识，没有把基层法律服务作为基础性、保障性工作来抓，从而影响了支持的力度。三是忙于应付乡政府的"中心"工作过多，使服务所工作人员无法脱身从事正常的法律服务工作，从而导致服务所收入极少，无法维持工作的正常运转，同时影响了工作人员的工作积极性。四是硬件设施不能为法律服务提供有力支撑，如缺乏交通工具等。五是群众法律素质普遍偏低，依法维权意识不够强烈，导致法律服务无法启动。

以上困境致使东山瑶族乡法律服务工作处于一种无活力可又偶尔能见到其身影的"半瘫痪"状态。当然，东山瑶族乡服务所在近几年还是尽了最大努力为该乡群众提供了力所能及的法律服务。李红星主任向笔者展示了他们所2013年来各项法律服务工作开展的具体情况（见下表）：

表2.53：东山瑶族乡法律服务所法律服务业务统计表
（2013—2014年8月）

时间	担任法律顾问	代理诉讼	代理非诉讼	办理法律援助	代写法律文书	解答法律咨询	主持调解	协助办理公证	办理见证
2013年	5	2	1	30	40	65	42	2	1
2014年1—8月	2	4	0	32	45	72	33	0	2

注：根据服务所李红星主任的要求，最好不要公开具体案件的当事人信息等基本情况，所以本表对该所的法律服务开展状况只作数字层面的统计。

　　上表显示的内容，的确印证了李红星主任关于东山瑶族乡法律服务所不容乐观的现实状况的描述。比起潞城瑶族乡的法律服务开展状况，其确实有些差距。但是，近来东山瑶族乡党政领导已经意识到了基层法律服务在全局工作中的基础性和保障性作用。新任党委书记盘今带领班子成员深入调研，统筹分析，找准症结，果敢作出了"加大投入、政府买单"的重大决定。2014年3月，东山瑶族乡出台了《关于深入开展社会矛盾纠纷排查化解工作奖惩方案》。《方案》根据纠纷的性质、特点、对社会的影响和潜在风险态势，将矛盾纠纷分为特重大复杂矛盾纠纷、重大矛盾纠纷、较大矛盾纠纷和一般矛盾纠纷4个等级，每调结或处理一起且无后遗症的纠纷案，按纠纷等级分别奖励工作人员3000元、2000元、1000元和800元。新举措的出台，将极大地激发基层法律服务工作者的积极性，相信会给东山瑶族乡的基层法律服务工作带来蓬勃发展的转机。

（三）上林县镇圩瑶族乡法律服务所

　　2015年2月12日，经上林县司法局办公室主任洪福胜的协调，笔者到上林县镇圩瑶族乡法律服务所对其基层法律服务的开展状况作了调研。因当天法律服务所主任蓝如发在外地办案，接待笔者的是司法所所长兼法律服务所基层法律服务工作者黄信。黄所长出生于1964年12月，1983年7月参加工作，最初在该县西燕镇初中任教。1994年开始调入县司法局工作，先后在该局的法制宣传股、基层工作股、律师管理股就职，于2012年10月13日调任镇圩司法所所长至今。黄所长告诉笔者，目前镇圩瑶族乡法律服务所没有独立的办公场所，也没有专属于自己的办公设备和办公装备，且其从业人员全部为来自司法所的司法助理员兼任，总之其一切运行的基础或执业条件均依托于司法所。服务所从业人员的基本情况如下表：

表 2.54：镇圩瑶族乡法律服务所从业人员基本情况一览表（截至 2013 年 12 月）

姓名	性别	年龄	民族	文化程度	职 务	备 注
蓝如发	男	58 岁	瑶族	大专	主任	司法助理员兼
黄信	男	50 岁	壮族	大专	法律服务工作者	司法所长兼
蓝文献	男	59 岁	瑶族	大专	法律服务工作者	司法助理员兼

关于镇圩瑶族乡法律服务所的业务开展状况，黄所长向笔者介绍说，该所的主要业务是诉讼和非诉讼代理、提供法律援助、解答法律咨询、担任法律顾问及办理见证等。其中，诉讼代理业务开展得较好，主要是因为该所三名基层法律工作者均年岁较长，同时领取基层法律服务工作者执业证也较早（蓝如发主任和黄所长均为参加 2000 年国家第一次基层法律工作者执业资格考试而取得基层法律工作执业资格），且长期从事司法行政工作，参与调处了大量的民间纠纷，不仅具备较扎实的法律知识，也积累了较丰富的办案经验，所以赢得了较多当事人的信任。同时，根据司法部《基层法律服务所管理办法》关于"基层法律服务所接受县级司法行政机关或者乡镇、街道司法所的委托，协助开展基层司法行政工作"的规定，而且目前法律服务所和司法所本来就是"两块牌子，一套人马"的运行模式，所以该所不仅主持调处了大量的民间纠纷，而且还为村民提供了较多的法律咨询。就解答法律咨询而言，随着国家普法的深入展开，村民的法律意识有了较大

幅度的提高，服务所解答群众的法律咨询量呈递增之势，如 2012 年解答法律咨询是 91 人次，到 2014 年达 280 人次。另外，服务所在法律顾问这项工作的开展也较为正常，也取得了较好的社会效果。近几年来，服务所连续担任了镇圩瑶族乡人民政府及其 11 个村民委员会（其中一个为居民委员会）的法律顾问。虽然开展法律顾问工作基本为免费（如出差可以按国家规定报销交通费、住宿费和伙食费），但是基于法治建设的需要，服务所还是坚持每年与上述单位签订顾问合同，并为顾问单位提供了很多法律帮助，也做了一些富有成效的法治宣传。黄所长给笔者介绍了他利用其 2013 年 3 月代理镇圩瑶族乡人民政府的一起行政诉讼案为政府进行法治宣传教育的例子。该案的大致案情是：乡辖区内有一个碎石工场在作业时，震裂了附近村民的房屋。村民向乡政府投诉并要求处理，乡政府便给碎石工场下发了一个停工通知。碎石工场的老板要求政府撤销停工决定，允许其复工，政府却对其要求不予同意。碎石工场老板即以乡政府为被告，诉至上林县人民法院，要求被告撤销其停工决定并赔偿停工一个月所造成的约 300 万元的经济损失。上林县人民法院认为原告的起诉证据不足，原告即主动撤回起诉。南宁市实行行政案件分片集中审理制度后，碎石工场老板又起诉到宾阳县人民法院，宾阳县法院以"已撤回起诉，无正当理由再行起诉"为由而裁定驳回其起诉。随后，碎石工场老板请求上林县人民法院撤销了该院的"撤诉裁定"，其得以在宾阳法院申请再审（宾阳法院作出的驳回起诉的上诉期限已过）。宾阳法院通过再审，判决要求镇圩瑶族乡人民政府撤销其停工决定，并赔偿原告因停工而导致的经济损失 6.3 万元。黄所长说，镇圩瑶族乡人民政府之所以败诉，是因为其作出的具体行政行为不合法，亦即根据我国《矿产资源法》的规定，只有矿产资源的主管部门才能作出行政处罚决定，乡政府显然在该领域不能成为行政处罚的适格行政主体。黄所长据此对乡政府领导及其他工作人员作了认真的讲解，通过以案说法，使他们受到了一次切身的法治教育。

应笔者的请求，黄所长把近几年与镇圩瑶族乡人民政府等单位签订的顾问合同——给笔者作了呈现，笔者特别选取了服务所与镇圩瑶族乡人民政府 2014 年签订的合同作了详细的抄录，具体内容见下：

聘请法律顾问合同

镇圩瑶族乡人民政府（下简称甲方）为了能够依法行政，特聘请乡法律服务所（下简称乙方）的法律服务工作者为甲方的常年法律顾问。经双方协商订立如下各条款，共同遵守执行：

一、聘请法律顾问期限为 2014 年 1 月 10 日起至 2014 年 12 月 31 日止。

二、法律顾问（乙方）的任务及工作范围。

1. 乙方为甲方依法行政提供法律咨询与服务；

2. 帮助甲方草拟、审查诉讼法律事务文书；

3. 代理甲方参加诉讼、调解或者仲裁活动，并优先承办，使甲方免受不应有的损失；

4. 协助甲方处理需向有关部门申诉有关经济和业务问题的非诉讼事件；

5. 协助甲方对有关人员进行法律宣传教育。

三、在本合同签订之前甲方所有的案件，甲方应另行委托乙方代理进行诉讼或非诉讼。

四、乙方在甲方授权范围内开展顾问活动,对甲方不符合法律、政策的事项或者有损国家、集体或者其他个人利益的行为,乙方有权建议纠正或拒办。

五、甲方不为乙方设办公地点,甲方有事随时联系乙方,乙方应及时处理。甲方必须为乙方提供除办公地点之外的工作方便条件及所需的有关资料,需要外出的,由甲方按照国家规定的标准支付交通费、住宿费和伙食补助费。

六、根据《法律服务收费暂行规定》的规定,经双方协商,甲方向乙方缴纳全年法律顾问费 300 元整,合同签订时一次性付清。甲方职工个人委托乙方办理其他事项,另行收费。

七、如一方要求变更合同条款,需双方另行协商。

八、本合同自签订之日起生效,一式四份,甲、乙双方各执一份,报县司法局、乡党委各一份。

甲方:镇圩瑶族乡人民政府(盖章)　　法定代表人:潘志基(签字)

乙方:镇圩瑶族乡法律服务所(盖章)　　法定代表人:蓝如发(签字)

签订日期:2014 年 1 月 10 日。

至于镇圩瑶族乡法律服务所在法律援助及办理见证等方面业务的开展,黄所长诚恳地认为并不理想。尽管在农村普法中,就法律援助的条件、范围及审批程序等作了应有的宣传,但近几年该乡申请提供法律援助的群众并不多(当然或许没有法律援助的需求,也存在有的申请不符合法律援助的条件或范围),自然也就影响了服务所在该领域的业务开展，甚至 2014 年为"零"办理。
关于见证业务，由于受"基层法律服务所只能为标的 5 万元以下
的合同见证"的规定的影响（标的 5 万元以上的合同只能公证），
因而乡法律服务所开展该领域的业务没有什么起色，有时一年有
过办理一、二件的见证，有时则全年为空白。根据黄所长的介绍，
见证的具体程序就是在需见证"合同"最后条款以下的空白处，
写上"双方订立的合同形式合法，内容符合法律规定，当事人意
思表示真实，同意见证"的字样（没有另行专门制作"见证书"），
然后标明见证单位镇圩瑶族乡法律服务所的名称（加盖印章）及
经办人签名（加盖印章），见证即为完结。

　　黄所长把 2012—2014 年 3 年里镇圩瑶族乡法律服务所开展各
项业务的具体数据作了如下统计：

表 2.55：镇圩瑶族乡法律服务所法律服务业务统计表
（2012 年—2014 年）

业务分类	2012 年	2013 年	2014 年
代理诉讼事务	6	22	15
代理非诉讼事务	5	1	6
担任法律顾问	12	12	12
解答法律咨询	91	224	280
办理法律援助	6	7	0

注：出于当事人对见证合同保密的要求，法律服务所无法、也不能对见证业务的具体
数据统计予以公开。

　　当问及法律服务所开展的业务中是否存在跨辖区范围的案件
时，黄所长告诉笔者，这种情况是存在的，当然也是个别现象。

黄所长认为，尽管上面有规定要求基层法律服务工作者只能在辖区范围内执业（不能跨区域办案），但这一规定或要求是不切合实际的。因为，这是主动适应了法律服务市场的需求，就如同国家立法要主动适应改革的需要、市场在资源配置中起决定性作用（而不是政府的直接配置起决定性作用）一样。基层法律服务工作者虽然被冠以"基层"的前置，但其核心要素为"法律服务"，以自己掌握的法律知识为当事人提供法律服务是基层法律服务工作者的职责所在，所以，无论是否为辖区内的当事人，只要他们有法律服务的需求，就应当允许基层法律服务工作者跨区域代理诉讼或非诉讼案件（包括民族乡基层法律服务工作者到辖区范围外从事法律服务业务和其他基层法律服务工作者到民族乡从事法律服务业务）。何况，在当前提供法律服务的资源极不平衡的情况下，这是对那些法律服务资源贫乏的地方的有力支持，民族乡尤其如此。

当问及基层法律服务开展中存在哪些问题或者困难时，黄所长给笔者总结了两个方面。一是法律服务的业务不饱和。与律师相比，目前民族乡群众对基层法律服务工作者出现两个层面的认知，一些群众认为基层法律服务工作者有着贴近基层、服务便捷、收费低廉等优势，因而倾向于请基层法律服务工作者为其提供法律服务，而另一些群众则认为律师的整体能力要高于基层法律服务工作者，加之民族乡交通有较大改善，生活水平也有所提高，所以这一部分群众偏好于到县里甚至南宁等外地聘请律师为其提供法律服务。由于民族乡群众法律服务需求的分散，从而导致乡法律服务所的业务出现"吃不饱"的现象。另一个原因则是，基层法律工作者基本为兼职，他们除完成大量的本职工作，还要协助乡政府从事各式各样的"中心"工作（如参与农村清洁活动等），由此无时间、也无精力开展基层法律服务工作。由于业务不饱和，那么业务收入自然就受到影响（而且诸如法律援助、代写法律文书及解答法律咨询全部为免费）。而收入不高（每年有6000元左右），则自然会挫伤工作人员的积极性和主动性，这种恶性循环造成民族乡基层法律服务一直处于一种萎靡不振的状态。二是基层法律服务工作者有断层的危险。由于国家自2000年第一次进行基层法律工作者执业资格考试后，就再没有类似的考试，现在能否取得基层法律工作者执业资格完全靠地方的政策调整。大致在2006年，南宁市司法局组织了一次法律培训，通过学习、考核，共为上林县颁发了3个基层法律服务工作者执业证之后，至今上林县就再没有人取得基层法律服务工作者执业证了。本来，上林县共有8个基层法律服务工作者，但2014年有3人陆续离开了司法行政系统，因此目前整个上林县持有基层法律服务工作者执业证的只有5人。而且这5人的年龄都较大，如蓝如发主任已临近退休年龄（今年已经58岁），黄所长本人今年也有51岁，如果不及时补充基层法律服务工作者，这一活跃在广大农村基层多年的特殊法律服务队伍出现断层或者消失将会成为现实。

当谈到基层法律服务的作用时，黄所长说，尽管律师力量有了较大幅度的增强，但实践证明，就目前农村的情况而言，律师要完全取代基层法律服务工作者是几乎不可能的。因为经过长期的实践探索，基层法律服务已经形成了自己独到的职能特色和优势。其提供的非常接地气的法律服务方式，成为多数农村群众解纷的选择，同时这支队伍协助基层政府依法行政，参与调处纠纷、社会治安综合治理，协助开展基层司法行政工作等，成为基层法治建设中不可或缺的重要力量，在维护农村社会稳定、促进农村经济发展中发挥了特殊的作用。而这，是其他法律服务队伍很难做到的。所以，为了实现城乡居民公共法律服务的全覆盖，基层法律服务不仅要在农村现实地存在，而且还要对之给予更多的关怀，使之变得更大、更强。由此黄所长建议，应当恢复基层法律服务所（至少是民族乡）的事业法人的体制，由地方政府核拨事业编制和事业经费，以保障基层法律服务所的生存及正常运转。

通过以上对黄信所长的采访及笔者的实地考察发现，镇圩瑶族乡的基层法律服务，无论其基础条件，还是具体业务开展的范围、程度以及存在的问题，都与潞城瑶族乡与东山瑶族乡表现出诸多相同的内容。虽然三个民族乡开展法律服务所取得的成果各有大小，但均尽可能地为满足当地农村群众及基层政府的法律服务需求作出了努力，为基层法治建设提供了不可多得的资源并发挥了极为特殊的作用。

二、"面"样本开展基层法律服务工作的基本状况及成效

（一）上思县南屏瑶族乡

南屏瑶族乡虽然没有设置基层法律服务所，但笔者在调研中发现，该乡基于法治建设的总体需要，还是利用现有资源积极地开展基层法律服务。一是制定基层法律服务制度，搭建基层法律服务平台。如，为提高政府依法行政、依法管理和依法办事的能力和水平，加快"法治南屏"的建设进程，为南屏瑶族乡各项经济社会事业建设提供坚强有力的法制保障，根据国务院《全面推进依法行政实施纲要》，结合本乡实际，南屏瑶族乡建立了政府法

律顾问制度，并于 2012 年 5 月 16 日印发了《关于建立政府法律
顾问制度的通知》（南政发〔2012〕12 号）。《通知》决定政府法
律顾问的实施范围为乡政府及乡政府工作部门，实施方式可采取
协商推荐、自主选择等方式，服务模式可采取法律顾问团服务模
式、对口法律顾问服务模式及合同约定服务模式。根据该《通知》，
法律顾问负责办理下列法律事务：（1）参与重大决策、重大项目
的法律论证、法律评估；（2）参与起草、修改和审查行政规范性
文件；（3）参与信访接待；（4）参与处置重大突发事件；（5）解答
法律咨询，代写法律文书，参与谈判、调解；（6）协助进行法制
宣传教育；（7）接受委托，代理诉讼、仲裁、调解等活动；（8）办
理其他法律事务。为使政府法律顾问工作能顺利、有效开展，《通
知》要求乡党政领导及各部门要充分认识全面建立政府法律顾问
制度的重要性和必要性，将政府法律顾问制度建设工作列入重要
议事日程。各部门要积极配合，主动搭建工作平台，建立健全重
大决策、重大项目的法律风险评估制度，在重大决策和重要文件
出台、重大项目论证实施的过程中，重视听取和吸纳法律顾问的
意见和建议，为法律顾问发挥职能作用提供便利和创造条件，做
到共同参与，形成合力，推进政府法律顾问制度建设工作取得成
效。同时，要建立健全符合政府法律顾问制度发展要求的考核评
价体系，并将政府法律顾问制度考核工作纳入"法治南屏"建设
的考核内容，形成政府法律顾问工作的长效机制。二是紧紧依托
司法所职能，在夹缝中开展基层法律服务。如司法所司法助理员
（同时为基层法律服务工作者）刘美振在从事基层司法行政工作
中，有意识地附带为当地群众提供法律服务的经历，即是例证。
据刘美振介绍，他是南屏瑶族乡成立司法办公室后的第四个乡司

法助理员，也是广西第一批取得基层法律工作执业资格的法律服务工作者。但由于南屏瑶族乡在较长时间内只有他一个司法助理员，因而基层法律服务工作实难以启动和开展。从 2004 年乡司法办改为司法所时，虽然司法所 2004—2006 年仍然就他一人，但基于全国各地广泛开展基层法律服务的启示和影响，以及当地群众对法律服务的需求，他开始在工作中或工作之余尝试为南屏瑶族乡的群众提供法律服务。开始，虽然有了基层司法的基础，处理了较多的农村矛盾纠纷，同时也专门到广西政法管理干部学院脱产培训了两个月，但对于全新的、不同于基层司法行政工作的基层法律服务，刘美振还是感到了诸多的不适，加之繁多、琐碎的本职工作让他力不从心，一度有过放弃提供法律服务的念头。但在成功代理一起案件并受到当事人的赞许之后，尝到"甜头"的他逐渐树立起了信心，并越发有了自豪感，于是便一直坚持下来。据他估算，至 2012 年法律服务工作被县司法局叫停为止，他共为当地群众代理了 15 件左右的诉讼案件和 20 件左右的非诉讼案件，同时还为群众代写及解答了一大批法律文书和法律咨询。至于业务收费问题，考虑到群众的对法律服务的急需及生活困难，他基本不收取费用，对于一些案情复杂、路程较远且交通不便、耗时较长，当事人在经济上又能承受的案件，只是收取一定的费用用于交通、伙食等方面的开支。总之，他为当地群众提供的法律服务更多体现的是无偿性，所进行的法律服务工作基本上受到了当事人的好评，取得了较好的社会效果。

（二）田林县八渡瑶族乡

2014 年 7 月 24 日笔者前往田林县八渡瑶族乡司法所调研，

接待笔者的是司法助理员杨志春。据他介绍，因其另一同事调入县检察院工作，目前乡司法所在编在岗的只有他一人，是典型的"一人所"。杨志春首先向笔者介绍了他的个人简历，他说他今年已53岁了，于1977年至1979年在百色民族师范学校读书，1979年12月至1987年7月在该县潞城瑶族乡那帮村小学任教。1987年8月至1992年4月在八桂瑶族乡司法办工作，任司法助理员。1992年5月至1997年6月在八渡瑶族乡司法办工作，任司法助理员。1997年7月至2005年5月在田林县司法局法律服务中心工作。2005年6月至2009年12月病休在家。2010年元月到八渡瑶族乡司法所工作至今。除开病休的时间不算，他从事司法行政工作的时间近24年，是名副其实的"老司法"，具有丰富的基层司法行政及法律服务工作经验。介绍完他的简历，杨志春向笔者介绍了司法所的办公设施。他说，八渡瑶族乡司法所的办公硬件设施基本能满足工作开展的需要。一是于2009年建成了司法所办公楼，面积约296平方米，共二层。第一层用于司法所的一般性工作，第二层是八渡瑶族乡人民调解委员会的调解室；二是司法所有1部五羊本田摩托、10套办公桌椅、两台电脑、1台多功能复印机、1台打印机及3个资料柜等。随后，就近年来八渡瑶族乡司法所开展法制宣传教育、调解、排查化解社会矛盾纠纷、社区矫正及参与社会治安综合治理等工作开展情况一一向笔者作了介绍，并拿出相关的统计数字及具体案例予以说明。

当谈及该乡的基层法律服务时，杨志春告诉笔者，由于该乡司法所长期缺少人员编制，同时也没有取得基层法律工作执业资格的基层法律服务工作者的储备，因而不符合相关规定而无法设立法律服务所，这是该乡目前存在的最大短板之一。然而，八渡瑶族乡的现实情况以及发展特别需要法律服务。一是本乡面积较大，人口较多。2005年八渡瑶族乡、福达瑶族乡建制合并（沿用八渡瑶族乡名称），合并后全乡总面积701平方公里，辖17个行政村、122个自然屯、138个村民小组，是田林县第二大乡。2011年末统计全乡总户数为5168户，总人口为22349人。二是该乡资源丰富。首先是盛产八渡笋，系清代贡品八渡笋的原产地，是名副其实的"八渡笋之乡"，目前全乡的八渡笋种植面积达4万多亩。三是土地及矿产资源丰富，全乡共有耕地面积2544公顷，其中水田666公顷，旱地2066公顷，并蕴藏着丰富的金矿、锑矿、石英矿等矿产资源。再次是森林资源丰富，全乡有林地面积57600公顷，森林覆盖率达82.3%。主要用材林有松、杉、桉及青岗树等，主要经济林有油茶、油桐、八角等。四是水电资源丰富，乡内主要河流有8条，其中驮娘江流域建有福达、那读、那拉3座水电站，装机总量17500千瓦，另投资23亿元的瓦村电站也已开始动工建设。在以上这些客观情况的基础上，在进行经济社会各项事业的建设中必然会产生很多法律问题或者各种社会矛盾纠纷，如招商引资会产生土地征用、补偿等法律问题，水电开发会产生移民安置等法律问题，全乡17个行政村中有5个被田林县定位为贫困村，都是地处偏远的村，群众自我发展能力不足，脱贫工作任务艰巨。同时，本乡维稳和安全生产形势严峻。全乡目前仍有40多起山界林权纠纷，调解难度大，很多是多年的历史积案；矿山的偷挖和盗采现象时有发生，带来的安全隐患较大；等等。所以，这些现实情况都应有相应的法律服务。由于没有法律服务所，只能在履行司法所的职能中附带开展法律服务了（当然司法所的职能与法律服务的范围本身就有一些重合），主要是进行法制宣传教育、解

答法律咨询、办理法律援助、代写法律文书等等，还办理过几件
见证业务，而诉讼和非诉讼代理则没有、也无从开展了，同时由
于不是规范的法律服务，所以本乡的法律服务全部为无偿提供，
当然也就无所谓业务收费及收入了。杨志春给笔者提供了自 2012
至 2014 年 6 月司法所的解答法律咨询、办理法律援助及办理见证
3 项内容的业务报表，现抄录如下：

表 2.56：八渡瑶族乡法律服务业务统计表（2012—2014 年 6 月）

年份	解答法律咨询（人次）	办理法律援助（件）	办理见证（件）
2012 年	56	13	1
2013 年	57	17	0
2014 年 1—6 月	34	13	1

通过对南屏瑶族乡和八渡瑶族乡两民族乡基层法律服务开展
的"面"的调查，笔者的总体感受是喜忧参半。喜的是尽管两民
族乡因不符合条件而无法设立基层法律服务的平台，但基于基层
法律服务的需求，在基层政府的支持下，他们还是在行使司法所
职能的过程中力所能及地开展着一定范围、一定程度的基层法律
服务，展现了在夹缝中生存的不屈精神，实属不易，也为之欣慰。
忧的是两民族乡提供基层法律服务资源的严重缺乏，在推动当地
法治建设中所表现出的后进不足。在笔者所调研过的民族乡中，
无论土地面积，还是居住人口，南屏瑶族乡和八渡瑶族乡应算是
其中较大的民族乡，而且两乡都存在着较多的纠纷积案，这些乡
情决定了应当建立及配置与之匹配的法律服务机制和法律服务
力量。

第三章
广西民族乡法治建设中存在的问题

在全国开展法治建设如火如荼的今天，广西民族乡也显然予以及时的跟进。在上一章，笔者已把民族乡在散居少数民族权益保障、人民调解、法制宣传教育、社会治安综合治理及基层法律服务五大板块的法治建设的具体开展，作了一一呈现。我们发现，民族乡各项法治建设均取得了较好的成效，总体上呈现出可喜的一面。

但是，在调研中笔者也亲身感受到，广西民族乡的法治建设尚存在着诸多令人担忧的问题。归结起来，广西民族乡法治建设中存在的问题表现为两个层面：一方面表现为当前民族乡在法治建设开展中尚存在着许多不足或缺失。该方面的问题指的是在法治工作开展的诸项条件均已得到较好满足的前提下，法治指标却没有达到理想的预期。造成该方面问题的原因来自亲历法治建设的工作人员自身，亦即工作人员在对法治建设的热情上没有达到足够的饱和状态（如工作中不认真、办事拖沓、敷衍了事、只顾形式而不顾效果等等），从而导致法治工作效果存在不完美之处。另一方面表现为民族乡法治建设面临或处于严重的现实困境。该方面的问题指的是因缺乏某种资源的正常供给而导致法治建设无法或难以开展，强调的是客观方面的不利因素，如法治工作人员数量紧缺、经费无保障、办公条件落后等等，这些困境成为制约民族乡法治建设顺利开展的重大瓶颈。

为了对所出现的问题提出有效的解决之道，本章将对民族乡调研中发现的问题及成因尽可能作出较为全面、深刻的揭示。

第一节　广西民族乡散居少数民族权益保障存在的问题

一、广西民族乡散居少数民族一般权益保障中存在的问题

笔者通过调研发现，广西民族乡散居少数民族一般权益保障存在的问题主要表现在政治生活方面，包括政府行政的参与与村民自治权的实现，以及少数民族干部的培养与使用措施的落实等。

（一）参与行政的深度与广度不够①

尽管如前所述，广西在系列立法、行政规范性文件中对保障民族乡散居少数政治参与权作出了较为全面的规定，同时在具体实践中也注意为少数民族参与政治生活建立健全了一定的制度和机制，并实际为其践行了一定程度或范围的政治参与活动，但是，当前广西民族乡少数民族参与政治生活的深度与广度显然不够，与法治建设的目标及要求相比，尚存在较大差距。在调研中，一

---

① 该方面的问题还可参见本书第二章"广西民族乡法制宣传教育的实践及成效"一节中的相关内容。

些民族乡人大代表向笔者反映，政府在发扬民主方面还算中规中矩，也不时吸纳了人大代表提出的一些经济社会发展等方面的建议和意见（或倡议），对人大代表提出的某些咨询也予以重视并能在一定期限作出答复或说明。当然，还存在着一些不如人意的地方。最主要的问题是，政府对一些拟定的决策一般只是给予一次的征询意见机会，而没有给予继续跟进的平台，从而无法在参考他人意见或经深思熟虑的基础上把形成的更成熟、更科学、更合乎实际的建议汇集到政府决策中。同时征询意见的方式一般选择集中开会进行，时间的受限使人大代表提出的建议和意见缺乏针对性、实效性。另外，目前的民主渠道还较为狭窄，如对征询意见的人群一般选择在乡人大代表和极少数群众（如村委会成员和小组组长）的范围，而没有向广大群众开放，从而使政府决策缺乏达成广泛共识的基础。

　　另外，民族乡一些普通群众向笔者反映，虽然有的人大代表有时有过向他们征询和听取意见与要求的情形，但这些意见与要求一般为概括性的，就政府的某一项具体行政决策他们还从没有发表和提出过意见与建议的经历。在问卷调查中，在回答"本乡政府制定各种行政规范性文件时是否听取过您的意见"问题时，受调查者绝大多数回答"从没听取过"，极少数回答"听取过，但不多"。其中，东山瑶族乡清水村41人中有35人选择"从没听取过"，占85.4%；南屏瑶族乡江坡村平在屯60人中有55人选择"从没听取过"，占91.7%；灌阳洞井瑶族乡小河江村34人中有31人选择"从没听取过"，占91.2%；凌云县沙里瑶族乡果卜村果卜屯21人中有20人选择"从没听取过"，占95.2%。详细情况见下表：

表 3.1：民族乡村民"乡政府制定行政规范性文件听取群众意见"调查数据统计表

村屯名	回答人数	从没听取过	听取过，但不多
清水村	41 人	35 人，85.4%	6 人，14.6%
江坡村平在屯	60 人	55 人，91.7%	5 人，8.3%
小河江村	34 人	31 人，91.2%	3 人，8.8%
果卜村果卜屯	21 人	20 人，95.2%	1 人，4.8%

（二）村民自治权的行使与落实程度不够

如前所述，目前民族乡村民自治权的保障虽然呈现出较好的状况，但只限于一定的程度和范围。从调研情况分析，村民自治权的保障总体上还存在着较多不尽人意的地方。其中，以下两个方面表现得比较突出：

问题一：村务公开不理想，村民民主监督权没有有效实现

关于村务公开，无论国家层面，还是地方层面，都有明确、具体的规范条文规定。首先，《村民委员会组织法》规定了村务公开制度，随后中共中央办公厅、国务院办公厅在 2004 年 6 月 22 日制定的《关于健全和完善村务公开和民主管理制度的意见》中，明确"要求各村设立村务公开监督小组，负责监督村务公开制度的落实"。其次，《广西壮族自治区实施〈中华人民共和国村民委员会组织法〉办法》规定，村应当建立由村民会议或者村民代表会议在村民中推选产生的村务监督委员会，负责对村民委员会在村务公开方面的事项、内容、时间、程序、形式进行监督。同时规定，涉及村务的一般事项至少每季度公布一次；集体财务

往来较多的，财务收支情况应当每月公布一次；涉及村民利益的重大事项应当随时公布。尽管有了以上的成文规定，大多村委会也都制定了村务公开的制度及措施，然而，笔者在调研中发现，成文规定在某种程度上讲成为了一种摆设，制定的村务公开制度及措施也多数为应付检查的形式主义做法。实际上，目前民族乡的许多村在村务公开方面折扣很大，没有把村民自治权的行使落实到位。据一些受访的村屯普通群众反映，他们有时也不经意间能看到村务公开的一些信息，但总体感觉村务信息公开的内容及时间过于碎片化且没有规律，至于一些他们特别想知晓的信息，则很少或基本没有看到。根据笔者对一些村委会成员的采访以及笔者的观察进行总结，村务公开之所以不理想，有以下一些原因：

一是公开村务的硬件设施不完善。如有的村目前还没有自己独立公开信息的地方，如南屏瑶族乡渠坤村的村务"公示栏"置于村委左侧尽头的侧墙上，此处与广场相邻，并不是渠坤村"公示栏"的专属区域，而是与各式商业广告的"共舞"之地，村务信息有的张贴不久（短的一天，长的两天）就往往被一些商业小广告迅速"侵占"，信息公开效果欠佳。有的村虽然专门设置有公开村务信息的地方，但信息载体不是因窄小或破败而根本无法承载应有的信息量，就是因其为露天设置（不是玻璃橱窗）而导致村务公开的效果受限，如八腊瑶族乡甘洞村的村务"公示栏"载体就设在村委办公楼大门前的左侧（露天），该载体高约2米、长约4米，为水泥砖混结构，笔者发现该载体总体已非常陈旧，正面有几处的黑色油漆已脱落（露出灰色的墙体），显然很难用书写方式公示村务（笔者到此调研时，上面无任何信息内容）。

二是村务公开平台被挪作他用。虽然有的村有了完好的公开村务硬件设施，但未必能按有关规定的事项、内容、程序、时间顺利且完整地公开出来，主要原因是这些载体被有关部门不断的中心工作"侵占"了。当前，上级各级政府有关部门职能都有向农村延伸或下沉的任务，而每一项职能的下沉或工作任务的完成都要进行相应的宣传或介绍，这些都不断需要占用村委的"公示栏"载体。同时，为此还要制作各种标牌及制定各种诸如工作的制度、措施、流程等，需要悬挂和张贴在村委会办公楼的各办公室里（以表示其在农村的存在），由此，如要把村务信息公开在村委办公室里显然也难以做到。总之，目前村委已几乎没有了公开村务的空间。如南屏瑶族乡英明村，在其村委办公楼前的一块较开阔的水泥坪上不仅建有一排崭新的用于公示各类信息的砖混结构墙体，且在办公楼右侧还有两处信息公示设施（一处为一块高约 2 米、长约 2.5 米的铁制牌子，另一处为一面较为陈旧的砖混结构墙体）。可以说，这是笔者在民族乡调研中发现的最为完好、信息承载量最大的村委信息公示载体。笔者 2014 年 6 月 18 日在该村调研时，发现这些载体上张贴的是农村计划生育法律规定及政策、党的群众路线教育实践活动及一些涉及农村的法律法规等方面的内容，而关于村务的信息未见登载。笔者走进二楼几间办公室，发现门框上方除挂有主任办公室、副主任办公室等牌子之外，同时还挂有人民防空工作站、12315 联络站、消费者投诉站、妇女之家等牌子，在其中两间办公室的墙上张贴有英明村"美丽南屏·清洁乡村"领导小组、英明村"美丽南屏·清洁乡村"村规民约、上思县公安局村警"三个六"工作法、人民防空工作站领导小组、人民防空工作站工作职责、党员管理制度、党员干部培训制度、党员发展制度、村团支部工作职责等 28 个方面的制度、职责。村副主任张竹生打开一木柜门，笔者发现里面还有很多牌子没有挂出来，张副主任说，由于空间有限，他们为了应付检查只好采取"根据上面检查的内容来决定挂哪些牌子"的方法。由此足见村委会办公楼空间被挤压的程度。

三是村委会成员无力、无暇及怠于顾及村务公开工作。村委会成员平时的工作量大而琐碎，同时他们不仅要尽力完成好本职工作，还要完成较多的以社会治安综合治理（平安建设）为中心的兼职任务。而村委会成员目前的津贴大致为每月 800—1000 元，显然无法维持家庭的正常生活，所以还得要抽出较多的时间去发展家庭经济。这样，在完成工作与搞好家庭经济之间的拉锯中，村务公开工作自然要受到很大的影响（何况有的村务还是细活，要花费很大的精力和占用很多的时间），村民的自治权大打折扣在所难免。甚至这种状况导致他们既不能把工作做好，又不能把家庭经济搞好，形成恶性循环。当然，这其中并不排除某些村委会成员本身固有的惰性或缺乏热情，而致工作极不负责任的状况。

问题二：村委选举过程与结果不理想，民主选举权没有得到切实保障

对于村民委员会的选举，广西新近制定并实施的《广西壮族自治区村民委员会选举办法》（下称《选举办法》）就村民委员会选举的原则、选举工作机构、选民登记、候选人产生、选举程序及法律责任等作了较为详细而科学的规范，为村民委员会选举的正常进行提供了较好的支撑和保障。但从调研情况看，目前民族乡在村民委员会选举中还存在着一定、甚至严重的问题，有待加强改善与解决。主要表现为：

一是政府部门侵犯村民自治权的现象还在一定程度或范围存在。尽管当前乡政权与村民自治的关系有了较大的改善，同时政府也在村委选举方面不仅予以高度重视并实际作了较扎实的指导、支持和帮助工作，但笔者在调研中还是感受到村民民主选举权存在着被间接或被变相侵犯的现象。总结起来，主要表现在提名村委会成员（特别是村委主任）候选人和投票选举方面。过去有的村委会主任的提名是由政府直接决定，现在虽然不明显表现为这种决定的直接性，但在该环节中往往掺和着政府的主导性意见（当然不排除有的是领导个人的意见），有的甚至还表现得较为强烈。如，在提名村委会主任候选人和投票选举时，有意安排有关人员（包括村民）给选民做工作，灌输政府提名某某为村委会主任并为其投票的思想。目前基层政府这种间接或变相侵犯村民选举自治权产生的缘由，实际上与过去并无大异，有的是为了表示行政权力在农村的存在（表现为一种强烈的控制欲望），有的则是心存杂念之下安排"自己人"进村干圈。其中主要的缘由，是对村民选举的人做村委主任不放心，担心他们管理不好而影响政府的政绩（目前在农村设定了诸如社会治安、经济社会发展等指标），认为只有自己信得过的人当选村委会主任才能治理好村政，从而为政府创造所期望的政绩。

二是村民妨害或破坏选举的状况在一定程度或很大程度上存在。如，一些经济发展较好或有经济发展潜力的村，其村委主任的选举表现出了非常紧张的局面。有村民向笔者反映，村委选举时是其村里最紧张、也是最热闹的时候。在有强大竞争对手的情况下，有的人为了胜出而当选村委主任，不仅上下四处活动、游说拉选票，表现出少有的所谓密切联系群众、关心群众生活的乖张一面，而且拉帮结派、抱团选举，甚至实施贿选，请吃喝有之，送红包有之，拉出去旅游的亦有之，总之是花样百出，举全家、朋友之力，八仙过海各显神通，可以说到了不惜一切代价的境地。普通群众则负责吃喝、旅游、收红包就是，谁请即去，随叫随到，红包照收不误。总之，谁在这方面的工作最到位，谁就能当选村委主任。同时，这种状况并不需要掩饰隐蔽，竞争对手间的各种不良活动都是公开进行。

　　三是较多外出务工的村民没有直接参与选举，无法表达其真实愿望。首先，按照《选举办法》的规定，村民直接提名候选人时，应当填写村民委员会成员候选人提名表。依此规定，如果村民选举委员会没有给外出务工村民提供《候选人提名表》或者外出务工村民没能以其他方法取得《候选人提名表》，那么他们实际上就没有参与提名村委会成员的过程，其提名权被忽略或被剥夺；其次，虽然《选举办法》规定选举期间外出不能参加投票的，可以书面委托本村有选举权的近亲属代为投票，但毕竟没有亲历选举现场，《选举办法》规定的"村民选举委员会应当向村民介绍候选人的基本情况，并组织候选人与村民见面，由候选人介绍履行职责的设想，回答村民提出的问题"的程序就无法得到满足。同时，有的长期在外务工，对家乡的许多情况（包括经济社会发展、人员素质等）缺乏了解，委托投票并不能代表他们的真实愿望。以上情形导致村委会的选举结果并不十分理想，正如有学者指出的：大量的、长期的农民人口流动给村民自治的健康发展带来了困难。一方面，长期在外经商打工的村民由于时空阻隔，难以直接参与村民自治活动，在量上降低了参与的有效性；同时，由于外出村民多是文化素质较高之人，又在质上影响了参与的有效性，这必然会降低村民自治的质量。①

四是人口较少民族的选举权被忽略。笔者在调研中发现，目前民族乡各村屯一般表现为两个以上的多民族的杂居状况，即使有的村屯居住的是某一个建乡的民族，也都会同时夹杂居住着其他的人数较少的民族。根据《选举办法》规定，对于多民族村民居住的村，其提名村委会成员中应当有人数较少的民族的名额。而从调研情况看，现实情形并非如此，有的民族乡村委会成员提名中全为人数多的民族所占据，从而造成人口较少民族的被选举权的落空。

（三）少数民族干部的培养与使用措施落实不够

尽管如前所述，广西有关部门从战略的高度充分认识到了培养选拔少数民族干部工作的重要性，但从调研情况看，民族乡少数民族干部的培养与使用方面出现了较大问题。突出的问题表现在：

一是少数民族人才来源的渠道狭窄，民族乡干部近年来出现了来源脱节现象。如同乐苗族乡有公务员编制 36 人、后勤编制 3 人，目前在编在岗的公务员为 31 人（其中有 2 人被县直部门借调）、后勤为 2 人，共空缺 6 人。公务员数量无法满足基层实际工作需要，是笔者对民族乡在该方面调研的总体印象。如，民族乡司法所"一人所"的现象就较为突出，由于司法所承担了较多的职能，且为预防和化解社会矛盾纠纷的主要力量，其工作面之宽、压力之大，

---

① 顾航宇、叶耀培："目前影响村民自治质量的几个因素探析"，载《社会科学》2000 年第 1 期。

可想而知。造成民族乡民族干部（公务员）来源脱节的原因，主要有以下两个方面：首先，本地的大中专毕业生一般都不愿回来，愿回来的又考不上（往往考不过汉族等别的民族的考生）。现在的国家机关和单位的人员编制管得很严，凡进必考。同时，乡级各单位、各部门在人员补充时，基本上没有设置专门聘用、选拔少数民族干部的岗位。其次，组织、人事部门在推介中没有对民族乡少数民族毕业生在同等条件下给予优先推介。另外，对参加国家公务员考试的民族乡少数民族青年，组织、人事部门没有主动帮助他们向上级争取特设岗位，同时给予降低录取的照顾分太少，降幅不够，从而使民族乡少数民族青年考取的成功率不高。

　　二是对民族乡少数民族干部培养的机制不健全，提拔使用力度不够。主要表现在：（1）培训形式、培训内容较单一，且培训层次较低。目前民族乡干部的培训除乡的理论中心组进行日常的学习外，一般被安排在当地的县级党校进行，培训形式一般以理论学习为主，内容一般为党在各历史时期作出的重要文件及领导的重要讲话精神，总体上缺乏到更高一级党校及其他全日制高等学校学习的机会，也缺乏实践知识及其他领域知识（如专业技术）的培育。（2）交流层次底，且范围狭窄。目前民族乡干部一般都在同一层次或级别进行交流，缺乏到更高层级进行学习、观摩的实践。如，笔者在调研中发现，民族乡的司法所所长一般就是从另一个乡的司法所所长交流（调任）而来。同时，交流基本在县相关部门的调配下在县辖区范围内进行，缺乏向县以外的单位和人员学习的机会。由于以上原因，民族乡干部无法得到扎实而有效的锻炼和成长的空间，致使有的民族乡乡长长期得不到提拔使用，同时因建乡的民族干部由此无法提拔上升至乡长，而导致民族乡现任乡长不得不长期坚守在本地。有的民族乡由于没有建乡的民族的人才跟进，形成了只能在建乡民族相同的两个民族乡现任乡长之间进行相互交流的现象（如两个瑶族乡的现任乡长出于交流的需要而对换位置），而且这种现象维持的时间还不短。[①]

二、广西民族乡散居少数民族特有权益保障中存在的问题

建国 60 多年来，特别是改革开放 30 多年来，广西民族乡散居少数民族群众在各级党委、政府的领导及大力支持下，经济社会事业有了长足的发展与进步，人民生活面貌呈现不断改善之势。然而，比起其他地区来，广西民族乡的经济和社会整体发展水平还不高，某些民族乡村屯的生存和发展条件还没有得到较大程度的改变，甚至还十分落后。这种状况虽然是受历史基础和地理条件等固有因素的制约与影响的结果，但笔者认为，广西对民族乡散居少数民族特有权益保障中存在的问题，当是造成当前民族乡整体发展水平落后的根本原因。虽然《民族乡行政工作条例》（以下简称《条例》）等相关法律法规赋予了民族乡散居少数民族诸多

---

① 2011 年 5 月，中央党校"新形势下的民族宗教理论与实践"课题组赴广西考察，就广西少数民族干部培养与使用中所存在的问题作出了与笔者调研结果基本一致的总结：（1）目前全区少数民族干部 41 万人，占全区干部总数的 36.22%，低于在总人口中的比例（38.8%）。（2）规定自治地区（县）的主要领导干部由自治民族担任，换届时若缺乏胜任的人选只能连任。基层的民族干部出现断层，一些民族乡的乡长几十年都是同一个人担任。（3）民族干部的来源萎缩。过去少数民族干部多从民族中专毕业，因不包分配，现已无人上民族中专。过去从小学到大学（预科）都有民族班，经济上的特别照顾有吸引力，现在贫困学生都有照顾，民族班无吸引力，很难完成招生名额。大学本科毕业生很少回来，基层民族干部后继无人。同时，外调或外考干部由于语言不通，深入工作十分困难。参见中央党校"新形势下的民族宗教理论与实践"课题组："广西民族问题调查报告"，载《科学社会主义》2011 年第 5 期。

特有权益，但从调查情况看，涉及民族乡散居少数民族特有权益保障落实最为彻底、最为坚决的只是各民族乡的乡长由建乡少数民族的公民担任这一项，而其他特有权益的保障有的则落实不到位，有的甚至处于落空状况，亟须重视并予以解决。下面以全州县东山瑶族乡、上思县南屏瑶族乡、天峨县八腊瑶族乡、三江侗族自治县同乐苗族乡和融水苗族自治县滚贝侗族乡为例，对民族乡散居少数民族特有权益保障中存在的具体问题作一呈现。

（一）政治生活参与权利落实不够

虽然《条例》规定民族乡人民政府配备工作人员时，应当尽量配备建乡的民族和其他少数民族人员，但现实并非如此。大多数情形下，民族乡人民政府工作人员中少数民族干部所占的比例与少数民族人口的比例不相适应，有的甚至极不相符。[1] 如，天峨县八腊瑶族乡 2013 年末总人口为 21937 人，居住着瑶、壮、汉、毛南等民族，其中少数民族人口 6953 人（瑶族人口 4319 人），占总人口的 35%。现有工作人员 51 人，而 2010 年时政府工作人员中只有 3 个瑶族干部。虽然现有瑶族干部 5 人，壮族干部 6 人（其他少数民族干部目前空缺），但显然与"尽量配备建乡的民族和其他少数民族人员"的规定尚有差距。又如，上思县南屏瑶族乡主要居住着瑶、壮两个民族，据 2012 年统计，全乡总人口为 13385 人，其中瑶族 6197 人，占全乡人口的 46.3%，政府工作人员 58

---

[1] 当然，也有少数民族乡在干部配置上尽可能考虑了建乡的民族或其他少数民族人员，而且还比较理想。如，滚贝侗族乡的公务员目前为 24 人，其中侗族 8 人，占该乡公务员队伍的 33.3%。又如，夏宜瑶族乡目前政府公务员 19 人，其中建乡的瑶族干部 7 人，其他少数民族 2 人，占该乡公务员队伍的 47.4%。

人，而瑶族干部为 11 人，显然与其在总人口中的比例不适应。再如，三江同乐苗族乡，全乡目前人口 10232 户 43782 人，其中苗族 19728 人，占全乡总人口的 45.06%，乡政府工作人员 33 人中（其中 2 人被借调到县直有关部门），苗族干部只有 8 人，与其在总人口中的比例也不适应。特别强调的是，同乐苗族乡政府工作人员中有 14 人为本乡人（这 14 人中只有 2 人为苗族），有 19 人来自外地，融水同练瑶族乡总人口 10916 人（2012 年末），其中瑶族人口 5259 人，占总人口的 48.18%，乡政府公务员 23 人，民族干部只有 6 人。南丹县的八圩瑶族乡和里湖瑶族乡，由于长期以来缺乏对瑶族干部的培养和使用，致使两民族乡的乡长只能一直"坚守"，民族乡人大代表数量也基本没有体现建乡少数民族及其他少数民族的权益。少数民族干部配备比例偏低的直接后果是因语言障碍和风俗习惯等导致工作不便。

（二）经济发展自主权基本落空

一是没有财政自主权。由于财政体制已改为现行的财政国库集中支付制度，已经不存在"财政包干体制"下的"超收"和"节余"情况，所以《条例》关于"乡财政收入的超收部分和财政支出的结余部分，应当全部留给民族乡周转使用"的规定，目前实际上已为虚设，亦即民族乡的该项特有权益已全部落空。同时据调查，所有民族乡每年的经费开支都由其县财政按人头计算拨付，与其他乡镇一视同仁。由此，《条例》关于"民族乡的财政按照优待民族乡的原则确定"以及"民族乡的上一级人民政府在编制财政预算时，应当给民族乡安排一定的机动财力"的规定，也被虚置。二是自然资源开发利用的自主权受制约。广西民族乡的散居少数民族，一般生活在自然资源比较丰富的地方，特别是森林资源十分丰富。如，三江同乐苗族乡的林地面积为 30 万亩，森林覆盖率达 79.38%；上思县南屏瑶族乡的有林面积约 42 万亩，森林覆盖率达 75.2%。然而，随着国家不断对自然保护区水源林和生态公益林的划定，民族乡拥有的自然资源开发利用的自主权也随之大打折扣。目前民族乡面临最大的问题就是，诸如对林木采伐地点的圈定、数量指标的确定以及社会采伐主体的确定等都由上级林业部门掌控，而民族乡则没有任何的分配决策参与权，导致民族乡的少数民族无法优先合理开发利用，也无法享受自然资源带来的利益。另外，由于民族乡政府没有决策参与权，而某些林业部门缺乏地方行政管理经验，并在利益的导向下，往往作出一些不科学的采伐行为，从而导致有的民族乡的一些村民长期以来严重缺水，给他们的生产、生活带来很大的困难。如天峨县八腊瑶族乡的八腊村和洞里村 2000 多人由此造成用水困难，便是例证之一。另外，民族乡面临着实施退耕还林以及自然保护区水源林或生态公益林划定后带来的新的困难，耕地的减少造成一些少数民族的生存出现问题，"靠山吃山、靠水吃水"的生存法则已被打破。一方面水源林或生态公益林的补贴过低，每亩每年只有 14.75 元，而国有林的补贴每亩每年则只有 4.75 元；另一方面导致有的散居少数民族整村搬迁，造成生产生活极为困难。如上思南屏瑶族乡渠坤村的六龙屯瑶族村民，原居住在米强村，因其自然条件十分恶劣，20 世纪 70 年代便响应号召，实施整村搬迁至目前所在地，一面耕田种地以解决粮食问题，一面继续回原居住地山林采割松脂以提高生活水平。但 90 年代后该屯原居住地的山林全部划为自然保护区水源林，该屯村民突然面临着生存问题。因为 1982 年分田到户时每人水田 0.35 亩、旱地 0.05 亩，现全屯已有 158 人，只能靠跟邻屯的群众以每亩 250 斤的高租粮租田耕种和每亩 80—100 元的租金租一些坡地种甘蔗才能勉强维持生活。

（三）享受国家帮助权落空或落实存在折扣

首先，目前国家信贷部门（银行）已纷纷市场化、商业化，且有的商业银行基于利益考虑没有在县级建立支行，即使有的建立了也纷纷撤销，民族乡已普遍很难得到信贷部门的优惠或特殊照顾。如笔者在上思南屏瑶族乡江坡村调研时，妇女主任蒋春梅告诉笔者：她曾向银行贷款 1 万元用于种植蘑菇，但尽管去了多次也等了很久，还是没有办成，最后只好作罢。村支书刘志武坦言：银行现在谋取的是最大利益化，而我们村没有任何可开发又能使利益最大化的项目，且银行贷款还需要财物抵押，由此我们瑶族村根本没有也无法享受到国家信贷方面的优惠政策。

其次，由于国家税制改革，地方对国税部分没有减免权，而地税部分则因地方财政吃紧，各地实际上也无法或者很难在民族乡实施减免税收政策。同时，目前广西民族乡大多因自然条件恶劣、基础设施落后、交通不便等原因，招商引资存在极大的困难，加之资金、专业技术人才缺乏，致使民族乡企业无法得以创办及顺利发展，从而也无减免税收措施实施的前提。如，天峨县八腊瑶族乡目前还没有一家企业落户；三江同乐苗族乡除一些零星的不成规模的家庭自办茶叶加工厂、木材加工厂外，也没有创办真正意义上的企业；全州东山瑶族乡的第三产业就是几家简易的招待所、餐馆和个体运输户；等等。由此，《条例》关于以减免税收措施扶持民族乡经济发展的规定形同虚设。

再次，据笔者调查，虽然国家和广西为支持少数民族和民族地区加快经济社会发展，在扶贫、教育、基础设施建设等方面设立了诸如扶贫资金、少数民族发展资金等各种资金项目，但目前县级以上地方各级人民政府几乎没有专门为民族乡设立各种支助和发展资金项目，以示对民族乡的倾斜，而是与其他民族一起作"打包"或"捆绑"处理。即不管是民族乡的散居少数民族，还是其他民族（包括汉族），凡需给予照顾的，在分配资金时都均等对待，没有专门针对民族乡散居少数民族的特殊安排。多数民族乡的散居少数民族村民认为，其民族与其他民族相比，不仅没有得到特殊照顾，甚至政府还有有意偏袒其他民族的现象。

（四）教育文卫等特有权益被忽略

首先，受教育权存在被"遗弃"的状况。从表象上看，受调查的民族乡基本完成了初中、小学及完小（含教学点）的创建，且教室、学生宿舍、学生饭堂、教学设备等办学条件也基本完善，能基本满足学生的学习及生活的需要。但客观现实表明，民族乡的整体教育水平仍然相当落后。据笔者调查，民族乡的村屯很多处于分散或零星分布的居住状态，屯与屯、户与户之间不仅距离较远，而且有的地方住的就二三户人家。由于人口不相对集中，教育的投入和产出就会难以成正比。这样，为了不给该县的教育水平拖后腿，有些民族乡的县级教育行政部门在打造"教育大县"的导向下，自然更多的是考虑往本县有教育优势的地方集中"火力"投入，而没有考虑向民族乡倾斜，甚至忽略了民族乡的教育发展。由于教育经费的投入存在偏好性和选择性，直接造成了民族乡教育经费投入的严重不足，使民族乡本来相对落后的教育将会面临更加严峻的局面，最后陷入恶性循环的泥潭。其中最突出的问题是：年轻教师不愿进入或留守，造成民族乡教师老龄化严重，教师队伍普遍出现断层现象。如，融水滚贝侗族乡小学教师的平均年龄已达到53.7岁；三江同乐苗族乡中心小学现有教师148人，其中41～50岁的有53人，51～60岁的有59人，大龄教师占整个教师队伍的近80%。老教师虽然教学经验丰富，但知识结构的缺陷及新教学理念的缺乏，显然已无法适应现代教育的要求。若无法及时改变这种状况，民族乡教育事业的前景将堪忧。

其次，卫生事业发展受助的权益缺损。目前，虽然受调查的民族乡已基本在乡一级设有卫生院，在其所辖行政村设有卫生室。但是，医疗条件总体上还不能令人满意：一是医务人员的数量较少，尚不能满足乡民看病治病的需要。如，全州东山瑶族乡目前总人口32226人，而全乡的医护人员只有16人（其中护士4人），医护人员数量、特别是护士数量占全乡总人口的比例有一些偏低。二是医护人员的质量不高，尚难以应付某些疑难杂症。如，全州东山瑶族乡目前尚无副主任医师；融水同练瑶族乡目前只有执业医师2人、执业助理医师3人、注册护士3人。三是医疗设施配置不饱和。如，上思县南屏瑶族乡卫生院的病床只有6张。

第二节　广西民族乡人民调解工作存在的问题

一、当前广西民族乡人民调解工作存在的不足

（一）人民调解委员会成员组成不合理

从前述表2.13至表2.18及依据笔者的具体调研发现，目前广

西各民族乡的人民调解委员会成员均为清一色的兼任。其中，乡级人民调解委员会的人民调解员基本由司法所、派出所、国土所、水利站、林业站、计生办、妇联及综治信访维稳中心等单位工作人员组成，村级人民调解委员会的人民调解员均为所在的村党支部成员及村委会成员兼任。虽然兼任人员可能在某种程度上以其"领导"的身份提高了在百姓心目中的威信而有助于纠纷的调处，有其一定的优势，如在一定程度上能使这一职位在村权力结构中处于较为强势的位置，其所处的强势位置又会在一定程度上提升其权威，即村民把村干部视为有影响力的人，从而有助于纠纷的调解，[①] 但人民调解员的清一色兼任在某种程度上淡化了人民调解的专职、专业色彩，也弱化了人民调解员的职责神圣度。同时，从表 2.13 至表 2.18 看出，目前民族乡人民调解委员会普遍没有聘任一些在当地具有威信、公道正派、热心人民调解工作，且又具有丰富的"地方性知识"的人士担任人民调解员，使人民调解委员会成员的知识结构不具备适应多种或复杂情形下纠纷调处的需要。此外，在实践中，人民调解员的兼任还产生了如下两个重大弊端：

第一，乡级人民调解委员会存在"综而不合，合而不力"的现象。虽然从表象上看乡级人民调解委员会架构起了人民调解中的"大调解"格局，旨在改变调解纠纷各自为战、互不协调的局面，而且相比村级人民调解委员会，有着一支包括人数多、文化水平高、专业知识强的综合实力强大的调解队伍，对于不断涌现的民

[①] 张勤：《当代中国基层调解研究——以潮汕地区为例》，中国政法大学出版社 2012 年版，第 240 页。

间纠纷的调处提供了前提性组织保障和人员储备。然而，在实践中，这支貌似强大且正规的调解队伍面临着极大的"综而不合，合而不力"的现实困境。该问题主要发生在林业、土地领域的纠纷调处中，表现为成员之间的相互依赖和推诿扯皮。前者表现为有的人民调解员抱有懈怠的思想，不积极参与人民调解工作，认为有其他的骨干力量顶着，不会因自己一人的缺席而造成什么影响。如，有的民族乡林业站、土地所的工作人员经常不在岗位（说是被抽调到县林业局、县国土资源局忙于其他中心工作），使人民调解成为少数单位及人员包办、甚至某一家单打独斗的工作，并导致该领域纠纷的调解工作因缺乏专业技术的调解人员的参与而无法及时开展。后者则出于"三大纠纷"的调处究竟谁牵头、谁协助的"职责不明"的缘由，表现为成员之间的相互"谦让"。如有的民族乡规定，对于"三大纠纷"的调处应分别由林业站、水利站和土地所三家单位牵头，司法所等其他单位予以配合与协助。而林业站、水利站和土地所的工作人员则认为，调处民间纠纷应是司法所的责任，应由他们牵头，林业站、水利站和土地所则进行协助与配合。这种情形无疑产生了成员彼此间的抵触情绪，消极、怠工现象便随之产生，从而导致调解工作无法正常开展。总之，对于目前民族乡数量最多、最复杂且涉及专业技术知识的林木、林地及土地纠纷，由于成员之间没有形成合力，造成有的民族乡"三大纠纷"历年积案逐渐增多，对民族乡的社会稳定和人民群众的安定生活造成了极大的影响，人民调解的公信力也由此大打折扣。

第二，人民调解员的兼任（村级人民调解员即是通过村民会议或者村民代表会议推选）导致调解的效率、质量下降。兼职的人民调解员，不仅要完成大量的本职工作，而且还要参加政府大量的本职工作以外的中心工作，如清洁乡村工程、发动群众参保新农合、农村集体宅基地使用权登记发证、生态移民搬迁、发动群众发展种养经济，等等。同时，基于社会治安综合治理等工作的需要，他们有的还身兼或承担其他很多职务或职责，如南屏瑶族乡渠坤村党支书罗景业除专职村支部书记外，还兼任村治保主任、村联防队队长、村调解委员会主任、村支部党校校长、村清洁乡村领导小组组长等16个职务（详见表3.2）。乡村工作的繁杂性，一方面造成某些人民调解员不能按规定在人民调解委员会值班，致使人民调解委员会制定的值班制度无法落实，一些纠纷当事人从较远的村屯来到人民调解委员会，往往没有人接待，群众意见很大。另一方面，造成有的人民调解员无法专心致力于调解工作，不能抽出时间参与纠纷的具体调解。[1] 即使能或已参与了调解，也会因兼职带来的精力分散，而无法集中精力调处纠纷，这不仅影响了纠纷调解的及时性，而且调解质量也随之下降。[2] 总之，这种状况导致人民调解在民族乡农村已不具有很高的公信力。笔者在问卷调查中，专门设计了"您对村人民调解委员会及人民调解员的评价"的问题（选项有"满意"、"一般"、"不满意"和"不清楚，没发生纠纷"），在参与问卷调查且有过调解经历的村民中，多数回答"一般"，说明村民对村人民调解委员会及人民调解员的满意度不是很高（具体见表3.3）。还有一个不得不提及的问题，

---

① 笔者在调研中发现，有的村的调解员在任期内就从未参与过调解活动。

② 例如，由于人民调解员的精力分散，目前大多数人民调解委员会制定的回访制度基本处于落空状态，亦即人民调解员根本无力对调解协议的履行情况进行监督。

就是因村级调委会调解员无法抽出时间调解，大量的纠纷便涌上乡级人民调解委员会，造成乡级调委会负担加重。而"由于司法所是人民调解的主力军，这一状况导致司法所工作人员不堪重负，只能在疲于应付与恶性循环中苦苦支撑"。①

表 3.2：南屏瑶族乡渠坤村党支书罗景业专、兼职情况一览表（截至 2014 年 7 月）

类别	职务或职责	数量
专职	村党支部书记	1
兼职	村治保主任、村联防队队长、村调解委员会主任、村支部党校校长、村清洁乡村领导小组组长、村人民防空工作站站长、村计划生育领导小组组长、村计划生育协会会长、村人口学校校长、安置帮教工作组组长、村交通信息员、村气象信息员、村义务消防员、村流动人口协管员、村社会治安信息员、乡社区矫正志愿者。	16

注：上表反映罗景业兼职的数目，是根据其本人统计和南屏瑶族乡综治信访维稳中心《社会管理综合治理和平安建设工作台账》统计的合计。据罗景业介绍，其 16 个兼职只是粗略的统计，还有可能遗漏。

---

① 这是在马练瑶族乡调研时，司法所所长（同时兼任马练瑶族乡人民调解委员会主任）黄海波在给笔者讲述该乡人民调解工作开展状况时说的一句话。在司法所办公室门外的两侧，悬挂有平南县司法局马练司法所、平南县马练瑶族乡群众工作中心、马练瑶族乡群众工作中心妇女儿童维权服务岗、马练瑶族乡群众工作中心法制宣传法律服务中心、马练瑶族乡群众工作中心信访接待纠纷调解室、马练瑶族乡群众工作中心信息中心、社区矫正办公室、安置帮教办公室、马练瑶族乡综治信访维稳中心、平南县法律援助中心马练工作站、平南县医患纠纷人民调解委员会马练工作站、马练瑶族乡维护社会稳定工作中心、平南县马练瑶族乡社会治安综合治理委员会办公室，共计 13 块标牌。黄海波告诉笔者，这些标牌项下的工作都由他们所承担。司法所的工作之多、压力之大可见一斑。

表3.3：民族乡村民"对村人民调解委员会及人民调解员的评价"数
据统计表

村屯名	回答人数	满意	一般	不满意	不清楚，没有参加调解经历
清水村	41人	5人	8人	1人	27人
江坡村平在屯	60人	3人	8人	0人	49人
小河江村	34人	2人	7人	1人	24人
果卜村果卜屯	21人	1人	6人	0人	14人

（二）村级人民调解委员会成员组成存在不合法现象

首先，村级人民调解委员会委员基本没有经过民主推选产生。根据《人民调解法》的规定，村民委员会的人民调解委员会委员是当然的人民调解员，但要通过村民会议或者村民代表会议推选产生，每届任期三年，可以连选连任。但笔者在调研中发现，目前民族乡村级人民调解委员会委员（人民调解员）的产生大都没有经过村民会议或村民代表会议的推选程序。笔者在与一些村民交谈时，他们普遍反映只是了解村民委员会的选举，也参加过村民委员会的选举，不了解、甚至根本不知道人民调解员的推选事宜，也没有参加过村人民调解员之类的推选活动。笔者特询问了一些村民委员会成员，他们说也不清楚是如何被"选"为人民调解员的，也不清楚自己是否为人民调解员的身份，他们在调解村里纠纷的工作中，只是以村委会的名义或以村委会成员自居进行调解，而没有以人民调解员的身份进行，甚至压根就没有人民调解员的概念。他们估推，人民调解员一职，也许是上面直接定的，也许是村党支部和村委会成员自认为当然的村人民调解员，总之是没有推选过。村党支部和村委会成员直接兼职担任人民调解员易被群众解读为一种政府政治上的有意安排，从而让村级人民调解委员会失去了自治性质，村民自治权被剥夺之感便会油然而生。①

其次，有的村级人民调解委员会的成员组成不合法。根据《人民调解法》第八条第三款的规定："人民调解委员会应当有妇女成员，多民族居住的地区应当有人数较少民族的成员。"但从调研情况看，目前民族乡有的村级人民调解委员会组成成员中没有妇女成员或者没有人数较少民族的成员，其成员结构既不合理，也不合法。应当说，村人民调解委员会成员中有妇女和人数较少民族的成员，是法律的硬性规定，既是对妇女和人数较少民族权益的保障，也是出于人民调解工作顺利开展及获取实效的需要。对此，有必要进行针对性的完善。

（三）调解协议书存在违法及不规范现象

1. 调解协议书存在违法的现象主要表现在以下两个方面：

（1）调解协议书没有人民调解员的签名或加盖人民调解委员会的印章。《人民调解法》第29条第2款规定："调解协议书自各方当事人签名、盖章或者按手印，人民调解委员签名并加盖人民

---

① 根据《村民委员会组织法》第25条的规定，村民委员会根据需要设人民调解等委员会，其成员可以兼任人民调解委员会的成员。其中人口少的村的村民委员会可以不设人民调解等委员会，由村民委员会成员分工负责人民调解等工作。但《人民调解法》规定，村民委员会的人民调解委员会委员必须通过村民会议或者村民代表会议推选产生，根据同一位阶或者是同一主体制定的法律出现冲突应遵循"新法优先于旧法"的规则，村级人民调解员显然再不能由村委会成员直接兼任。《人民调解法》如此规定，实际是赋予村民自治权的表现。

调解委员会印章之日起生效。"笔者在调查中发现，有的民族乡的人民调解委员会调解的许多纠纷，其调解协议书虽然有各方当事人及人民调解员的签名及按手印，但并没有加盖人民调解委员会的印章，而有的虽加盖了人民调解委员会的印章，却没有人民调解员的签名，致使调解协议书未生效。

（2）许多口头调解协议中没有记录协议内容。《人民调解法》第 28 条规定，"当事人认为无需制作调解协议书的，可以采取口头协议方式，但人民调解员应当记录协议内容"。而有的民族乡的人民调解委员会没有对此规定予以正确的理解，即不管当事人是否同意，人民调解委员往往自作主张以口头协议形式完结调解，另外并没有对协议的内容作出记录，并立卷归档，导致协议内容无法查询、无法统计，同时也会因没有固定协议内容而容易导致纠纷反弹。

2. 调解协议书存在不规范的现象表现主要有：

（1）当事人的基本情况缺漏或不全。如，有的调解协议书开门见山直接描述纠纷的争议事实，没有载明当事人基本情况的事项；有的调解协议书虽然载明了当事人情况的事项，但只是写明当事人的姓名和村名，而没有表明其性别、年龄、民族、文化、住址、身份证号码等详细信息，或者只注明"甲方"和"乙方"，没有写明谁是申请人和被申请人。

（2）当事人产生纠纷的主要事实、争议事项以及各方当事人的责任的表述缺漏、不全或不明。如，有的调解协议书既没有载明纠纷的主要事实，也没有确定争议的事项，而是在"人民调解协议书"标题之下直接书写双方达成的协议内容；有的虽写明了纠纷的主要事实，没有概括当事人争议的事项或焦点，或者没有分清当事人各自或一方的责任；等等。

（3）协议的履行方式、期间等方面规定不明确、不具体。如，某民族乡一调解协议书对双方当事人达成履行债务的内容是这样表述的：被申请人韦某某当日现场支付申请人林某 10000 元，尾款承诺于 2013 年底付清。其中，"当日现场"到底是指调解达成协议的"当日现场"，还是另有"当日现场"所指？"尾款"到底是多少？"2013 年底"是 2013 年 12 月 31 日，还是 2013 年 12 月 31 日前的某一天？"付清"是现金方式抑或其他方式？如此的用语模糊，极可能给调解协议的正确、顺利履行造成障碍。甚至，有的调解协议根本没有明确履行的时间、地点和方式的任何一项内容，这对保障协议的顺利履行带来了重大障碍。

（4）人民调解员和人民调解委员会的身份错乱。表现为有的人民调解员没有以调解员的名义调解和签名、并没有以人民调解委员会的名义盖章。如笔者在某民族乡的一份调解卷宗中，发现其调解协议书的首部部分表明的是"经乡政府领导及司法所、林业站等同志的调解，双方自愿达成协议如下"，其尾部部分的调解人签名是司法所 ×××、林业站 ×××，加盖的印章是 ××× 村民委员会（并非人民调解委员会）。笔者还发现有一份人民调解协议书加盖的印章是 ×× 乡法律服务所等等。

二、当前广西民族乡人民调解工作面临的困境

（一）普遍面临调解经费无保障、人民调解员无误工补贴、村级人民调解委员会无办公场所的"三无"困境

根据《人民调解法》的相关规定，"县级以上地方人民政府

对人民调解工作所需经费应当给予必要的支持和保障"，"村民委员会、居民委员会应当为人民调解委员会开展工作提供办公条件和必要的工作经费"以及"人民调解员从事调解工作，应当给予适当的误工补贴"。财政部、司法部 2007 年发布的《关于进一步加强人民调解工作经费保障的意见》（财行〔2007〕179 号）要求，司法行政机关指导人民调解工作经费列入同级财政预算，"地方财政根据当地经济社会发展水平和财力状况，适当安排人民调解委员会补助经费和人民调解员补贴经费"。同时，按照广西壮族自治区司法厅 2005 年 2 月 7 日发布的《关于在全区开展人民调解规范化建设活动的意见》（桂办发〔2005〕7 号）中的《广西壮族自治区人民调解委员会规范化建设标准》的规定：人民调解委员会有必要的办公用房，每个调委会有办公桌椅三套以上，有必要的资料柜；各人民调解委员会有独立的一间调解室，乡镇（街道）人民调解委员会的调解室面积在30 平方米以上，其他人民调解委员会的调解室面积在 15 平方米以上。

　　然而，广西民族乡人民调解工作所需经费普遍没有给予必要的支持和保障，面临着人民调解工作经费无保障、人民调解员无误工补贴、村级人民调解委员会无办公场所及条件的"三无"困境。如，笔者在南屏瑶族乡的江坡村、渠坤村和英明村、八腊瑶族乡的甘洞村及夏宜瑶族乡的夏宜村调查中，发现在各村委会虽然都悬挂有某某村人民调解委员会的牌子，但在村委会所有的办公室中，均未发现有人民调解委员会单独的办公室和调解室，也无专门用于调解的办公桌椅、资料柜等。另外，笔者询问是否有调解经费及人民调解员的补贴问题，所有被询问对象都作了否定回答。

人民调解工作的经费保障是做好调解工作的重要前提。相当于其他纠纷解决方式来说，人民调解工作面对的是在最基层、最普通百姓中产生的纷繁复杂又"鸡毛蒜皮"的民间纠纷，工作量大，耗时费力。同时，调解工作需要深入村屯调查，以查找事实和纠纷发生的原因，这些都需要一定经费的支持。更重要的是，民族乡自然条件恶劣、基础设施落后、交通不便，决定了其人民调解员在调解工作中要花费比一般乡镇或其他地区的人民调解员更多的精力、时间和财力，这就需要有更充足的经费保障。

"三无"的现实困境，严重阻碍了民族乡人民调解工作的正常开展。如，笔者在夏宜瑶族乡调研时，发现各村级调委会近几年都没有调解纠纷的上报数目，经询问原因，就是因调解员没有补贴，而影响了他们的工作积极性。甚至，夏宜瑶族乡各村级人民调解委员会基本没有建立调解工作档案（将调解登记、调解工作记录、调解协议书等材料立卷归档），也是由此原因致之。又如，笔者在南屏瑶族乡、八腊瑶族乡及马练瑶族乡采访几位人民调解员时，他们无奈地向笔者反映了一个相同的问题，即由于调解工作经费的开支无法及时报销或者根本无法报销，他们从乡下村调解时，往往是自己垫钱加油和开支伙食费，从而造成了他们生活上的困难（有的垫支过多还为此造成家庭不和），并严重影响了他们的工作积极性。

（二）"三大纠纷"进一步增多且积案量大、调处难度大，社会不稳定隐患增大

与其他乡镇等地域不同，民族乡群众一般生活在森林资源比较丰富，而土地资源十分匮乏的环境中，其所处地理环境决定了林木、林地、土地纠纷的常见性和多发性。如马练瑶族乡各级人民调解委员会2011—2013年调处各类矛盾纠纷共计490件，其中山林纠纷367件，占全部纠纷数的74.9%；夏宜瑶族乡人民调解委员会2011—2013年调处各类矛盾纠纷共计142件（不包括各村级人民调解委员会的调处数），其中山林土地纠纷98件，占全部纠纷数的69%；八腊瑶族乡2013年1月—2014年3月上报调处的74件"三大纠纷"案件中，土地纠纷为45件，占全部"三大纠纷"的60.8%。同时，因历史遗留问题，许多土地、山林纠纷不仅成因复杂，且主体多元、分布广泛，有的纠纷还跨县、乡，加之部分群众法律观念淡薄，甚至无理取闹，不配合调解，致使调处工作难度大，从而造成积案并逐年累积增多，成为影响民族乡社会稳定最突出的隐患。如，南屏瑶族乡是上思县最大的林业乡，因历史遗留问题及其他各种原因，产生了许多涉及人口较多、林地面积较大的林地纠纷，至2014年6月统计历年积案为27起。这些积案主要表现为：一是各村屯与国有水源林保护区的林地权属争议。1999年至2001年间，上思县政府根据国家有关文件要求，派县林业局在该乡设计规划国有水源林保护区。2003年申请上报并得到国家林业部的批准，目前南屏瑶族乡共有国有水源林面积28万多亩，分布在该乡乔贡村、常隆村、米强村、渠坤村、江坡村和汪乐村，与国有水源林保护区有林地权属争议的涉及这6个

村中的 23 个自然屯，人口 2800 人，面积 48500 多亩。二是各村屯与十万山的林地权属争议。上思县十万山林场成立于 1984 年，由于成立之时，在划分林地权属林场管理时没有妥善解决与划出林地村屯的关系，致使在 2009 年林改过程中，积压的矛盾爆发出来。全乡与十万山林场存在林地权属争议的共有 13 个自然屯，涉及人口 1250 多人，林地面积 13000 多亩。以上积案中还有典型的巴乃村渠亚屯与上思县平福乡那明村那崇屯的跨乡土地、山林纠纷和乔贡村乔贡屯与宁明县那楠乡逢留村枯敏屯的跨县山林纠纷，前者自 1995 年纠纷开始、后者自 2003 年纠纷开始，至今都没有得到成功解决（后者还产生过冲突事件）。以上村屯群众每逢圩日即派代表到乡政府、乡司法所上访，上访人数已超过 1000 多人次，有部分村屯的群众还到过县政府、县调处办、县林业局等有关部门反映，造成当地社会极为不稳定。

（三）人民调解员的综合素质无法满足新型矛盾纠纷调处的需要

过去相当一段时间，民族乡人民调解员面对的工作对象是乡土社会中的熟人，且处理的纠纷也为传统意义上的婚姻家庭及邻里等民间纠纷，因而人民调解员沿用熟知的"地方性知识"进行调解已足够应付。然而近年来，随着我国社会发展的快速转型及民族乡人们生活水平的提升和经济的发展，村民的价值观念及利益诉求日趋多元化，农村矛盾纠纷的性质、类型也随之发生了变化，诸如损害赔偿（交通事故）、生产经营、合同（包括劳动合同、民事合同）、坟墓（山）、医疗、名誉权、村务信息公开及土地征收、房屋拆迁等新型矛盾纠纷不断涌现，[1] 且许多矛盾纠纷涉及的法律关系日趋复杂，从主体、内容、性质等方面表现出多元化、复合化的特点，使纠纷调处的难度日益加大。[2] 如果说传统型纠纷更多地发生在熟人社会，发生在血缘、亲缘基础上构筑起来的"道德共同体"内，那么环境污染、交通事故一类的纠纷往往在空间结构上超越了熟人社会的交往网络。[3] 新型纠纷的解决往往要借助于新的解纷机制和手段，这种机制和手段必须能适应新的人际交

---

① 如南屏瑶族乡司法所 2012 年 2 月份在"司法调解大会战"中调处"三大纠纷"4件、损害赔偿纠纷 1 件、生产经营纠纷 3 件、宅基地纠纷 2 件、劳动合同纠纷 2 件；2013 年调处"三大纠纷"6 件、损害赔偿纠纷 4 件、生产经营纠纷 7 件、宅基地纠纷 4 件、劳动合同纠纷 3 件，两年中无一婚姻家庭纠纷案件。又如，从 2011—2013 年夏宜瑶族乡人民调解委员会调处矛盾纠纷的统计情况（表 3.5）看出，由于矛盾纠纷的内容、形式表现出了新的特点，致使传统的矛盾纠纷分类方式不能涵盖所有的纠纷，所以在统计过程中一些无法按传统分类的矛盾纠纷只好归于"其他"类别之中。学者张勤按纠纷的客体并结合纠纷的时代属性，把民间纠纷分为传统型、新型和混合型 3 种，并认为，随着农村社会利益关系的复杂化，社会纠纷呈现多元化的态势，从过去的传统型纠纷向混合型和新型纠纷延伸。参见张勤：《当代中国基层调解研究——以潮汕地区为例》，中国政法大学出版社 2012 年版，第 160 ~ 161 页。

② 以农村"三大纠纷"为例，尽管"三大纠纷"总体上在当前民族乡农村纠纷中仍占主导地位，但其法律关系的复杂化已不再分属传统的纠纷范畴。因为，从主体上讲，目前的"三大纠纷"已从本村或本屯范围内的个人与个人或屯与屯之间，大量突破为不同村屯，甚而跨乡、跨县间的争议，致使调解主持主体的确定及协调出现困难。同时，纠纷不仅涉及人数较多，而且在众多主体中又表现出不同的利益诉求，致使调解难以找到平衡点而捏合并达成调解协议。从内容或性质上讲，当前的"三大纠纷"已不再是单一的民事或行政纠纷，而是往往同民事、行政、治安，甚至刑事案件交织在一起。由此，如性质认定不准，也会导致纠纷调解主持主体的确定及协调出现困难，从而无法及时、有效解决纠纷。

③ 刘同君："转型农村社会的纠纷解决：类型分析与偏好选择"，载《学海》2011年第 5 期。转引自张勤：《当代中国基层调解研究——以潮汕地区为例》，中国政法大学出版社 2012 年版，第 161 ~ 162 页。

往方式，只有这样才能支撑起转型农村社会的秩序空间。[①] 在这一背景下，传统的"地方性知识"显然难以或者无法完全发挥其原有的功用，而是需要较扎实的现代文化知识和较深厚的法律知识、政策知识才能予以应对。

而目前广西民族乡村级人民调解员队伍显然缺乏应对新型矛盾纠纷调处的法律知识和文化知识储备。从上述表2.14、2.16和2.18看出，目前广西民族乡的村级人民调解员中，虽然大部分为中共党员，具有一定的政策水平，但文化水平普遍偏低，基本为初中以下文化水平，加之对村级人民调解员没有及时进行必要的法律知识更新培训（有的民族乡近年来没有进行任何的培训，原因是没有培训经费），他们除掌握一些最简单的并与农村生活密切相关的法律知识之外，其他的则知之甚少或根本不懂。甚至，由于调解经费的缺乏，有的村一级的调解员在任期内从未参加过任何形式的培训（而不是仅仅没有参加法律知识更新培训），笔者在某村询问某调解员时，他毫无遮掩地告诉笔者，他虽然参与过村里一些纠纷的调解，但他根本不懂如何制作（写）调解协议，所以该村所有纠纷的调处从来就没有形成过书面的调解协议（全部是口头协议）。

不违背法律、法规和国家政策，是《人民调解法》规定的人民调解工作的一项重要原则。而切实贯彻该项原则的前提，就必须要求人民调解员具备一定的文化水平、政策水平和法律知识。因为，没有一定的文化水平，就无法熟悉及正确理解、把握法律

---

① 张勤：《当代中国基层调解研究——以潮汕地区为例》，中国政法大学出版社2012年版，第162页。

知识和国家政策；不熟悉及正确理解、把握法律知识和国家政策，就无法保证调解工作的合法性、合理性和公正性。同时，不具备相应的文化水平，还会导致说服力欠缺、调解能力不强等问题。由此，目前民族乡村级人民调解员的知识储备不够，整体素质偏低，与现实需求尚有很大的差距。

第三节　广西民族乡法制宣传教育存在的问题

一、当前广西民族乡法制宣传教育工作存在的不足

（一）普法形式较单一

目前多数民族乡的法制宣传教育形式仍然依靠传统的出板报、设置咨询台、悬挂横幅、开设法制讲座、发放法律宣传资料和宣传单、出版法律宣传栏和专刊、张贴标语及出动宣传车等宣传工具和手段，形式虽然多样，但并不喜闻乐见，或缺乏时代气息而无法行之有效。笔者在民族乡的一些村屯与村民交谈中，他们普遍反映，目前的普法走形式、走过场的味道浓厚，再就是乏味，提不起兴趣。有的村民对此调侃道："天上一撒满天传单，地上一捡几大箩筐"。意思是，普法人员风尘仆仆满载着各种法律宣传资料，像传单一样到处散发，以单纯完成发放资料了事，至于群众到底看不看法律宣传资料、学习到多少法律知识，则在所不问。虽然这种调侃有些夸张，但并不是全然空穴来风、无凭无据，它多少反映了当前普法中存在的无法回避的一些问题。因此，各民族乡充分发挥智慧，拓宽、创新法制宣传教育形式，应为亟须解决的课题。

（二）尚存在普法死角或盲区

尽管广西民族乡普法的开展表现得如火如荼，但在普法对象、内容、地域方面，还存在着一定的缺漏或不到位之处。一是专对农村"两委"干部的普法不够重视。近年来，腐败出现了"落势化"的倾向，即随着城镇化及社会主义新农村的建设，"农村基层组织人员"腐败案件不断增多，且呈上升趋势。而长期以来，我国反腐工作的重心放在城市，针对人群为科、处级以上领导干部，即使"老虎"、"苍蝇"一起打的今天，也还是忽略了"农村基层组织人员"腐败的治理。加之中国特有的乡土文化特点，一旦发生农村干部腐败问题，在处理上一般都是草草了事，进而导致农村腐败现象愈演愈烈，并由此激化矛盾，导致村民不断上访，甚至发生恶性案件，成为阻碍和谐社会构建及严重影响农村社会稳定的重大问题。而当前民族乡在农村普法的主要对象，一般选择的是农民（以快速提高农民的法律意识或法律素养）、妇女（以提高妇女的维权意识）及青少年（以提高他们预防犯罪的能力），却忽略了农村干部这一农村中的特殊人群的针对性的普法。二是对农村老年人的普法不到位。农村老年人也是当前民族乡普法中被忽略的特殊人群。笔者在民族乡调查中发现，在对农村特殊人群的普法中，对老年人的普法几乎处于空白状态，没有专门性的、针对性的普法专场活动，老年人成为被遗忘的人群。但当前农村老年人的行为实情恰恰是我们应当予以重视的。因为，老年人犯罪在我国已经成为一个不可忽视的社会问题，广西民族乡的老年人犯罪也有增长之势。笔者在普合苗族乡调研时，司法所负责社区矫正的工作人员农耀祥向笔者介绍，目前该乡接受社区矫正的共

有 10 人，有 8 人的年纪较大，其中有 7 人的年龄在 60 岁左右，1
人已近 70 岁。三是农村普法的地域延伸不够。民族乡村民一般居
住比较分散，以灌阳县洞井瑶族乡为例，该乡 2874 户，9313 人，
其中瑶族 768 户，4141 人，主要分布在保良、野猪殿、大竹园和
小河江 4 个行政村。从洞井瑶族乡瑶族居民分布的自然屯来看，2
户以上的自然屯共 51 个，其中只有 2 户人家居住的自然屯有 3 个、
3 户的有 3 个、4 户的有 5 个、5 户的有 6 个，人口最少的是野猪
殿村仓里源屯，全屯只有 9 人，民族乡村民居住的分散程度可见
一斑。① 村民居住的分散性，容易导致普法出现盲区。笔者在民族
乡的一些村屯调研时，当地群众普遍反映普法活动一般选定在人
口相对集中的行政村，而边远的群众则没有或很少受到法制宣传
教育。另据问卷调查的数据显示，在回答"您主要通过哪种或哪
几种方式学法或了解法律信息"这一问题时，除个别村外，其余
村屯利用普法宣传形式学法或了解法律信息的比例并不高（见表
2.30）。四是民族政策和民族法律法规普及不够。不论以访谈的结
果，还是据问卷调查的数据，受访者大多数表明只是略懂或大致
了解一些民族方面的法律法规和民族政策，而对民族乡关于少数
民族特有权益方面的法律法规及政策，则更是知之甚少或根本不
知，这对于民族乡群众利用法律解决纠纷、维护自身合法权益极
为不利。最令人遗憾的是，很多民族乡政府的工作人员竟然不知
道《民族乡行政工作条例》这样重要的法律规范性文件。下表是
民族乡群众了解民族乡少数民族特有权益方面的法律法规及政策
的问卷调查数据统计表，以此作为例证：

---

① 根据粟卫宏主编的《灌阳县少数民族概况》整理，漓江出版社 2012 年版，第 4～8 页。

表 3.4：民族乡群众了解民族乡少数民族特有权益方面的法律法规及政策的数据统计表

村屯名	回答人数	了解很多	了解一些	不了解
清水村	41 人	7 人，17%	9 人，21.9%	25 人，61%
江坡村平在屯	60 人	0 人	6 人，10%	54 人，90%
小河江村	34 人	1 人，2.9%	5 人，14.7%	28 人，82.4%
果卜村果卜屯	21 人	0 人	2 人，9.5%	19 人，90.5%

（三）以"维稳"的名义侵害群众利益的状况不时出现

某些领导干部还没有正确理解维稳与法治的关系，认为为了稳定，可以牺牲法治，从而导致群众的合法利益被侵害。如笔者在某民族乡调研中，碰到这样一个案例：村民李某一家前些年一直在外打工，家里承包的农田给了邻居耕种。2003 年 4 月，当地政府为稳定和完善以家庭承包经营为基础、统分结合的双层经营体制，赋予农民长期而有保障的土地使用权，维护农村土地承包当事人的合法权益，根据《中华人民共和国农村土地承包法》的有关规定，发出《关于颁发〈土地承包经营权证书〉的通知》，开始对本辖区内的农村土地承包经营权进行登记造册确认工作。李某一直在外打工不知此情，直至他们村的土地被国家征收，2008年回家处理征收事宜时才知他的承包地已被登记到了邻居名下。李某与邻居理论不成，便以政府登记错误为由，向当地法院提起行政诉讼，要求撤销政府的错误登记，退还其被占的土地。然而，该官司从一审到二审李某都是败诉。李某不服，继续向上级法院申诉，后又请求检察院抗诉，但都没有如愿（都没有受理）。据了

解，李某在 1990 年与村公所签有诉争土地的《土地承包合同书》
（承包期为 9 年），1998 年 11 月又与生产队签订了《农业承包补充合同书》，在原签订的《土地承包合同书》的基础上，对承包土地的承包期再延长 30 年。因而，政府把李某承包的土地错误登记到了他人名下，这是一个明显错误的具体行政行为，于法于理都应当撤销。然而事与愿违的背后原因，却是有关单位及领导发现当地有较多与此案相同的情形，如果撤销此登记恢复原状，那么其他的村民也会纷纷要求撤销以纠正他们认为错误的土地登记，这不仅意味着政府对土地登记工作要重新开始，加大政府工作人员的工作量，更严重的是会导致社会的极不稳定。为此，有关单位及领导在该案的审理过程中，以维护社会稳定为由，插手并干扰司法机关的正常审理，最后李某只能成为了"稳定"的牺牲品。此案是一些地方政府打着"稳定"的旗号，把"法治"只作为一种工具使用的昭示，与当今的法治精神、原则及要求完全相悖。

（四）民族歧视现象仍然存在

如笔者在西林县普合苗族乡调研时，司法所的工作人员给我们讲述了一个发生在该乡普合村的故意伤害案例，案情大致为：2013 年春节期间，普合村渭行屯的杨某某（23 岁，苗族）出街玩耍骑摩托车回家途中经过同村的那合屯时，恰遇该屯的朱某某（壮族）喝了酒在路上行走，当杨某某骑车经过朱某某身边时，朱某某借着酒劲冲杨某某大声说："苗子开那么快干吗？想找死啊。"杨某某听到朱某某骂自己是"苗子"（"苗子"是当地人对苗族同胞带有侮辱性的口头语），便与其争执起来，进而相互推搡。在推搡过程中，朱某某掐了杨某某的脖子，杨某某非常气愤（按照苗族的风俗，正月被人掐脖子是不吉利的，意味着该年的财运全无），便抽出随身携带的刀往朱某某的身上刺划了一刀，经法医鉴定，朱某某的伤为轻伤。后法院判处杨某某有期徒刑一年，缓刑二年，目前杨某某正在接受社区矫正。该案例实际上是因民族歧视而引发并伴随风俗被破坏而最终形成的。另外，笔者在一些瑶族乡调研时，有的工作人员向我们讲述调解工作心得时说："瑶族相对于壮族或汉族来讲，其淳朴、与世无争的民风要相对较浓。对于争议，瑶族易于让步，而壮族或汉族则不易退让。如果纠纷当事人发生在瑶族村内部之间，基本不动用法律，而是用情、理或者一些风俗习惯就可以解决；如果纠纷当事人发生在瑶族与壮族或壮族与汉族之间，则要动用法律进行调解，且多数时候还很难解决。因为在调解中，壮族或汉族的当事人对瑶族往往表现出一种民族的优越感，这从他们的语言、表情中可以窥见（如在调解中他们经常说一些家族人多、外面或上面有关系等强势之类的话）。"还有的工作人员给笔者讲述了该乡瑶族同胞与邻乡某村的汉族同胞之间的纠葛之事。说是瑶族同胞到该村赶圩买卖农副产品，那里的汉族同胞对瑶族同胞往往实施一些不平等的交易行为，甚至存在强迫交易现象。比如，汉族同胞向瑶族同胞买某种农副产品，不是强行压价，就是在重量上做文章（想法把重量降轻，当地俗语叫"吃称头"），等等。从上述工作人员描述的调解心得及讲述的现实故事可以看出，民族歧视问题在广西民族乡及其他地域还有不同程度的存在，这极不利于民族乡农村社会的和谐稳定。

（五）信息公开方式较单一、内容较窄

从调查情况看，目前民族乡基本采取的是"公示栏"（包括在橱窗或者露天直接张贴、书写方式）的信息公开方式。单一的公开方式让公众不能有更多的机会了解信息，同时直接张贴的方式存在信息公开范围不开阔、时间保留不长等诸多问题。如，张贴的信息不是被风吹掉，就是被雨浸湿而变为模糊，有的没有多久还被别的广告覆盖，无法让公众以充分的时间知晓信息，信息公开效果欠佳。在南屏瑶族乡渠坤村调研时，村副主任林春华领笔者到村"公示栏"处观摩《渠坤村农民种粮综合补贴面积申报表》的公告情况。渠坤村的"公示栏"置于村委左侧尽头的侧墙上，此处与广场相邻，遗憾的是我们并没能看到《渠坤村农民种粮综合补贴面积申报表》，因为其信息载体已经被其他的各种商业小广告覆盖了至少两层（林副主任说这是常见之事），笔者小心翼翼地尽力翻开覆盖在上面的广告，才隐约可见《渠坤村农民种粮综合补贴面积申报表》的片段内容。另外，民族乡信息公开的内容多为"报喜不报忧"之类。当然，这也是全国很多地方存在的通病。如有学者在对《政府信息公开条例》实施三周年的简评时指出："有的地方和部门的政府信息公开栏，反映经济社会成就、领导者政绩的内容多，揭露问题的内容少。如反映乱收费、乱涨价、食品安全、社会治安、社会热点、突发事件等方面的信息既少又不及时，以致一些地方谣言四起、抢购风不断，甚至酿成群体性事件。"[①] 事实也的确如此，目前广西民族乡政府基本没有建立官方网站，即使有的民族乡政府建立了网站，也没有实际运行。同时，笔者通过其他网络搜索广西各民族乡的信息，几乎清一色介

---

① 朱向东："艰难起步　任重道远——〈政府信息公开条例〉实施三周年简评"，载《法治研究》2011 年第 10 期。

绍的是该民族乡的基本概况（包括地理位置、人口民族、历史沿革、人文及旅游资源、自然资源、经济社会发展等），而诸如各种行政决策、行政执行、行政管理、行政服务、行政结果等十分重要、群众特别需要知悉的内容却没有登载，至于政府职能、法律依据、实施主体、职责权限、管理流程、监督方式和财政预算、公共资源配置、重大建设项目批准实施、社会公益事业建设等事项和领域，更不见踪影。因此，广西民族乡在信息公开的形式和内容方面，有待丰富和改进。

二、当前广西民族乡法制宣传教育工作面临的困境

（一）普法力量严重偏弱

主要表现为：一是普法队伍人员紧缺。从所调研到的民族乡司法所来看，虽然目前有的司法所工作人员有 2—3 人，但实际上他们并不是全部在编人员。有的用的是公益性岗位，有的则是西部志愿者，这些都是临时性的（其问题是突然的中断造成工作无法延续影响质量），是变相的"一人所"。如，田林八渡瑶族乡司法所只有在编人员杨志春、西林普合苗族乡司法所只有在编人员彭华（彭华同时兼任县司法局的财务会计）。而调研时十万山瑶族乡都还没有设置司法所，其司法行政职能暂由乡政府的治安综合治理办公室代为履行。二是基层司法所工作繁杂，承担工作任务多且零碎。法制宣传教育只是司法所承担的职责之一，其九项职能就足以让司法所的工作人员忙碌。何况，司法所的工作人员又一般兼任人民调解委员会的人民调解员，同时还是综治信访维稳中心的成员、安置帮教工作领导小组成员、

预防化解矛盾纠纷及信访工作领导小组成员、治安巡防队队员，等等。此外，还要受乡政府指派去完成大量的与其职责无关的各种中心工作，如发动群众缴纳农村新型合作医疗保费、农村宅基地办证登记、清洁乡村等等。我们还从马练瑶族乡司法所办公室前悬挂的牌子，也足见基层司法所工作的繁而杂。这些牌子有：平南县司法局马练瑶族乡司法所、平南县马练瑶族乡群众工作中心、马练瑶族乡群众工作中心妇女儿童维权服务岗、马练瑶族乡群众工作中心法制宣传法律服务中心、马练瑶族乡群众工作中心信访接待纠纷调解室、马练瑶族乡群众工作中心信息中心、社区矫正办公室、安置帮教办公室、马练瑶族乡综治信访维稳中心、平南县法律援助中心马练工作站、平南县医患纠纷人民调解委员会马练工作站、马练瑶族乡维护社会稳定工作中心、平南县马练瑶族乡社会治安综合治理委员会办公室（共13块牌子）。据司法所所长黄海波介绍，目前司法所工作人员整天不是往村下跑，就是应付各种会议，承担的工作实在有些让人招架不住、晕头转向了。[①] 而马练瑶族乡司法所目前只有在编2人，他本人又很快要退休了，所以，在繁杂工作之下，要在马练瑶族乡这样一个人口多而复杂的民族乡（辖区面积240平方公里，共辖12个行政村，目前总人口4.5万余人，居住着瑶、壮、苗、侗、仫佬、汉等民族）开展法制宣传教育工作，实属不易之事，法制宣传教育的实效也必定大打折扣。

　　[①] 2014年5月1日，黄海波给笔者发来短信，说是正在一村里调解一起交通事故损害赔偿纠纷。他在信息里打趣道："我是真正在劳动中过节了！"笔者不由为其敬业精神而感叹。

（二）法制宣传教育经费不足，且落实不到位

按照相关规定或要求，法制宣传教育经费应列入本级政府财政预算，以切实保障法制宣传教育工作的正常进行。而笔者在调查中发现，有的民族乡虽然把本乡的法制宣传教育经费列入了本级政府财政预算，但是预算经费无法满足法制宣传教育工作的需要。同时，有的民族乡法制宣传教育经费还没有落实到位，这更使用于法制宣传教育工作的经费捉襟见肘。从南屏瑶族乡近3年用于法制宣传教育经费的预算及落实情况，就可见一斑。见下表：

表 3.5: 南屏瑶族乡普法经费预算及落实状况一览表（2011 年—2013 年）

年份	预算经费（万元）	落实经费（万元）
2011 年	0.5	0.3
2012 年	0.6	0.4
2013 年	0.7	0.5

资料来源：上思县普法依法治理工作情况统计表（2011—2013），填报单位：上思县南屏瑶族乡人民政府。

从上表看出，虽然南屏瑶族乡的法制宣传教育经费在逐年提高，但是在当今时代，就几千元的经费要想完成多形式、多内容且质高量大的法制宣传教育工作，显然有些勉强，何况其每年的预算经费还没有真正落实到位。由于民族乡人口居住分散、交通不便、外出打工人员增多，加之农民文化素质普遍偏低，文盲、半文盲的农民占较大比例，农村组织松散等，这给民族乡的农村普法工作带来很大难度，导致法制宣传教育工作的范围根本无法延伸，从而造成民族乡许多居住在山区或外出打工的群众很难或

根本得不到法制教育，并形成农民素质始终无法实质提升的恶性循环。

第四节　广西民族乡社会治安综合治理实践中存在的问题

一、广西民族乡社会治安综合治理实践中存在的不足

（一）综治平台"综而不合，合而不力"的现象较严重

如前所述，广西民族乡整合了综治办、公安派出所、司法所、民政办、劳动和社会保障所、信访办、人民法庭、人民武装部等部门力量，组成了新的工作平台综治信访维稳中心。然而在实践中，这一意在突出各成员单位协作联动的工作平台，未能实现高层设计的初衷，表现出了"综而不合，合而不力"的现实运作图景。从调研情况看，这一问题主要表现在以下几个方面：一是值班制度没有落实。中心虽然制定了具体的值班制度，有的还作了值班人员的具体安排，但实际上中心的日常值班工作只由中心专职副主任一人负责，值班制度基本处于落空状态。二是矛盾纠纷联合调解落实不到位。有些成员单位表现出强烈的依赖性，甚至存在推诿现象。如，有的民族乡林业站、土地所的工作人员经常不在岗位（说是被抽调到县林业局、县国土资源局忙于其他中心工作，但真正原因不得而知），使调处"三大纠纷"的工作成为司法所一家"承包"的局面，而有的民族乡出于"三大纠纷"的调处究竟谁牵头、谁协助的"职责不明"的缘由，表现为成员之间的相互"谦让"（实为推诿），导致"三大纠纷"的调处工作因缺乏专业技

术人员的参与而无法及时开展，造成有的民族乡"三大纠纷"历年积案逐渐增多，对民族乡的社会稳定和人民群众的安定生活造成了极大的影响。三是中心在组织、协调、督促、指导辖区部门、单位和广大群众开展平安建设活动方面存在乏力现象。其中一个原因是中心级别较低（副科级），在调动与其平级或大于其级别的成员单位时，往往有些吃力。这一问题直接导致中心建立的"分流督办"机制无从运作。中心"分流督办"机制的用意在于，由中心统一受理群众来信来访，并对来信来访进行分析归纳后，按"分级负责，归口办理"、"谁主管，谁负责"的原则，分流到相关单位或职能部门办理，并对办理结果进行监督。但从调研情况看，成员单位以各种理由搪塞而不服从指派或调遣的有之，没有到综治信访维稳中心统一进行分流而直接揽活的也有之。

制度的制定及机制的建立，只是为社会治安综合治理提供了文本意义上的边界、框架与规范指导，必须予以落实才能产生实效。当前民族乡综治信访维稳中心之所以存在上述问题，制度的不落实及机制的无从运作是其中原因之一，亟须加以解决。

（二）"一村一警"制度落实难以到位

虽然如前所述，目前民族乡都已建立并实施了"一村一警"制度，而且有的还取得了较好的实效。但从调研情况看，受多种因素的制约和影响，致使警力向农村基层延伸和下沉困难重重，"一村一警"制度的落实并不理想。一是警力不足，无法真正按实际要求进行一村一警的配备。目前广西民族乡所在的县，其下辖的行政村（包括居委会）的数量与整个县公安系统的人员数量无法形成匹配，亦即，即使县公安系统的全部力量（包括看守所干警，甚至后勤人员）倾巢出动，也不能满足一村一警配备的需要，何况有的警力是不适合作为挂村或驻村民警的（如看守所干警等）。如三江侗族自治县辖 15 个乡镇（含 3 个民族乡），共有 157 个村委会、7 个居委会（共 164 个），如此的一个数量，要想实现一村一警的配置目标，其难度是显而易见的。从表 2.40 看出，在捉襟见肘的情况下，同乐苗族乡不得不在乡党委中抽调人员完成形式上的配置，同时归美村空缺的驻村民警至笔者调研时还没有补充，就是很好的例证。二是民族乡派出所的在编在岗人员数量偏少，有的甚至长期以来都是 3 人（如同乐苗族乡即是）。因此，在完成大量日常工作的前提下，同时完成驻村的职责任务是有较大困难的。另外，有的民族乡派出所还被添加了交通、消防管理的职责，导致派出所民警更是疲于奔波。据同乐苗族乡派出所所长杨永春向笔者介绍，同乐苗族乡过去因路况很差，交通秩序基本没有问题。但现在，由于村村通公路，农村经济有了较大的发展，群众购置机动车的数量呈递增之势，且路况又较好（基本为水泥路），在车速过快的情况下，交通事故比过去有了大幅度的增加，维持道路交通秩序的压力变大。有鉴于此，县公安局把维持该乡道路交通秩序的部分职责赋予了派出所，按交通警察中队对待（没有挂牌）。派出所在这方面的职责要求，是每个月上路巡逻两次，并负责处理交通事故。在处理交通事故时，如果交通事故较小，且当事人间无纠纷的，则由派出所民警当场或带回所里处理；如果交通事故较大，且当事人间有争议的，则按程序处置完现场并固定证据后，交由县交通警察大队处理。同时，由于同乐苗族乡各村屯村民的房屋基本为木制结构，且呈排相连，山区火灾隐患又多，民房一旦发生火灾，后果不可估量。于是，县公安局又分派了派出所消防方面的任务，按消防中队对待（没有挂牌）。其消防的职责是监督、检查各村屯的消防措施及消防设备，发现问题提出整改意见或措施，要求派出所民警每半年到各村屯（要求到自然屯）监督、检查至少一次。可见，派出所要完成挂村或驻村的任务，可说是困难重重。三是民族乡基本处于偏远山区，且山区面积广，交通不便，自然条件恶劣，自然屯小而人口居住分散，同时，有的民族乡距离县城较远，所以县公安局其他警力在完成日常工作的前提下，同时完成挂村的职责任务显然有些不合实际。如，滚贝侗族乡距离融水苗族自治县县城 92 公里，从县城到乡政府所在地吉羊村大云屯的道路，几乎在沿着贝江河边的半山腰上，蜿蜒崎岖且凹凸不平。笔者在去滚贝侗族乡之前，便被告知驾车一般要花 3 个小时才能到达。笔者从县城出发时，特别掐了点，结果到达乡政府大院共花费 2 小时 45 分（途中休息了 10 分钟左右）。由此推算，来回近 6 个小时，扣除休息、吃饭的时间，挂村民警真正用于工作的时间可说是所剩无几。何况，这仅是去乡政府所在地所推算的时间，要民警到其所挂的村屯完成预定的任务，其工作的"含金量"为几何，就不得而知了。以此为基础作延伸思考，从表 2.40 看出，明明县交警大队有三人为同乐苗族乡的挂村民警，而为何偏偏要同乐苗族乡派出所另兼交通的管理职能（还兼消防管理职能），这不应是派出所主动邀功，也不是县交警大队民警主观上的有意怠惰，而是客观事实让决策层所作的无奈抉择。

（三）对特殊人群的服务与管理存在缺口

如前所述，虽然民族乡加大了对特殊人群的服务与管理，也取得了较好的实效。但是，该方面的工作有不尽人意之处，主要是对特殊人群中的某些人员没有给予应有的关照，服务与管理的对象存在漏失。该问题主要表现在对农村"三留守"人员（留守儿童、留守妇女及留守老人）的教育、服务、救助和管理上。随着民族乡青壮年劳力进城务工的增多，农村的"三留守"人数也相应增加。对于留守儿童来说，由于长期与父母分离，一方面缺乏亲人的关怀和情感沟通，一方面得不到良好的家庭教育，致使这些孩子在思想、学习、行为、生活等方面偏离了正常的轨道，影响了他们的健康成长：他们要么由于学习成绩差而放任自流，甚至放弃学业过早步入社会成为"小混混"；要么性格变得孤僻不愿与人沟通；要么过于偏激，行为变得放荡不羁。如此于家庭、社会及国家都不利。笔者在古砦仫佬族乡调研时，派出所民警韦华贵就这样告诉笔者，虽然目前把农村在校学生作为普法对象的重中之重，也确实对他们投入了十分扎实的普法工作。但是一个不容忽视的情况是，一些留守儿童由于长期没有得到家庭的温暖、父母的关怀及教育，仅靠学校或社会的教育，这种单一性还是无法塑造留守儿童完整的健康性格的，一定范围或程度的违法行为不时在民族乡农村地区出现。另外，过去较长一段时间，我们的注意力集中在留守儿童身上，实际上留守妇女及留守老人也已然成为了一个新的特殊群体和不容忽视的社会问题。有研究指出，由于家中"顶梁柱"的男性长期外出务工，导致留守女性的生活模式和劳动模式发生了巨大变化，面临着生产、生活压力增加、心理压力增加、社会经济地位不平等的再生产、婚姻危机及性压抑和性骚扰等诸多问题。① 同时，农村老年人成为被侵害对象或成

---

① 朱潼歆："对农村留守妇女问题的分析与思考"，载《河北学刊》2011年第5期。

为犯罪主体的现象越发增多，笔者在普合苗族乡调研时，负责社区矫正的司法所工作人员农耀祥告诉笔者，目前在册的社区矫正罪犯共有 10 人，其中有 7 人年龄为 60 岁上下，有一人近 70 岁。

可见，民族乡农村"三留守"人员应当成为特殊人群不可或缺的一部分，理应得到相应的服务与管理（其中如何防控老年人犯罪理应成为我们今后进行社会治安综合治理的重点课题之一）。然而，从调研情况看，广西民族乡普遍对"三留守"人员没有引起足够重视，没有把他们列为重点人群予以关照。因为，多数民族乡没有为"三留守"人员专门建立档案，没有掌握以上他们的基本信息，就是例证之一。

二、广西民族乡社会治安综合治理实践中面临的困境

（一）综治信访维稳中心的硬、软件建设无法适应现实需要

虽然目前民族乡综治信访维稳中心的硬、软件建设尚且可以满足工作开展的一般性需要，但要社会治安综合治理工作取得更好的实效，尚需对中心的硬、软条件进行必要的改善。从调研情况看，应当说民族乡综治信访维稳中心目前的硬、软条件均不甚理想，从而与应付当前繁多的综合治理任务的现实需要还有较大的差距。主要问题表现为：一是中心专职工作人员普遍没有配齐。2003 年 10 月 20 日中央社会治安综合治理委员会、中央机构编制委员会办公室印发的《关于加强乡镇、街道社会治安综合治理基层组织建设的若干意见》及 2009 年 3 月 17 日中共中央办公厅、国务院办公厅转发的《中央社会治安综合治理委员会关于进一步加强社会治安综合治理基层基础建设的若干意见》，都强调"要配

齐配强综治办专职干部，确保这项工作有人抓、有人管、有成效"。广西壮族自治区社会治安综合治理委员会《关于建立乡镇（街道）综治信访维稳中心的通知》更明确要求，综治信访维稳中心要配备 2 至 3 名专职工作人员。但从调查的情况看，广西民族乡的综治信访维稳中心普遍没有达到这一要求，目前中心的专职工作人员基本为专职副主任一人。中心工作人员的缺乏，不仅影响了中心制定及建立的多项制度与机制难以落实和无从运作，而且导致一些具体工作也无法正常开展。① 二是中心成员单位组成不统一。由于高层对综治信访维稳中心的成员组成单位没有作出详细的统一规定，因而目前民族乡中心的成员结构出现了较大的随意性。除综治办、派出所、司法所等几个核心成员基本固定之外，其余诸如武装部、国土所、林业站、水利站、民政办、文化站、妇联、团委等单位是否为中心成员单位则因地而异，总之是参差不齐、不一而同。另外，从所调研的情况看，民族乡的学校及企业、医院等单位基本不在中心成员单位之列。这种不统一性及学校、企业、医院等单位的缺位，会导致中心成员结构存在不充足现象，从而不能有效调动缺位单位协作综治的积极性。三是办公条件落后。虽然民族乡综治信访维稳中心基本上有一间相对独立的办公室，但一般面积较窄，同时有的还与别的单位合处办公，这不仅会给各自工作造成影响，更影响了中心值班制度的落实。据反映，目前值班制度之所以落实不到位，成员单位人员本职工作较繁忙是一个方面的原因，中心的办公条件较差也是一个方面的原因。由于中心的办公室较窄，有时遇上较多的来访群众，就连站立的

---

① 如，有时没有人值班，外出后没有人接待，老百姓意见很大。

空间都没有，根本谈不上正常的值班，更谈不上在此进行协商与策划各项工作了。

（二）民族乡农村综治维稳基础不牢，预防、化解社会矛盾纠纷的能力不高

从调研情况分析，由于基层综治经费不足、干部数量不足及其结构不合理等方面的原因，导致了目前广西民族乡农村综治维稳基础不牢，预防、化解社会矛盾纠纷的能力不高，成为民族乡社会治安综合治理最突出的问题。具体为：

（1）综治经费严重不足。2003 年 10 月 20 日中央社会治安综合治理委员会、中央机构编制委员会办公室印发的《关于加强乡镇、街道社会治安综合治理基层组织建设的若干意见》中要求，"当地政府在安排财政预算时，对乡镇、街道社会治安综合治理的经费要予以保证，并随着经济、社会的发展逐步增加，使乡镇、街道社会治安综合治理工作正常开展"。2009 年 3 月 17 日，中共中央办公厅、国务院办公厅转发的《中央社会治安综合治理委员会关于进一步加强社会治安综合治理基层基础建设的若干意见》又特别强调，"进一步加大基层社会治安综合治理工作经费保障力度，确保县、乡两级社会治安综合治理工作经费纳入同级财政预算"，"对基层单位特别是村（社区）的社会治安综合治理工作经费，要给予适当补助"，"要热情关心基层社会治安综合治理工作干部，采取有效措施，切实解决他们工作和生活中的困难，进一步激发他们做好工作的积极性、主动性和创造性"。可是，以上要求在民族乡村基层单位并没有得到真正落实，制度多数成为一纸空文，这是笔者在民族乡调研中基层干部反映的最大问题之一。

经费的不足，直接影响到人防技防物防相结合的治安防控体系的建立与运转，从而导致许多综治的基层基础工作无法正常开展。

一是导致专职综治的工作人员积极性不高，也使参与综治的成员单位及人员的积极性受影响。有的民族乡没有综治的专项经费（而民政、计生有专项经费），平时下村的费用只是与其他经费混合在一起报销开支，而且某些用于综治方面的费用必须由自己先行垫付，往往因无法及时或者得不到报销而严重影响其生活。笔者多次去南屏瑶族乡综治信访维稳中心调研，中心专职副主任宁彪给笔者都反映了这个问题。他说："目前的工作是职责内与职责外的都要做。而职责外的事做少一点还可以，但做太多了一点补贴都没有，那换了谁都是不愿意的。特别让人不理解的是，县信访局的工作人员每月有300元的岗位津贴，而我们是综治信访维稳中心，也包括了信访工作，但为什么没有一分津贴呢？"八腊瑶族乡综治信访维稳中心专职副主任班华乐也向笔者反映了与以上相同的问题。

二是导致"专群结合、依靠群众"的方针无法落实，群防群治工作无法正常开展。虽然各民族乡村基本组建了治安巡逻队、"六大员"等队伍，也为此制定了各种制度，但制度的落实无法真正到位，效果不佳。原因是他们工作琐碎繁杂，无时间保障，同时多数没有补助，积极性不高。如南屏瑶族乡渠坤村党支书罗景业，除专职的党支书外，据粗略统计其兼职的有村治保主任、村联防队队长、村调解委员会主任、村支部党校校长、清洁乡村领导小组组长、人民防空工作站站长、计划生育领导小组组长、计划生育协会会长、渠坤村人口学校校长，还为村交通信息员、气象信息员、义务消防员、流动人口协管员、社会治安信息员、社区矫正志愿者、安置帮教工作组组长，共计 16 项兼职。村支书罗景业向笔者反映，他们目前就是国家支付的专职职务工资，即村支书和村主任为每月 1000 元，村副书记和村副主任为 800 元，而以上所有的兼职都是没有补助的，都是义务的。而他们村是南屏瑶族乡最大的村，有 11 个自然屯（有 3 个自然屯为瑶族，其余屯为壮族），目前人口 2701 人，同时该村是乡政府所在地，人员多且复杂，要治理好村里的治安问题确实要花费较大的精力，因此若没有适当的补贴，是没有人愿意长期坚持下去的。当问其以上兼职工作有没有做到或做好时，他的回答十分难为情："说真的，我们既然挂了这些行头，当然也要做一点，如调解工作。但是没有补助，我们实在是无法有工作的积极性，包括其他兼职的村干及各组组长。"笔者在英明村调研时，发现情况相似。村副主任张竹生告诉笔者，除了本职工作外，他还要担任大量的兼职，工作确实多且零碎，且没有任何补贴，很多情况下自己还要搭上油钱。特别是挨家挨户发动群众收取新农合参保金、养老金，同时清洁乡村活动、协助危房改造照相（共要照相三次，即打好地基、建到一半及竣工各照相一次）等等，有时真的是到了不堪重负的境地。由此，影响了工作质量。他毫无掩饰地告诉笔者，作为治安巡逻队员之一，只是偶尔与村支书到各屯逛逛而已，村里其他的巡逻队员几乎没有履行过巡逻的职责。

　　三是导致社会治安的技防落空。按照中央社会治安综合治理委员会《关于进一步加强社会治安综合治理基层基础建设的若干意见》的要求，"在有条件的农村集贸市场、城乡结合部、商业网点等重点地区和易发案部位，逐步建设适宜的技防设施"。但由于综治经费的严重缺乏，无法给技防提供相应的技术、装备及物质方面的支撑，从而造成社会治安防控体系中技防方面的落空。与城市相比，虽然民族乡（当然也包括其他普通乡镇）总体上人员流动较少，但随着经济交往的逐渐频繁，民族乡的外来人口也随之不断增多。而且许多民族乡政府所在地基本都建有广场、商场以及开设有宾馆、饭店等，加之群众生活水平的提高购置了交通工具等，因而从前瞻性考虑，在民族乡政府所在地或者农村复杂地段适时安装视频监控探头，是完全必要的。然而，目前民族乡农村基本没有安装视频监控探头，有的民族乡政府所在地也没有安装，或虽然安装了，但并没有开通实际运作，尚未真正发挥作用，这些问题显然给民族乡社会治安的综合治理造成了不利影响。

（2）基层干部数量无法适应综治维稳的需要。目前，作为民族乡维稳骨干力量的派出所、司法所等单位的在编在岗人员数量偏少，影响了预防、化解纠纷实质能力的提升。如同乐苗族乡派出所目前在编在岗的民警只有3人，司法所只有1人（且为女性）。据该乡乡长龙善介绍，他于1999年担任派出所所长时，所里只有3名民警，如今所里还是3名民警，时间已跨越16年人员编制还是没有任何变化。而同乐苗族乡是一个近4.5万人口的大乡（属于三江侗族自治县第二大乡），下辖19个行政村、96个自然屯（含街道），面积182平方公里，居住着苗、侗、瑶、壮、汉等5个民族。按此实情，应当与之匹配相应的干警数量，才能满足如此复杂情形下社会治安综合治理的需要。加之，该乡政府其他工作人员的数量也偏低（编制应为：公务员36人、后勤3人，当前在编在岗的公务员为32人、后勤为2人，空缺5人），且人员结构不理想（如外地人偏多不通晓当地语言、女性工作人员较多不适合下村等），因而无法给派出所、司法所的工作提供有力支持，造成预防、化解社会矛盾纠纷的整体能力不足。近年因高铁、高速（桂林至三江）的修建需要征收较多集体土地，纠纷不断产生且数量激增，还演化成治安案件甚至刑事案件。由此，对于一个只有3名民警的派出所、1名干警的司法所来讲，要有效进行社会治安综合治理，其难度是显而易见的。当前，同乐苗族乡的治安状况是比较混乱的，刑事案件和治安案件一直处于高发态势，从以下一组数字就可见一斑：2012年刑事案件数为34件、治安案件数为147件；2013年刑事案件数为29件、治安案件数为160件；2014年刑事案件数为29件、治安案件数为163件。

（3）民族乡干部队伍的结构不合理。主要表现在：一是女性干部从事着与其特点不相符的工作。如有的民族乡司法所所长即为女性，况且还是"一人所"的情况下。众所周知，司法所所承担的职能需要大量的时间下到村屯，仅此一点，就是对妇女同志一个很大的考验。同时，女性的身体条件一般难以应对民族乡恶劣的自然条件，特别是在调解工作中，往往会碰到当事人激烈争吵甚至人身冲突的场面，这对于女性的管控、驾驭能力又是一个无法回避的重大考验。二是干部队伍中本地人员偏少。由于本乡的大中专毕业生大都不愿回本地工作，造成有的民族乡干部队伍有相当部分是外地人员考入或从外地调入，他们甚至占据了干部队伍的一半以上。如，同乐苗族乡的公务员、事业编制人员和工勤人员共有39人，其中只有14人是同乐本乡人，占整个队伍的35.9%。更严重的是，这14个本乡的工作人员中，只有一个是苗族。我们绝不能说，民族乡的干部队伍非得由本乡人员组成或占据，但是，由于外地人不通晓当地语言，也不知悉当地的风土人情，对工作的正常开展极为不利，这是一个不争的事实。谈到干部队伍结构不合理所带来的弊端，同乐苗族乡乡长龙善给笔者描述了这样一条逻辑轨迹：语言不通及缺乏当地风土人情的了解→工作做不到位→群众不满意→认为政府敷衍了事→上访。显然，这条轨迹中的终点又会回到原点，形成恶性循环。同时，这条轨迹还显示了社会治安防控能力的重大不足。

第五节　广西民族乡基层法律服务开展中存在的问题

一、当前广西民族乡基层法律服务开展中存在的问题

通过"点"和"面"的考察，应当说，广西民族乡基层法律服务从起步到发展的经历，尽管一路艰辛，但通过多年的探索与实践的积聚，不仅形成了一支活跃在民族乡基层法治建设的特殊队伍，而且还取得了令人较为欣喜的成就。但从中也领略到了民族乡基层服务服务工作尚存在着较多的问题（甚至为困境），这些问题长期困扰着基层法律服务所的健康发展，成为制约广西民族乡基层法律服务工作开展的瓶颈。主要表现在：

（一）对基层法律服务性质与功能的认识不清及不足

目前，一些民族乡基层干部对基层法律服务的性质和功能存在着认识上的偏差。一方面，有的人把司法所与法律服务所进行等同看待，认为司法所在行使其职能过程中已为群众提供了诸如法律咨询、法律宣传等法律服务，即司法所实际承载了法律服务所的功能，已经能满足群众对法律服务的需求，因而没有必要再成立法律服务所。另一方面，有的人认为，民族乡人少，法律服

务的需求也随之不多，且民族乡经济发展总体上还不理想，部分群众因经济较困难而不愿或无法出钱（哪怕基层法律服务工作者十分廉价的收费）聘请代理人进行诉讼或非诉讼。加之，打官司成本高昂、程序烦琐，使得多数村民不愿牵扯其中，以免费力、费财又费神。同时，"执行难"和司法腐败问题，司法公正受到了前所未有的质疑。农民更愿意选择不伤和气、不结仇怨且成本低廉、方便快捷、灵活有效的调解方式来化解社会矛盾和平息民间纠纷。这样的环境显然让法律职业人员无法在民族乡村生存，自然就没有了法律服务的市场。另外，有人民调解、行政调解等救济渠道，因而也就没有必要成立法律服务所。显然，以上第一种认识是失之偏颇或者是错误的，因为基层法律服务不仅仅是提供法律咨询、法律宣传，还包括代理诉讼和非诉讼、担任法律顾问、办理见证、协助办理公证等业务，而后者显然是司法所目前的职能不能涉及的。第二种认识则忽略了农村地区纠纷的多样性和复杂性，而需要解决纠纷机制的多元性以及群众选择解纷的偏好存在多样性这样的事实。事实上目前民族乡的纠纷特点决定了不仅需要法律服务，而且需要的还是高质量的法律服务。

民族乡法律服务的需求具体表现在：其一，广西有的民族乡不仅地域面积较大，居住人口也较多，各种民间纠纷也多，如马练瑶族乡2011年—2013年，其两级人民调解委员会共调解了各种民间纠纷490件，即是例证。如果因调解人员少，工作又繁杂，无法应付越来越多的矛盾纠纷，或者调解不成，或者有的纠纷本不属于人民调解范围，那么就有通过诉讼途径解纷而聘请代理人的需要。其二，过去民族乡村民生活在一个以地缘关系为中心、人际网络较为稳定的熟人社会中，村民的活动以既存的人际关系为基础，矛盾和冲突也就自然发生在乡村邻里的较小范围内，而且纠纷也为传统类型，主体和内容单一、简单。而目前民族乡的各式民间纠纷中，有的已不像过去那样主体单一和内容简单，新型矛盾也不断产生。特别是"三大纠纷"因历史、林改等原因，不仅数量突增，而且涉及人口多、面积大，有的已跨村、乡、县，还存在民事、行政、刑事法律关系相互交织的现象，主体的多元化、内容定性的复杂化，加之取证难，用调解方式解决有时显得力不从心，效果不佳。如南屏瑶族乡、八渡瑶族乡、东山瑶族乡等近年来出现了较多林木、林地等纠纷的积案，如果继续坚持调解，那么这些积案将有存续的可能。所以引导纠纷当事人通过诉讼等正统功能解决纠纷，应成为必要，而这种必要便成为了聘请代理人代为诉讼的需要。其三，即便民族乡群众不选择诉讼途径，聘请具有丰富的基层工作经验，且收费低廉、服务便捷的基层法律服务工作者为代理人进行调解，也是普通群众的一种理想选择。更何况，民族乡群众还有较多的法律援助需要代理。

以上"三个需要"，民族乡基层法律服务工作者完全有可能为此担当重任，成为某些纠纷当事人的代理人。而且，这种"需要"并不是估推，从已经发生的事实就能很好地诠释这一疑惑。首先是八腊瑶族乡和马练瑶族乡近年的诉讼案件数量。据天峨县人民法院统计，八腊瑶族乡2011年—2013年3年期间通过诉讼解决民事纠纷的案件为127件，而2011年—2013年3年期间整个天峨县的民事案件共计为980件，天峨县下辖9个乡镇，那么，八腊瑶族乡通过诉讼解决民事纠纷的数量要多于其他8个乡镇（其他8个乡镇近3年平均为106.6件）。再如马练瑶族乡，近年来，最传统的婚姻纠纷当事人并不觉得打官司是一件不体面的事情，而是勇敢地走出了传统的解纷方式，很多通过诉讼方式解决。据平南县法院统计，原、被告均属或一方为马练瑶族乡的离婚案件，2011 年为 21 件、2012 年为 9 件、2013 年为 26 件；其次是民族乡基层法律服务工作者的现有成绩。如潞城瑶族乡法律服务所坚持"尽可能通过调解解决纠纷，让纠纷解决在农村最基层，以发挥农村社会稳定'第一道防线'的作用"的理念，代理群众办理了较多的非诉讼案，2008 年、2009 年，所里年均办理非诉讼案 70 余件，2010 年后，所里办的非诉讼案少了一点，但年均也有 50 余件。至于诉讼案的办理，虽然在该所的整个业务中所占比例不多，但每年平均也有 10 多个（2013 年多一点，共有 24 个），另外，他们服务所还办理了较多的法律援助案件，如 2012 年有 13 件、2013 年有 22 件；再次是群众有提供法律服务的请求而得不到满足的例子。如笔者在草坪回族乡调研时，司法所所长莫四发就向笔者讲述了这样一件事。2014 年 7 月份的一天，该乡大田村有 3 户李姓、张姓的村民在山上放牛时，牛群进了同村李某某家的果园吃了果树。3 天后 3 家的牛在山上死了 4 头，他们怀疑是李某某在其果园的路口有意放置了两个水桶并往里边下了毒，引诱牛群喝了桶里的水而毒死了他们的牛。3 户村民随即报警，但经过化验并没有发现水桶里的水有毒。3 户村民不服，坚持认为是李某某为报复而有意毒死了他们的牛，并多次请求莫所长做他们的代理人起诉李某某，要求赔偿损失。但因莫所长没有基层法律服务资格执业证，因此始终无法满足 3 户村民的要求。

　　以上事实足以说明民族乡成立基层法律服务所、为广大群众提供法律服务的必要，因而认为民族乡不需要或没必要成立法律服务所的观点，是不切合实际的，应当予以澄清，以排除民族乡基层法律服务正常开展的思想障碍。

（二）普遍缺乏独立开展工作的基础条件

通过调研发现，当前民族乡的基层法律服务普遍不具有独立开展工作的基础条件，表现出对当地司法所的强烈依赖，亦即无论办公场地、办公设备，还是组成人员，都与司法所保持着千丝万缕的关系，并且这种关系的保有是目前民族乡基层法律服务所赖以生存的唯一法则。对于司法所成员的依赖，显然会产生如下问题：

一是有违法之嫌。根据《公务员法》第53条的规定，公务员不得"从事或者参与营利性活动，在企业或者其他营利性组织中兼任职务"。虽然现实中基层法律服务所对于解答法律咨询、代写法律文书等方面基本为免费，但代理诉讼或非诉讼活动还是适当收取费用的，这样基层法律服务所的营利性质没有改变。因此，司法所工作人员兼任法律服务工作者，显然与《公务员法》相悖。

二是破坏司法所在行政调解或者人民调解中的中立性原则。在"两块牌子、一套人马"的运作模式下，司法所在调解上的中立性原则将无法得到保证。因为，司法所承担着某些行政调解和处理的职责（如个人之间、个人与单位之间的土地、林木、林地纠纷的调处），同时大多又为人民调解委员会的成员。如果司法所成员参与了某一纠纷的调解或处理，那么在该纠纷调解不成或者一方对处理不服之后，又以基层法律服务工作者的身份作为一方的代理人参与诉讼或非诉讼（如代理申请行政复议），这种角色的"两面性"不仅遭遇到职业的尴尬，更严重的是它极易引起纠纷当事人一方的不满情绪，司法所成员的威信将会受到质疑，致使司法所成员组织行政调解以及参与人民调解工作的公信力下降，从而造成公平与公正的核心价值观受损。

三是本职工作与兼职工作容易"两败俱伤"。在司法部不断强调加强基层司法所建设的过程中，司法所承担了如今的以下10项职能，即，"（1）指导管理人民调解工作，参与调解疑难、复杂民间纠纷；（2）承担社区矫正日常工作，组织开展对社区服刑人员的管理、教育和帮助；（3）指导管理基层法律服务工作；（4）协调有关部门和单位开展对刑释解教人员的安置帮教工作；（5）组织开展法制宣传教育工作；（6）组织开展基层依法治理工作，为乡镇人民政府（街道办事处）依法行政、依法管理提供法律意见和建议；（7）协助基层政府处理社会矛盾纠纷；（8）参与社会治安综合治理工作；（9）做好法律援助工作；（10）完成上级司法行政机关和乡镇人民政府（街道办事处）交办的维护社会稳定的其他工作。"可以想见，司法所在完成如此众多的本职工作，同时又要协助基层政府开展并不属于本职工作范围的各式各样的农村"中心"工作的情况下，显然在与兼职基层法律服务的相互牵制之间难以做到两全其美，尤其在高质量要求完成本职工作与拼力保存基层法律服务所的矛盾运行中，如有不慎反而落下"两败俱伤"的结果。

四是导致基层法律服务所缺乏自我发展的动因。由于基层法律服务所有"接受县级司法行政机关或者乡镇、街道司法所的委托，协助开展基层司法行政工作"的任务，而司法所在双重管理体制下，不仅要接受县区司法局的领导和管理，同时也要接受乡镇（街道办事处）基层人民政府的领导和管理，所以在作为公务员的司法所成员兼任基层法律服务工作者的情形下，他们实际上要受到"双重制约"。这种制约不仅仅表现为服从基层党政分配的工作任务，而且还要接受免费提供法律服务的"行政命令"，上述镇圩瑶族乡法律服务所为镇圩瑶族乡人民政府以及 11 个村、居民委员会免费担任法律顾问，便是这一问题的现实体现。由于基层法律服务长期受行政牵制而无法遵循市场规律运行，从而导致基层法律服务失去了自我发展的动因，并造成其一直处于萎靡不振的状态。

（三）制度上的供给不足导致基层法律服务前途扑朔迷离

如前所述，无论是"点"的样本潞城瑶族乡、东山瑶族乡及镇圩瑶族乡，还是"面"的样本南屏瑶族乡及八渡瑶族乡，均对基层法律服务的未来生存表达了一致的担忧，而且这种担忧不无理由。的确，如果制度不作出及时的调整且不能及时跟进补充基层法律服务的后生力量，那么基层法律服务平台肯定面临着分崩离析的境地，这样，基层法律服务就会从已然的"困局"发展到"危局"。从调研的情况分析，制度的供给不足包括两方面：一方面是基层法律服务工作者数量没有持续跟进补充，造成基层法律服务工作者出现断层；另一方面是基层法律服务所的地位和属性一直以来摇摆不定，造成基层法律服务无所适从。

从广西民族乡的情况看，第一方面具体表现为：一是随着国家基层法律服务资格统一考试的停考以及各地政策调整的不连续（或者基于"保留原有，停止新增"的政策），致使民族乡基层法律服务工作者的数量持续锐减，甚而断层。如镇圩瑶族乡所在的上林县自 2006 年颁发 3 本基层法律服务资格证后，就再没有作出此类行动，即是例证。二是随着现有的基层法律服务工作者的退休以及转行，致使民族乡基层法律服务工作者数量减少，甚而断层。如至笔者在上述各民族乡调研时止，有的基层法律服务工作者已经退休，有的则接近退休年龄。其中，镇圩瑶族乡法律服务所的基层法律服务工作者蓝文献已经退休，主任蓝如发已59岁，也临近退休，另一法律工作者黄信51岁，年龄也较大。东山瑶族乡法律服务所的李龙辉54岁、潞城瑶族乡的黄忠义53岁、南屏瑶族乡的刘美振56岁、八渡瑶族乡的杨志春53岁，这些都已年岁较长或接近退休年龄。另外，潞城瑶族乡法律服务所的专职法律服务工作者黄海，自笔者2014年7月23日对其采访后不久，便转行到了田林县的一家律师事务所做了专职律师。制度供给不足的第二方面表现为民族乡法律服务工作业务的衰退甚而停止。由于基层法律服务所地位和属性的摇摆与拉锯，导致民族乡开展法律服务工作更加举步维艰。如南屏瑶族乡的刘美振从2004年该乡成立司法所时，就在行使司法行政职能的过程中有意识地附带为当地群众提供法律服务，而且还取得了较好的社会效果。本来还可以继续开展下去，但自2012年开始，县司法局通知不能开展法律服务了，便一直停止至今。另外，有的民族乡即使成立了法律服务所，但最近也停止了法律服务业务的开展。如笔者在蒙山县夏宜瑶族乡调研时，发现在司法所办公楼一楼虽挂有"夏宜瑶族乡法律服务所"的牌子，且该法律服务所在2014年还作了年审，但司法所所长李正平告诉笔者，目前法律服务所实际上已不开展法律服务工作了。笔者后得知，两民族乡基层法律服务戛然而止的原因，是因司法所人员作为公务员兼任法律服务所的法律服务工作者，违背了《公务员法》的相关规定，有被举报、投诉之虑。

从调研情况看，总体上广西民族乡有着较大的法律服务需求市场，从上述民族乡的"三个需要"以及一些民族乡实际发生的诉讼案件数，就可以得出这一基本结论。然而，基层法律服务的供给与需求的矛盾，造成了民族乡基层法律服务的前途扑朔迷离。亦即，一方面村民表现出对于法律服务的急切需求，一方面则因制度的供给不足而无法满足他们的渴望，从而在针对基层法律服务的取与舍和放与限之间摇摆不定、犹豫不决，从而给民族乡基层法律服务的有效开展造成重大梗阻。①这种情形不仅影响了基层法律服务工作者的积极性，而且极不利于城乡公共法律服务体系的建设。

（四）民族乡法律服务所与基层法律工作者分布不均，布局不合理

2014 年度广西共有注册执业的基层法律服务所 570 个，拥有基层法律服务工作者 2085 人。而 59 个民族乡中设立基层法律服务所的仅为 18 个，设立数量占民族乡数的 32.8%，占全区基层法律服务所的 3.15%。这 18 个民族乡法律服务所中有基层法律服务工作者 58 人（尽管基本为兼职），仅占全区基层法律服务工作者的 2.8%。民族乡设置法律服务所最多的是桂林市，共 12 个；全

---

① 显然，如果制度的供给顺畅，草坪回族乡大田村的 3 户李姓、张姓村民的提供法律服务的请求就能得到满足。因为司法所莫四发所长是于 2010 年开始在司法所从事司法行政工作的，显然他既没有参加全国那次唯一的基层法律服务工作者资格考试，也没有得到之后地方政策的支持。另外，这也是司法所成员兼任法律服务工作者的根本原因。本来按照司法部相关文件的要求，司法所的职责是"指导管理基层法律服务工作"，现在是变指导为亲身参与，这种"一人二用"的做法虽然与职责要求不符，但在当前制度供给不足的情况下，为保障基层法律服务所的生存，的确是一种"迫不得已"的无奈抉择。

部设有法律服务所的是梧州市（仅有的蒙山县两个民族乡全部设有）；民族乡一个法律服务所都没有设置的是河池市、贵港市和防城港市。另外，柳州市融水苗族自治县在三防镇设立的三防法律服务所，是以贝江片区相邻的6个乡镇共同组建的，亦即其法律服务辐射这6个乡镇，其中包括同练瑶族乡和滚贝侗族乡，名称分别为三防法律服务所同练瑶族乡服务站和三防法律服务所滚贝侗族乡服务站，这主要是考虑到两民族乡（当然也包括别的乡镇）没有基层法律服务工作者而作出的举措。

从以上可见，广西大部分民族乡没有创设基层法律服务的平台，而且已创设的基层法律服务平台以及现有的基层法律服务工作者的分布也不均衡，这给广西民族乡公共法律服务网络的建设带来不利影响。特别是有的民族乡目前尚无一个基层法律服务工作者。如滚贝侗族乡司法所目前虽然有工作人员2人，但因他们均参加工作不久，根本没有获取基层法律服务工作者执业资格的机会或者不具备获取基层法律服务工作者执业资格的条件。该所目前负责全面工作的覃伟达2008年毕业于广西政法管理干部学院，当年考取了大学生村官到柳江县百朋镇怀洪村任村主任助理，2011年9月村"两委"换届选举时，当选为村党总支部副书记和村委副主任。2012年3月参加广西公务员考试，当年11月份到滚贝侗族乡司法所工作，至今2年多。另一工作人员潘聪2013年3月参加广西公务员考试，当年12月底到司法所工作，至今1年多。又如八腊瑶族乡目前也无基层法律服务工作者。司法所目前在编在岗工作人员有2个，均为本科毕业，但二人均刚到司法所工作不久，其中杨芳蕴（男、25岁、中共预备党员）的工作年限为2年，姚凤英（女、24岁、团员）的工作年限为1年。显然他们二人也没有获取基层法律服务工作者执业资格的机会或者不具备获取基层法律服务工作者执业资格的条件。再如西林县普合苗族乡和三江侗族自治县同乐苗族乡的司法所，目前为典型的"一人所"，也没有取得基层法律服务执业资格证。等等。另外，防城区十万山瑶族乡刚成立不久（成立于 2013 年 12 月 26 日），至调研时止（2014 年 7 月 19 日）尚未设立司法所，谈不上设立法律服务所，也无基层法律服务工作者。据该乡副乡长叶茂昌介绍，由于十万山瑶族乡刚刚成立，司法所、人民调解委员会、综治信访维稳中心等机构还未来得及设置，目前纠纷的调处、社会治安综合治理等方面的工作由乡政府的综合治理办公室负责，安置帮教和社区矫正工作则由大菉镇司法所替为承担。至于基层法律服务所，叶副乡长认为，基于群众对法律服务的需求，是一定要成立的，因为政府始终不能代替司法所和法律服务所的职能，只是人员配置需要时间，但终将完成配置并建立司法所和法律服务所。

二、民族乡基层法律服务开展存在问题的成因

应当说，广西民族乡基层法律服务工作开展中存在的以上问题，并不是民族乡所特有，而是在广西、乃至全国普遍存在。其成因自然有民族乡自身经济社会的发展相对落后、人员文化素质不高、自然条件恶劣、交通不便等客观因素的影响，但是国家长期以来对基层法律服务所的性质、功能的定位及服务所从业人员的资格准入一直变换不定，没有统一的认识，从而造成基层法律服务工作的开展无所适从，是导致存在上述问题的主要原因。

（一）对基层法律服务所性质的定位长期以来没有统一的认识

回顾基层法律服务所的发展历史，自司法部于 1987 年 5 月 30 日颁布的《关于乡镇法律服务所的暂行规定》第一次对基层法律服务所进行规范和管理起，基层法律服务所的性质随着国情的不同变化走过了不同的定位经历。首先，1987 年司法部的《关于乡镇法律服务所的暂行规定》虽然没有直接明确基层法律服务所的性质，但从基层法律服务所的建立、管理体制、业务范围、人员配备、经费收支等规定可以看出，当时基层法律服务所的性质明显为从属于基层政府的性质；其次，司法部于 2000 年 3 月 31 日发布的《基层法律服务所管理办法》，基层法律服务所被确定为事业法人的性质，该《办法》第四条规定："基层法律服务所按照事业法人体制进行管理和运作，独立承担民事责任。"同时第十一条第三款规定，基层法律服务所由地方政府核拨事业编制和事业经费；再次，2000 年 8 月，根据国务院"国办发［2000］51 号"和"清办函［2000］9 号"的要求，基层法律服务所被列为"经济鉴证类中介机构"的范畴，要求进行脱钩改制。2000 年 9 月，司法部为落实国务院的精神，印发了《基层法律服务所脱钩改制实施意见》（司发通［2000］134 号），要求基层法律服务机构与所在的基层政府和司法行政部门脱钩，把法律服务所改制为合伙制，成为独立的"法律中介服务行业"组织。自此，基层法律服务所的性质又很快由"事业法人"变更为"独立承担法律责任的中介组织"。另外，基层法律服务所从其诞生至今，基本与司法所处于"两块牌子，一套人马"的现实运行体制。从以上看出，对基层法律服务所的性质定位总体上依次进行了"从属于基层政府"到"事业法人体制"再到"法律中介服务行业组织"三次技术化处理，这种摇摆不定的状态，致使基层法律服务工作一直无法在正常的轨道上运行。

（二）基层法律服务所的功能定位不明确

应当说，在对基层法律服务所性质的多次不同的定位过程中，其作为营利性或有偿性的法律服务组织的功能定位基本没有改变。可到了 2002 年，基层法律服务所的服务功能定位开始发生改变。司法部在《关于加强大中城市社区法律服务工作的意见》中，要求"基层法律服务所面向基层、面向社区、面向群众，坚持服务的公益性、便民性"。在 2003 年 7 月全国司法厅（局）长会议上，司法部基层司进一步主张"将基层法律服务所逐步转变为公益性社区法律服务组织"。然而，基层法律服务所的功能转变，是与"脱钩改制"的行动相冲突的。因为，既然基层法律服务所已经成为了独立的"法律中介服务行业"组织，实行独立核算，自负盈亏，那么又何以能让基层法律服务所变成非营利性组织而"空着肚子"去提供公益性服务呢？当然，不可否认的是，司法部此举意在改善大中城市社区法律服务的功能，而不是针对面向农村提供法律服务的乡镇法律服务所，但是在执行中，地方司法行政机关对乡镇法律服务所的服务功能也作出了统一要求。如，广西壮族自治区司法厅于 2014 年 5 月 22 日印发的《广西壮族自治区司法行政公共法律服务体系建设标准（试行）》中，规定"公共法律服务项目"之"乡村（社区）法律顾问"的建设标准为"引导基层法律服务所主要为乡镇（街道）、村居（社区）提供公益性法律服务"。

这一执行的走样，实际把基层法律服务所的生存推向了危险的边缘。而为了满足"公益性"服务的要求，基层法律服务所不得不需要再回到"脱钩改制"前的体制运行时代，这样才能让基层法律服务所得以存活，并安心于提供"公益性"法律服务。正是基层法律服务所的功能不明确，导致了当前基层法律服务工作一直处于萎靡不振的"半瘫痪"状态。

（三）基层法律服务所从业人员的资格准入不定

对于基层法律服务所从业人员的资格准入，自司法部 1987 年 5 月 30 日颁布的《关于乡镇法律服务所的暂行规定》起，共经历了以下几个阶段的变化：按照司法部 1987 年颁布的《关于乡镇法律服务所的暂行规定》，乡镇法律工作者必须具有相当高中以上文化程度和一定的法律知识、政策水平，法律服务所的主任可由司法助理员兼任；司法部 1989 年 11 月 10 日发布的《关于进一步加强乡镇法律服务所组织建设的若干意见》规定，法律服务所除由司法助理员担任主任之外，必须有两名高中以上（含高中毕业）文化程度、能从事法律服务工作的专职人员（把《暂行规定》中的"相当高中以上文化程度"改为"具有高中以上文化程度"）。同时，对兼职人员的任用条件作了限制：法院、检察院、公安部门的现职工作者以及乡镇党政部门和企事业单位领导干部不得在法律服务所兼职；根据司法部 2000 年 3 月 31 日颁布的《基层法律服务工作者管理办法》（司法部令第 60 号）的规定，从事基层法律工作，必须经全国基层法律工作者执业资格考试而取得基层法律工作执业资格。具备律师资格、公证员资格或者企业法律顾问资格的人员，也可以申请从事基层法律服务工作。具有高等院校法学本科以上学历以及具有大专以上学历，从事审判、检察业务，司法行政业务工作或者人大、政府法制工作已满五年，并能够专职从事基层法律服务工作的，可以申请按考核程序取得基层法律服务工作者执业资格。然而，基层法律服务工作者执业资格实行一年一次的全国统考制度，在该考试于2000年仅仅实施了一年后便停考至今，致使基层法律服务所和基层法律服务工作者的数量从大量增加到持续锐减，并导致基层法律工作者年龄老化，出现断层的危险。

以上问题，不仅使全国、广西各地基层法律服务工作开展处于困境，更成为了广西民族乡基层法律服务工作开展的重大瓶颈。

第四章

解决广西民族乡法治实践中存在问题的对策

　　广西民族乡五大法治板块建设中存在的问题，无疑给我们以充分的警醒：如果这些问题未能引起高层的高度重视并予设法解决和克服，那么民族乡各项法治建设将无法得以正常开展，法治效果也无法得到全面性的、实质性的提升。

　　发现问题、分析问题及解决问题，是逻辑思维的必然运作轨迹。针对当前广西民族乡法治建设存在的各种问题，相应地提出解决之道应为责无旁贷。在本章，笔者将结合调研的感受，为寻找解决广西民族乡法治实践存在问题的对策进行一番竭尽所能的思考。

第一节　广西民族乡散居少数民族权益实现的进路

一、广西民族乡散居少数民族一般权益实现的进路

　　针对前述广西民族乡散居少数民族一般权益保障中存在的问题，笔者以为，应相应采取如下举措：

（一）进一步丰富民主形式、畅通民主渠道

随着农村经济社会事业的发展、村民生活水平的提高以及社会结构的变化，就连居住在偏远且近乎封闭的最基层、最普通群众的利益诉求也随之日趋多元化。如今，他们的诉求已经不再局限于经济利益范域那样单纯和简单，而是进一步要求依法享有更多、更充分的民主权利。笔者在民族乡调研中形成的总体印象，是当前群众的民主热情要比过去有大幅度的提高，[①] 而政府的民主建设显然没有做好回应的准备，与群众所表现出的民主积极性不匹配。亦即一面是群众对民主的渴求，一面却没有给予其相应或足够的民主表达平台。笔者以为，针对民族乡的特点，应采取如下举措，以补足群众参与行政的广度与深度：

第一，确立民主的重点在基层及民主的实质在于参与的理念。因为，我们的一切工作为的是最广大人民群众的利益，工作

---

① 学者在探讨基层民主建设时，一般都会把群众"普遍缺少政治参与热情"作为过去农村村民行使自治权存在的问题之一。归结的原因主要有：一是基层群众文化水平低，村民参与村民自治尚缺乏思想、知识和能力基础，从而导致民主意识淡薄，缺乏民主传统；二是因生存需要而外出打工的农民无暇关心家乡的民主政治建设，更不会从很远的地方赶回参加选举等政治活动；三是农村干群关系紧张，同时因地方党委和政府的权力不时对村民自治权进行有力的渗透，使许多村民失去了对村民自治制度的信任、兴趣和热情，表现出对自治权利行使的政治冷漠，像村委会选举，认为参选与不参选、参与与不参与的结果是一样；四是农村集体经济不发达，村民自治组织服务功能弱化，缺乏吸引力和凝聚力，同时由于村民自治制度本身不健全，使得农民产生了消极抵抗的态度；等等。参见陆平辉主编：《散居少数民族权益保障研究》，中央民族大学出版社 2008 年版，第 154～155 页；王允武主编：《中国自治制度研究》，四川人民出版社 2006 年版，第 314～316 页；茅锐、茅铭晨："走出窘境：从依权"自治"走向依法自治——基于对浙江等地村民自治实践的考察"，载《法治研究》2013 年第 7 期。

的好与坏、对与错，都以是否符合广大群众的利益为试金石。所以，涉及人民群众利益的大量决策和工作，主要发生在基层。为此，我们的工作重心就必须深入基层、深入群众，去倾听群众的呼声和真实愿望，充分调动人民群众、特别是最基层人民群众的积极性、主动性和创造性，广纳群言、广集民智，使我们的重大工作和重大决策能识民情、接地气，知民情、解民忧，并增进共识、增强合力。党的十八大四中全会把"公众参与"作为重大行政决策法定程序的首要程序，即是基于这一事实作出的科学判断与定位。[①] 同时，民主不在于看制度的制定有多少、有多精细，更要看实践的广度与深度。民主的真谛在于亲力而为的实际参与，只有赋予广大人民群众真正而广泛的民主创造性实践，才能真正喷发出人民群众的智慧光芒，不断凝练、释放出治国理政的真知灼见，这样的民主才具有实质意义。诚如习近平总书记在庆祝中国人民政治协商会议成立65周年大会上的讲话中所指出："民主不是装饰品，不是用来做摆设的，而是要用来解决人民要解决的问题的。"

　　第二，完善工作机制，搭建更多民主表达平台。增强行政决策及行政规范性文件出台的透明度，创新听证议政渠道，让民族乡群众有权利、有机会参与，并为人民群众有序参与行政、表达利益诉求提供畅通渠道。同时，参与民主的实践，没有既成或刻板的模式，也没有一种放之四海而皆准的评判标准。因此，根据民族乡的特点，要不拘泥于形式地尽可用足、用全诸如提案、座

---

　　① 十八届四中全会《决定》把公众参与、专家论证、风险评估、合法性审查和集体讨论决定确定为重大行政决策的法定程序，以确保决策制度科学、程序正当、过程公开、责任明确。

谈、听证、公示、咨询、访谈、短信、微信、网络等多种协商方式，为民族乡广大少数民族群众更好发挥作用创造条件。如，鉴于民族乡人口居住分散、交通不便等客观事实，可以把有关征询意见的通知主动分送到村民家里，然后由各屯组组长把征求的意见或建议收集集中到村委会，或者由村干到各屯组收集并整理后统一上交乡政府；也可以由各村人大代表组织开座谈会、个人访谈等方式直接征询群众的意见，把所征询的意见或建议直接报送乡人大主席团；对于外出务工的村民，由乡劳动与社会保障部门想法取得他们的电话号码等联络方式，利用短信平台发送短信或者通过网络、微信等方式征询他们的意见；[①] 等等。

　　第三，保障群众持续的行政参与权。"一般而言，公民政治参与的规模越大、程度越广、有效性越强，则表示这种政体的民主越成熟。"[②] 公众享有持续的行政参与权，便是一个国家民主成熟的彰显。持续的行政参与权是指公众在政府行政决策作出、具体实施及实施完毕的整个过程中，都有跟进参与而发表看法、提出意见或建议的权利。其中，决策出台阶段的参与包括决策从酝酿到最后正式形成，都应有群众的不断参与，以保证决策的可行性和科学性；在决策具体实施过程中，政府应主动提供渠道征询群众意见或随时接受群众的意见或建议，以及时发现并纠正不适当之处，防止因失误而给国家、社会及百姓利益造成重大损失；实施

---

① 外出务工村民一般本身文化程度较高，加之长期在外务工的锻炼及与社会的接触和交流，其综合素质较高，所以应特别注重征询并吸收他们的意见或建议，发挥他们对家乡建设的积极作用。同时，可采取有奖征询的方式，加之网络通信的廉价性和快速性，必将激发他民主参与的热情。

② 张力："公民政治参与的价值争论"，载《人民论坛》2013 年第 26 期。

完毕的参与是对决策实施的最后成果进行总体评价，即总结经验、吸取教训的过程。持续的行政参与，在于保证民主决策、民主管理、民主监督权利的完整实现，尤其对于作出关乎民族乡群众切身利益的重大行政决策，更应赋予群众持续的行政参与权，把民主贯彻到从决策作出到最后实施完成的始终，让参与行政的民主实践永远没有"休眠期"。①

　　第四，特别注重民族乡建乡的少数民族群众及信教群众的民主参与实践。根据《民族乡行政工作条例》的规定，"民族乡是在少数民族聚居的地方建立的乡级行政区域"，"少数民族人口占全乡总人口百分之三十以上的乡，可以按照规定申请设立民族乡；特殊情况的，可以略低于这个比例"。设立民族乡的初衷，实际是在少数民族聚居的地方无法实行区域自治的情况下而作出的另一种策略安排，使这些少数民族也能行使当家做主、管理本民族内部事务的权利。因此，切实保障民族乡建乡的少数民族群众的民主参与，是全面贯彻党的民族政策和民族法律法规的需要。同时，鉴于民族乡少数民族群众有信仰宗教的情形（如南屏瑶族乡有部分群众信仰天主教、滚贝侗族乡有部分群众信仰基督教、草坪回族乡有 2100 多人信仰伊斯兰教等等），应注意贯彻党的宗教政策，积极发挥民族乡宗教界人士及信教群众在推动民族乡经济社会发展中的积极作用。总之，通过经常性地引导民族乡少数民族群众

---

　　① 马怀德教授在谈到政府重大行政决策规范化缺失的情况下，在现实中出现了"三拍"现象，即作决策"拍脑袋"、执行决策"拍胸脯"、执行完了"拍屁股"走人。把作决策、执行决策和执行完决策这 3 个阶段中无民主参与、无程序规范的现象形象地总结为"三拍"现象，可谓一语中的、一针见血。参见马怀德："规范重大决策权是重中之重"，载《法制日报》2014 年 11 月 5 日，第 9 版。

及信教群众的政治参与，使他们获得主人翁的心理定势，增加对政治的信赖感，并增强他们对伟大祖国的认同、对本民族的认同、对中华民族的认同，促进民族团结、宗教和睦。

（二）多维度保障民族乡村民自治权的实现

"实行村民自治，关键在于保障村民自治权的行使和落实。"[①]在全面推进依法治国的今天，切实保障村民自治权有着十分重要的政治意义。

1. 关于村民选举权

根据"乡政"与"村治"关系的应然要求以及全面推进依法治国的时代背景，针对前述当前民族乡村民民主选举权保障中存在的问题，具体应从理念的确立、制度的构建及法规修缮等几方面，切实保障民族乡村民选举自治权的实现。

第一，坚持走村民自治的正确道路不动摇。只有坚定的道路自信、制度自信，才能让不适的行政权力从农村彻底退出。"传统行政权力不退出，村民自治就难以发育。"[②]作为具有中国特色的基层民主制度和农村治理方式，我国的村民自治自20世纪80年代开始至今已历经30多年的时间。从其萌芽、创立、发展再到完善，过程中的每一步都得到了党中央的高度重视，并对此予以认可与支持。同时，1982年12月通过的新《宪法》，正式确立了村民委员会作为农村基层群众性自治组织的宪法地位，1987年11

---

① 王允武主编:《中国自治制度研究》，四川人民出版社2006年版，第283页。

② 茅锐、茅铭晨:"走出窘境:从依权"自治"走向依法自治——基于对浙江等地村民自治实践的考察"，载《法治研究》2013年第7期。

月，第六届全国人民代表大会常务委员会第二十三次会议审议通过的《村民委员会组织法（试行）》，则标志着村民自治制度化运作的正式开始。1998 年 11 月 4 日，第九届全国人民代表大会常务委员会第五次会议通过了修订后的《村民委员会组织法》，新修订的《村民委员会组织法》对 1987 年的《村民委员会组织法（试行）》就村民选举、民主决策、民主监督等方面进行了较大的修缮，使我国的村民自治制度从此进入了更加成熟的运行轨道。"从村民自治的产生，到村民自治法律地位的确立，从《村民委员会组织法》的试行，到《村民委员会组织法》的进一步完善，村民自治在社会需要中应运而生，在探索中发展，在前进中完善，将我国农村的村民自治推上了一个新的台阶。"① 如今，党的十八大继续把"实现政府管理和基层民主有机结合"作为中国特色社会主义政治发展道路的组成部分；十八届四中全会则把村民委员会等自治组织置于全面推进依法治国的进程中建设法治中国的主力军地位。十八届四中全会《决定》强调，要充分发挥自治组织在法治建设中的作用，"完善和发展基层民主制度，依法推进基层民主和行业自律，实行自我管理、自我服务、自我教育、自我监督"；中共中央、国务院于 2015 年 2 月 1 日发布的《关于加大改革创新力度加快农业现代化建设的若干意见》（2015 年"中央一号文件"）指出：要完善和创新乡村治理机制，扩大以村民小组作为基本单元的村民自治的试点，开展以农村社区作为基本单元的村民自治试点。总之，村民自治制度不仅为国家高层首肯，而且还越来越

---

① 王允武主编：《中国自治制度研究》，四川人民出版社 2006 年版，第 256 ~ 267 页。

重视它的存在价值。实践证明，无论过去，还是现在，村民自治制度已经发挥了它应有的巨大作用，因而中国在农村选择实行村民自治的道路是正确的，是不容怀疑或否定的。[①]诚如有学者指出："村民自治是中国共产党在马克思主义指导下，根据中国国情对民主道路和形式的一种探索，是亿万农民群众在中国共产党领导下，对民主形式和途径的主动选择。"[②]由此，我们不应、也没有必要对村民自治权的设定与行使彷徨不定、犹豫不决，尽可相信广大农民和村民自治组织的能动性、创造性及基于丰富地方经验的管控能力，而不折不扣地还权于民。

第二，按法治政府建设要求厘清"乡政"与"村治"的关系。自党的十五大确立了"依法治国，建设社会主义法治国家"的基本方略，依法行政需要实现从理念到方式的革命性转变，推行法治政府建设便被提上了日程。2004 年 3 月国务院发布《全面推进依法行政实施纲要》，明确提出了"建设法治政府的目标"。2010年 11 月国务院又发布了《关于加强法治政府建设的意见》，要求"各级政府要以建设法治政府为奋斗目标，以事关依法行政全局的体制机制创新为突破口，以增强领导干部依法行政的意识和能

---

① 当然，也有少数学者对村民自治持怀疑和否定的态度。对此，有学者针对性地指出，村民自治制度自 1987 年开始试行推广以来，已经取得了举世瞩目的成就，得到了理论界和实务界的肯定和赞扬，全盘否定的观点未免过于偏激。从《宪法》和《村民委员会组织法》制定情况以及目前的发展趋势来看，村民自治已成不可逆转的历史进程，否定或停止村民自治已不可能，所以，只能是在实行村民自治的前提下，对村民自治中出现的种种问题加以解决和改进，而不是出现了问题，就全盘否定村民自治。所以对是否实行村民自治的政策判断争论已失去意义。参见王允武主编：《中国自治制度研究》，四川人民出版社 2006 年版，第 303、316 页；王禹：《我国村民自治研究》，北京大学出版社 2004 年版，第 198 页。

② 徐勇：《中国农村村民自治》，华中师范大学出版社 1997 年版，第 42 页。

力、提高制度建设质量、规范行政权力运行、保证法律法规严格执行为着力点，全面推进依法行政，不断提高政府公信力和执行力，为保障经济又好又快发展和社会和谐稳定发挥更大的作用"。党的十八大报告指出："提高领导干部运用法治思维和法治方式深化改革、推动发展、化解矛盾、维护稳定能力。"十八届四中全会《决定》进一步强调，要深入推进依法行政，加快建设法治政府，并指出，"各级政府必须坚持在党的领导下、在法治轨道上开展工作"，"行政机关要坚持法定职责必须为、法无授权不可为"。

职能、权限法定化，是法治政府建设的基本要求。《村民委员会组织法》第 4 条第 1 款明确规定："乡、民族乡、镇的人民政府对村民委员会的工作给予指导、支持和帮助，但是不得干预依法属于村民自治范围的事项。"这是基层政府与村民委员会关系的法律规定，也是法律赋予基层政府在处理与村民委员会关系时的职能和权限，亦即基层政府只能在"指导、支持和帮助"的权限内行使"指导、支持和帮助"的职能。当然，从文义上看，"指导、支持和帮助"用语的过于简单，给基层政府的实际工作带来了操作上的困难。正如有学者指出，从乡、镇政府与村民委员会在实际工作中的密切关系来看，通过《村民委员会组织法》一个条款的规定显然是不够的，立法的粗放，容易造成实践中的走样乃至混乱，如村民自治中出现"自治型"、"行政型"、"混合型"的村或"瘫痪村"等。特别是"指导、支持、帮助"是一种弹性极大的用语，表现在具体的行为方式上，并不存在法律的硬性约束，往往可为可不为，可多为可少为。① 有鉴于此，在法律没有对此作出修缮的情况下，应按照当今

---

① 潘嘉玮、周贤日：《村民自治与行政权的冲突》，中国人民大学出版社 2004 年版，第 88 页。

中央以转变政府职能为核心的行政体制改革的理念及要求，推行并建立"权力清单"制度，以彻底厘清、明晰基层政府与村委会、村基层党组织与村委会的边界，以使各方各谋其位、各司其职，消除乡政与村治关系中的"附属行政化"和"过度自治化"两种倾向，[①]真正做到"法定职责必须为、法无授权不可为"，把自治权真正交还于民。"权力清单"从总体上引导村民、指导村委会依法、理性、有序行使自治权、实行村民自治的原则出发，依照当前基层政府与村委会实际工作中交往的内容，围绕民主决策、民主管理、民主选举和民主监督四个方面，列明基层政府指导、支持和帮助村委会的详细"账目"，如指导村民委员会的选举工作、指导村委会制定各种规章制度、指导村委会制定村规民约等等。

第三，提高民族乡政府社会治理现代化能力。"实践证明，大量社会性、公益性、事务性的社会管理，如果统统由党委、政府来管，是管不了也管不好的，必须充分发挥社会各方面力量的协同、自治、自律、他律、互律作用。"[②]为此，为保障村民自治权的实现，民族乡政府应首先按照服务型政府建设的要求，加快推进政府职能转变。具体而言，就是要正确处理好秩序行政与服务行政的关系，就维护村民自治权的角度而言，应当向服务行政倾斜，防止借秩序行政侵犯村民自治权。[③]及时改进对

---

① 王冠中：《村民自治中乡村关系的两种不良倾向的原因与对策》，载《云南行政学院学报》2002 年第 5 期。

② 刘耀龙主编：《加强和创新社会管理知识问答》，广西教育出版社 2011 年版，第 103 页。

③ 秩序行政与服务行政是公共行政的两种不同表现形态。秩序行政的任务是维护公共安全和社会稳定，服务行政的任务是为公民提供各种福利。参见马怀德主编：《行政法学》，中国政法大学出版社 2007 年版，第 19 ~ 20 页。

农村的工作方式和方法，把干预式、命令式、监管式的警察角色和包办式的保姆角色，改为定位于服务者、生存照顾者的角色，建立健全各种以改善民生为中心的制度和机制，为农村提供更多、更实在的公共服务产品，确立主要以服务作为实现农村社会有效治理的重要手段。其次，应当尊重村民（选民）的意志，相信村民选举出的符合他们真实愿望的村委会成员的智慧和能力，摈弃过多的、毫无意义的担忧，并对村民选举出的村委会成员的工作给予全力支持和帮助。因为，不代表大多数群众真实意愿的村委会成员的工作如果得不到广大村民的有力支持，农村工作不仅做不好，而且会出现倒退、甚至造成农村社会不稳定的局面，这是一个不具有争议的事实和道理。再次，要大力开展农村选举相关法律的普法，特别是要加大对村委干部的普法力度，严厉惩处农村干部的腐败行为，为农村选举营造良好的选举氛围，积极引导选举在法治的轨道上有序进行。加大选举过程中的监督力度，乡设立的村民委员会选举工作指导委员会派出的工作指导小组要全程跟踪，防止及制止选举中的暴力、威胁、贿赂等不正当行为。①

　　第四，完善地方性法规，为村民选举权的实现提供有效、有

---

　　① 根据我国《刑法》第256条的规定，在选举各级人民代表大会代表和国家机关领导人员时，以暴力、威胁、欺骗、贿赂、伪造选举文件、虚报选举票数等手段破坏选举或者妨害选民和代表自由行使选举权和被选举权，情节严重的，处三年以下有期徒刑、拘役或者剥夺政治权利。依此规定，村委选举中的各种不正当行为目前并不在刑法的规制范围，应当说这是一个缺憾。为此，笔者建议扩大破坏选举罪的规制范围，把村委的选举活动纳入刑法保护的视阈，以有效遏制当前农村选举中出现的各种严重的不正当行为，切实保障村民自治权的行使与落实。

力的规范保障。①虽然《广西壮族自治区村民委员会选举办法》(下称《选举办法》)为广西新近制定并予实施(2013年9月26日广西壮族自治区第十二届人民代表大会常务委员会第六次会议通过,自2013年11月1日起实施),但其还是存在着一些纰漏和缺失,理应完善:

(1)《选举办法》明确规定政府及其工作人员"指定村民委员会候选人"、"指定或者委派村民委员会成员"、"违反法律、法规规定撤换村民委员会成员"及"无正当理由推迟村民委员会换届选举"的行为作为应负法律责任的情形,而变相侵犯村民选举权和参与村民不正当手段选举行为(为村民使用暴力、威胁、欺骗、贿赂、伪造选票、虚报选举票数等不正当手段出谋划策等)的法律责任则没有作出规定。因此,《选举办法》的"法律责任"一章中,应增加这两种情形,并对"变相"和"参与"的表现尽可能作出具体的描述。

---

① 有学者针对《村民委员会组织法》在保障村民自治权的运行机制中所存在的诸多缺陷或不足,认为(建议)国家应当制定一部《村民自治法》,在明确界定作为个体村民的自治权利和村民自治的基本原则的基础上,设计完备的民主选举、民主管理、民主监督和民主决策制度,以规范和促进村民自治的发展。相关内容可参见王允武主编:《中国自治制度研究》,四川人民出版社2006年版,第324页;袁达毅:"完善村民自治立法　发展农村基层民主",载张明亮主编:《村民自治论丛》(第一集),中国社会出版社2001年版,第117页;张广修、张景峰:《村规民约论》,武汉大学出版社2002年版,第177页。另外,有学者主张建立我国的村民自治法律体系。认为,"村民自治法律体系不仅应当包括自治组织法,而且还应当包括自治行为法、自治选举法等。从实践来看,除现有村民自治组织法外,还亟待制定进一步全面、细致地规范自治行为的《村民自治法》和《村民委员会选举法》"。参见茅锐、茅铭晨:《走出窘境:从依权"自治"走向依法自治——基于对浙江等地村民自治实践的考察》,载《法治研究》2013年第7期。笔者以为,待时机成熟时,广西不妨制定《村民委员会自治条例》的地方性法规。

（2）《选举办法》规定，以暴力、威胁、欺骗、贿赂、伪造选票、虚报选举票数等不正当手段当选村民委员会成员的，当选无效，违反《中华人民共和国治安管理处罚法》的，由公安机关依法处理。可以看出，该规定对以不正当手段当选村民委员会成员的仅作"当选无效"处理，其责任强度显得有些柔弱。应当把当事者纳入"黑名单"，在宣布"当选无效"的基础上，增加"在一定年限内取消其被选举为村委会成员的资格"的内容。同时，《选举办法》对不正当手段行为本身所安排的法律后果，仅表明了治安管理处罚的举措，其刚性也显得不足。因为，它给人感觉使用以上不正当手段的法律后果仅仅是受到行政处罚而已，并不会构成犯罪而承担刑事责任（而暴力、威胁行为恰恰会演变为犯罪），有放纵违法行为之嫌，显然其约束性欠佳。因此，应增加"构成犯罪的，依法追究刑事责任"的规定，以有效遏制村委会选举中的违法行为。

（3）《选举办法》规定，对以暴力、威胁、欺骗、贿赂、伪造选票、虚报选举票数等不正当手段，妨害村民行使选举权、被选举权，破坏村民委员会选举的行为，村民有权向乡、民族乡、镇人民代表大会和人民政府、街道办事处或者县级人民代表大会常务委员会、人民政府及其有关部门举报，由乡级人民政府或者县级人民政府负责调查并依法处理。该规定是保护村民选举权的救济措施，也是《村民委员会组织法》相关条款的基本照搬，但这是一条缺乏科学性的规定。有学者在分析《村民委员会组织法》相关规定后就指出，它表面上很详尽、很合理，但规定诸多部门都可以受理的结果往往是各部门之间职责不明确、分工不细致，最后或是相互推诿，导致大家都不管，或是不同部门的处理结果不同，使人无所适从。①从规定的内容看，其产生的后果的确会如此，因为一方面指引村民可向乡、民族乡、镇人民代表大会和人民政府、街道办事处或者县级人民代表大会常务委员会、人民政府及其有关部门举报，但最后又只由乡级人民政府或者县级人民政府负责调查并依法处理，这种杂乱的规定真的是给人以眼花缭乱之感。应当说，保护村民委员会选举中的村民选举权，并不是权力机关的职权或职能，因为村民委员会不是一级政府行政机关。所以，建议把该规定改为只由乡级人民政府或者县级人民政府负责举报的受理、调查及处理，同时增加规定政府不及时或不处理投诉应当负法律责任的内容。

（4）鉴于前述外出务工村民选举权的保障所存在的问题，建议《选举办法》增加村民选举委员会有为外出选民提供《村民委员会成员候选人提名表》的义务或者外出选民可以委托填写村民委员会成员提名表的内容。②当然，这只是权宜之计。笔者认为，要有效改变和克服外出务工选民的选举权问题及其带来的弊端（这也是全国性的普遍问题），应当把村"两委"换届选举的时间改为换届年的年底至次年的年初举行，让外出务工的村民回家过春节时有直接表达意愿的机会。因为，广西目前村"两委"换届选举的时间基本沿袭在换届年的7—9月间进行的惯例，而这一期间正是外出村民务工的黄金时段，是无暇顾及村委会选举的。所以，建议《选举办法》增加该方面的内容。

---

① 王允武主编：《中国自治制度研究》，四川人民出版社2006年版，第315页。

② 《选举办法》规定选举期间外出不能参加投票的，可以书面委托本村有选举权的近亲属代为投票，而因外出不能填写候选人提名表的，则没有规定可以委托，这种不对称的规定显然是对外出选民提名权的剥夺。

（5）鉴于前述人口较少民族的选举权被忽略的问题，建议《选举办法》对此予以改善。虽然《选举办法》规定，多民族村民居住的村应当有人数较少的民族的名额。但该规定只是限于"初步候选人"的名单，至于"正式候选人"及当选名单中有否人数较少的民族的名额，则没有作出任何强制性的规定。《选举办法》特别突出了妇女的地位，规定从"初步候选人"到"正式候选人"乃至当选名单中，必须至少有一名妇女。笔者认为，基于民族团结的视角，突出人数较少的民族的地位是理所当然之事，特别是在当前形势下更具有重大的政治意义。按照规定，村民委员会成员可以由三至七人组成，因此，在多民族村民居住的村，其村委会在由五至七人组成的情况下，应当硬性规定必须有一名人数较少的民族成员，建议《选举办法》为此作出修改。

2. 关于村民民主监督权（村务公开）

村务信息公开是村民行使民主监督权的一项重要内容。针对前述当前民族乡村务公开中存在的问题，具体应从基础设施建设、制度构建及法规修缮等几方面，切实保障民族乡村民民主监督权的行使与实现。

第一，完善村务信息公开的硬件设施。其中，没有专门用于公开信息平台的，要及时投资建设；如果设置有信息公开平台但无法承载应有信息量或无法有效承载信息的，则进行必要的扩充或修缮，或者改建为橱窗式的公开栏。同时，应突出信息公开平台的专有、专用性，除没有信息公开任务而可以用于村里其他的以外，其他单位的信息一般不能占用，如确实有特殊缘由需要的，应不能与信息公开的时间发生冲突，亦即二者时间发生冲突时，应以村务信息公开为优先。另外，《广西壮族自治区实施〈中华人民共和国村民委员会组织法〉办法》（2001 年 12 月 1 日广西壮族自治区第九届人民代表大会常务委员会第二十七次会议通过，2013 年 9 月 26 日广西壮族自治区第十二届人民代表大会常务委员会第六次会议修订）（下称《实施办法》）规定：人民政府对村民委员会协助政府开展工作应当提供必要的条件；县级以上人民政府有关部门委托村民委员会开展工作需要经费的，由委托部门承担。按照此规定，县级以上人民政府有关部门在农村工作开展中所需要的信息载体，理应由其自行建设，而不能挤占村里的公共资源。

第二，完善村务信息公开制度和机制。虽然上述《实施办法》对村务公开的内容、时间、形式等作了规定，但这只能是原则性的表达，不可能照顾到各村的各自实情而作出面面俱到的设计，必须由各村委会制定并建立出符合本村村情、具有实际操作性的村务公开制度和机制。不可否认的是，笔者所调研过的民族乡各村一般都制定了村务公开制度，这给村民实现民主监督权提供了保障的前提。但笔者把这些张贴在村委会办公室的村务公开制度进行归结，发现它们存在的一个共同的缺陷，那就是制度的内容基本沿袭法规的原则性规定，而且无一体现出反映本村特点的痕迹，可说是一种相互间的简单复制。事实上，各村村务的具体内容不可能都相同，因而决定了各村村务公开的时间及保留时间不可能相同，同时公开的地点和形式也不可能做到一致，如有的村或许经济条件允许或者政府支持力度大，建立了村务公开电子信息平台等等。鉴此，民族乡政府可根据各村的实际，指导、帮助村委会制定出具体的、便于操作的并与本村村情相适应的村务公开制度。在制度当中应明确规定信息公开的具体内容、时间、地点和方式。在具体操作中，把当前或未来一段时期本村村务需要公开的项目、各项目分别公开的时间（按月、按季抑或按年）、公开的明确地点及方式详细地载明，制作成精致的明白卡或者打印成文分发到每一个村民（住户）手中（家里），同时应随着村务内容等的变化及时作出相应的更换，并通知或传达给村民。因民族乡的村屯大都较为分散，因此在选择村务公开的地点和方式方面，应采取灵活的方法，除了在村委办公楼设立主村务公开栏外，可以把分散的村屯组合成几个片区，在片区设立分村务公开栏，也可以采取广播的公开方式。同时，对于外出务工的村民，则可以采取短信息、微信等方式向他们进行村务信息公开。

第三，改善村干的待遇。根据《实施办法》第十一条规定："村民委员会成员实行任期职务补贴和统筹补贴。统筹补贴方案由村民会议或者其授权的村民代表会议根据本村集体经济状况和村民委员会成员工作情况讨论决定。自治区、设区的市和县级财政给予适当补贴。"从调研情况看，目前民族乡各村基本没有可观的集体经济收入，因此通过集体经济收入的渠道提高村委会成员的补贴有较大困难，应当主要通过财政补贴的方式来提高补贴额度才具有可行性。目前民族乡村干的待遇大致为：村主任、支部书记每月的补贴为1000元左右，其余副职为每月800元左右。鉴于目前村委会成员不仅要承担繁杂的本职工作，还要协助政府处理大量的中心事务，诸如安置帮教工作组成员、村交通信息员、村气象信息员、村义务消防员、村流动人口协管员、村社会治安信息员、乡社区矫正志愿者等等的所谓兼职，其实都是无任何酬劳的。给这些为农村经济社会发展及农村和谐稳定而辛勤操劳的农村干部提高补贴是合情合理的，不仅是对其劳动的充分尊重，而且能激发他们的工作积极性。

第四，增强责任制约，强化民主监督力度。由于《实施办法》对村民委员会及其成员"未公开应当向村民公开的村务事项或者公开的事项不真实"的行为，只是规定"由乡、民族乡、镇人民政府或者街道办事处予以批评教育，并责令改正"，显然缺乏应有的约束力。为此，政府可以在指导、帮助村委会制定的村规民约中，约定村委会及其成员不履行村务公开职责或履行该职责有瑕疵时，对其补贴予以一定数额的扣减或停发，以此增强对村委会干部的责任制约。

另外，根据上述《选举办法》的规定，罢免村民委员会成员的要求向村民委员会提出，并由村民委员会召集和主持村民会议，投票表决罢免要求。该规定显然没有考虑到村民委员会怠于召开或不予召开村民会议时的救济措施。因为，如果要求罢免的是村民委员会主任，由谁来召集村民会议就是一个十分棘手的问题；如果要求罢免的是村委会中的其他成员，那也会因感情因素的关涉而不免左右为难。为此，《选举办法》可以作出这样的修改：单设村民会议主任，[①] 把村民委员会召集村民会议改为由村民会议主任召集和主持；或者规定，罢免要求向乡政府提出，由乡政府成立专门工作组并召集和主持村民会议；或者直接规定由村务监督委员会召集和主持村民会议。

---

① 有学者主张，应当修改《村民委员会组织法》，健全村民会议的组织机构，单设村民会议主任，由有选举权的村民直接选举产生，召集和主持村民会议，以便村民更好地行使民主决策权、民主管理权和民主监督权。参见王允武主编：《中国自治制度研究》，四川人民出版社 2006 年版，第 321 页。

3. 多举措加强民族乡少数民族干部队伍建设

针对前述广西民族乡少数民族干部队伍中出现的问题，应当采取如下切实举措予以回应：

（1）探视与掌握民族乡少数民族干部队伍的实情。掌握民族乡少数民族干部队伍的人数、民族、结构等基本情况，是作出少数民族干部培养与使用以及合理调配队伍结构等重大决策的可靠前提。为此，笔者建议自治区相关部门对民族乡少数民族干部队伍配备的综合情况做一次全面的实地普查。笔者在民族乡调研中，政府的一些基层干部多次向笔者反映了这个问题。他们认为，上级领导或有关部门对于民族乡少数民族干部队伍的最基本状况以及队伍结构对治理农村社会的重要性是不是真正做到了心中有数或了如指掌，是值得怀疑的。因为，目前基层信息往上流动的渠道一般采取的是层层上报的方式，这种方式具有明显的间接性，因而其真实度有一定的折扣。同时，上级领导下民族乡调研主要以经济社会发展状况为中心，至于民族乡干部的队伍建设则有忽略之嫌。可见，对民族乡少数民族干部队伍建设作一到位的普查也是民族乡一些基层干部的期望与渴求。

（2）拓宽民族乡少数民族干部的来源渠道。有关部门应制定专门的鼓励到民族乡工作的措施或制度。一是为回本乡工作的大中专毕业生（或历届生）放宽准入条件。如，与其他考生相比，可以放宽学历条件、提高加分的幅度或降低录取分数线、会当地少数民族（特别是建乡的少数民族）语言的优先录取，等等。二是有针对性地制定民族乡人才政策，鼓励和吸引各类优秀人才到民族乡工作。如，设立民族乡工作特殊补助津贴、纳入重点培养干部范围，等等。

（3）多维度培养少数民族干部。从调研情况看，目前民族乡少数民族干部大多由于家庭环境、接受教育程度等因素的影响和制约，在文化知识、社会知识等诸多方面表现出较低的综合素质。所以亟待采取有效措施加强培养教育，以提高他们的政治、业务素质。具体操作上，可以通过办培训班、组织考察、挂职锻炼及干部交流等多种形式进行。在培训内容上，要特别注意理论知识与实践知识的结合、管理知识与技术知识的结合，注重培训内容的综合性、实用性；在培训层次方面，应为他们创造更多到层次高的党校或普通高等学校（大学）学习的机会；在交流层级和范围方面，可以突破现有的机制，推举（借调）到高层级的单位锻炼以及到本县辖区范围外的单位学习，以拓宽他们的知识面以及扩大、增长他们的视野和见识，快速提高他们的能力。

（4）敢于提拔使用少数民族干部。不容置疑的是，上级领导及相关部门在理念方面确实有了加强培养少数民族干部的充分认识，我们也一直在强调要加大少数民族干部的提拔使用力度，但真正需要时不敢于付之实际行动，表现出一种耐人寻味的"临阵脱逃"现象。这里特别强调的是"敢于"二字，就是要充分信任少数民族干部治理本地方民族事务的智慧和能力，要有放手一搏的决心。

二、广西民族乡散居少数民族特有权益实现的进路

（一）理念层面：从政治高度树立起对民族乡散居少数民族特有权益的认识

无论从建立民族乡的社会历史背景、过程及理论依据看，还

是从几十年来民族乡的实践看，民族乡都具有自治的性质，是民族区域自治性的行政区域，它虽然不是民族自治地方，但它是民族区域自治制度的补充。[①] 作为解决我国国内民族问题的一种政治制度，民族乡的建制宗旨是为了保障那些不具备条件也没有必要实行民族区域自治的较小且相对聚住的少数民族的权利。与其他一般乡（镇）相比，虽然它们都属于乡级基层政权，行使相同级别的职权。但不同的是，民族乡有着相对的自治性，有着一般乡（镇）不具有的经济文化教育发展自主权和特有的受帮助权。同时，与其他一般少数民族享有的权益相比，民族乡散居少数民族享有的权益也具有特殊性。因此，我们在民族乡工作中，既不能把民族乡与一般乡（镇）完全同等对待，也不能完全以一般少数民族权益去替代民族乡的特有权益。当前，我区民族乡在经济社会事业发展方面之所以还存在诸多问题，客观地讲，有民族乡自身的历史因素和自然条件因素，但从主观上看，主要还是对民族乡的地位和性质认识出现偏差，对民族乡的作用和重要性认识不足、重视不够，[②] 从而导致民族乡散居民族特有权益得不到有效落实和保障。

实践证明，民族乡的经济是否发展，人民生活是否改善，民族关系是否融洽，对全区民族团结、社会稳定关系极大。因而，各级党委和政府应当充分把握和认识民族乡在整个民族工作中的地位和作用，真正树立起民族乡散居少数民族权益是一种特有的

---

① 覃乃昌："关于民族乡的几个问题"，载《民族研究》2002 年第 3 期。

② 据目前可查资料显示，自广西壮族自治区党委办公厅、广西壮族自治区政府办公厅于 1997 年 1 月 13 日转发自治区民委《关于加强民族乡工作的意见》至今，20 多年过去了，再也没有有关加强民族乡工作的政策性文件的出台。

少数民族权益的认识，切实尊重和落实民族乡的各项自主权和国家帮助权，使广西民族乡散居少数民族的特有权益得到真正的保障，并实现各民族"共同团结奋斗、共同繁荣发展"的目标。

（二）立法层面：加速制定保障民族乡散居少数民族特有权益的地方性法规

（1）制定《〈民族乡行政工作条例〉实施办法》（以下简称《实施办法》）。自20世纪80年代以来，全国其他不少省、直辖市相继制定了保障其辖区内的散居少数民族权益的地方性法规和规章。而作为实行民族区域自治的广西，对民族乡散居少数民族权益的保障问题，却至今没有专门的立法，不能不令人遗憾。[①]

笔者认为，《民族乡行政工作条例》自1993年9月15日颁行至今已有20多年的时间，社会的快速发展已使《条例》显示出了极大的滞后性，已明显不能适应民族乡的现实发展需要。同时，《条例》本身还存在着诸多重大欠缺：一是用语模糊，操作性不强。如，"民族乡人民政府配备工作人员，应当尽量配备建乡的民族和其他少数民族人员"。何为"尽量"？由于没有量化的规定，实践中就会造成极大的主观随意性，甚至存在不正当的人为操作。这也是导致目前民族乡少数民族在政府工作人员中比例偏低的原因之一。二是权益的取得存在前提障碍。如，《条例》虽然规定了诸多民族乡少数民族的特有权益，但很多必须以"依照法律、法规

---

① 目前只是一些政策性文件及分散在某些地方性法规和规章里的规定。如，广西壮族自治区党委办公厅、广西壮族自治区政府办公厅于1997年1月13日转发了自治区民委《关于加强民族乡工作的意见》、《广西壮族自治区乡、民族乡、镇人民代表大会工作条例》等等。

和国家有关规定"为前提。这些前提的设置，看似法治之需，但恰恰成为了民族乡少数民族权益无法得到保障的主要原因。正如有学者在分析《民族区域自治法》不足时指出的，这种规定是"为上级国家机关分割自治权提供了依据，为一些上级国家机关的决定、决议漠视自治机关自治权留下法律空间"。①而《条例》也无不体现了对民族乡各种权益的"分割"与"拦截"的现实。三是法律规范中表现出明显的政策性功能。从法律实施角度来讲，政策性语言过多、质量不高的法律规范，在守法、执法和司法中同样存在困难，并将导致法律实效欠缺的不利后果。②美国法学家博登海默也指出："只要在有组织的社会中和在国际社会中还存在大量的违法者，那么法律就不可能不用强制执行措施作为其运作功效的最后手段。"③而《条例》在规定民族乡少数民族权益保护时，不仅多以"照顾、帮助、扶持、倾斜"等政策性词语出现，同时还没有规定"法律后果"条款与之衔接（包括奖励措施和制裁措施）。由于政策不是依靠国家强制力执行的，所以，《条例》就因政策性过强便得不到有效或强制执行，民族乡少数民族的权益也就自然落空。

　　鉴于《条例》的以上问题，再严格执行之，已无实际效用。为此，为适应当今广西民族乡发展的需要，自治区人大应当及时跟进，制定《实施办法》。

---

　　① 张文山："论自治权的不可分割性——兼议《民族区域自治法》的修改"，载《广西民族学院学报》1999年第1期。

　　② 王允武主编：《中国自治制度研究》，四川人民出版社2006年版，第153页。

　　③［美］博登海默：《法理学——法律哲学与法律方法》，邓正来译，中国政法大学出版社1999年版，第347页。

笔者认为，广西在制定《实施办法》时，应当把握以下几点：

第一，以《民族区域自治法》为中心进行设计。《民族区域自治法》赋予了民族自治地方广泛的自治权，表现在政治、经济、文化和社会生活的各个方面。而民族乡本身即是民族区域自治的补充形式，那么《实施办法》与《民族区域自治法》的这种近乎天然的匹配与对接，制定起来不仅游刃有余，而且民族乡的各项权益也会显现出真正落实的前景。

第二，针对《条例》的缺陷进行补足与加工。首先，明确民族乡政府工作人员按建乡的民族和其他少数民族的人口数量，分别按具体的比例予以配备，强化法规的可操作性。如，按照建乡的少数民族占全乡总人口30%的要求，规定政府工作人员中至少有三分之一的建乡的少数民族，等等。其次，尽可能取消民族乡权益取得"依照法律、法规和国家有关规定"和避免"依照自治区有关规定"的前提设置。建立监督、奖励和责任制度，强化法规的权威性和严肃性，以保障民族乡少数民族权益的真正实现。

第三，能真切地反映广西民族乡的现实需要。重点按前述落空或被折扣严重的政治参与权、经济发展自主权、受帮助权、受教育权等几个方面作为规制对象。

第四，在《实施办法》中设置一定的授权性规范，赋予少数民族的"选择性权利"。由于广西民族乡的散居少数民族涉及瑶族、苗族、侗族、回族和仫佬族，不仅各少数民族具有各自的特点，而且即使为同一民族也会存在差异。同时，每个少数民族居住的地方也都有自己的特点。因此，为了充分体现《实施办法》的民族性和地方性，充分反映民族乡少数民族的利益和要求，可从实际出发，允许他们选择需要的利益，使《实施办法》更具有针对性和人文性。

第五，明示民族乡少数民族权益的特有性。针对当前对民族乡少数民族权益的享受与其他民族"捆绑"处理的状况，在《实施办法》中应作出设立"民族乡发展专项资金"、"民族乡扶贫资金"、"民族乡少数民族干部培训资金"、"民族乡专业技术人员培养资金"、"民族乡民族工作资金"等的规定，以示与其他一般少数民族权益的区分。

（2）制定单行条例。单行条例是对民族自治地方某一方面的具体事项所作的规定，是就某一专门问题进行规定的法规。由于《实施办法》具有宏观性和概括性，不可能就民族乡的各项具体权益进行全面细化。所以，应以单行条例的制定作为与《实施办法》的配套，以不断形成广西民族乡的立法体系。依轻重缓急考虑，笔者认为，目前就民族乡少数民族干部的培养与使用、资源的保护与开发以及教育的规划与投入等几个方面，应当优先考虑制定单行条例。单行条例重点对民族乡少数民族享有的某项特有权益进行具体化，必要时应以数量单位予以明确固定。同时，在单行条例中应适当扩大民族乡的权利范围。如，资源的保护与开发问题是目前广西各民族乡矛盾最集中的区域，不论从法理，还是基于行政管理的现实，都应当赋予民族乡林木采伐的分配参与权与决策权。

由于《民族区域自治法》规定："自治区的自治条例和单行条例，报全国人民代表大会常务委员会批准后生效。自治州、自治县的自治条例和单行条例报省、自治区、直辖市的人民代表大会常务委员会批准后生效。"考虑到自治区层面的单行条例需报全国人民代表大会常务委员会批准，可能出现一定的困难。由此，笔者建议，我们可以安排由建有民族乡的自治县制定单行条例。① 另外，从 2009 年开始，自治区人大常委会已正式启动新一轮自治县自治条例修改工作，也可以考虑在自治县的自治条例里面设置民族乡少数民族权益保障的内容。如，重新修订的《环江毛南族自治县自治条例》和《富川瑶族自治县自治条例》，明确规定了自治县享受自治区给予的优先安排矿产资源补偿费、新增建设用地有偿使用费、育林基金、水资源费、环境保护专项资金和基础设施建设项目配套资金减免、财政转移支付倾斜照顾等权益。我们完全可以利用这一难得的机遇，把民族乡的特有权益保护内容涵括其中，为民族乡经济社会发展提供有力的支撑。

第二节　破解广西民族乡人民调解困境的对策

解决广西民族乡人民调解所处的现实困境，是一项长期而复杂的系统工程。既要求各级党委和政府领导从思想上重视民族乡的人民调解工作，又要从各种具体制度安排上考虑到民族乡人民调解的特殊性，并综合运用法律、行政、经济等手段，予以妥善消解。

一、逐步推行民族乡人民调解的社会化和职业化

破解民族乡人民调解委员会成员因兼任以及村级人民调解

---

① 目前，广西自治县中设有民族乡的有三江侗族自治县富禄苗族乡、高基瑶族乡、同乐苗族乡，融水苗族自治县滚贝侗族乡、同练瑶族乡，以及环江毛南族自治县驯乐苗族乡。

员整体素质偏低而带来的系列困境，就要推行人民调解的社会化和职业化，实现人民调解本来属性的回归。① 近年来，全国许多地方做了有益的尝试，探索出了把人民调解推向职业化和社会化的新路子。如 2004 年 9 月在上海某街道成立的"杨伯寿人民调解工作室"、②2009 年 12 月四川广安成立的"广安郭太平调解工作室"，③ 即是人民调解职业化的范例，2011 年以来江西萍乡市建成的近 300 个"龚全珍工作室"在一线化解矛盾，④ 即是人民调解社会化的代表，等等。这些"工作室"成功调解了大量的疑难复杂纠纷，不仅给人民调解注入了新的生机与活力，有效推动了人民调解工作，而且把兼职的党政人员和村干部从纷繁复杂的调解工作中解脱出来，消除了本职工作无法专心做、兼职调解工作做不到位从而出现"越忙越乱"的尴尬景象，实践证明是成功的。

　　笔者认为，广西民族乡可以先选取一些民族乡建立人民调解

①《人民调解法》规定，人民调解委员会是依法设立的调解民间纠纷的群众性组织。该规定确立的人民调解委员会的自治、民间性质，决定了该组织及人员的非行政化或非司法化，亦即排除了党政力量直接参与人民调解工作的可能性，同时，人民调解委员会的组织性，决定了其调解人员的专职性。目前民族乡人民调解委员会调解员由乡党政部门领导（或其他工作人员）及村干部兼任，使调委会失去了群众性自治组织的性质。这样的安排，实际是对法律的违背。

② 陈冬云："如何推进人民调解员社会化、专业化、职业化"，载司法部基层工作指导司、中华全国人民调解员协会：《人民调解优秀论文选集》，法律出版社 2013 年版，第 58 页。

③ 王正力、田璐："法治社会下的调解形态——人民调解'广安模式'研究"，载司法部基层工作指导司、中华全国人民调解员协会：《人民调解优秀论文选集》，法律出版社，2013 年版，第 91 页。

④ 郭宏鹏、黄辉、段剑："萍乡 300 个'龚全珍工作室'一线化解矛盾"，载《法制日报》2014 年 7 月 10 日。

职业化、社会化的试点，待条件成熟时全面铺开。即由政府提供经费支持，培植、扶持各社会力量建立人民调解组织，同时通过行政动员，以通过聘任、志愿等方式，把社会力量加入到人民调解中来，逐步形成民族乡人民调解的社会化和职业化，再由政府购买这项公益服务。鉴于目前民族乡的特殊性，为最终实现民族乡人民调解职业化的目标，可采取先社会化后职业化的路径。如采取聘任制，即聘任一些在当地具有威信、公道正派、热心人民调解工作，且又具有丰富的"地方性知识"或专业知识的人士（包括村里德高望重的老人以及林业、土地、水利等政府部门离退休人员、退休老教师、老法官、老检察官、老公安、老律师等）担任人民调解员，逐步建立起一支懂法律政策、懂专业技术、知民情民意的专兼职结合的人民调解员队伍，以解决当前人民调解员因兼职过多带来的诸多问题，同时弥补人民调解员因清一色的"干部"所造成的知识结构缺陷，满足及适应多种或复杂情形下纠纷调处的需要。例如，东山瑶族乡在每一个村的人民调解委员会聘请一位调解观察员的经验，值得推广。即全乡所辖的清水、竹坞、上塘、小禾坪、黄腊洞、石枧坪、白岭、六字界、黄龙、古木、斜水、雷公岩、白竹、三江、大坪和锦荣 16 个行政村，每个村都聘请了一位在群众中既有威信、懂法明理，又热心调解工作、通晓瑶族语言的观察员作为专职调解员，及时调处各种发生在群众身边的矛盾纠纷，收到了很好的社会效果。这 16 个观察员都为高中文化水平，基本为瑶族，年龄最小的 42 岁，最长者为 62 岁。下表是这些观察员的基本信息：

表 4.1：东山瑶族乡人民调解 16 位观察员基本信息一览表（截至 2014 年 8 月）

姓名	性别	年龄	民族	文化程度	所辖区域
盘深创	男	42	瑶族	高中	清水村
李星明	男	61	瑶族	高中	上塘村
蒋国富	男	56	汉族	高中	小禾坪村
唐翠英	女	60	汉族	高中	黄腊洞村
胡龙夫	男	44	瑶族	高中	石枧坪村
盘力金	男	56	瑶族	高中	白岭村
盘小林	男	51	瑶族	高中	六字界村
奉世祥	男	57	瑶族	高中	黄龙村
盘子祥	男	53	瑶族	高中	古木村
文兆光	男	54	汉族	高中	斜水村
奉锦宝	男	53	瑶族	高中	雷公岩村
盘吉宝	男	57	瑶族	高中	白竹村
唐昌根	男	43	瑶族	高中	锦荣村
黄件卿	男	62	瑶族	高中	大坪村
刘干荣	男	58	汉族	高中	三江村
蒋友清	男	46	汉族	高中	竹坞村

二、为人民调解制定地方性法规

鉴于广西在人民调解领域的立法空白，笔者建议自治区人大尽快制定《广西壮族自治区人民调解工作条例》（下称《调解条例》）的地方性法规，以保障人民调解工作的有效开展。

　　首先，为人民调解经费的落实建立法律责任制度。虽然《人民调解法》规定了县级以上地方人民政府和村委会要对人民调解工作给予必要的经费支持，但是，该法并没有规定法律责任条款与之衔接，使得该条款表现出明显的政策倾向性。"从法律调整机制的构成来看，法律责任制度是法律制裁功能得以发挥的重要平台。责任制度的缺失是法律体系不科学、不完备的体现，其直接后果是使应当由法律加以调整的行为领域出现法律空白和漏洞。"①由于缺乏法律责任制度的规制，法律制裁功能也就无从发挥，而政策不是依靠国家强制力执行的，所以人民调解工作的经费自然也就得不到或很难得到保障。

　　农村人民调解工作是社会治安综合治理的"第一道防线"，在社会矛盾纠纷调解工作体系中具有基础作用。近年来，正是依靠民族乡广大人民调解员的辛勤努力工作，才使广西民族乡经济社会处于稳定发展的良好态势。因此，保障人民调解工作经费、改善人民调解办公条件、关心人民调解员的生活，有着急切的需要，也有着特殊的意义。为此，在《调解条例》中应硬性规定县级以上地方人民政府应当把人民调解工作经费列入同级财政预算，并专门建立民族乡人民调解专项基金，具体确定人民调解工作经费的开支范围（包括人民调解工作宣传经费、培训经费、表彰奖励经费、人民调解委员会购置办公文具、文书档案、纸张等的经费及人民调解员补贴经费等等）以及经费保障的具体办法、协调与管理。对于人民调解员的补贴经费，可以规定采取以奖代补、以案定补、适当补贴等多种方法进行，

---

① 王允武：《中国自治制度研究》，四川人民出版社2006版，第158～159页。

依据每个调解员调解纠纷的数量、质量和难易程度等，进行相应的补贴，以此充分调动调解员的工作积极性。与此同时（也是最关键的），为人民调解经费的落实建立法律责任制度，以地方性法规弥补《人民调解法》在该方面的刚性不足。具体规定有关单位或部门不把人民调解工作经费列入同级财政预算、不建立民族乡人民调解专项基金、挪用或贪污（或侵占）以及克扣人民调解员补贴经费等承担责任的内容，为人民调解经费的真正落实提供保障。

其次，明确人民调解"大调解"格局中各成员（单位）的职责和职能。针对当前在调解"三大纠纷"中出现的推诿扯皮现象，在《调解条例》中应明确规定调解"三大纠纷"的牵头单位和协助单位，明确有关单位（或成员）的各自职责和法律责任，以解决人民调解"大调解"中"综而不合，合而不力"的状况。鉴于国土资源、林业、水行政主管部门工作人员的专业技术知识储备，为及时、有效化解"三大纠纷"，规定上述三单位分别为土地山林水利权属纠纷调解的牵头（组织）单位，其他单位（如司法所）为协助单位。同时，应对《广西壮族自治区土地山林水利权属纠纷调解处理条例》（下称《条例》）作出相应的修缮。虽然《条例》规定国土资源、林业、水行政主管部门按照各自职责分别负责土地山林水利权属纠纷调解的具体工作，但在人民调解"大调解"的实践中，该规定显现了操作性不强的弊端。因为，《条例》只就三部门在"单兵作战"的情形下，作出"按照各自职责分别负责土地山林水利权属纠纷调解的具体工作"的规定，并没有基于人民调解中的"大调解"格局，对三部门与其他成员单位的分工作出明确安排，致使三部门工作人员在"大调解"中到底是"参与调解"抑或"牵头（组织）调解"的定位造成疑惑，以致出现相互推诿的现象。另外，《条例》关于"土地山林水利权属纠纷经村民委员会、居民委员会或者人民调解委员会调解不能达成协议的，由乡镇人民政府组织调解"的规定因过于原则，亦即没有具体规定乡镇人民政府在组织调解"三大纠纷"方面的"权力清单"，而导致现实中该条款执行不力或无法执行。因为，目前有的民族乡国土资源所、林业站和水利站的工作人员长期不在其工作岗位（据说是被上级部门抽调忙于其他中心工作），乡镇人民政府又无法（权）随时对三部门工作人员进行调遣，因而造成较多的"三大纠纷"不能及时或无法调解而形成积案。因此，必须明确赋予乡镇人民政府在上述情形下的调遣权以及上述三部门人员不服从调遣和相关单位领导阻碍调遣的法律责任，以切实保障"三大纠纷"的及时、有效调解。

再次，规定村级人民调解员的推选程序。针对前述广西民族乡村级人民调解委员会委员组成存在的不合法现象，在《调解条例》中具体规定村级人民调解员的推选程序，以保证村级人民调解员工作的合法性。推选程序可以比照《广西壮族自治区村民委员会选举办法》的相关规定执行，也可以另行制定《广西壮族自治区村级人民调解委员会选举办法》。同时，在《调解条例》中应硬性规定，在村级人民调解委员会委员中必须有妇女成员和多民族居住的村应当有人数较少民族的成员。

三、进一步廓清山林权界以明晰权属

据调查，目前民族乡林地、林木纠纷突增的主要原因是与2009 年的林改工作相关。具体有两方面：一是本来国家规定用

5—6年的时间完成林改工作，而广西则要求各地用3年的时间，到了有的市，则要求在两年甚至一年内完成。由于时间短、任务紧、工作量大，致使林改工作宣传不到位，很多工作无法按正常程序进行，也无法做到认真、仔细，因而林改工作难免发生错漏。二是在对林地的四至进行现场勘界时，有的家庭由于丈夫外出务工，参加走界的是其妻子一人，或者有的家庭夫妻都在外面务工，参加走界的是他们的子女或者委托亲戚进行，这样对勘界的结果有意见或者发生错误在所难免。由于以上两方面的原因，导致林权证填写的内容发生错误有之，因发生纠纷而无法颁发林权证的有之，使村民原本相安无事的状况反而因林改引发了纠纷，并给社会增加了不安定因素。鉴此，对于凡属以上原因导致矛盾纠纷的，笔者认为，民族乡或上级政府职能部门应当迅速作出反应，及时进行回头整改，查漏补缺。首先，对于已发林权证的，要按规定程序进行一次认真的复查。对于确因勘界引发纠纷的，重新组织当事人进行勘界；对于填写缺漏或错误的，要予以纠正和补齐；其次，对于未发林权证的，要加快确权发证。对于因权属不清引发纠纷而没有发证的，要及时进行调解或处理。总之，通过回头整改，做到人、地、证相符，图、表、册一致，实现户户持证、证证权属明晰，把《林权证》办成"铁证"，以消除林地、林木纠纷隐患，并不为将来遗留新的历史问题。

四、创新和改善普法与人民调解方式

如前所述，有的民族乡纠纷调解积案逐年累积增多，与部分群众法律观念淡薄，甚至无理取闹，而不配合调解不无相关。尽管随着普法的深入开展，广西民族乡人民群众的法律意识有了一定程度的提高，但由于较多民族乡的法制宣传教育仍然依靠传统的出板报、设置咨询台、散发传单、悬挂横幅、张贴标语等形式，缺乏行之有效的普法措施，加之民族乡农村人员居住分散、文化素质低、流动性强等原因，致使普法往往流于形式、走过场，普法的实效并不十分理想。其最突出的问题是，许多村民只知权利、维护合法权益，而不讲义务、承担法律责任，从而在调解中一味强调权益的坚守而不关涉义务的承担，甚至不愿配合调解，致使调处工作难度增大。因此，应加强民族乡群众权利义务教育，并创新法制宣传教育方式，增强普法的实效性。如可以巧妙地结合民族乡当地的一些符合法治要义的风俗礼仪或者习惯法来进行普法，推动由单纯注重宣传法律条文向注重培育法治理念的转变，从而让民族乡广大群众更易理解、掌握法律，让法律真切地走进他们的心灵，从而在潜移默化中逐步内化为自律行为，为人民调解工作扫除障碍。①

　　当然，尽管当前民族乡调解纠纷积案的形成与群众法律观念淡薄甚至无理取闹相关，但这并不是唯一的原因。笔者在调研中发现，人民调解员在调解中过于突出把法律法规作为调解的依据，也是造成纠纷调处不理想的原因。在笔者看来，基于目前民族乡存在大量且至今尚为浓厚的民间习俗的实情和背景，人民调解工作不可能完全排除民间习俗的功能，亦即在调解中应当重视并发

---

　　① 广西民族乡法制宣传教育实践中存在的具体问题及改进对策，可分别参见本书第三章第三节及本章第三节。

挥民间习俗的特殊作用。^①有学者指出："国家法的普遍性、统一性和强制性常常和民间法的特别性、分散性和内生性发生冲突，民间法所依存的是乡土社会内在逻辑，为乡民们所了解、熟悉、接受乃至视为当然的知识，而国家法主要通过宣传和普及等方式自上而下灌输给乡民，远未内化为乡民自己的知识，这些令乡民感觉陌生的新的知识，也不一定都是他们生活和解决问题的有效指南。国家法的普遍性、外生性和民间法的特别性、内生性形成了两套不同的话语体系和运作逻辑，两者有交叉和重叠，但也有冲突。对于生活于两种不同的运作逻辑中的村民来说，因为接受和理解的程度不同，外化为行为的方式也就不同，纠纷自然难免，同时也给纠纷的解决提出了难题。"^②而"善良的民间习俗体现的是天经地义和惩恶扬善的正义，是合乎亲情人情的做人准则。运用民间习俗，从内容上说是对法律法规的补充与完善，从形式上说是对调解方法的丰富与拓展。不管文化水平高或低，对民间习俗的基本要求和讲究也了然于心，并有一种信仰般的自觉遵守，它使调解中要说的道理变得浅显，要解决的问题变得简单。在人民

---

① 虽然《人民调解法》突出了人民调解以法律、法规和国家政策为依据的取向，但该法也并没有作出调解依据的特别限定。事实上，该法的诸多规定已经为民间习俗引入人民调解预留了空间。如，该法第 3 条规定人民调解应当遵循"不违背国家法律、法规和国家政策"的原则，亦即只要与该原则不悖，民间习俗就可以作为调解的依据；又如，该法第 20 条规定"人民调解员根据调解纠纷的需要，在征得当事人的同意后，可以邀请当事人的亲属、邻里、同事等参与调解，也可以邀请具有专门知识、特定经验的人员或者有关社会组织的人员参与调解"，而这些被邀请参与调解的人员并不都具有相应的法律知识和政策知识，他们可能运用的就是包括民间习俗在内的各种"地方性知识"。等等。

② 张勤:《当代中国基层调解研究——以潮汕地区为例》，中国政法大学出版社 2012 年版，第 174 页。

调解中运用民间习俗，不仅有利于提高人民调解工作效率，而且
有利于人民调解协议的履行和提高人民调解的公信力"。① 由此，
人民调解员应改善人民调解工作方式，妥善处理法律与民间习俗
这两种作为调解依据的关系，把民间习俗适时并有效运用于纠纷
调解中，让当事人在既熟悉又自愿接受的"规矩"中快速化解矛
盾纠纷。②

五、加大提升人民调解员综合素质的培训力度

针对广西民族乡人民调解员目前存在的问题，应从政治思想
和业务两方面进行强化培训。

在政治思想方面，要大力宣讲人民调解工作的重要意义、价

---

① 黄敬东："民间习俗在人民调解中的运用"，载《广西法治日报》2013年5月2
日第5版。

② 如笔者在上思南屏瑶族乡江坡村调研时，村委副主任（同时为村人民调解员）
蒋春梅给笔者讲述了这样一个按照当地民间习俗快速化解纠纷的例子。该纠纷发生的
时间是2013年，引发的事由为：该村平那屯的一位"五保户"老人过世后，屯里的村
民把他安葬到了本村平在屯的山坡上。平在屯的村民知道后，认为这是侵占了他们的
集体土地，随即向村委会反映，要求对此事进行处理。蒋春梅即组织两屯的组长及部
分代表对此纠纷进行了调解。基于老人已"入土为安"的事实，她建议以赔偿损失的
方法平息双方的纠纷，即平那屯对平在屯的土地损失予以一定金额的赔偿，赔偿的具
体数目可按本村村民形成的习俗并考虑到老人为"五保户"的事实酌情确定。双方同
意此解决方案，最后协商平那屯赔偿平在屯36元，该纠纷就此顺利化解。据蒋春梅介
绍，江坡村目前有人口220户1080人，有5个自然屯（小组），90%以上是瑶族。瑶
族同胞在长期的生活中形成了许多普遍认可和遵守的习俗。其中在损害赔偿方面，大
家逐渐形成了以赔偿吉利数字为理念的习俗，吉利数字从最开始的3.6元，逐渐发展
到36元、360元，直至如今的720元，具体赔偿哪一个吉利数字，在调解员的引导下
由当事人双方自己确定。她认为，运用村民自己形成的习俗作为纠纷调解的依据，能
有效破解调处难题，起到事半功倍的作用。

值和职能，从人民调解员的思想上注入人民调解工作在维护民族乡农村社会稳定的基础性作用的认识，让人民调解员能深切体会到作为一名人民调解员的重大作用、神圣的自豪感以及肩负新时期人民调解工作的崇高而光荣的使命感和紧迫感，以激发他们工作的积极性和主动性，促使他们为基层人民调解事业、促进农村社会稳定和谐安心、耐心、细心、诚心地开展工作。

在业务方面，应重点从以下几个方面开展针对性的学习和培训：

一是法律知识和政策知识更新培训。结合当地频发的新型矛盾纠纷，及时相应地加强该领域的法律法规学习，可结合典型的具体案例宣讲法律，通过以案说法的方式以利于调解员快速更新法律知识。同时，应及时讲解以至灌输党的最新农村工作及民族、宗教政策。由于政策往往要先行于法律，在法律法规没有规定或规定不切实际的情况下，可依据政策进行调解。因此，要求人民调解员及时掌握党的新的政策，就能使人民调解员在调解工作的适用依据方面有了开阔的空间。如中共中央、国务院于 2015 年 2 月 1 日发布的《关于加大改革创新力度加快农业现代化建设的若干意见》（2015 年"中央一号文件"）指出：现阶段，不得将农民进城落户与退出土地承包经营权、宅基地使用权、集体收益分配权相挂钩。该政策显然是十八届三中全会关于新型城镇化建设中"推进农业转移人口市民化，逐步把符合条件的农业转移人口转为城镇居民"的配套政策，意即解除进城落户农民的后顾之忧，鼓励他们适时落户城镇。而《农村土地承包法》规定，如承包期内承包方全家迁入设区的市，转为非农业户口的，应当将承包地交回发包方。显然这一规定与上述政策存在冲突。因此，如果调解类似的纠纷，人民调解员可以也应当把上述党的最新政策作为调解的依据。又如，2015 年"中央一号文件"指出：要从农村实际出发，善于发挥乡规民约的积极作用，把法治建设和道德建设紧密结合起来。该政策不仅仅是强调乡规民约在农村治理中的积极作用，实际也明示了乡规民约可以作为调解的依据。等等。

二是《人民调解法》培训。虽然该法自 2011 年 1 月 1 日实施已有 4 年多的时间，也相信有关单位在人民调解员的培训中对该法做过专门的学习，但从现实情况看，民族乡有的人民调解员并没有对该法的规定及其精神予以真正了解或吃透，以至于在实际调解工作中出现违法的现象。针对前述民族乡人民调解工作中出现的问题，应重点对调解程序与调解协议两大内容进行不间断的强化学习。其中，在调解程序方面，应重点讲解纠纷当事人在调解活动中享有和履行诸项权利与义务的法律规定（因为在实际调解中，调解员往往忽略了对当事人在调解活动中享有权利与履行义务的告知）；在调解协议方面，应重点讲解协议书应当载明的事项及协议书生效的条件（特别讲明当事人签名、盖章或者按指印，人民调解员签名并加盖人民调解委员会印章的内容），同时在培训中，建议各人民调解委员会用书面方式告知当事人，可以自调解协议书生效之日起三十日内共同向人民法院申请司法确认，以取得强制执行申请权，增强协议书的履行率，减少纠纷的再产生。另外，还可以告知当事人之间就调解协议的履行或者调解协议的内容发生争议的，一方当事人可以向人民法院提起诉讼，以减少当事人维权的盲目性。

三是调解方法和技巧培训。作为农村社会生活的一份子，基层人民调解员有着天然的调解优势。即第一时间发现纠纷、第一时间了解引发纠纷的真实原因，便于及时主动介入调解并有效调

处；对纠纷当事人及其亲朋好友比较熟悉，便于调解员灵活采取
和运用多种调解形式或技巧；能被推举为人民调解员，一般在广
大村民中具有较高的威望，便于调解员利用村民的信任让调解易
于达成协议。由此，在培训中尽可引导人民调解员充分利用自身
化解民间矛盾纠纷中的优势，以利于他们更好地掌握及利用便捷、
有效的工作方法开展调解工作。同时，结合具体案例，教授人民
调解工作的一些基本方法和技巧，让受训的人民调解员、特别是
新上任的人民调解员能直接或便捷地掌握到调解应遵循的基本步
骤和切实可行的调解工作方法及技巧，使他们节省摸索调解工作
方法的时间和精力。对于新型、复杂的民间纠纷，要及时摸索出
新的调解机制和手段，以提高人民调解员认定纠纷性质、找寻并
运用多种方法驾驭调解的能力。

　　四是文书规范制作培训。针对现实调解中出现的调查笔录及
调解协议书制作不规范的现象，应从文书的格式、文书的逻辑、
语言、标点符号等进行详细的强化训练，使人民调解员提高对调
解协议的履行率及调解公信力重要性的认识，为提高调解的质量
奠定坚实的基础。其中，在文书制作中应统一人民调解员和人民
调解委员会的称谓，避免与司法所、村民委员会等单位及其工作
人员的身份发生错乱，以保障人民调解工作的严谨性和庄重性。
在协议书明确履行期限、方式方面，针对有的调解员对何种性质
的纠纷予以明确履行期限或方式尚不明了的问题，可以结合民事
诉讼法学中关于"诉"的基本理论对调解员进行培训。在民事诉
讼中，通说将诉划分为确认之诉、变更之诉和给付之诉三种。"确
认之诉是指一方当事人请求法院确认其与对方当事人之间是否存
在某种民事法律关系的诉"，"变更之诉亦称形成之诉，是指当事

人要求法院改变或者撤销与对方当事人之间现存的法律关系的诉"，"给付之诉是指当事人一方向法院提出的要求对方当事人履行一定给付义务的诉"。① 由于确认之诉只是当事人要求法院对某种法律关系存在与否的状态予以确认，因而当事人之间没有权利义务的履行之争，而变更之诉与给付之诉显然具有权利义务的履行之争，所以，人民调解员对于变更与给付之类的民间纠纷所达成的调解协议书，就应当明确一方当事人履行的期限、方式或者地点等内容。

第三节　解决广西民族乡法制宣传教育工作中存在问题的对策

法制宣传教育是提高全民法律素质、推进依法治国基本方略的重要手段，在建设社会主义法治国家，推进社会主义民主法制建设中具有重要的地位和作用。面对新形势、新任务及目前存在的问题，广西民族乡的法制宣传教育应当从以下几个方面予以加强或改善：

一、制定法治宣传教育的地方性法规

我国自实施大规模的法制宣传教育活动之后，天津、湖南、河北、辽宁、陕西、甘肃、宁夏、湖北、安徽、江西、广东、云南、江苏、内蒙古、新疆等省、自治区、直辖市都相继出台了《法制宣传教育条例》的地方性法规，这些地方性法规为当地的普法

① 田平安主编：《民事诉讼法》，高等教育出版社2007年版，第41～42页。

及依法治理注入了新的活力和起到有力的支撑作用。目前，广西尚未制定法制宣传教育的地方性法规，这极不利于有力、有效推动广西各地的法制宣传教育活动的开展。而当前广西民族乡法制宣传教育开展中所处及存在的以上困境与问题，无不与没能为其提供规范和切实的保障有关。

全民普法和守法是依法治国的长期基础性工作。为贯彻落实党十八大和十八届三中全会作出的一系列战略部署，十八届四中全会在新的历史起点上作出了全面推进依法治国的新部署，发出了加强、加快建设社会主义法治国家的动员令。为此笔者建议，广西人大应当不失时机地及时出台法治宣传教育的地方性法规《广西壮族自治区法治宣传教育条例》（下称《条例》），[①] 以此引领和保障广西法治宣传教育的开展。结合十八届四中全会精神及广西的实际，笔者认为《条例》应突出以下重点内容：

第一，鉴于广西已经有了多年的普法实践，不仅积淀了较丰富的普法经验，且也取得了较为骄人的成绩，但如前述以民族乡普法的开展为样本所揭示的诸多不足，由此推断出广西的普法质量有待进一步改善和提升。因此，《条例》应突出"为深入开展法治宣传教育，增强全民法治观念，推进法治广西建设"的立法宗旨。

第二，鉴于当前很多人只讲权力、不讲责任，只顾维权、不讲义务，内心缺乏对法的信仰及依法执政、依法行政、依法维权的自觉意识，《条例》应规定法治宣传教育的任务是"普及宪法和

---

① 因十八届四中全会特把"法制宣传教育"改为"法治宣传教育"，因此将来广西出台的《条例》应当以此冠名。

法律法规基本知识，教育、引导公民依法行使权力（利）、履行义务，培育及养成全民自觉守法、遇事找法、解决问题靠法的法治意识"。

第三，鉴于十八届四中全会《决定》提出"健全普法宣传教育机制，各级党委和政府要加强对普法工作的领导，宣传、文化、教育部门和人民团体要在普法教育中发挥职能作用"及"实行国家机关'谁执法谁普法'的普法责任制"，《条例》应明确规定"开展法制宣传教育是全社会的共同责任"的原则，并以此为指导，分别规定各国家机关、社会团体、企业事业单位和其他组织的法治宣传教育的职责以及应当在其职责和单位范围内认真做好法治宣传教育工作的具体任务。同时明确司法行政机关在法治宣传教育中的组织、协调、指导、监督、考核等职能，以澄清社会"普法是司法行政机关一家的责任"的错误认识，并使基层司法行政机关工作人员从独当一面的普法泥潭中解脱出来。

第四，鉴于党的十八大、十八届三中全会和十八届四中全会都强调提高领导干部（党员干部）运用法治思维和法治方式深化改革、推动发展、化解矛盾、维护稳定能力，把领导干部带头学法、模范守法作为树立法治意识的关键，《条例》由此应突出规定领导干部（党员干部）在法治宣传教育中的组织、推动、实践等责任内容，特别按照"把法治建设成效作为衡量各级领导班子和领导干部工作实绩重要内容，纳入政绩考核指标体系。把能不能遵守法律、依法办事作为考察干部重要内容，在相同条件下，优先提拔使用法治素养好、依法办事能力强的干部"的精神，转化为法规范。同时规定"实行国家工作人员年度学法用法考试制度，国家工作人员应当按照规定参加司法行政部门或者本单位组织的学法用法考试，考试成绩作为国家工作人员年度考核的依据之一"，"建立法治宣传教育考核评价体系，实行法治建设'一票否决制'"等内容。

第五，普法人员的数量与质量及普法经费的落实是普法赖以开展的前提和基础。鉴于普法人员与经费的紧缺状况如得不到改善与支持，将直接影响到普法形式的创新、内容的拓展及地域的延伸，从而无法实质提升普法的质量，又鉴于十八届四中全会《决定》指出要"坚持把全民普法和守法作为依法治国的长期基础性工作"，并提出要"大力加强法治工作队伍建设"，所以，《条例》应突出"充实及建设高素质法治宣传教育专门队伍（包括普法讲师团、普法志愿者等）"及"将法治宣传教育经费列入同级政府财政预算并及时落实（可以明确普法经费的具体数字或比例）"的内容。同时，《条例》要特别考虑到民族乡等少数民族地区的诸多特殊性，规定民族乡的普法经费要高于其他地区的普法经费（应明确在其他地区普法经费的基础上增加的具体数字或比例）以及多渠道、多举措增加民族乡司法所的人员编制，以鼎力支持民族乡法治宣传教育的有效开展。

第六，当前普法之所以存在普法经费难以落实或落实不到位等诸多问题以及面临普法质量无法实质提升的困境，就是因国家及广西在关于普法的相关文件中没有明确规定奖励措施、特别是法律责任的内容予以配套执行，导致各单位、部门及人员的普法积极性、主动性受挫，懒于履行普法职责及义务（如不及时落实普法经费等）。为此，《条例》应突出奖惩措施，规定"县级以上人民政府对在法治宣传教育工作中作出突出贡献的组织或者个人，应当给予表彰奖励"，"对不履行本条例规定或者法治宣传教育工作考核不合格的单位，由司法行政部门责令限期改正，逾期不改正的，由同级人民政府给予通报批评；情节严重的，对直接负责的主管人员和其他直接责任人员，由有关部门依法给予处分。对侵占、挪用、私分、截留法治宣传教育经费的，依法给予处分；构成犯罪的，依法追究刑事责任"等内容。

相信《条例》的制定，不仅能大力推动广西的法治宣传教育，更能为广西各民族乡法治宣传教育的顺利开展扫除障碍，助推其迈向新的普法征程。

二、多维度创新普法方式

法制宣传教育旨在法治精神的培育，亦即通过普法要使法律能真切进入公民的心里，引领公民自觉学法守法用法并成为他们生活中的一种习惯。当前广西民族乡的法制宣传教育工作之所以没有取得实质性的实效，与采取大量单一或传统的普法方式有关。因为，这些方法不是水过鸭背式的走马观花，就是自上而下的并带有一种蛮不讲理的强行灌输，从而导致普法收效有限。"法治化不能是法律条文自上而下的灌输，而是要在往返于习惯和法律之间孕育法治精神的行程中实现。习惯升华为法律，法律回归习惯是法治化的一体两面。"[①] 所以，多维度创新普法方式应为民族乡今后开展法制宣传教育亟须解决的课题。

笔者认为，应当注重和发挥文化对普法的影响与驱动功能。"文化的力量无形而有质，历久而弥新，能在潜移默化中起到教

---

① 张训："法治化的一体两面"，载《法制日报》2011年12月14日第10版。

育、熏陶、引导、规范、凝聚、激励人们社会行为的作用。"① "从微观或具体的角度看,文化驱动的机理是文化能够凝聚力量、文化能够浸润心灵。在对人的'心'的影响力中文化的力量是渗透力极强的、能够沁人心脾的无形力量,有'随风潜入夜,润物细无声'之效果,是引导、规范和约束人民行为的精神底蕴。"② 党的十八大报告也指出:"文化是民族的血脉,是人民的精神家园。"广西民族乡各少数民族在长期的生产生活过程中积累形成了多姿多彩的包括风俗礼仪、习惯或习惯法在内的多维民族文化,这些民族文化成为各少数民族世代生存的基础以及进行内外沟通与交流不可或缺的平台。如全州县东山瑶族乡,位于北纬25.94度、东经111.37度的都庞岭山脉北壤湘桂褶皱地带,方圆418平方公里。瑶族中盘瑶支系的东山瑶一部分,于隋末唐初徙居这块埠外人视为神秘的大山里繁衍生息,创造了辉煌灿烂的历史文化。东山瑶族文化的内涵博大精深,涵盖了人类文化学、民族学、历史学、社会学、建筑学、军事学、儒学、美学及风水学等诸多学术领域。③ 如东山瑶因生存环境产生了以村屯或宗族为单位的群团组织式的生产、生活方式,历史上出现了诸如庙会、谷雨会、清明会、农仓会等各种群团会社组织。这些群团会社组织对东山瑶社会生活及其民族文化精神的形成起着积极的影响,并不断地强化着这个民族内部的情感联系和其伦理道德意识。为保障群团会社组织

---

① 沈德咏:《法律文化》(第1辑序言),法律出版社2011年版,第1页。

② 蔡宝刚:"法律是从"土地"中长出来的规则——区域法治发展的文化解码",载《法制与社会发展》2014年第4期,第52页。

③ 中共全州县委、全州县人民政府编印(自印本):《东山瑶族文化变迁》,2011年9月,第5~6页。

的正常运行，各组织有成文或不成文的条款来规范会员的行为，这些规范会员行为的条款称为"庙款"。如六字界村的庙款规定：（一）上孝老，下爱幼，有男归男，无男归女（指家产），无女归族。（二）一家有难，各家相帮。为了全村团结，继承前人互助友善的好传统。办理村中丧逝善事，扶助经济上的一时困难。村人如有突遇灾难，给以互助互救。（三）以凑会为定，由每户自认一份或两份。会钱一份稻谷一箩（50 市斤）。需供费时，一般按时价折款交钱。（四）祠前上现村坪地，私人不得栽种树木和作他用，不得堆放杂物，以免妨碍观瞻和公众活动。（五）每年喝清明酒，议订条款。商量计议，一经议定，村人必须听从安排，服从分派，认真完成各自所派事项。（六）禁赌。我族人切忌赌事，以害他人。（七）我族人不论何人受外人欺侮时，如需动用人力，每个人要随叫随到，不得借故不到。借故不到者作外人处理。① 我们从六字界村的"庙款"中看出，虽然有的内容与现代法治存在着一定的冲突，但大部分内容与现代法治保持着契合。又如瑶族同胞普遍有"度戒"（亦称"成人礼"）的习俗。度戒的一个重要内容是受戒者要接受为人处世和伦理道德教育，其"为人要正直、不杀人放火、不偷盗抢劫、不奸女拐妇、不虐待父母、不陷害好人"等禁忌戒词，既体现了瑶族长辈对晚辈的殷切期望，也与今天的法治要义吻合。有学者指出："今天，民间法是仍在起作用的'活的法'、'行动中的法，无论是传统的民间法还是新的民间法，它们至今仍在民间

---

① 中共全州县委、全州县人民政府编印（自印本）：《东山瑶族文化变迁》，2011年9月，第 172～174 页。

有一定的特殊影响,调整着特定范围的社会关系。"① 由此,我们完全可以利用"庙款"及"度戒"等少数民族文化的精髓,与之得体地结合起来,并融入到民族乡的法制宣传教育中,让民族乡广大群众不仅更容易理解、掌握法律知识,也更能让法律真切地走进他们的心灵,在潜移默化中驱动并逐步内化为自律行为,从而最终实现民族乡村民现代法治文化的形成和普法的预期目标。

上林县镇圩瑶族乡在法制宣传教育活动中,在该乡的排岜庄创建"法治文化园",以点带面推进"法律进乡村"的举措就是一条成功的经验,很值得推广与借鉴。排岜庄有人口600多人,瑶族人口占87%,民风淳朴,少数民族文化底蕴十分浓厚。依托这一得天独厚的条件,他们着力打造了"七张"法治宣传教育阵地名片,营造了浓厚的法治氛围。名片一:法治画廊。以该庄广场幼儿园60米围墙为依托,将25块精美大理石法治艺术宣传漫画固定在墙上,每一幅漫画都赋予一定的法治内涵,让群众在观赏中感受到法治的熏陶。名片二:法治长廊。法治长廊以瑶族建筑风格为基调,长廊全长10米,高8米,分3个宣传板块,内容丰富,融艺术性、观赏性、教育性于一体,寓教于乐,每季度更换一次,群众茶余饭后,边欣赏边学习相关的法治知识。名片三:法治谜语走廊。用仿古材料制作法治谜语,同时另外制作10个字体的"法"字书法。"法治谜语走廊"名片集趣味性、观赏性为一体,激起群众对法治知识的浓厚兴趣。名片四:法润瑶乡石头。挑选一块精美的大理石,放置于庄口一棵大榕树下,上面刻上草

---

① 周世中等:《广西瑶族习惯法和瑶族聚居地和谐社会的建设》,广西师范大学出版社2013年版,第171页。

书"法润瑶乡"4个醒目大字，时刻提醒村民"眼中有法、心中存法、办事依法"。名片五：达努法治文化艺术团。艺术团名称取于镇圩瑶乡特有的民族传统节日"达努节"。他们"白天扛着锄头下地，晚上放下锄头上舞台"。经过几年打造，这支队伍精彩的演出已成为瑶乡法治文艺宣传的主力军。名片六：村民法治学校。该庄幼儿园教学楼坐落于排邑庄法治文化园中心，村民法治学校位于教学楼三楼，设施齐全，教室宽敞明亮，是开展村民法治讲座教育的理想场所。名片七：村民法治图书阅览室。村民法治图书阅览室位于排邑文化长廊，结构独特，法治书刊较多，有专人负责，方便村民借阅。通过以上多种形式的法治宣传教育活动，排邑庄广大村民的法律素质得到不断提高，村民依法维权、遇事找法、用法律手段解决矛盾纠纷的意识有了明显增强。同时，村民之间互相帮助、团结友爱、邻里和睦，有力地促进了排邑庄的民族团结和经济发展。

除上述经验值得借鉴之外，民族乡少数民族文化与法治宣传教育的融入还可采取如下几种途径：

第一，把法律规范和法治精神转化为村规民约，通过把这种符合法律规范和法治精神的村规民约内化到村民的实际生产生活中。正如有学者所言："相对而言，基于一定地缘和人群所建立的村规民约，在村民社会中具有先天的亲和力；通过它，可以为国家法导入乡村社会提供桥梁。"①

第二，鉴于目前民族乡群众主要通过电视的渠道学习法律或

---

① 范忠信主编:《"枫桥经验"与法治型新农村建设》，中国法制出版社2013年版，第123页。

了解法律信息，所以可以投入一定资金，选择发生在农村或群众身边的案例作为素材，创作一些包括小品在内的法治微型影视节目，在当地电视台播出。节目以群众喜闻乐见为创作取向，用当地的演员、当地的语言及当地人的行为举止习惯等，以当地的某种民族文化作为载体，拍摄创作出极具幽默或讽刺意义的教育小品，让群众在欢声笑语中学到法律知识，其效果一定很佳。

　　第三，编排出各种村民喜闻乐见的法治文艺作品进行现场演出。如笔者在南屏瑶族乡调研时，无意中发现了一个以毒品为题材而创作的小品，小品的名字叫"毒品的自白"。从其内容可以明显看出，作者希望通过用幽默的语言及演出动作，不仅能历数毒品的种类及各自的危害，且能让观看者容易从中受到教育。现把该小品的内容摘抄如下，以为范例：①

　　　　毒品危害人们的身心健康，

　　　　吞噬人们的肉体和灵魂，

　　　　直接毁灭我们的美好生活。

　　　　毒品曾给中华民族带来极其深重的灾难，

　　　　时至今日，

　　　　毒品这场来势凶猛的世纪之患正无情地侵蚀着青少年的身心，

　　　　下面。让我们来听听毒品的自白书：

　　　　甲（鸦片）：我，乃毒品的老祖宗——鸦片。我会让经常吸食我的人，身体消瘦、体质下降、免疫力减弱，我还会让他们为了我而倾家荡产。

---

① 笔者在此特别鸣谢这位不知姓名的优秀创作者。

乙（海洛因）：我，叫海洛因，就是人们经常说的"白粉"。我会让吸食我的人经受不住失败与挫折，破罐破摔，冷酷仇恨，经常注射吸食我的人啊，还会传染艾滋病呢。

丙（冰毒、摇头丸）：什么鸦片海洛因，你们已经过时了，现在呀，是我们新型毒品的天下了。我外观晶莹剔透，还有一个好听的名字叫作冰毒，还有摇头丸。我经常出现在阴暗混杂的娱乐场所。不知不觉沉溺进去的人们，大脑和心脏，慢慢地、慢慢地被我侵蚀，一直到——死亡。

丁（K粉）：还有啊，还有啊，K粉，我呀是最受青少年朋友们欢迎的"嗨"药。哎，只要你吸食我，听到音乐就会强烈地扭动，还会产生幻听、幻觉、幻视，哎，别提有多"嗨"了。这个时候，我就让你精神上处于分裂状态，严重的，就会影响你们的兴趣和思维能力呢。

甲、丙：我们以毒害人们的身心为乐，以消蚀人们的健康为荣。

甲：虽然，我们神通广大，可是，我们也有自己的哀愁啊！

丙：唉……

乙：我怕政府到处宣传我的害处，让人们对我敬而远之。

丙：我怕政府把我们的宿主送进戒毒所，使他们远离我。

丁：从来最讨厌最讨厌的是，把我们的推销员都送进监狱，呜呜呜呜……让他们无法代言。

甲：我怕，我怕政府严打娱乐场所，夺取我繁殖的温床。

乙：到处是警察的眼睛，盯着我们。

丙：从学校到街道，从报纸到电视，我们像过街的老鼠，人人喊打。

丁：现在，连我们的宿主，也不那么听话了。在社会和亲情的召唤下，一个个都离我们而去……

警笛声……枪声……

警察:不许动,举起手来!终于找到你们了,你们这些狡猾恶毒的罪恶之源,你们是杀人不眨眼的刽子手,你们对人类犯下了不可饶恕的罪行,你们将受到最严厉的惩罚!

父老乡亲们,让我们一起将这些恶魔送上审判台!

远离毒品,珍爱生命!

合:远离毒品,珍爱生命!

第四,利用唱山歌的机会融入法制宣传教育。民族乡少数民族有对唱山歌的传统,如每年农历三月十六日是凌云县朝里瑶族乡一年一度的传统歌圩,每年的这一天,当地各族群众都要穿上节日盛装,参加这一活动内容丰富多彩的歌圩盛会,歌圩现已发展成为当地各族群众重要的民间传统文化娱乐活动。由此,可以搜集一些农村发生的纠纷案例,将收集的素材交给民间文艺团体或其他歌师编写歌词,然后在对歌中进行对唱。这种方式可解决群众集中难的问题,也消除了群众对说教式普法的厌烦心理,在娱乐中情不自禁地学习到法律知识。

除以上运用文化的影响与驱动功能助推法制宣传教育之外,运用现代化的通信手段进行普法,也不失为一种行之有效的方法。鉴于民族乡较多群众外出打工或就业的状况,为使普法活动惠及他们,可以掌握他们的手机号码,结合普法的形势定时或不定时给他们发去短信或微信进行普法。同时在民族乡政府网站上开辟普法专栏。

三、多维度培育民族乡领导干部的法治思维与法治方式

"六五"普法特别把提高领导干部的法律素养作为重中之重,

党的十八大、十八届三中全会和十八届四中全会对提高领导干部
（党员干部）运用法治思维和法治方式深化改革、推动发展、化解
矛盾、维护稳定能力，也都作了反复的强调，足见培育领导干部
法治思维的重要性。因为领导干部带头学法、模范守法、依法办
事是全民树立法治意识的关键，亦即法治建设的有效推进关键是
靠领导干部的模范带头与引领。尽管经过多年的法治建设，民族
乡领导干部的法治意识或素养有了较大提高，依法行政、法治政
府建设也取得了较大成效，但如上所述，目前民族乡还存在着群
众权益被侵犯等一些问题。由此，在新的历史时期，民族乡领导
干部的法治思维还需进一步强化和提高。

　　应当说，领导干部法治思维和法治方式的养成，是一项长期
而艰巨的工作，不是一朝一夕之事，也不能一蹴而就。具体到领
导干部法治思维和法治方式培育路径的选择，学者们已作了一些
仁者见仁智者见智的探讨，如有学者从"道、学、术"的内容架
构分析，认为法治思维不是单性思维，而是一种涵括了法的价值
思维、法理思维、法的推理思维、法的平衡思维、正当程序思维
和法经济思维在内的综合性的思维方式。[①]亦即领导干部法治思维
的养成，必须把法的价值思维、法理思维、法的推理思维、法的
平衡思维、正当程序思维和法经济思维进行综合性的培育才能达
致。但也有学者指出，对于法治思维和法治方式这个概念，"今天
还没有完全破题"。[②]亦即领导干部的法治思维到底如何培育还有
待进一步探讨。笔者认为，培育民族乡领导干部法治思维和法治

① 刘平：《法治与法治思维》，上海人民出版社 2013 年版，第 167 ~ 168 页。
② 徐显明："国家治理现代化关乎国家存亡"，载《法制与社会发展》，2014 年第 5 期。

方式的路径，既有一般领导干部培育的特点，又有不同于一般领导干部的特殊性。对于民族乡领导干部培育法治思维和法治方式应采取如下多维路径：

（一）确立法治信仰并以此引领一切法治建设的观念

有学者认为，法治思维是受规范和程序约束、指引的思维。[①]因此，培育法治思维的前提和基础，就是首先要在内心确立起对法治的信仰并以此引领进行一切活动。法律只有被信仰，才能使法律作为一种外在强制力量内化为自觉的行为，发自内心地认同、信赖以至遵守和捍卫法律，从而最终铸就法治思维，并形成依法办事的生活习惯。而法治信仰观念的养成，必须依赖法律权威的确立。正如张建伟教授所言："在一个不尊重法律的社会里，法律犹如稻草人只能吓鸟。在这样的社会，司法神像也只是个稻草人。"[②]"法律权威是指法律的内在说服力和外在强制力得到普遍的支持和服从。"[③]由此，要树立法律至圣、法律至尊、法律至信、法律至威的坚定思想，要把法律置于神圣不可侵犯的地位。只有这样，法治信仰才能符合逻辑地生长并最终确立。正如卢梭所言："法律不是铭刻在大理石上，也不是铭刻在铜表上，而是铭刻在公民们的内心。"[④]

---

①　陈金钊："对'法治思维与法治方式'的诠释"，载《国家检察官学院学报》2013 年第 2 期。

②　张建伟：《法律稻草人》，北京大学出版社 2011 年版，第 5 页。

③　李龙主编：《依法治国——邓小平法制思想研究》，江西人民出版社 1998 年版，第 83 页。

④　[法]卢梭：《社会契约论》，商务印书馆 2003 年版，第 70 页。

（二）培养并确立法治定力

习近平总书记在 2014 年 1 月 7 日的中央政法委工作会议上，在倡导信仰法治的基础上，提出还要树立"法治定力"，并引用了英国历史上最伟大的法官弗朗西斯·培根的经典名言"污染了河流还是污染了水源"。有学者依据康德哲学的道德情感原理引入到法治理论层面，把"法治定力"称为"法治意志"，认为，仅有法治思维和法治方式不行，有了法治信仰也不够，还一定要有"法治意志"。在某种意义上说，尤其是对于法律职业者来说，法治意志可能更具根本性。[①] 在笔者看来，所谓法治定力（抑或法治意志）即是指在树立法治信仰的基础上对法治始终如一的、不为任何情势而改变的内心确定与坚守。树立起法治定力，就能抵住金钱的诱惑，抗住权势及人情关系的干扰，让法治原则和精神能持续地、满满地伴随并前行。由此，法治思维与法治定力是辩证统一的关系，亦即二者互为手段和目的，法治思维为法治定力的养成提供前提及奠定基础，而法治定力的养成又能促使法治思维保持延续状态并更具质量与效能。

（三）要确定以宪法为核心的思维习惯

首先，宪法是国家的根本法，是治国理政安邦的总章程，具有最高的法律地位，具有根本性、全局性、稳定性、长期性，任何组织或个人都不得有超越宪法和法律的特权。党的十八届四中全会《决定》明确指出："依法治国是依宪治国，依法执政是依宪

---

① 徐显明："国家治理现代化关乎国家存亡"，载《法制与社会发展》2014 年第 5 期。

执政，依法行政是依宪行政。"我国的法治建设的一切是在以宪法为核心的统领之下进行，这也是自"一五"普法以来，一直把学习、贯彻宪法作为普法内容的首位的原因。四中全会进一步提出，将每年的 12 月 4 日定为国家宪法日，并建立宪法宣誓制度，凡经人大及其常委会选举或者决定任命的国家工作人员正式就职时公开向宪法宣誓（2014 年 11 月 1 日，十二届全国人大常委会第十一次会议审议通过了《关于设立国家宪法日的决定》，以法律的形式正式将 12 月 4 日设立为国家宪法日），以此强化宪法的严肃性和神圣性。其次，宪法确立了我国不同别国的政治制度，选择了适合中国国情的道路，是制度自信、道路自信和理论自信的标志。因此，宪法决定了在中国开展法治建设，就必须坚持走中国特色的法治建设道路，亦即要始终围绕中国的国情进行法治建设，最终实现法治中国的愿景，这是依法治国的方向，绝不能动摇。再次，最广泛地、充分地尊重和保护广大人民的利益，把广大人民群众的根本利益实现好、维护好、发展好，是党领导社会主义中国建设事业的出发点和落脚点，也是法治建设的应有之义。而宪法是人民意志和根本利益的体现，公民的基本权利是宪法的核心内容。自觉地恪守宪法原则、履行宪法使命，就是坚持了人民的主体地位，保障了人民的基本权益。由此，领导干部学法、知法、尊法、用法，首先是要学宪法、知宪法、尊宪法、用宪法，并引领全体公民弘扬宪法精神，提高宪法意识。

（四）要确定以维护和实现人民利益作为最高目标的价值思维

党的十八大报告指出："为人民服务是党的根本宗旨，以人为本、执政为民是检验党一切执政活动的最高标准，任何时候都要把人民利益放在第一位。"因此，各级领导干部应把广大人民群众的根本利益实现好、维护好、保护好，作为其法治思维中追求的最高目标的价值思维。正如有学者指出："法治思维必定立基于民主思维，任何背弃民意、违背民主的思维方式，都不可能符合法治。必须坚持法治建设为了人民、依靠人民、造福人民、保护人民。"① 具体来说，领导干部应以实现法的价值为最终目标作为法治思维的出发点和归宿。法的价值是指法律在发挥其社会作用的过程中能够保护和助长那些值得期冀、希求的或美好的东西，其基本价值一般包括秩序、自由、效率、正义、人权等，这些价值构成了法律所追求的理想和目的，因此也可称之为法的"目的价值"。② 有学者指出："法的价值思维是法治思维中首要的和带根本性的指向。因为其他的法治思维最后都要落脚到一定的价值目标，也是检验其他法治思维正确与否的'试金石'"。③ 因此，领导干部应以秩序、自由、效率、正义、人权等法的价值进行法治思维追求的最终目标选择，在工作、生活中养成以法的价值的是否实现或是否遭到损害为思维基准的习惯。如前所举的李某权益被侵犯案，即是法的正义价值遭损；村民自治权被架空则是法的人权价值没有得到保障的表现。同时，作为我国民族区域自治制度的重要补充形式，民族乡被赋予了相应的自主权利和利益。这些只有

---

① 汪习根、汪火良："法治思维是执政为民的基本要求"，载《法制日报》2014年11月12日第5版。

② 张文显主编：《法理学》，高等教育出版社、北京大学出版社2007年版，第296页。

③ 刘平：《法治与法治思维》，上海人民出版社2013年版，第171页。

民族乡少数民族才具有的特有利益，必为民族乡领导干部开展工作的逻辑始末。所以，民族乡领导干部要确定以维护和实现民族乡群众一般权益和特有权益作为最高目标的价值思维。

（五）具体工作中坚持程序正当优先的思维习惯

程序正当原则发轫于英国自然公正的理念，后来被美国等西方国家继承并逐步接受和确立为一项行政法的基本原则。"程序正当原则的基本含义是指行政机关作出影响行政相对人权益的行政行为，必须遵循正当法律程序，包括事先告知相对人，向相对人说明行为的根据、理由，听取相对人的陈述、申辩，事后为相对人提供相应的救济途径等。"① 程序正当的机理在于：一是控制行政权的滥用，制约、监督公权力的行使；二是保障行政民主，保护行政相对人的合法权益不受违法的行政行为侵犯。我国历来有重实体轻程序的传统，正如季卫东教授所言："传统中国秩序原理的特色是只问结果、不计手段，人们更强调的是实质性价值判断，而并非程序公正。"② 但近来我国不仅已确立了"程序保障实体公正"及"程序影响实体是否正确"的行政法理念，③ 而且有学者已

---

① 姜明安主编：《行政法与行政诉讼法》，北京大学出版社、高等教育出版社2007年版，第72页。

② 季卫东："论法制的权威"，载《中国法学》2013年第1期。

③ 我国行政法学界普遍认为，行政程序合法是行为实体合理、公正的保障，也是实体合法的保障，亦即程序的合法性是行政行为合法有效的构成要件之一。有关观点可参见：罗豪才、湛中乐主编：《行政法学》，北京大学出版社2006年版，第133页；马怀德主编：《行政法学》，中国政法大学出版社2007年版，第117页；姜明安主编：《行政法与行政诉讼法》，北京大学出版社、高等教育出版社2007年版，第231页；等等。

把程序正当确立为了行政法的基本原则。①同时，我国在晚近诸多行政立法中非常注重行政程序的科学植入和安排，以立法实践表达了程序在行政行为中的重要性。同时党的十八届四中全会把"程序正当"作为重大行政决策出台所应遵循的原则和实现的目标，从执政党的顶层设计角度宣示了程序正当的意义。而在基层行政中，面对着素质普遍较低的乡村普通群众及繁杂琐碎的基层工作，加之本身有待提高素质的基层领导干部，行政程序是最容易被悬空搁置或遭到破坏的，成为社会不稳定的重要原因。鉴上，民族乡领导干部务必要保持程序优先的思维习惯，不仅在履行法定程序中自觉接受约束与监督，并且在行政行为的整个过程中始终以既定程序跟进，做到行政行为按"先程序后决定"的进路作出，以切实保障公民的一切合法权益。

（六）要善于从法律条文背后蕴含的法理进行思维

在法律未加规定的情况下，政府尚有其他原则可供利用以证明其行动的合理性。"原则是为克服规则的缺陷而存在的，在规则缺席时，可以利用原则采取行动。"②博登海默认为："一个法律制度在指导私人行为与官方行为时所适用的规范，其形式一定是多种多样的，它们可能采取典型的规则形式，这种形式可以被视为是规范性控制的方式，其特征是具有高度的精确性、具体性和明

① 参见马怀德主编：《行政法学》，中国政法大学出版社2007年版，第57页；姜明安主编：《行政法与行政诉讼法》，北京大学出版社、高等教育出版社2007年版，第72～79页。

② 汪习根、武小川："权力与权利的界分方式新探——对"法不禁止即自由"的反思"，载《法制与社会发展》2014年第4期，第45页。

确性。它们也可以采取原则形式，即旨在确保公正司法的一般性准则，这些原则所涉范围比规则更广泛、阐述也更模糊。另外，这些原则往往还会遇到各种各样的例外。法律过程有时还受政策的指导，这些政策可以被定义为旨在实现某种明确的社会、经济或意识形态等方面的目标的审判标准。"①法律条文的刚性与滞后性，适应的时空必定产生诸多不畅，从而易于导致适用的失灵。特别是民族乡领导干部面对的是广袤的农村地区，以及乡村地区的各种特点、特别是诸多民族政策的实施，因而民族乡领导干部在优先进行规则思维的同时，必须融合法律原则、特别是民族政策的考量与运用。

法律原则体现的是法律的精神、目的或社会的一般伦理，对法律的制定及法律规则的理解具有指导功能。"法律原则作为法律要素它的可适用性是不容置疑的，在法律实践中，法律原则的适用事实上也不可避免。"②如基于不同的实情，行政法中存在着较多的行政自由裁量条款，而为防止行政主体对行政自由裁量权的滥用，于是确立了"行政合理性原则"，并予普遍适用。其"具体内容有：（1）行政行为应符合立法目的；（2）行政行为应建立在正当考虑的基础上，不得考虑不相关因素；（3）平等适用法律规范，不得对相同事实给予不同对待；（4）符合自然规律；（5）符合社会道德。"③

---

① ［美］博登海默：《法理学——法律哲学与法律方法》，邓正来译，中国政法大学出版社 1999 年版，第 235—236 页。

② 张文显主编：《法理学》，高等教育出版社、北京大学出版社 2007 年版，第 124 页。

③ 罗豪才、湛中乐主编：《行政法学》，北京大学出版社 2006 年版，第 27 页。

所谓政策，是指国家或执政党在某一时期或某一方面，为实现某种目标而作出的政治决定。为了促进各民族共同团结奋斗、共同繁荣发展，建国以来，党和国家制定了一系列行之有效的民族工作方针和政策，概括起来，主要包括 10 个方面，即民族平等和民族团结政策、民族区域自治政策、培养和使用民族干部政策、加快少数民族和民族地区经济社会发展政策、发展少数民族教育政策、发展和繁荣民族文化政策、保障各民族使用发展语言文字政策、尊重少数民族风俗习惯方面的政策、尊重少数民族宗教信仰自由政策和同少数民族上层爱国人士建立统一战线政策。[1] 就我国来说，政策对法律的作用体现在：一是党的总政策和基本政策是制定国家法律的基本依据；二是党的政策特别是具体政策，有助于法的执行和适用与形势相适应，促使法律的实施合乎实际；三是在没有法律明文规定的情况下，可以按政党政策办事。[2] 如，"民法作为调整民事社会生活关系的法，必然体现国家某些社会政策的要求，将国家某些社会政策作为调整民事社会生活关系的指导原则。"[3] 我国《民法通则》第六条就直接规定："民事活动必须遵守法律，法律没有规定的，应当遵守国家政策。"对于民族乡的基层领导干部来说，面对千变万化的不同乡情、村情，如何处理"法不授权不可为"的原则，就必须有发现并善于运用法律条文背后蕴含的法理（或精神、原则）的能力，特别是在工作中应当注意融入民族政策考量。

---

① 马启智："我国的民族政策及其法制保障"，载《中国人大》2012 年第 1 期。

② 张文显主编：《法理学》，高等教育出版社、北京大学出版社 2007 年版，第 375—376 页。

③ 江平主编：《民法学》，中国政法大学出版社 2000 年版，第 8 页。

（七）养成发挥民间法作用的思维

有学者总结道："总的来看，20 年来法治之法在中国法学中的生长有三个维度。一是价值层面，由于权力视角的引入，导致了向'权利本位'的转向，在法学中完成了权利启蒙。二是在制度层面，法律原则与法律规则一起，更新了法律规范的结构，'活法'又与法律规范一起，实现了法律制度的升级。三是在谱系层面，由于'地方性知识'的价值发现，一方面通过解构法治的普世性，落实本土资源的想象，预设了法治文化模式的多元性；另一方面建立起民间法的合法性，终结了国家法对法的垄断从而丰富了法治之法的结构。随着法的三个维度的生长，法治之法的面貌逐渐清晰起来。以法治主义取向为目标的法制变革终于脱离了清末以来西方经验在中国一再失灵的循环，展示出可予期待的前途。"[1]根据学者的这一总结，民间法（亦称习惯法）虽然不为国家制定，但在多数学者看来，作为维系一定区域社会关系的行为规范，它的存在价值已经可以成为法治之法，是法治建设中的一个不可或缺的重要组成部分。事实上，党的十八届四中全会《决定》专门指出要"发挥乡规民约等社会规范在社会治理中的积极作用"，随后，中共中央、国务院于 2015 年 2 月 1 日发布的《关于加大改革创新力度加快农业现代化建设的若干意见》（2015 年"中央一号文件"）也指出"要从农村实际出发，善于发挥乡规民约的积极作用，把法治建设和道德建设紧密结合起来"，这无疑折射了对各民族在长期生产、生活实践中逐渐形成、世代相袭并为本民族成员

---

① 陈卯轩主编：《改革时代的理论法学》，四川人民出版社 2006 年版，第 55 页。

所信守的民间法作用的肯定。^① 广西民族乡今天仍有一些调整着特定范围社会关系的而发挥着作用的民间法，^② 民族乡领导干部应当把民间法作为民族乡法治建设的一部分，不可偏废。

四、大力开展民族法律与政策的宣传

平等、团结、互助、和谐是我国社会主义民族关系的本质特征，促进各民族共同团结奋斗、共同繁荣发展，是我国民族工作的主题。如前所述，之所以目前有的民族乡仍然存在一些民族歧视或不尊重少数民族风俗习惯的问题，其原因与民族乡对民族法制的宣传与普及教育不够有关，从而造成民族间的不睦。因为，"每个民族的群众对自己民族的风俗习惯都有深厚的感情，都认为

---

① 因为，某种民间法往往是当地乡规民约的重要组成部分，甚至可以这样认为，乡规民约实际就是民间法。

② 如，瑶族的"度戒"仪式中有一个十分重要的签订"阴阳牒"的内容。"阴阳牒"就是接受度戒的人与祖先签订的合约，由于祖先代表"阴方"，接受度戒的人则是"阳方"（在度戒中，师父要为接受度戒的人起一个阴名，在签订"阴阳牒"时即以其阴名作为一方当事人签名），所以双方签订的合约被称为"阴阳牒"（也称"阴阳合同"）。"阴阳牒"的内容主要包括：一是祖先（"阴方"）接受度戒的人正式成为瑶族的成员，被记入家谱，并且表明度戒的人已经成年，有权利参加社会活动，担任村寨的公职，获得男性人生的社会价值；二是接受度戒的人要承诺遵守不杀人放火、不偷盗抢劫、不强奸妇女、不虐待父母（不骂父母）、不骂众亲、不陷害好人、不学邪神、兄弟要团结、要乐于助人（尊重师父）、不得醉酒（不吃狗肉猫肉）十大戒律。同时规定，接受度戒的人从戒日开始便服从为其度戒的师父的管理，有任何违反"十戒"的行为，必将受到惩罚。瑶族"度戒"中签订"阴阳牒"仪式尽管在外界看来具有浓厚的宗教色彩，但接受过度戒的瑶族同胞把"阴阳牒"作为约束其一生的铁律，且深信不疑。所以，瑶族"度戒"中的"阴阳牒"实际上具有了民间法的性质。笔者在调研中发现，正是瑶族世代相传着这一传统文化，使得瑶族村民至今仍然保持着较浓厚的淳朴民风，且在"阴阳牒"的约束下，瑶族村民团结友爱、相互尊重，勾画出一幅与世无争、和睦相处的画面。

对民族风俗习惯的尊重，也就是对民族的尊重；对民族风俗习惯的歧视和侮辱，也就是对民族的歧视和侮辱。因此，只有充分尊重民族风俗习惯，才能增进各民族间的相互信任、和睦相处"。①而"禁止对任何民族的歧视"和"各民族都有保持或者改革自己的风俗习惯的自由"恰恰是宪法赋予的民族平等权。

　　实际上，我国的民族法制宣传教育从国家"一五"普法开始就一直伴随其一路走到至今，如"一五"普法的内容有《民族区域自治法》。"二五"普法中相关部门把《民族乡行政工作条例》和《城市民族工作条例》作为民族法制宣传的重点。同时，1994年3月，国家民委"二五"普法领导小组组织起草了《关于进行1994—1996年民族法律、法规宣传教育的通知》和《1994—1996年民族法律、法规宣传教育的安排》，并由中宣部、统战部、司法部和国家民委联合下发。"三五"普法中国家民委、司法部举办了首期全国民族法律法规师资培训班，国家民委召开了首次全国性的法制宣传教育工作会议，积极推动了民族法制的宣传教育。"四五"和"五五"普法主要分别围绕《全国民委系统第四个五年法制宣传教育规划》和《全国民委系统第五个五年法制宣传教育规划》展开。"六五"普法中，根据国家民委制定的《全国民委系统法制宣传教育第六个五年规划》，民族法制普及工作的主要目标是广泛深入开展宪法和以民族区域自治法为主的民族法律法规以及党的民族理论、民族政策、民族基本知识的宣传教育，进一步提高全社会对民族法律法规、民族政策的认知程度，提高领导干

---

　　① 陆平辉：《散居少数民族权益保障研究》，中央民族大学出版社2008年版，第252页。

部和公务员执行民族法律法规的自觉性，增强其依法管理民族事务的能力。然而，笔者在调查中发现，广西民族乡在普法实践中，往往注重把一些更贴近农村生产、生活实际且直接关切百姓利益的法律法规作为普及的内容，如《土地管理法》《婚姻法》《劳动合同法》《未成年人保护法》《妇女权益保护法》等等，而忽略或不注重把民族法律法规及政策作为法制宣传教育的内容，从而缺乏两大普法行动的"齐头并进"。如上所述，目前在民族乡党政部门及领导中，绝大多数并不知道《民族乡行政工作条例》，在问卷调查中，受访者大多数只是了解极少的少数民族方面的法律法规和民族政策，根本不了解民族乡建乡民族的特有权益方面的法律法规及政策，这对于民族乡群众利用法律解决纠纷、维护自身合法权益极为不利。由此，今后广西民族乡的法制宣传教育活动必须改变目前这种局面，加强民族法律法规、民族政策及民族基本知识的宣传教育，在全社会加强"三个离不开"教育，以增强民族乡各族群众的法治观念和法律素养，并营造出互尊互爱、和睦相处、共同发展的良好社会氛围。

五、改善信息公开

随着社会的快速转型及经济社会的快速发展，当代中国乡村社会传统意义上的亲缘文化共同体和地缘文化共同体格局已被打破，"时代变迁和社会进步给乡村社会带来许多新的变化，如对国家的认同、与外界更广泛的交流、村民素质的提高、公民意识的形成、先进生产方式的采用等等，正成为推进乡村社会发展的动力。这一切无疑对中国乡村地区公共管理产生多方面的影响，许多管理内容、管理方式无不是在这种历史背景下展开，并受其制约。"①广西民族乡乡村社会的形态和结构也无疑随着整个社会发展的大背景而发生了较大的变化，少数民族群众的利益诉求多元化、参政议政意识提高等已是不争的事实，政府必须依照这种变化相应改变自己的社会治理方法和模式。因此，一些事关群众切身利益的政务信息必须通过各种渠道予以释放，为公众所知晓，否则在"大众麦克风"的当今，任何"躲猫猫"的行为不仅无法做到，反而增加了政府与群众关系的紧张。

党的十八届四中全会《决定》指出："全面推进政务公开，坚持以公开为常态、不公开为例外的原则。"为此，针对前述广西民族乡在信息公开方面所存在的问题，民族乡政府应增强宪政意识和民主意识，提高信息公开的主动性和能动性：一是在信息公开形式上，建立并开通实际运行以政府网站为主体的信息公开平台，此外，还可以利用广播、电视、报纸等媒体、新闻发布会、政府公报以及手机短信、微信等形式和途径发布各种政府信息。二是在信息公开内容上，应力戒信息内容公开的主观随意性、任意性及选择性、偏好性，要严格按照十八届四中全会《决定》的要求，做到"决策公开、执行公开、管理公开、服务公开、结果公开"，依据权力清单，"向社会全面公开政府职能、法律依据、实施主体、职责权限、管理流程、监督方式等事项"，在信息全面公开的同时，"重点推进财政预算、公共资源配置、重大建设项目批准和实施、社会公益事业建设等领域的政府信息公开"，把群众最需要、最想知晓的社会热点以及关乎民生的重大信息，用合适的方法、在恰当的场合及时公之于众。同时，制定行政规范性文件、重大行政

---

① 曾伟、罗辉主编：《地方政府管理学》，北京大学出版社 2006 年版，第 254 页。

决策等都应当置于合适的平台让群众参与讨论。

六、重视诉讼解决纠纷的正统性功能

诉讼解决纠纷的正统性功能是指通过诉讼的方式解决纠纷并以审判过程及结果向人们宣示法律的规范性和权威性，并以此发挥个案示范效应的一种机制。有学者认为，中国是一个人情社会，各种社会关系的调整及纠纷的解决大量使用习惯法，农民对现代化的法律并不了解，因此现代化法律应有的影响和作用并未得到很好的发挥。通过诉讼和审判，能够生动地使他们懂得法律弘扬什么、保护什么、制裁什么，从而使法律的精神更多地向农村社会渗透。① 发挥诉讼解决纠纷的正统性功能的途径：一为直接参与模式。该模式在于积极引导纠纷当事人向法院起诉，通过当事人亲力而为的行动，让诉讼的过程及结果所形成的法制教育和启示意义直接加功于当事人。二是间接参与模式。该模式在于通过案件裁决结果的公开，有意识地引导民众阅读并从中领略法律知识及其法治的意义。

当前，广西有的民族乡偏好人民调解，过分强调调解的功能，或者因人民调解工作作为一项重要的社会治安综合治理的考评内容而不得不强求调解或者追求调解成功率，从而导致一些纠纷长期没有调结，而产生较多的积案，影响了当地的社会和谐与稳定，也影响了普法的实效。因此，笔者建议相关部门修改人民调解工作考核标准，把调解唯成功率的考评标准改为以社会实际效果为中心的综合性评价机制。同时，基层调解部门应积极引导纠纷当事人通过向法院起诉，求助于诉讼渠道解决纠纷，并筛选一些发

---

① 蔡虹：《转型期中国民事纠纷解决初论》，北京大学出版社 2008 年版，第 98 页。

生在群众身边或农村常见纠纷的诉讼案例编辑成册分发到百姓手中，以此发挥个案的示范效应，避免法律条文教条式的、甚至不讲道理的灌输，这不仅能逐渐消解历年调解积案，而且还能使普法因渗透力的加强而更具实效，实现法治建设的多赢。

第四节　实现广西民族乡长治久安的进路

党的十八大报告指出："社会和谐是中国特色社会主义的本质属性。要把保障和改善民生放在更加突出的位置，加强和创新社会管理，正确处理改革发展稳定关系，团结一切可以团结的力量，最大限度增加和谐因素，增强社会创造活力，确保人民安居乐业、社会安定有序、国家长治久安。"

社会治安综合治理，其核心为"治理"一环。意即，达致社会和谐稳定，实现社会长治久安，关键在于治理的方式是否有效，是否到位，是否彻底。不同的社会发展阶段社会运行的主要矛盾不同，社会控制的主要任务以及基本模式也因之而异。改革开放以来，党和政府高度重视社会管理，取得了重大成绩，积累了宝贵经验。[①] 同时也要看到，当前我国改革处于攻坚期和深水区，社

---

① 这些经验包括：（1）坚持人民当家做主的基本原则，把改善和发展民主作为实现公共管理绩效的保障；（2）始终坚持构建社会主义核心价值体系，把社会主义核心价值体系的培育作为实现社会管理的重要内容；（3）坚持社会主义市场经济体制，在所有制结构、分配制度、宏观调控等方面确保我们的政策朝着有利于维护和实现人民基本利益的方向倾斜；（4）始终把坚持党的领导、坚持依靠群众作为推进社会主义事业的根本；（5）不断完善社会保障体系，把改善民生作为实现社会管理的重要内容。参见刘耀龙主编：《加强和创新社会管理知识问答》，广西教育出版社2011年版，第41～43页。

会矛盾纠纷不仅激增且内容更加复杂、表现日趋激烈，社会稳定
进入风险期，维护国家安全和社会稳定的任务十分繁重艰巨，社
会管理面临新情况新问题，必须通过深化改革，实现从传统社会
管理到创新社会管理再迈向现代社会治理的转变。习近平总书记
指出："治理与管理一字之差，体现的是系统治理、依法治理、源
头治理、综合施策。"党的十八届三中全会提出将"完善和发展中
国特色社会主义制度，推进国家治理体系和治理能力现代化"作
为全面深化改革的总目标，紧接着十八届四中全会的《决定》指
出，要推进多层次多领域依法治理，"坚持系统治理、依法治理、
综合治理、源头治理，提高社会治理法治化水平"。根据执政党的
对国家运作模式的调整升级，结合广西民族乡在社会治安综合治
理中存在的诸多问题，为适应新形势的需要，笔者以为，应以"推
进治理能力现代化"作为实现广西民族乡长治久安的进路选择。
具体应做好以下几方面的工作：

一、坚持把民生优先作为维护社会稳定的治本之策

习近平总书记在 2014 年初中央政法委工作会议上指出："推
进国家治理体系和治理能力现代化，树立源头治理理念，标本兼
治、重在治本，从源头上解决影响社会和谐稳定的深层次问题。"
民生问题是我们一切工作的出发点和落脚点。大凡社会出现不稳
定的时候，就是没有把民生放在首要位置的时候；什么地方出现
社会秩序混乱而不安定，那里的民生工作就一定没有做好。因为，
民生工作的好坏决定了社会矛盾纠纷的诱发与蔓延。由此，搞好
民生工作，实际就是源头治理工作，要坚持把民生优先作为维护
社会稳定的治本之策。

（一）大力发展民族乡经济社会事业

尽管如前所述，建国 60 多年来，特别是改革开放 30 多年来，广西民族乡在自治区各级党委、政府的领导、关怀及大力支持下，经济社会事业有了长足的发展与进步，人民生活面貌呈现不断改善之势，同时通过"逢十周年乡庆活动"、党的群众路线教育实践活动等为契机，民族乡经济社会事业和少数民族群众的生活水平得到了进一步的发展和提升。但是，基于民族乡特有的地理环境和人文环境，广西民族乡的经济和社会整体发展水平还不高，某些民族乡村屯的生存和发展条件还没有得到较大程度的改变，甚至还十分落后。因此，大力发展民族乡经济社会事业，仍为民族乡攻坚克难的重大课题。各级领导和部门，要从政治高度树立起对民族乡特殊的政治地位和性质的认识，树立起保障民族乡散居少数民族特有权益的认识，要按照"多谋民生之力"的要求，把改革发展的成果更多地惠及民族乡及运用到民族乡少数民族群众改善民生上。同时，积极创新经济发展模式，根据民族乡的特点，因地制宜，充分挖掘民族乡的资源优势，做好"靠山吃山"这篇大文章，大力推进林下种养等经济发展模式，帮助民族乡少数群众快速致富，实现民族乡少数民族群众学有所教、劳有所得、病有所医、老有所养、住有所居，着力从根本上预防和化解社会矛盾。

（二）大力创新为民族乡群众提供便民服务模式

现代管理趋向"刚柔并济"的模式。"相较于刚性管理而言，柔性管理主要从社会层面和文化层面来研究管理，重视软因素和软技巧，突出理畅情绪、理和气氛、理顺关系、理清职责的

'理'的作用，是一种以人为中心，倡导尊重人、理解人、关心人，通过塑造成员共同的价值观并营造文化精神氛围实现管理目标要求的人性化管理。柔性管理有利于增强成员的主人翁意识，形成相互协作和集体主义精神，并对失范现象有'防患于未然'的作用。"[①]

着力探索社会治理新模式，按照"多解民生之忧"的要求，为民族乡群众办好事、办实事，为他们提供更多更好的便捷公共服务，以此理顺政府与群众的关系，以服务安民心、促平安。

一是加大投入，推进信息化平台建设。通过信息化平台，实行"一网办"、"一网通"等管理服务新模式，努力为民族乡群众提供更加优质、便捷的服务。同时，拓宽民意诉求渠道，创新建立网上信访受理平台，引导群众多上网、少上访，让"数据多跑腿，群众少跑路"，建立健全及时就地解决群众合理诉求机制。另外，通过信息化管理及定位系统，对刑满释放、社区矫正、吸毒以及农村闲散青少年、服刑在教人员未成年子女、流浪儿童、农村"三留守"人员等特殊人群实施帮扶、教育、服务、救助、就业、生活等的动态监管，做到随时了解他们的状况，随时跟进提供相应的监管措施。特别需要提及的是，由于民族乡一般都地处偏远的山区，交通不便，村民居住分散，这对民族乡的社区矫正工作带来了很大的麻烦。如笔者在普合苗族乡调研时，负责社区矫正的司法所工作人员农耀祥就告诉笔者，由于矫正对象所在的村屯都离乡较远，且不通班车，他们大都又年岁较高而不会骑摩托车，所以要求他们主动来司法所接受学习和教育就困难很大，也难以

---

① 农淑英："民族地区农村社会管理进路探讨"，载《广西社会科学》2014年第6期。

掌握他们的动向。同时，他们居住分散（属于不同村屯），显然矫正人员也不能每次主动到他们村屯进行矫正，因为这样工作量极大，会力不从心。如此，对于社区矫正来说，通过信息化管理及定位系统的使用，应当可以很好地克服当前民族乡社区矫正中的困难。

二是转变理念，把服务向村屯主动下沉。在目前还没有建立各种信息化平台的地方，可以采取信息化和传统手段"两条腿"走路，把人工服务延伸到村屯。如西林普合苗族乡实施的"一办三中心"模式以及右江区汪甸瑶族乡林业站建立的一站式服务，就值得推广。现分别介绍如下，以作为引荐：

（1）普合苗族乡的"一办三中心"。为转变机关行政效能，更好地服务广大群众，2012 年 9 月，普合苗族乡按照当前农村工作的新情况、新特点，对全乡七站八所的办公资源进行了整合，设立了普合苗族乡"一办三中心"，即党政综合办、产业服务中心、社会服务中心及政策法律服务中心。按照"动人不动编，定岗不减人"的原则，对全乡现有工作人员进行了有效整合，组成了民政服务、计生服务、法律服务、产业发展服务、社会保障服务等专业服务队。把乡政府七站八所干部整合到"一办三中心"后，按照"一员多能"的要求，除了逢普合苗族乡政府所在地"圩日"工作人员集中办公外，非"圩日"每天安排有 2 名以上工作人员值班，其他人员分散到各"农事村办"服务站、各村屯开展工作，保证有 2 名以上干部定期或不定期到各村屯开展流动服务，从而实现内业服务与外业服务、流动服务与固定服务有机结合，提高了服务质量和覆盖面。"一办三中心"在乡政府办公楼左侧沿街依次设置，四单位悬挂的牌子十分醒目。"一办三中心"分别有着自己的职责范围，并分别在办公楼右侧的一个长约 4 米、高约 2 米的橱窗里予以公开。其中"政策法律服务中心工作职责"的具体内容是：承担社会治安综合治理办公室职责，做好法制宣传、法律服务、社会治安综合治理、维稳、反邪教、人民调解、行政调解、司法调解及各类社会矛盾排查、受理、调处、督办等工作；承担群众工作站职责，承办上级机关交办的信访案件，向其他部门转办、交办、移送信访事项，负责群众上访信访对接、诉求受理办理、负责本辖区重要的信访信息汇集分析、人民建议征集等工作；负责辖区内的安全生产监督管理、交通安全监管、矿山安全监管、环保等工作，组织、指导辖区内单位和群众开展安全防范；负责乡镇治安保卫、户口管理，依法管理乡镇特种行业、公共娱乐服务场所和枪支等危险物品，依法查处治安案件，协助上级有关部门侦破案件、处置群体性事件，接受群众报警求助等工作；承担上级相应主管部门或者派出单位下放、授权或委托的其他职责。

"一办三中心"模式显示了服务性和综合性两大特点。其机理在于利用有限的人力资源，发挥其最大的效能。首先，它突出工作的流水线作业，群众办事可在同一位置办完；其次，服务主动下沉到农村，让群众不出村即可享受服务；再次，涵括了力所能及的范围，聚集了尽可能的能量。如"政策法律服务中心"其中一个最耀目的职能是"负责本辖区重要的信访信息汇集分析、人民建议征集工作"。把主动征集群众建议作为中心的一项职责，反映了普合苗族乡非常注重民主建设，这在许多地方还难以寻觅。

（2）汪甸瑶族乡林业站一站式服务项目。据右江区林业局监察法规室工作人员黄瑞介绍，右江区汪甸瑶族乡林业站为方便群众办理林木砍伐、运输等行政审批手续，建立了一站式服务项目。该服务项目的运作线路为：村民砍伐、运输等行政审批材料交到林业站，由林业站先就材料的是否齐备从形式上进行审查，整理后通过网络上传到右江区林业局行政审批部门，审批后再传给林业站，村民只需到乡林业站领取即可。该一站式服务，避免了村民到右江区林业局交申请材料、再回林业局领取审批证书的来回折腾，不仅为瑶族乡村民提供了便捷式服务，同时近几年还取得了零投诉的好结果。

（三）多举措惠及民族乡农村"三留守"人员

"在多年的法律实践中，对弱者的公权保护主要有两种路径：一种是通过对作为强者的交易对方的规制而抑制其强势，另一种是通过利益给予、权利赋予以及成立弱者组织等方式来扶助弱者。"[①] 对于民族乡农村留守儿童、妇女及老人问题，笔者以为可采取如下扶助举措：

一是建立健全"三留守"人员关爱服务体系。这个服务体系要涵括物质生活和精神生活的内容，具体包括衣、食、住、行及看病、娱乐、教育等方面的全覆盖。服务主体除基层党组织、团组织及妇女组织外，还发动一些退休人员联合村委或者村中的热心人士适时启动关爱活动。目前遍布各地的由"五老人员"（老干部、老战士、老专家、老教师、老模范）组成的关心下一代工作机构（简称"关工委"），为农村青少年的健康成长发挥了积极的作用。但由于各种因素的影响，其工作的开展不可能及时、到位，因此建议与村委或农村中的老年人协会进行衔接与互动，充分发挥村委及村老年人协会的作用，这样的效果会更突出。

---

① 应飞虎："弱者保护的路径、问题与对策"，载《河北法学》2011 年第 7 期。

二是建立感情沟通平台。如，可以适时邀请一些心理咨询师到学校、农村讲课，帮助建立一些娱乐设施，或组建一些文艺队伍，丰富他们的生活，等等。同时，政府部门或其他组织可以投入资金，专门为留守儿童所在的学校配备适量的手机，让留守儿童可以定时与父母通电话，还可以为农村留守老人免费发放一部手机，并免费拨打，让他们能随时与其子女等亲人沟通交流。通过以上举措，能让"三留守"人员有释放渠道、有寄托依靠、有沟通平台，使他们保持健康向上而远离孤独。

三是引导外出务工农民返乡创业，减少"三留守"人员的出现。从民族乡农村的现实情况看，对于有的农民来说，外出务工是其致富甚至解决生存的必由之路或不得已的选择，而这样就会不同程度地产生"三留守"问题，这是他们不得不要面临的两难境地。解决这一矛盾，目前各民族乡政府可以根据本地特点，充分利用自身的优势，通过招商引资或自身筹集等多种途径和形式，创办诸如木材加工、特色种养、农村服务、生态休闲、旅游观光等经济实体，创造各种条件，引导外出务工农民返乡创业或就业。[①]如八腊瑶族乡根据本地特点，大力推进种植珍珠李、油桃、秋蜜

[①] 解决农村"三留守"问题，必须从国家诸多制度层面进行改革。十八届三中全会作出的《中共中央关于全面深化改革若干重大问题的决定》及中共中央、国务院于2015年2月1日发布的《关于加大改革创新力度加快农业现代化建设的若干意见》（2015年"中央一号文件"）都对新型城镇化建设作出了部署。其中2015年"中央一号文件"指出：保障进城农民工及其随迁家属平等享受城镇基本公共服务，扩大城镇社会保险对农民工的覆盖面，开展好农民工职业病防治和帮扶行动，完善随迁子女在当地接受义务教育和参加中高考相关政策，探索农民工享受城镇保障性住房的具体办法；加快户籍制度改革，建立居住证制度，分类推进农业转移人口在城镇落户并享有与当地居民同等待遇；现阶段，不得将农民进城落户与退出土地承包经营权、宅基地使用权、集体收益分配权相挂钩。相信，随着这些政策不断被转化法律并予以实施，农村的"三留守"问题将会得到根本性解决。

桃等无公害水果的特色产业和基地建设，为此该乡创建了9个种养培训基地，通过培训水果种植能人和养殖能人，以及帮助申请小额贷款等方式，积极引导和支持农民工返乡创业。至2013年底，该乡已举办培训班8期，培训人数150人，取得了很好的效果，其做法值得借鉴与推广。

二、依法治理

实现和谐社会的目标，需要道德、行政、经济、法律等多种手段的综合运用。亦即把这些手段统一并整合起来，形成一个分工明确、相互补充、彼此衔接的有机整体，共同作用于社会治理。而在这些治理手段中，法治无疑处于基础性和关键性的地位。法治是国家治理现代化的必然选择。[①]

在依法治理中，必须注意把握及处理好"维稳"与"法治"的关系。在过去一段时间，在"稳定压倒一切"的旗号下，"法治"的位置在现实中十分尴尬。一方面，我们提倡要依法办事，可遇到要稳定还是要法治的时候，某些执行者却毫不犹豫地选择了牺牲法治。其实，二者的关系本身并不存在"有我无你"而无法相容，其紧张关系完全是因没有被科学、正确的理解和把握而致。的确，没有一个稳定的环境，一切都无从谈起。但要获得稳定的环境，就必须选择最合适或最佳的社会治理方式，以获取稳定。而在众多社会治理的方式中，法治的方式无疑是最理想的。正如有学者指出："在现代国家，法治是国家治理的基本方式，是国家治

---

① 杜宴林、赵晓强："国家治理现代化与法治中国建设"，载《吉林师范大学学报》（人文社会科学版）2014年第3期。

理现代化的重要标志，国家治理法治化是国家治理现代化的必由之路。"①"在社会治理的论域内，实现治理有效必须仰赖法治的积极建设及其功能的充分释放。"②与其他治理模式相比，依法治理有着明显的多重优越性：一是在法治模式下，系统内参与主体的积极性将被充分调动，在系统运行中各组织成员形成平等的互动格局，并能通过多种渠道对目标顺畅地释放有效的、实质性的力量，从而在成员充分协商的基础上达成高度的共识，并致既定目标能完美实现。党的十八大报告中指出："人民民主是社会主义的生命……必须继续积极稳妥推进政治体制改革，发展更加广泛、更加充分、更加健全的人民民主。"溯逆我国对社会控制模式所走过的历程，无论是统治模式，抑或管理模式，由于二者在系统运行中的参与主体均表现为一种"统治（管）"与"服从（被管）"的不平等的二元对立关系，因而民主的基础和氛围在该两种模式下也就难以或无法确立与形成，这是它们存在的重大缺陷。二是法作为出自国家的社会规范，具有肯定性、明确性、普遍性、稳定性及强制性等特点。"法治，实质就是体现全体公民的利益和意志，从而得到人民认可的规则之治"。③所以，作为一种公开透明的规则之治，法治首先能止住国家治理中可能出现的间断起伏、波动多变的状况，在保证为社会成员的各种行为提供合理的预期与预判的同时，还能提升公众的安全感和对国家的信任。而这，是人

---

① 张文显："法治与国家治理现代化"，载《中国法学》2014年第4期。

② 江必新、王红霞："社会治理的法治依赖及法治的回应"，载《法制与社会发展》2014年第4期。

③ 杜宴林、赵晓强："国家治理现代化与法治中国建设"，载《吉林师范大学学报》（人文社会科学版）2014年第3期，第86页。

治与政策之治等治理模式所无法做到的。诚如有学者指出："没有法治，我们每个人都像坐在火炕上、地雷上，没有预期、没有安全、没有保障。所以，强调依法治国，是对不确定时代的一个确定，是让我们不能忘记过去的疼痛与伤疤，说到底关系到国家的前途，关系到民众的命运"。①三是法治是一种以程序和理性为基础的规则之治，它注重培育稳定、长远的社会治理理念，并通过制定的各种规则建构出具有长效实施机制的框架，以帮助克服那种突然性、非常规性的"运动式治理"②和"头痛医头，脚痛医脚"的短视治理所带来的弊端，使社会整体能有序、连续地运行。正如有学者所言："社会治理的核心目标是治理有效"，而"治理有效不是对具体问题的搞定摆平，它更重视长期效应和关联效应。治理要求超越当下有效但长期有害的短视和'按下葫芦起来瓢'的窄视。"③

实际上，党的十八大报告提出的要"提高领导干部运用法治

① 田成有："强调依法治国的深度思考"，载《法制日报》2014年11月5日，第9版。
② 我国的社会管理中频繁采用"运动式治理"的方式。此方式的突出特点是（暂时）打断、叫停行政体制中各就各位、按部就班的常规运作过程，意在替代、突破或整治原有体制及其常规机制，以自上而下、政治动员的方法来调动资源、集中各方力量和注意力来完成某一目标任务。运动型治理有助于对常规型治理机制的失败发挥替代或纠错功能，但它擅自打断既有的常规机制和运行节奏，导致整个体制进入一个高度关联、急速运转的非常状态。它的暂时性、临时性、风暴式的特点严重破坏社会其他参与主体的行动预期，导致短时间内可能有效，但对长期秩序多有损害。相关观点参见：冯志峰："中国政治发展：从运动中的民主到民主中的运动——一项对110次中国运动式治理的研究报告"，载《甘肃理论学刊》2010年第1期；周雪光："运动型治理机制——中国国家治理的制度逻辑再思考"，载《开放时代》2012年第9期；江必新、王红霞："社会治理的法治依赖及法治的回应"，载《法制与社会发展》2014年第4期。
③ 江必新、王红霞："社会治理的法治依赖及法治的回应"，载《法制与社会发展》2014年第4期。

思维和法治方式深化改革、推动发展、化解矛盾、维护稳定的能力"，已经很好地诠释、明确了"维稳"与"法治"的关系。即，"维稳"与"法治"是一种辩证统一的关系。一个稳定的环境是进行法治建设的前提；运用法治方式进行社会治理才能获得真正意义上的稳定环境。总之，二者互为手段和目的，舍弃或者偏好任何一方，都是不正确的。既然"作为社会共识最大公约数的法律理所当然地在国家治理中扮演着主导角色"、"实行法治合乎规律地成为治国理政的第一选择，成为政治文明发展的时代潮流"，① 那么，我们就没有任何理由为求一时的"维稳"之快，给"法治"带来一世之痛。鉴此，法治思维和法治方式的培育与造就，是包括民族乡在内的所有领导干部亟须进修的课题。

　　非基于法治的"维稳"，包括民族乡政府在内的地方政府一般从三个方面作技术层面的处理。一方面借稳定之名直接侵害群众的合法权益，本书第三章所举李某诉政府错误颁发土地承包经营权证行政诉讼案，即为典型之例。另一方面，是不惜把自己放到与群众的对立面。如，为了招商引资提高政府的政绩，当开发商与当地农民产生矛盾时，政府部门往往以维护稳定为由（当然也是为了保护开发商以保住政绩），把矛头直指群众，甚至使用不恰当手段强行压制。② 再一方面，就是毫无原则地对毫无理由的所谓诉求

---

① 张文显："法治与国家治理现代化"，载《中国法学》2014 年第 4 期。

② 实际上，政府在该方面的角色定位，已经违背了公共行政客体的中立性原则。所谓公共行政客体的中立性原则，"是指行政机关应当在利益冲突的各方之间保持等距离的中立立场，不让任何一方当事人左右自己的立场，不做任何一方当事人的利益代理人，而仅仅依据法律维护公平博弈所需要的秩序。"而违背该原则，"行政机关则成为社会利益冲突的焦点，无论做什么或者不做什么，都不可能赢得社会的信任。"参见马怀德主编：《行政法学》，中国政法大学出版社 2007 年版，第 10 页。

不当施予。"当下，无论是凭借日常的感性认识还是大量数据的客观显示，我们都能深深地感到相当多处于纠纷事件中的中国人开始认为与其'大事化小'以隐忍毋宁'小事闹大'以维权。'小事闹大'已成为中国转型时期的独特社会现象，见于各社会领域。"①事实的确如此，"信访不信法"、"上诉不如上访"、"上访不如上网"、"选择大日子，要见大领导，闹出大影响，解决大问题"等现象已成为众多国人进行所谓维权的行为逻辑。受其影响，一直被夸耀为思想淳朴的少数民族乡群众，也"与时俱进"地青睐于"闹访"的做法。②"闹访"的产生固然与群众维权意识的提高有关，但与政府治理"闹访"的行为逻辑也脱离不了干系。在"一票否决"的强大压力下，地方政府不惜使用"花钱买稳定"的招数。在该行为逻辑下，社会秩序虽然得到一时的安定，但这种舍本求末的做法会招致更多、更大的社会矛盾和冲突，以致出现了"越维越不稳"的维稳怪圈。陈柏峰教授分析认为，刚性的维稳机制本身具有自毁性，其本质在于，建立在利益让步和利益诱导基础上的稳定具有不稳定性和易变性，因为它会造成期望不断提高。所以，"买稳定"是政府权威和公民权利的虚拟商品化，而这只能获得社会稳定的表象，因为这种维稳机制恰恰会再生产出社会不稳定因素。③

　　习近平总书记在 2014 年初召开的中央政法工作会议上强调指出："维护社会大局稳定是政法工作的基本任务，要处理好维稳和

---

　　① 徐祖澜："公民'闹大'维权的中国式求解"，载《法制与社会发展》2013 年第 4 期第 29 页。

　　② 笔者在调研中发现，有的民族乡还在一定范围一定程度存在"闹访"现象。

　　③ 陈柏峰："群体性涉法闹访及其法治"，载《法制与社会发展》2013 年第 4 期，第 27 页。

维权的关系，要把群众合理合法的利益诉求解决好，完善对维护群众切身利益具有重大作用的制度，强化法律在化解矛盾中的权威地位，使群众由衷感到权益受到了公平对待、利益得到了有效维护。"由此，处理维稳与维权的关系，其唯一的正确做法就是要发挥法治的核心作用，把二者置于法治的轨道上调节和均衡，并坚决摈弃那种"搞定就是稳定、摆平就是水平"的庸俗哲学，打破"越维越不稳"的"信访怪圈"。因为，"法治的最大好处，就是能够通过法律规范的确定性和普遍效力，来为维权、闹访等行为提供后果预期，对诉求表达、纠纷解决过程进行规范，促进问题解决的连续性和一致性，从而减少恣意和压力下的讨价还价，为社会生活创造统一、稳定的秩序，避免刚性维稳过程中政府权力和民众权利的商品化。"①维稳只有建立在对人民群众的基本权利得到确认与保护的基础上，才可能是长久而稳固的。

三、实现多元共治

现代治理的核心特质在于治理主体的多元化。②"多元共治"的核心问题在于重构公共治理系统，实现治理权能的分化和转移，即由"政府"、"企业"、"社会组织"和"公民"对"公共事务"的共同治理。③与"管理"相比，"治理"蕴含着"主体多元性与关系多向度性"、"内容广泛性与对象深层次性"及"系统高共识性

---

① 陈柏峰："群体性涉法闹访及其法治"，载《法制与社会发展》2013年第4期，第28页。

② 李放："现代国家制度建设：中国国家治理能力现代化的战略选择"，载《新疆师范大学学报》(哲学社会科学版) 2014年第4期。

③ 吴汉东："国家治理现代化的三个维度：共治、善治与法治"，载《法制与社会发展》2014年第5期，第15页。

与成员强认同感"3 个方面的基本特征，这些特征意味着：治理改变了"主体—客体"模式的二元单向高权模式，以互相影响、互相作用的参与者逻辑取而代之；为实现有效治理，治理要求深入到主体决策层面以超前影响主体行为；在多元主体参与和相互作用共同发展的治理格局中，透过共同制定的或兼顾性的规划，社会对目标和规则具有更高的共识性，各类成员具有更强的认同感。①

多元共治即为系统治理。十八届四中全会《决定》指出：推进多层次多领域依法治理，深入开展多层次多形式法治创建活动，深化基层组织和部门、行业依法治理，支持各类社会主体自我约束、自我管理；发挥市民公约、乡规民约、行业规章、团体章程等社会规范在社会治理中的积极作用。

多元共治，实际是坚持人民的主体地位。对此，民族乡可具体把握好以下几个维度，以形成乡村社会的多元共治局面：

一是理顺乡政与村民自治的关系。作为具有宪法地位的自治性组织，村民委员会无疑是乡村社会治理中最大的参与力量。但如本书第三章所叙，广西民族乡在保障村民自治权的实现方面尚存在着一定的问题，这对"多元共治"的形成产生很大的阻碍。由此，在中央不断强调发挥村民自治在社会治理中的作用、甚而扩大村民自治试点的背景下，② 理应坚持走村民自治的正确道路不

---

① 江必新、王红霞："社会治理的法治依赖及法治的回应"，载《法制与社会发展》2014 年第 4 期。

② 中共中央、国务院于 2015 年 2 月 1 日发布的《关于加大改革创新力度加快农业现代化建设的若干意见》（2015 年"中央一号文件"）指出，要完善和创新乡村治理机制，扩大以村民小组作为基本单元的村民自治的试点，开展以农村社区作为基本单元的村民自治试点。

动摇，按照"法定职责必须为、法无授权不可为"的法治政府建设要求，厘清乡政权力与村自治权利的边界，让乡政权力不折不扣地退出村自治区域，以切实保障村民自治权，激发村委会自我管理、自我服务、自我教育、自我监督的活力，充分发挥其在社会治安综合治理中不可替代的功能。

二是注重发挥民族乡村规民约的作用。作为村民自己当家做主的"立法"，村规民约显然首先表现出极强的先天亲和力，它为村民所熟悉、所自觉遵守，成为理想的农村治理资源。同时，民族乡普遍蕴藏着丰富的民间传统文化，这些传统文化有的还表现出极强的教化功能和约束功能，如将这些传统文化置于村规民约中，转化为村民的"法律"，必对农村的社会治理起到十分积极的促进作用，理应积极引导并予加强。当然，笔者在调研中发现，尽管民族乡在社会治安综合治理工作中，预设了村规民约不可或缺的作用，但通过部分民族乡综治信访维稳中心台账的观察，一些村规民约在形式上及内容上尚存在较大的问题：有的民族乡各村制定的村规民约，除村名不一样外，其余诸如格式、内容等基本保持一致，不具有各自的特色，显然有应付检查的嫌疑。同时，村规民约几乎没有通过村民会议表决通过，因而在村民中不具有普遍约束力。因此，民族乡政府应积极帮助各村制定出科学（要使村规民约具有村治特色）且有效力（能得到广大村民普遍自觉遵守）的村规民约。首先，村规民约应突出各村的特色，反映本村特具的传统文化、风俗习惯以及生活环境、地理资源等。如，举办本村屯节日期间，村民应当遵守的治安秩序规则；对于本村需要保护的自然资源，村民又如何遵循规定；等等。其次，村规民约必须反映全体村民的意志，不能由村委及组屯少数村干部擅自拟定并实施。鉴于很多村民外出务工的实际，可以利用节假日外出务工村民回家之机，及时征询他们的意见，也可以获取到他们的电话号码，用短信或 QQ 方式征询，最后得到他们的签字等方式的认可。

三是有效激活村民参与民主的积极性。村民参与民主积极性的高低，将直接影响农村基层治理力量的整合。党的十八大报告指出，"在城乡社区治理、基层公共事务和公益事业中实行群众自我管理、自我服务、自我教育、自我监督，是人民依法直接行使民主权利的重要方式"，"发挥基层各类组织协同作用，实现政府管理和基层民主有机结合"。鉴于多数基层民众在参与民主方面，长期以来秉持"事不关己"的惰性，民族乡应加大指导、帮助及支持力度，引导村民、指导村委会依法、理性、有序行使自治权，调动广大村民参与民主活动的积极性。首先，加强农村基层党组织建设。根据《村民委员会组织法》的规定，农村基层党组织的职责之一是"依照宪法和法律，支持和保障村民开展自治活动、直接行使民主权利"。由此，有效激活村民参与民主的积极性，首先要激活农村基层党组织。要通过党的群众路线教育实践活动的继续开展，进一步推动农村基层党组织建设，使基层党组织真正成为农村村民参与民主的推动者和保障者。其次，加强农村民主法制建设。当前农村的民主制度主要包含两个大的方面：一是《村民委员会组织法》为保障村民自治权的有效实现而创设的诸如村民会议、村民代表会议、村民委员会选举等制度，二是《村民委员会组织法》颁布实施后，国家相关部门为落实《村民委员会组织法》并在不断总结实践经验的基础上而设置的各种制度，如"一事一议"、"四议两公开"等。然而，在实践中以上各制度并没有得到真正的落实，成为饱受诟病的主要领域，也成为影响村民参与民主积极性的重要原因。因而，采取有效举措让农村的各种民主制度完全落地，民族乡党委、政府责无旁贷。总之，通过以上努力达致村民参与民主积极性的有效激活，使农民真正成为建设新农村、管理新农村的主人，从而消除不稳定、不和谐的因素。

四是发挥农村民间权力组织的作用。目前，在我国农村地区除了基层党组织和村民委员会这样的正式组织之外，还存在着各式各样的自发性或半自发性的民间组织，这些农村民间组织虽然不具有正式的权力，但它们从事的诸多活动在农村治理格局中提供了不可多得的正能量。农村老人协会便是其中的典型代表，基于组织成员的威信及经验，老人协会甚至发挥了农村基层党组织和村民委员会不可替代的作用。贺雪峰教授对浙江温州地区的老人协会作了调研，发现那里的老人协会在民间纠纷调解方面发挥了特殊的作用，"似乎已经形成惯例，在温州，村中的民间纠纷村干部不插手，而由老人协会来处理。相比之下，没有老人协会的村庄，村干部最头疼的工作之一往往就是民间纠纷的调解"。[1]而张勤教授在潮汕地区农村调研时也发现那里的老人协会在村落生活中扮演着重要的角色，在纠纷调解方面，在不同的村发挥着或大或小的作用。[2]广西民族乡广大农村地区历史上以至当今也存在一些具有自发性、自治性的各式民间组织，其中有的组织不仅非常具有特色，而且为当地的经济社会发展、甚至本民族的生存

---

① 贺雪峰：《乡村的前途：新农村建设与中国道路》，山东人民出版社 2007 年版，第 205 页。

② 张勤：《当代中国基层调解研究——以潮汕地区为例》，中国政法大学出版社 2012 年版，第 242～268 页。

发挥了独特的作用。如侗族款组织便是其例。据周世中教授等学者考察，侗族款组织是传统侗族社会的民间自治和自卫组织，它具有军事防御和维护社会秩序的功能，是传统侗族社会组织机构的保障。款组织严密而有层次，大体上区分为 4 个层次（4 级组织），即小款、中款、大款和联合大款。小款是侗款最基层的组织，一般由一个自然村寨（往往是一个房族）组成，或是一个村寨加邻近的若干小寨子组合而成；中款则由几个村寨或几个小款构成；大款由若干中款组成；联合大款则是大区域性组织的大联合。侗款组织具有浓厚的民主色彩，如"款首"由村寨中的款民通过充分的协商从寨老中推举担任，款首并无特权，要承担较为重大的责任，也没有任何报酬，是一种义务性的职务。如果他办事不公或者贪图私利，会被款民们随时撤换。此外，款约的议定和修订也是经过款民们的协商而得以实现的，款首不能独断专行。同时，款组织具有浓厚的自治色彩。主要体现在两个方面：从对内方面来看，侗款能够起到调处矛盾纠纷，维护社会生产、生活秩序，维护社会公共设施和公共事业的作用；从对外方面看，侗款组织实现了自治和联防的结合。① 随着中央王朝政治统治深入侗区，侗款制度到清朝末年逐渐衰退，约在二十世纪二三十年代，国民党在侗区推行乡村甲制度，侗款组织便退出了历史舞台。② 新中国成立以后，尤其是改革开放以来，虽然侗族的寨老制已成历史的

---

① 周世中、陈家达："侗族款文化与现代法治的冲突及互补"，载《广西师范大学学报》（哲学社会科学版）2012 年第 2 期。

② 姚老庚：《埋岩也是侗族古老的社会组织形式浅谈》，载于中共滚贝侗族乡委员会、滚贝侗族乡人民政府编印（自印本）：《风华侗乡——融水苗族自治县滚贝侗族乡成立三十周年纪念专辑》，2014 年 11 月。

陈迹，但老人管寨的遗风还存在。笔者在滚贝侗族乡调研时发现，该乡很多村成立有老人协会，协助政府及村委会做好卫生、防火、防贼等工作，发挥老人的积极作用。可以想见，这些沿袭了侗族款组织优良文化血液的老人协会，其治理的有效性一定不容置疑。因而相信，利用这样的组织管理该地域的事务，可以帮助政府实现"善治"，从而获得事半功倍、农村安定的效果，可谓多赢。民族乡应更多、更好地利用像侗族"款"这样的由老人"掌权"的组织在参与农村治理中的作用。当然，由于老人协会等民间组织多数为自发性、非正式性，其活动也表现出较大的随意性，因此，民族乡政府应当多加以引导，在社会治理方面可以为其多注入"官方"的因素，积极、主动地调动他们参与到当地农村社会治理活动中来，发挥他们的特殊作用。[①]

四、优化民族乡立体化社会治安防控体系

平安建设，重点在基层。十八届四中全会《决定》指出，全面推进依法治国，基础在基层，工作重点在基层，要加强基层法治机构建设，强化基层法治队伍，建立重心下移、力量下沉的法治工作机制，改善基层基础设施和装备条件。为此，针对民族乡农村维稳基础不牢，社会治安防控体系运行无效、不力的问题，及时采取相应举措，优化社会治安防控体系，以提

---

① 如，草坪回族乡在潭经村特色村寨建设中，就很好地利用并发挥了村老人协会的作用，值得赞赏。潭经村是该乡回族的主要居住区，2014年当地政府围绕穆斯林文化为其打造特色村寨，包括清真寺改建、修建民族文化墙等15个项目。从建设总体方案的设计（包括参观考察）、分项目的具体实施，都注意邀请村老人协会成员参与，其中收集回族历史资料是老人协会的主要工作。

升其实质运行能力。其总的指导思想是：进一步推进人防物防技防结合、打防管控结合的立体化社会治安防控体系建设，增强防控体系的系统性、整体性、协同性、实效性、基础性及源头性，激发防控体系每个单元的活力，着力形成和提高防控体系的合力与效率。

（一）建立农村"六大员"关爱制度

建立农村"六大员"关爱制度，旨在激发农村村民作为最基层参与治安综合治理力量的积极性，[①]包括精神和物质两个层面。在精神激励方面，一是要切实实行年度考核，实行村、乡两级表彰制度。对于被评为村级优秀"六大员"的，由村民委员会进行表彰，同时被评为乡优秀者，由乡进行表彰（表彰要有一定的物质奖励）。二是要关心"六大员"的政治生活，对符合入党条件的及时吸纳到党组织中来，同时对优秀"六大员"中符合某些单位（如事业编）招录条件、且笔试达到招录线的，应当优先考虑。实行精神激励制度的目的是让"六大员"获得应有的社会评价，使他们感受到无比的荣誉感和自豪感。在物质激励层面，一是要关心"六大员"的家庭经济生活，对于生活困难的"六大员"应当在各种国家物质帮助中予以适当倾斜性照顾，以解决他们的后顾之忧；二是建立并落实报酬制度，对"六大员"实施岗位补贴，这是维护农村稳定大局的急切需要（因为社会的稳定主要在基层，

_____

① 当然，同时也要热情关心民族乡政府基层社会治安综合治理工作干部，采取有效措施，切实解决他们工作和生活中的困难（如给综治信访维稳中心工作人员适当的信访岗位津贴等），进一步激发他们做好工作的积极性、主动性和创造性。

而基层主要在农村），也是对他们劳动的正常回报。①

（二）切实改善少数民族干部队伍结构

民族干部队伍结构不合理，不仅影响民族乡经济社会发展和民族政策的落实，而且将会直接影响矛盾纠纷的防控能力。因此，改善目前民族乡少数民族干部队伍结构，提高预防、化解矛盾纠纷的能力，是有关部门及时研究并予解决的问题。一是应有计划地扩充民族乡公务员队伍，适时增加人员数量（特别是增加综治信访维稳中心专职工作人员），以适应基层工作的特殊需要，做到治安防控体系中有足够的人员参与（包括组织、领导等）。为此，可以制定专门的鼓励到民族乡工作的措施或制度，为回本乡工作的大中专毕业生（或历届生）放宽准入条件，特别是对通晓当地少数民族（特别是建乡的少数民族）语言的要予以优先录取。同时有针对性地制定民族乡人才政策（如设立民族乡工作特殊补助津贴、纳入重点培养干部范围等等），鼓励和吸引各类优秀人才到民族乡工作。二是加强少数民族专业技术干部队伍建设。鉴于民族乡少数民族干部队伍中管理型人员偏多、技术型人员偏少的状况，应采取相应措施对二者的比例进行合理调配，增加土地、林业、水利等领域的专业技术干部在整个队伍中的比重，为防控体系提供足够的技术人才支

---

① 近年来，由于国家很多单位实施职能下沉，加之党的实践教育活动的开展，很多工作向农村基层强势延伸并汇聚在基层农村，可以说农村地区目前承载了国家几乎所有的最基础性的工作，造成基层工作人员一人兼任十几项工作的现象，而且，这些兼任全部被冠以"义务"的前置（如义务消防员、义务交通安全员等等）。应当说，与国家其他领域相比，包括"六大员"在内的农村基层工作人员所做的工作不仅最繁多，而且也最琐碎。所以，基于其工作的基础性及艰辛性，给予其相应的劳动报酬（补贴），应属合情、合理，也是天经地义之事。

撑，以保障民族乡极为突出的"三大纠纷"得以及时、顺利、有效调处和化解，为民族乡农村社会消除不稳定的因素。三是改善民族乡干部队伍中的男女比例。鉴于民族乡基层工作的特殊性，对于特别适合于男性的工作岗位，尽可能地或适当增加男性在其中的比例，以增强防控的力量。同时，要把人员配置到适合的岗位上，充分发挥男女各自的优势，做到人尽其才、用之有效。

（三）建立各种农村志愿互助组织

与其他农村地域一样，目前民族乡的很多青壮年农民也选择了外出务工的致富路子，导致过多的"三留守"人员出现，这一状况直接导致了治安防控力量的偏弱，让一些外来的不法分子"钻空子"伺机作案，给民族乡农村的治安形成压力。鉴此，民族乡政府可以适时引导、帮助村委会整合现有资源，成立一些互助组织，使人人成为平安建设的实际参与者，成为平安建设的最基础力量。互助组织可根据各村不同实际情况因人、因地而设，如在居住人员相对集中的地方，可以以相邻的几户为单位成立"邻里互助组"，对于人员居住分散的地方，可以以相邻的几个自然屯成立"电话联防组"。由于互助组织的参与成员都有其现实需要，彼此均为受益者，因此这种机制极易发动和运行有效，同时也能为政府节省防控经费，可谓多赢。

（四）改善法治进村（社区）护平安机制

建立一村一警机制，在于通过警力向农村最基层下沉和延伸，提高农村地区的见警率，给违法行为以全天候的实时震慑，并加强了警民之间的联系，夯实了公安工作的群众基础，对于农村社会治安的有效稳控具有积极的意义，表现了治理从源头启动的基础性旨趣。但如前所述，一村一警制度要求挂（驻）村民警在规定时间内完成下村和驻村的次数和天数，而且要在这期间完成各种具体工作任务（指标），在民警治安任务繁重以及民族乡自然环境复杂恶劣（如雨季山区易发泥石流等自然灾害）、交通不便等背景下，这种"强求"显然有些不现实。所以，如果"一村一警"制度落实不到位，它只能成为老百姓观赏的"花瓶"，难免令群众产生新形式主义之嫌，令群众产生抵触之感，失去对政府这项工作的信任，从而让该项制度的结果适得其反。结合笔者的调研体会，认为与其靠刚性规定推行，不如对该项制度进行改善，实施灵活多样的举措，把死任务变成活方法。如，允许挂点或驻村民警与村干部电话联系，即通过电话指导村干处理一些简单的问题，允许趁村干部到县、乡办事之机，带着问题与挂点或驻村民警商讨，以此折抵下村和驻村的次数和天数。等等。同时，为实质提高"一村一警"机制的运行效果，可以采取把挂村或驻村民警改为挂任村（社区）"两委"领导班子成员（党员民警兼任村党支部副书记，非党员民警兼任村委会主任助理）的做法，以增强挂任民警的主人翁意识与使命感，使得他们在日常生活中自觉思考、琢磨辖区的大小事项，积极参与当地的社会治理事务。采取这一做法则无须为民警限定下村和驻村的次数和天数，而是可以以民警工作的实效作为考核标准。

　　另外，依据十八届四中全会《决定》"推进法治干部下基层活动"的要求，在推行"一村一警"的基础上，还要创立和推行"一村一法官"、"一村一检察官"、"一村一律师"新机制，让广大农村地区的平安建设形成更强的合力。这一方面可以对目前实施的"一村一警"予以有力支持，解决单兵作战的局面，另一方面，可以满足农村地区广大村民的不同法治需求。由于法官、检察官、公安民警、律师在法治建设中扮演着不同的角色，他们各自具有相对独立的职能和自身服务特色，因此任何单一的推进都不能满足农村地区法治建设的需要。[①]法官、检察官、公安民警、律师等法治力量在农村地区的共同推进，就能在引导、鼓励群众"办事依法、遇事找法、解决问题用法、化解矛盾靠法"方面，有更多的路径选择，满足当事人的特定需求和偏好，从而形成农村地区护平安的真正全覆盖。如创建"法律诊所"，建立法律顾问制度，让法律顾问成为村民的"法律家庭医生"。就如提高见警率一样，在农村也要提高见法官、检察官、律师的频率；就像有病第一时间想到医生一样，有了法律问题首先想到法律工作者，使村民寻找法律解决纠纷成为一种下意识、一种依赖、一种生活习惯。[②]

---

① 以调解为例，笔者在调研中发现，当事人就有不同的需求和偏好，有的偏好律师调解，有的则可能偏好法官或公安民警调解，等等。

② 笔者在南屏瑶族乡调研时，发现那里推行的"一村一法官"机制值得借鉴与学习。该机制源于上思县法院创建"无诉村屯（社区）"的工作开展。据报道，上思县人民法院的思阳法庭、在妙法庭（其辖区包括南屏瑶族乡，笔者注）创新社会管理，不断延伸司法服务阵地，在全县87个村屯、社区挂牌设立法官工作室，作为日常办公机构，把法庭分解成很多"驻点小法庭"，把"诉讼中调解"转换成"诉前调解"。法庭改变以往法官"坐堂办案"的传统模式，指派政治素质硬、业务能力强的法官担任驻村法官，采取蹲点办案为主、巡回办案为辅的方式，进村入户听民声、察民情、解民难，确保小矛盾不出屯，大纠纷不出村。自2012年6月上思县创建"无诉村屯（社区）"工作开展以来，驻点法庭诉前调解矛盾纠纷2000余件，上思县73.42%的自然屯实现无诉讼。（参见吴凤汇：《便民法庭遍地开　因地制宜解纠纷：防城港市法院系列特色法庭成为司法为民品牌》，载《广西法治日报》2014年7月14日第1版）。南屏瑶族乡在"一村一法官"机制实施中也收到了实效，如该乡的江坡村不仅被评为"文明村"、"无毒村"、"无上访村"，还在2013年被评为"无诉村屯"。据村支书刘志武介绍，除了驻村法官的努力外，他本人作为村调解委员会主任也做了大量工作。他在村里因为为村民做了较多实事、好事，所以有较高的威望，村民都信任他，他调解纠纷一般较容易成功。他认为，本村获得"无诉村屯"是实至名归。

（五）加大投入，改善技防和物防设施

基层是平安建设的主战场，为构筑基层"防火墙"，要坚持重心下移、力量下沉、保障下倾的理念和原则，加大财政转移支付力度，改善民族乡防控体系中的技防和物防设施，以夯实民族乡平安建设基础及提高农村治安防范能力。一是建立民族乡社会治安综合治理专项经费，为治安综合治理干部开展工作提供保障，并及时、也能够足额为他们报销差旅费，解决他们因先行支出后因得不到及时或者无法足额报销而带来的一时生活困难。同时，应为综治信访维稳中心改善办公用房及配置专门的交通工具，以提升综治机制的运行能力及提高综治工作的效率。二是推行"天网"工程，在民族乡政府所在地的广场、商场等人员集中或复杂地段安装一至二个高清视频监控探头，在每一个行政村的复杂区域或者进村路口至少安装一个高清视频监控探头，并保证监控探头能实际开通并持续良好运作。笔者在调研中，一些村民向笔者反映，发生在当地的一些治安案件和刑事案件许多为外来人员所为，本地村民之间一般产生一些与治安或刑事案件无关的民间纠纷。如八腊瑶族乡甘洞村村委副主任黄朝清告诉笔者，他们村一直保持着良好的民风，近年村里出现的几起盗窃案件几乎是外面的人员来作的案。外面人员之所以选择到他们村作案，是因为作案人知道他们村里的青壮年农民基本外出务工，留在家里的几乎都是老人、妇女或小孩，即使被他们发现了，也没什么"大碍"，因为这些"弱不禁风"的村民根本无法对违法者形成控制力。由此，在民族乡的行政村安装监控探头是完全有必要的。三是要加大民族乡农村水、电、路以及广播、电视、通信等基础设施建设

的投入,为治安防控提供前提性保障。目前还有较多民族乡的自然屯有的没有通水、电、路,有的没有通广播、电视、通信,有的地方至今还是用马匹作为唯一的交通工具。这些问题的存在,由于对违法行为无法在第一时间作出反应,因而极有可能失去控制违法者的良好机会。为此,为提高对违法事件的快速反应能力和制控能力,改善上述基础设施时不可待。

五、修缮广西的地方性法规《社会治安综合治理条例》

《广西壮族自治区社会治安综合治理条例》(以下简称《条例》)制订于1994年7月29日(广西壮族自治区第八届人民代表大会常务委员会第十次会议通过),虽然于2010年11月27日作出了修订(广西壮族自治区第十一届人民代表大会常务委员会第十八次会议修订通过,自2011年1月1日起施行),但从广西民族乡开展社会治安综合治理的实践来看,该《条例》尚存在着诸多的不足。表现在:一是《条例》虽然规定了"县级以上人民政府应当将社会治安综合治理工作经费列入本级财政预算,确保社会治安综合治理工作的必要经费开支",但并没有相应为其规定不落实时应负的法律责任,从而导致该条款因政策性过强而无法真正兑现。二是《条例》第38条规定:"县级以上综治委办事机构的工作人员配备应当与社会治安综合治理工作任务相适应。乡镇人民政府、街道办事处综治委办事机构应当配备专职或者兼职的工作人员。"该条规定明显存在以下问题:县级以上综治委办事机构的工作人员与乡镇人民政府、街道办事处综治委办事机构工作人员的配置原则不对称,前者的配置是"与社会治安综合治理工作任务相适应",而后者只是"配备专职或者兼职的工作人员"的直截了当，而且还把"兼职"作为其配备要求（为什么县级以上综治委办事机构的工作人员没有"兼职"的配备要求），同时不论是专职还是兼职，到底是多少工作人员也不明确（起码要有一个配置人数的大致依据）。这种不对称性和不确定性实际上很"耐人寻味"，它预示着对于乡镇人民政府、街道办事处综治委办事机构工作人员的配置可以"另眼相看"。同时，乡镇（街道）一级综治委办事机构工作人员这种看似灵活掌握的配置规则，却因"读不懂"反而让有关部门在配置人数的把握上缩手缩脚。以上问题既与基层社会治安综合治理实际情况不符，也与中共中央办公厅、国务院办公厅转发的《中央社会治安综合治理委员会关于进一步加强社会治安综合治理基层基础建设的若干意见》等文件强调"要配齐配强综治办专职干部，确保这项工作有人抓、有人管、有成效"的精神不一致，同时还与十八届四中全会关于"建立重心下移、力量下沉的法治工作机制"的精神相悖。三是《条例》对乡镇（街道）一级综治平台"综治信访维稳中心"缺乏应有的规定。由于"中心"的设立及具体运作机制都没有从立法层面作出规制，加之"中心"必须依靠当地党委、政府的强力支持和推动，才能显示其综合性、协调性强的生命力，所以一旦失去党委和政府的支持，"中心"各项工作便无法实质开展，并出现上述"综而不合，合而不力"的问题。①

---

① 虽然2009年10月广西壮族自治区社会治安综合治理委员会印发的《建立乡镇（街道）综治信访维稳中心的通知》中明确，综治信访维稳中心的设立已经自治区党委、自治区人民政府同意，而且就"中心"参与成员单位、工作人员配置、职责等作出了规定，但该《通知》属于政策性文件或"红头性文件"，不具有强制性和约束力，显然无法解决"中心"出现的各种问题。

　　以上问题严重制约了乡镇（街道）基层社会治安综合治理工作的开展。面对新情况、新问题，并基于全面推进依法治国的大背景，必须对《条例》作出相应修缮，以满足乡镇（街道）基层社会治安综合治理开展的需要。《条例》修缮应突出农村基层社会治安综合治理的基础性地位。首先，确立社会治安综合治理专项经费责任制，对于不落实社会治安综合治理专项经费的行为，应明确其法律后果；其次，对乡镇（街道）综治委办事机构工作人员的配置作出尽可能的明确规定。其配置依据要么确定为"与社会治安综合治理工作任务相适应"，要么确定为根据乡镇（街道）人口数量、社会治安状况等综合情况，并明确综治信访维稳中心除一名专职副主任外，大致配备2—3名的专职工作人员，实现"配齐配强综治办专职干部，确保这项工作有人抓、有人管、有成效"的目标；再次，党的领导是做好社会治安综合治理工作的根本保证，因此《条例》应强调乡镇（街道）党委和政府对综治信访维稳中心的组织领导，并规定对于怠于履行职责的法律责任。同时，对综治信访维稳中心的运作机制作出原则规定，并特别规定成员单位怠于履职（如不服从中心的统一调遣或指派）的法律责任，为"中心"的顺畅运行提供有力保障，以提升中心的实质运行能力和实效。

　　另外需附带提及的是，应重新设计广西社会治安综合治理的考核标准。笔者在调研中，许多基层综治人员向笔者反映，目前广西实施的综治考核标准总体体现的是注重形式而不讲实际内容的价值取向，导致基层为应付检查和获取高分，基本为机械地、应付式地按照标准"填空"，每年的报表、工作总结等账目只是改改时间、改改数字，其余内容及整体模式框架没有变化，没有任何新意，而考核部门也只就按照"标准答案"进行"评卷"给分。笔者认为，目前的考核标准应在指导思想上作实质性修正，应鼓励各地根据其实际情况予以创新，如在考核标准中明确，在社会治安综合治理实践中如有创新的举措或治理模式并取得良好效果的，可以给出较高的分值。另外，考核标准的价值取向应以注重形式向注重实际内容转变。以调解为例，评判标准不仅要看纠纷调解率或调结率，还要看调处纠纷案件的性质、难易度、社会效果等，如果通过努力调处了当地长期未决的纠纷（解决积案）或者利用智慧平息了当地对社会稳定有重大影响的纠纷，则应相应给出较高分值，等等。

第五节　破解民族乡基层法律服务困局的对策

民族乡基层法律服务存在的问题具有普遍性，亦即问题不仅仅是民族乡的"专利"，而是广西、乃至全国的基层法律服务都面临着类似或者相同的困境。因此，破解民族乡基层法律服务所面临的困局，其对策或者建议，既有国家层面的，又有专属于民族乡的。二者结合起来，笔者认为可从以下几个方面进行突破：

一、提高民族乡基层法律服务重要性及必要性的认识

从 30 多年的基层法律服务实践来看，基层法律服务工作者的确成为了一支其他任何法律服务队伍都无法替代的力量。首先，随着国家司法考试的正常进行，律师队伍力量较过去无疑有了大幅度的增强。但是，一个不容置疑的事实，律师队伍并没有实现城乡领域的全覆盖，律师的"扎堆"现象致使有的地方至今没有一个律师的身影，这种"贫富不均"直接造成了很多乡村群众无法实现公共法律服务的均等享有。而基层法律工作者正好恰当地

弥补了城乡公共法律服务网络的缺口。其次，即便有的律师在经济欠发达或地域较小的地区（包括民族乡所在的地域）"安居"，但也是极少量的存在。如，富禄苗族乡、高基瑶族乡和同乐苗族乡3个民族乡所在的三江侗族自治县，目前只有一家律师事务所即广西风雨桥律师事务所，执业律师只有3名；古砦仫佬族乡所在的柳城县目前有律师事务所两家，即广西宝洁律师事务所及广西同权律师事务所，共有执业律师5名；八腊瑶族乡所在的天峨县目前虽有3家律师事务所，但律师数量不多，只有6名执业律师；等等。显然，以如此少的律师满足全县群众的法律服务需求，是不可能的。何况，从调研情况看，有的律师由于不通晓当地少数民族语言，加之民族乡自然条件恶劣、交通不便等原因，而派不上用场，水平得不到发挥的机会。由此，基层法律服务工作者正好补足了律师服务的"盲区"。再次，与律师相比，虽然基层法律服务工作者的综合素质总体比律师低，但是，基层法律服务工作者也有着律师不具有的优势，而且这种优势是天然的、独有的，那就是基层法律服务工作者由于长期扎根基层，有着丰富的农村工作经验，同时通晓当地少数民族语言，且又熟悉当地的民风民俗以及地理环境，这些"地方性知识"不仅能为广大乡村普通群众提供便捷、即时的法律服务，而且这种服务接地气、有效果，而基层法律服务工作者的这些优势正好是对律师欠缺之处的补强。综上，基层法律服务工作绝不是一种摆设，而是有需要、有必要在基层存在，而且是正规、正常、真实的存在。由此，我们必须克服那种基层法律服务可有可无的认识摇摆，更要去除取消基层法律服务工作者，以律师全而替之的不正确思想，要为基层法律服务扛大旗、呐喊助威，以推动基层法律服务健康地发展。

二、保障基层法律服务工作的良性运行与制度的正常供给

2012 年 7 月 11 日，国务院印发的《国家基本公共服务体系"十二五"规划》（国发〔2012〕29 号）指出：把基本公共服务制度作为公共产品向全民提供，是我国公共服务发展从理念到体制的创新。我国实行社会主义制度，公民都有获得基本公共服务的权利，保障人人享有基本公共服务是政府的职责。而公共法律服务是公共服务的重要组成部分，基层法律服务又是公共法律服务的不可或缺内容，所以，基层法律服务的存在与发展对于公共服务体系的建设具有极其重要的意义。2014 年 2 月司法部印发的《关于推进公共法律服务体系建设的意见》以及 2014 年 1 月 26 日广西壮族自治区司法厅制定的《全区司法行政公共法律服务体系建设实施方案》，都把基层法律服务作为公共法律服务体系中的重要组成部分。另外，自治区司法厅于 2014 年 5 月 22 日印发的《广西壮族自治区司法行政公共法律服务体系建设标准（试行）》中"公共法律服务项目"之"乡村（社区）法律顾问"的建设标准为：引导基层法律服务所主要为乡镇（街道）、村居（社区）提供公益性法律服务，争取 3—5 年内达到一村（社区）一顾问，义务提供法律咨询，疏导化解矛盾纠纷，引导群众依法理性维权，维护基层社会稳定。可见，无论从国家层面，还是地方层面，都没有忽略基层法律服务的重要性。公共服务建设是推进国家治理体系和治理能力现代化的重要途径，我们理应发挥基层法律服务的特殊作用。

通过调研发现，民族乡基层法律服务（也可以说是整个广西、甚至全国）的处境，可以用"在夹缝中生存"来形容。这种局面

形成的根本原因是国家没有从制度上理顺基层法律服务工作者与律师、基层法律服务所与司法所、基层政府的关系。一方面鉴于近来律师力量的增强，同时因基层法律服务存在管理、与律师业务存在重合等现实问题，诸多人士认为可以取消基层法律服务工作者这一行业。但是另一方面，鉴于农村地区广大村民的法治需求，律师又没能把服务延伸到农村基层，如果断然决定终止存在了30多年的基层法律服务，又明显觉得弃之可惜，实为不忍。据此，高层一直以来对基层法律服务工作者的去留发生迷惑，犹豫不决，因而在这种反复的权衡中，一直没有梳理清头绪并果敢厘定基层法律服务清晰的发展方向，由此造成基层法律服务自创立起，一直在蜿蜒曲折中挣扎着走到今天。

如今，基层法律服务工作迎来了良好的发展机遇。一是新修改的《民事诉讼法》第58条第1款明确规定了"基层法律工作者"在民事诉讼中可以被委托为诉讼代理人；二是十八届四中全会的《决定》明确指出，要发展基层法律服务工作者队伍，加强基层法律服务队伍建设。这一精神实际确立了基层法律服务工作者在全面推进依法治国中不可或缺的地位。同时，中央对基层法律服务工作者地位这一认可和肯定的顶层设计，已经毫无争议地解决了长期以来基层法律工作者去或留的争议，消弭了基层法律服务工作者的尴尬形象。基层法律服务从此迎来了一个发展的春天，相关部门理应抓住这一历史性的大好机遇，对基层法律服务所的性质、功能以及从业人员资格准入等方面，果敢地作出厘定，以保障基层法律服务工作的良性运行和制度的正常供给，为发挥基层法律服务在公共法律体系建设中的作用，以及为基层广大群众提供优良的法律服务提供强有力的制度支撑。

三、建立以政府购买服务为主的基层法律服务所

如上所述，我国的基层法律服务所的性质经历了从属于基层政府到事业法人运作再到独立的法律服务中介组织的过程。这一过程无不与中国社会结构变迁的宏观背景直接相关。改革开放前，我国的社会结构明显属于一元化的体制。主体一元化是传统社会结构的典型特征。[①] 然而，"自 1978 年以来，中国社会发生了全面而深刻的变化，其中社会结构的变迁尤其具有意义，突出表现为政治领域垄断一切的单极结构正走向国家、经济、社会三个领域共享权力的多结构。"[②] 伴随着国家经济体制、政治体制的系列改革，乡镇法律服务所也随之有了相应的发展经历。其中，从属于基层政府与事业法人两种运作体制的出现，就是国家当时的一元化体制影响下的诞生物。亦即，在一元化体制下，国家组织实行高度的统一管理，自然也要把基层法律服务组织收入囊中。基层法律服务组织的脱钩改制，显然是市场经济体制的确立与不断完善的结果。因为市场经济的特点是能充分发挥各成员体的自由活动能力，政府转变职能就成为了顺理成章之事，即让基层法律服务所从政府的控制或束缚下解放出来，参与到市场经济中。但这种改革并非是一个正确的选择。正如又有人指出："一个完整的法律服务体系，应该既要有面向各类经济组织、高收入阶层的具有相当规模、经营规范的法律服务机构，也要有面对中小企业、中

低收入阶层的、规模稍小一点的法律服务机构，更要有面对特殊贫困阶层和弱势群体的法律援助机构。换句话说，在法律服务体系中，不仅要有法律服务的'百货商店'，还要有中等规模的法律服务'商店'和法律服务'超级市场'，也要有面向社区和普通百姓的小的法律服务'便民店'，当然也需要有建立在专业化基础上的法律服务'专卖店'。"① 事实证明，基层法律服务组织的脱钩改制工作极为尴尬，因为当前基层法律服务所与司法所仍然是"两所合一"、合署办公的状况。本来根据司法部《基层法律服务机构脱钩改制实施意见》（司发通〔2000〕134号）等规定要求，同时随着司法所职能的规范化和队伍的壮大，以及依法行政、依法履职的新要求，基层法律服务所与司法所"两所合一"的运行机制因已不适合管理要求，而促使基层法律服务所向合伙制转制，使基层法律服务所成为有自己的办公场所、独立办公，并依法自主执业、自收自支、自我管理、自担风险的组织。然而，分家的过程并不容易，利益的纠葛和彼此的需要，注定了分家是个"剪不断理还乱"的过程，② 因为，基层法律服务所在属性和定位上，存在着"事业法人管理模式"和"法律中介服务行业模式"的摇摆和拉锯。③ 于是，组织形式不明确，权利义务不明晰，便成为了当今基层法律服务所始终无法消解的乱象。

的确，目前基本由司法所司法助理员兼职为基层法律服务工作

---

① 孙建："关于法律服务差别化的思考——兼谈法律服务所在法律体系中的定位问题"，载《中国司法》2005年第11期。

② 张勤：《当代中国基层调解研究——以潮汕地区为例》，中国政法大学出版社2012年版，第97页。

③ 傅郁林主编：《农村基层法律服务研究》，中国政法大学出版社2006年版，第11页。

者，有违《公务员法》之嫌等诸多问题。因为《公务员法》第53条规定，公务员不得"从事或者参与营利性活动，在企业或者其他营利性组织中兼任职务"。如要严格执行该法，司法所中所有兼职基层法律服务工作者的司法助理人员必须悉数退出。但是目前拥有基层法律服务资格的几乎是司法助理员，而随着他们的全身而退，如果没有新的基层法律服务工作者补充进来，就意味着目前基层法律服务所基本要在乡镇一级消失。而显然，基层法律服务所的定性又无法回到从属于基层政府和事业法人运作体制的年代，鉴于基层法律服务所发挥的特殊作用以及公共法律服务体系建设的需要，又不能没有基层法律服务的存在，这种拉锯必处于两难境地。笔者建议，不妨重新评估基层法律服务所的性质，把基层法律服务所组建为主要由政府购买服务的实体，这应是一个理想的选择。一方面，该组织不占编制，其组成人员可以吸纳司法所中具有法律服务工作者资格的人员（当然这些人员必须辞去公务员职务），也可以吸纳社会中具有一定法律知识的人员，使其成为真正的脱离于行政的独立实体，另一方面，该组织成员主要由来自政府的购买经费和开展基层法律服务的业务收入养活。在这一体制下，基层法律服务所的主要工作便是为农村和基层政府提供大量的公益性服务，实为两全其美。

四、联合成立基层法律服务所

针对广西民族乡基层法律服务组织及法律服务工作者分布不均匀、布局不合理的问题，各级司法行政机关应当按照法律服务市场发展情况和基层法律服务所现状，合理地布局和调整基层法律服务机构，鼓励和引导基层法律服务所联合兼并，以整合法律服务的力量。目前我区民族乡只有18个民族乡设立了法律服务所，人员匮乏是其主要原因。本来法律服务所要依靠司法所，但司法所本身的人员编制还难以自保，加之民族乡大量的中心工作需要司法所协助，在有的民族乡要成立法律服务所是难上加难。因此，应当允许民族乡与邻近的其他民族乡（或普通乡镇）联合成立法律服务所，即以相邻乡镇为片区设立法律服务所。如，融水苗族自治县以贝江片区的三防镇、怀宝镇、滚贝侗族乡、同练瑶族乡、汪洞乡、杆洞乡6个乡镇设立一法律服务所，中心在三防镇，每个乡镇设立"三防法律服务所服务站"，这一模式和经验很值得借鉴与推广。

五、建议广西人大制定基层法律服务的单行条例

"单行条例是民族自治地方的人民代表大会依照当地民族的政治、经济和文化特点按法定程序制定的调整本自治地方某方面事务的单项自治法规。"① 根据《宪法》《民族区域自治法》及《立法法》的规定，"民族自治地方的人民代表大会有权依照当地民族的政治、经济和文化的特点，制定自治条例和单行条例"。由于制定单行条例体现的是民族自治地方自治机关的自治权，而且根据《立法法》的规定，制定单行条例除"不得违背法律或者行政法规的基本原则，不得对宪法和民族区域自治法的规定以及其他有关法律、行政法规专门就民族自治地方所作的规定作出变通规定"之外，"可以依照当地民族的特点，对法律和行政法规的规定作出变通规定"（亦即单行条例的规定可以与法律、行政法规的规定不一致），所以鉴于目前国家对基层法律服务所的功能定位不明确、基

---

① 熊文钊主编：《民族法制体系的建构》，中央民族大学出版社2012年版，第292页。

层法律服务所从业人员的资格准入不定等情况，广西应当巧妙地利用民族自治地方的自治权，适时制定出关于基层法律服务的单行条例，以合法地突破国家当前基层法律服务中存在的诸多困扰。基于广西民族乡的实际情况，并适应民族乡基层法律服务工作的急切需要，该单行条例可就以下两大内容作出规定：一是对民族乡基层法律工作者的资格准入门槛作适当放宽、降低，以及时补充民族乡基层法律服务工作者的人员数量，有效阻却断层的出现，从而满足民族乡基层法律服务的正常开展。二是建立激励人才流动机制。十八届四中全会《决定》指出："建立激励法律服务人才跨区域流动机制，逐步解决基层和欠发达地区法律服务资源不足和高端人才匮乏问题。"这里的法律服务人才是指包括律师、公证、基层法律服务工作者等在内的法律服务队伍。然而，目前的诸多相关规定（包括新民事诉讼法司法解释），是不允许基层法律服务工作者到本县域外从事法律服务，这与《决定》的精神直接相悖。笔者认为，既然新的《民事诉讼法》确立了"基层法律工作者"的法律地位，那么其服务范围作适当拓宽，不仅合理，也符合现实。何况，在实践中司法机关并没有绝对排斥这种做法。由此，单行条例可依据《决定》精神作出基层法律工作者突破地域限制的规定，即允许基层法律服务工作者到没有设立法律服务所的民族乡开展法律服务工作。这不仅能够增加基层法律服务所的业务收入，让基层法律工作者安心服务于基层，而且还能有效解决民族乡法律服务资源严重不足的问题。

六、构建覆盖民族乡的公共法律服务体系

鉴于广西民族乡人民群众日益增长的法律服务需求与法律服

务提供不足之间的矛盾，目前亟须建立起覆盖民族乡、惠及民族乡全体群众的公共法律服务体系，实现公共法律服务均等化，保证民族乡人民群众共享法治建设成果。近年来，广西一些地方在建立公共法律服务方面作出了榜样，其实践值得借鉴和学习。如百色市，其"统筹城乡发展，推动多元普惠、覆盖城乡的公共法律服务体系建设"就颇具成效。其基本经验是，"首先，健全完善公共法律服务网络。围绕公共法律服务的便利性，大力加强公共法律服务基础设施建设，完善网点布局，形成了市、县（区）、乡、村、户五级公共法律服务网络，由市对辖区内公共法律服务负总责。在市一级层面，加强两中心建设，一是整合律师、公证、法律援助等法律服务资源于一体，建设百色市法律服务中心，集中提供法律服务；二是建立市级社会矛盾纠纷调解中心，全面负责全市社会矛盾纠纷的排查化解工作。其次，丰富公共法律服务手段。组织开展'四个百名'干部基层活动，即组织百名司法行政干部深入重点贫困村开展扶贫解困活动，面对面沟通交流，共谋发展之路；组织百名人民调解员深入重点贫困村开展化解矛盾纠纷活动，倾听呼声，共商解难之策；组织百名律师深入重点贫困村开展法律服务和法律援助活动，走进农家，共保春耕秋收；组织百名普法宣传员深入重点贫困村开展普法宣传教育活动。"①笔者认为，广西各地可以组织当地律师事务所与民族乡结成对子，或组织开展"公益律师进民族乡"活动，向民族乡广大村民提供全方位的、贴心的法律服务。

---

① 杨哲："构建覆盖城乡公共法律服务体系的实践与思考"，载《广西法治日报》2014 年 7 月 4 日第 6 版。

结论

建构民族乡的地方民族法制体系、重拾被放逐的少数民族传统文化

通过对广西民族乡少数民族权益的保障、人民调解、法制宣传教育、社会治安综合治理以及基层法律服务5个内容的研究，可以看到广西民族乡的法治建设确实取得了令人瞩目的成效。成绩固然令人欣慰，但更让人担忧的是广西民族乡法治建设的后劲不足。且这种担忧并非想象，通过对民族乡五大法治活动开展情况的一一梳理及剖析，跃然出现的诸多问题以及各种阻碍法治建设活动开展的"瓶颈"已被证实。因此，在发现问题的基础上，剖析成因及寻找破解对策便成为当前乃至今后持续推进广西民族乡法治建设的重大课题。

总结起来，导致广西民族乡法治建设中出现的各种问题及困境的原因无疑为以下几个主要方面：一是理念层面上，对民族乡的重要性、特殊性认识不到位或不够足，致使在民族工作中整体上没有把民族乡放到应有的位置，甚至忽略了民族乡的存在，从而在具体工作中形成了民族乡与其他少数民族（或者其他普通乡镇）同等对待的思维定式，并造成支持、保障民族乡在各项事业发展的力度方面大打折扣。二是广西地方性民族法制体系的不完

整与不完善，导致在民族乡一些领域出现失调及一些民族法律法规在民族乡的实施出现"失灵"，从而无法给民族乡法治建设提供有力支撑。三是资源供给不足，主要是人员缺乏、经费短缺。无论是人民调解、法制宣传教育，还是社会治安综合治理，基层工作的繁杂、琐碎，以及过多的例会、中心工作，使基层工作人员始终处于疲于应付状态，加之各项工作缺乏足够的经费支持，导致许多基层工作人员的积极性受挫，一些制定的制度无法真正落实执行，从而使很多工作无法正常开展或无法取得预期实效。四是法治活动与少数民族传统文化（包括习惯法或民间法）等"地方性知识"没有做到恰当的融合或有效对接，致使许多工作即使花费了大量精力，也无法取得应有的效果，甚至许多工作处于根本无法开展的境地，因而在法治建设的模式或方式上有待创新。以上第一个原因居于统领性地位，亦即民族乡法治建设中所有存在的问题都可以由其引发。同时，四个原因彼此虽具有表象上的独立性，但四者间又互为因果，具有共通性和互换性。本书在对广西民族乡少数民族权益保障、人民调解、法制宣传教育、社会治安综合治理及基层法律服务五大法治实践中所揭示的诸多问题，都是以上四个原因交织影响的结果。以上这些问题如果不一一及时消解，广西民族乡的法治建设必将举步维艰，永远落后于其他地域。针对以上原因，应当相应地采取以下举措：

一、正确树立并强化民族乡特殊地位和作用的观念

在对待民族乡的地位和作用方面，无论过去，还是现在，也无论是广西，还是全国其他地方，许多单位、部门和个人（包括领导）都存在着认识不清、了解不够，从而造成民族乡各项特有

权益被虚置的状况。从广西来讲，有学者在对南宁市马山、上林两县民族乡的经济社会发展现状考察后指出："马山、上林县编制财政预算时没有给民族乡安排机动财力，与其他一般乡镇没有什么区别。但是在下达财政收入上缴任务时任务年年增加。例如：古寨乡财政收入任务已从 1984 年的 9 万元增加到 2002 年的 62 万元。分配扶贫资金和物质时，也没有注意照顾民族乡。2002 年贫困村沼气池建设补助资金、物质分配，建池户每户扶持 1 吨水泥、1 套炉器，民族乡与一般乡镇一样没有什么区别。部分干部群众对民族乡有关政策感到不理解，他们认为，民族乡除了'一个牌子''一个领导''一个章子'外，与其他乡没有差别，民族乡优惠政策还没有真正落到实处。"[①] 又如，广西壮族自治区政府办公厅于 2013 年公布的《关于落实少数民族事业"十二五"规划的实施意见》（桂政办发［2013］74 号），其实施的范围为广西少数民族和少数民族聚居区，即 12 个自治县、3 个享受自治县待遇的县、58 个民族乡和 48 个少数民族人口占 30% 以上的县。虽然《实施意见》的范围包括了民族乡，但是该规划与以往一样，把民族乡与其他少数民族进行"打包"或"捆绑"处理。该《实施意见》是广西最新的对少数民族事业发展的顶层设计规划，可见广西高层仍然没有把民族乡从少数民族的大范围中单独分离出来，不能不令人遗憾。从全国来讲，学者沈林在其 2001 年的《中国的民族乡》一书中讲述了一些地方的反映：民族乡除了"一个牌子"（民族乡牌子）、"一个位置"（乡长职务）和"一个章子"（民族乡公章）

---

① 丛革新、农东："南宁市民族乡经济社会发展现状及对策"，载《中共南宁市委党校学报》，2003 年第 4 期。

外，与其他乡没有区别。① 又如，新近有人在辽宁省调研过程中，
发现一些人仍然认为：民族乡只是一个空架子，只是多了一块双
语牌子，安排了一名少数民族乡长而已，和一般的乡镇没什么区
别。② 笔者在广西民族乡的调研中，也无不感受到上述相同的状况。
当然，造成这种状况也有立法方面的原因，就是我国并没有在宪
法的层面或其他有关法律中明确民族乡的性质和地位，造成民族
乡工作因无法可依而致民族乡少数民族权益受"冷落"在所难免。
学者沈林指出，由于法律法规对民族乡的性质、地位、任务等未
作出具体规定，于是一些地方仍把民族乡当作一般乡看待，甚至
错误地认为，民族乡与一般乡没有什么区别，只是换了一块牌子，
安排了一名少数民族乡长而已，因此，工作中常常出现不顾民族
乡的民族特点和地方特点，搞"一刀切"的现象。③ 学者覃乃昌认
为：无论从建立民族乡的社会历史背景、过程及理论依据看，还
是从几十年来民族乡的实践看，民族乡都具有自治的性质，是民
族区域自治性的行政区域，它虽然不是民族自治地方，但它是民
族区域自治制度的补充。但是《宪法》、《民族区域自治法》以及
党和国家的有关文件都没有明确民族乡的这一性质。由于没有明
确规定民族乡的性质，民族乡在我国基层政权中的地位就无法确
定，一些地方仍把民族乡当作一般乡看待，杂居少数民族的平等
权利往往被忽视，民族政策难以落实。为此，建议在《宪法》、《民
族区域自治法》和其他有关法律法规中明确规定民族乡是具有民

① 沈林：《中国的民族乡》，民族出版社 2001 年版，第 141 页。
② 陈永亮："加快有关民族乡的法制建设进程"，载《中国民族报》2014 年 1 月
17 日第 6 版。
③ 沈林：《中国的民族乡》，民族出版社 2001 年版，第 141 页。

族区域自治性质的基层政权，是我国民族区域自治制度的补充，从而明确民族乡的性质和地位，以利于落实党的民族政策，做好民族乡工作，保障杂居地区少数民族的平等权利。①

笔者认为，尽管民族乡的性质和地位没有在法律中予以明确，但毕竟《宪法》和《民族区域自治法》等法律已有了民族乡与一般民族乡不同的原则性规定，特别是《民族乡行政工作条例》更是具体明确了民族乡政治上的相对自治性以及经济、社会、文化、教育、卫生等事业发展的自主权。同时，习近平总书记在2014年9月举行的中央民族工作会议上指出："新中国成立65年来，党的民族理论和方针政策是正确的，中国特色解决民族问题的道路是正确的。"2014年12月中共中央、国务院印发的《关于加强和改进新形势下民族工作的意见》也特别强调，"必须坚定不移走中国特色解决民族问题的正确道路"。而民族乡作为解决我国国内民族问题的一种政治制度，无疑是中国特色解决民族问题正确道路的重要组成部分。由此，我们没有任何理由对这些给予民族乡特有权益的规定进行质疑或作出不正确的理解。

在当前新的形势面前，我们理应正确树立起并不断强化民族乡地位及重视民族乡作用的观念。这是基于处理好民族问题、做好民族工作的需要，是关系民族团结和社会稳定、祖国统一和边疆巩固、国家长治久安和中华民族繁荣昌盛的大事。这种观念，就是要在思想意识中蕴藏着对民族乡特殊地位及重要作用的一种能动反映和培养成为一种内在的自觉性，它包括各级党政领导层观念和大众观念两个层面。

---

① 覃乃昌："关于民族乡的几个问题"，载《民族研究》2002年第3期。

领导层观念层面是解决民族乡法治建设中存在的问题的前提和关键。本书第一章已经明确，虽然民族乡的少数民族（特别是建乡的少数民族）与其他少数民族（或散居少数民族）有着一些共同的权益，但是根据国家的有关规定（如《民族乡行政工作条例》等），民族乡拥有其特有的权益。这种特有性，决定了其与其他少数民族必须区别对待。也许有的人（包括领导）认为，经过多年的支持与帮助，多数民族乡的政治、经济、社会等各项事业获得了与其他民族一样的实惠与发展，但该观点的形成是缺乏依据的。从实证的角度分析，目前广西民族乡的各项事业发展与其他民族或地域相比，还存在不小差距。关键的问题是，我们不能仅仅在每年每度的关于民族乡的各项统计数字上轻易得出结论。经过几个月的调查，虽说笔者足迹只及于 59 个民族乡中的少数（共 15 个民族乡），但在对民族乡一些基层工作人员的访谈中，多数情形下被告知，出于多种缘由，有关经济及社会发展的统计表上的数字有较多内容是存在水分的，如人均年收入、修建道路等。而这些不是很真实的统计数字掩盖了民族乡的实际情况，使有关部门及领导对民族乡的各项发展产生了误判，从而不能秉持对民族乡的正确认识，并没能把民族乡放在特殊的位置。不论学者对法治的内涵如何解构，但民主、人权、权利等内容必为法治的应有之义。既然国家赋予了民族乡的特有权益，我们就没有任何理由不给或玩"遗忘"。由此，各级党委、政府首先从理念上对民族乡的定位，是解决民族乡法治建设中存在的问题的前提和关键。

在大众观念层面，应当大力开展民族法制宣传教育，让包括民族乡及其他地域的广大群众明了民族乡的特殊地位和作用。一方面树立起互尊互爱、和睦共处、共同发展的理念，形成"你中有我、我中有你，谁也离不开谁"的多元一体格局，另一方面让民族乡群众树立起自尊、自爱、自信的理念。大众观念层面的培育与形成，是民族乡法治建设得以顺利开展的基础。

二、建构广西民族乡的地方民族法制体系

十八届四中全会《决定》指出：社会治理重在良法之治，法律是治国之重器，要通过立法的引领作用推进法治建设。

陆平辉教授认为，以法律提升民族乡的地位和作用，是解决当前民族乡少数民族经济权益发展问题的关键之一。而目前民族乡的法制建设存在着有关民族乡的法律法规不集中、现有的法律法规缺乏对民族乡性质及地位的具体规定、现有的法律法规之间相互不协调且一些条款可操作性差、许多地方性的民族乡法规中的一些规定已不符合实际发展的需要等诸多问题，为此建议，应及时完善民族乡法律法规，加强民族乡法制建设，以保障民族乡少数民族的平等权利。①

总体上看，广西的民族法制体系建设尚有不令人满意之处。有人在分析当前广西民族法治工作存在的主要问题时指出，近年来，虽然广西在民族法治方面取得了一定的工作成绩，但是仍然存在一些不足之处。主要表现在：一是民族工作方面的法律法规还不够健全。民族法律法规的制定有时比较宽泛，原则性规定比较多，具体规定比较少，因而执行起来定性的多，定量的少，无法确定量化的标准，监督检查较难。二是民族工作方

---

① 陆平辉：《散居少数民族权益保障研究》，中央民族大学出版社2008年版，第360～364页。

面的法律法规宣传教育还不到位。虽然近年来广西民委加大了对民族依法行政工作宣传教育的力度，但从全区范围来看，依法行政宣传教育工作仍存在需要改进的地方。组织、资金、人力等方面均需增强。三是依法监督检查的工作相对薄弱。由于广西民委的权责有限，经费有限，人员有限，很难对各级党委、政府及机关部门贯彻执行民族政策及法律法规的实施情况进行更为有效的监督和检查。[1]

　　在笔者看来，从广西现实情况看，广西民族法制体系建设的确存在着不完善之处，或者说离完备的民族法制体系的建立还有很大差距。[2] 与此相应，作为整个广西民族法制体系组成部分，围绕民族乡的民族法制体系建设，也存在着不令人满意之处，更无从谈起其法制体系的建立。表现在：

　　第一，广西至今没有制定《〈民族乡行政工作条例〉实施办法》。由国家民委制定、国务院批准实施的《民族乡行政工作条例》自 1993 年 9 月 15 日颁行至今已有 20 多年的时间，作为拥有 59 个民族乡且实行民族区域自治的广西，却至今没有制定《〈民族乡行政工作条例〉实施办法》，这应是广西民族乡法制体系建设中的最大短板。[3] 同时，自 20 世纪 80 年代以来，全国其他不少省、直辖市相继制定了保障其辖区内的散居少数民族权益的地方性法

---

[1] 周健："2011 年广西壮族自治区民族法治发展报告"，载吴大华、王平主编《中国民族法治发展报告》(2011)，中央民族大学出版社 2012 年版，第 174 页。

[2] 如，因众所周知的原因，广西至今还没有制定自治条例（当然其他 4 个自治区也没有）。作为"领头羊"，自治条例的缺位，必使其他民族方面立法的内容架构与效率受到重大牵制。

[3] 贵州省于 1996 年颁行了《〈民族乡行政工作条例〉实施办法》、云南省 2004 年制定并出台了《云南省民族乡工作条例》等，对广西应具有启示意义。

规和规章，而广西对散居少数民族权益保障的立法（包括单行条例），至今也是无动于衷，不能不令人遗憾。

　　第二，涉及民族乡的立法不集中。笔者以尽可能的渠道搜索，目前广西专门涉及民族乡的行政规范性文件只是广西壮族自治区党委办公厅、广西壮族自治区政府办公厅于 1997 年 1 月 13 日转发的自治区民委《关于加强民族乡工作的意见》，其余都是分散在某些地方性法规和规章以及一些行政规范性文件或政策性文件的规定中，如《广西壮族自治区乡、民族乡、镇人民代表大会工作条例》、广西壮族自治区政府办公厅于 2013 年公布的《关于落实少数民族事业"十二五"规划的实施意见》（桂政办发〔2013〕74 号）等。

　　同时，从已然出台的涉及少数民族或民族乡的地方性法规、规章或行政规范性文件探究，存在的问题比较突出。主要体现在两个方面：一是原则性过强，且条款大多为国家法律法规规章的简单重复，缺乏实践性和可操作性。有学者在分析广西地方立法的不足时指出：广西地方立法的作用还未充分发挥出来，其针对性、实用性、效益性不够强也是较为突出的问题。为此，广西在今后制定地方性法规时要注重法规条文的可操作性、实用性。尽量不要小法抄大法，力求避免原则抽象的术语，内容和用语应当清楚明了，便于操作。① 此评价可谓一语中的，也同样可作为广西涉及少数民族或民族乡方面的立法的评价。二是内容政策性过强。与国家或其他地方的民族法律法规所体现的规范性偏弱、政策性过强一样，广西涉及民族方面的地方法规或规章在该方面的缺陷也十分明显。造成这一状况的原因，是"由于我国的民族政

---

① 何新、陈家新、曹平等：《依法治桂论》，广西民族出版社 2001 年版，第 130 页。

策远比民族法制发展得早且成熟，因此，我国的民族法制很大程度上是民族政策法律化的结果，这使得民族法律规范带有政策的特征"。① 而正是这一缺陷，导致很多民族工作开展受阻。正如熊文钊教授指出的，"虽然政策性手段以其灵活、富有成效等特点在民族问题应对和解决上具有较为明显的优势，但是其灵活性有余而稳定性不足、效率性有余而权威性不足的天然缺陷也极大地限制了调整效果的进一步发挥，而且这也不符合社会主义法治建设的宏伟目标，更对民族工作的全局利益产生了较大影响。"②

第三，很多地方性立法中缺乏民族乡的专门性规定。就本书研究的民族乡法治状况的五大内容来讲，民族乡借以开展法治建设的民族乡少数民族特有权益保障、法制宣传教育、人民调解、基层法律服务等地方性法规（或单行条例）没有制定。即使社会治安综合治理有了地方性法规，即《广西壮族自治区社会治安综合治理条例》（1994 年 7 月通过，2010 年 11 月修订通过），但这里面并没有专门涉及民族乡的内容。同时，虽然 12 个自治县都制定了自治条例和一些单行条例，但在设置有民族乡的自治县的自治条例中，涉及民族乡方面内容的目前也尚属空白。

本书梳理出的民族乡法治建设中所存在的诸多问题及所处的困境，发现它们无不与不完善的立法，或者立法的缺位而缺乏强有力的支持与保障有关。因此，构建广西民族乡地方民族法制体系，发挥立法的引领和推动作用，是迫切需要解决的问题。

---

① 熊文钊主编：《民族法制体系的构建》，中央民族大学出版社 2012 年版，第 118 页。
② 熊文钊："民族事务依法管理的推进"，载吴大华、王平主编：《中国民族法治发展报告》（2011），中央民族大学出版社 2012 年版，第 39 页。

　　对于"民族法制"内涵的理解，目前学界存在诸多不同的观点。有学者认为，多民族国家调整和处理国内民族关系的法律和制度，就是民族法制；有学者认为，民族法制就是多民族国家关于民族事务管理、规范和调整国内民族关系、化解民族矛盾、保障少数民族权益的法律制度的总称；也有学者从描述的视角对民族法制内涵进行了解析，认为在多民族国家内，如何用法律调整民族关系，如何运用法律解决民族工作中的实际问题以及这种调整民族关系的法律的产生、发展的规律，它的内容、行使和作用等；还有学者将民族法制与民族法律法规体系作等同理解；①等等。熊文钊教授则从对于民族法制全面理解的逻辑出发，认为"民族法制体系就是指民族法律规范的制定、宣传、实施和监督的有机统一体系，不仅包括民族法律法规的制定，而且包括民族法律法规的宣传、实施和监督等一系列活动和过程。""民族法制体系涵盖了立法、执法、监督以及社会制度的配合与保障等多重内容，既包括静态的法律规范，更着重说明的是呈动态状的法律运转机制"。②张文显等学者从法理学的角度，分析了法制体系与法律体系的不同。认为，"法制体系与法律体系虽一字之差，但法律体系着重说明的是呈静态状的法律本身的体系构成，而法制体系则既包括静态的法律规范，更着重说明的是呈动态状的法制运转机制系统。从相互关系来讲，法制体系包容着法律体系。"③鉴于当前的实际，亦即基于笔者对民族乡调研后所得出的基本结论，本书赞

---

　　① 转引自熊文钊主编：《民族法制体系的构建》，中央民族大学出版社 2012 年版，第 1～2 页。

　　② 熊文钊主编：《民族法制体系的构建》，中央民族大学出版社 2012 年版，第 3 页。

　　③ 张文显主编：《法理学》，高等教育出版社、北京大学出版社 2007 年版，第 127 页。

成民族法制体系的内涵应是静态的法律规范与动态的运转机制的有机统一体系。因此，本书认为，广西民族乡地方民族法制体系是指广西享有立法权的机关制定的调整其区域内民族乡各种关系的规范性文件以及为之宣传、实施和监督而形成的有机统一体系。其中，根据《宪法》和《立法法》（2000 年 3 月 15 日第九届全国人民代表大会第三次会议通过，根据 2015 年 3 月 15 日第十二届全国人民代表大会第三次会议《关于修改〈中华人民共和国立法法〉的决定》修正）的规定，广西享有立法权的机关包括广西壮族自治区人民代表大会及其常委会、设区的市的人民代表大会及其常务委员会、各自治县的人民代表大会、广西壮族自治区人民政府、设区的市人民政府；规范性文件包括广西壮族自治区人民代表大会、各自治县的人民代表大会制定的自治条例和单行条例，广西壮族自治区人民代表大会及其常委会、设区的市人民代表大会及其常委会制定的关于民族乡的地方性法规和广西壮族自治区人民政府、设区的市人民政府制定的关于民族乡的地方性规章，以及其他地方性法规和规章中涉及有关于民族乡内容的条款。

笔者认为，建构广西民族乡地方民族法制体系，可采取循序渐进、制定与完善相结合的原则进行。循序渐进是指根据广西当前实际，拟出有迫切需要、条件成熟且能协调而无较大阻力的方面作为重点，先行制定或完善；制定与完善相结合则是指对已有的规范进行修改（包括增添或删除），以使规范快速适应民族乡开展法治建设的需要。至于体系的具体内容，基于本书架构的民族乡五大法治建设的实际需要，笔者初步认为：

首先是制定《〈民族乡行政工作条例〉实施办法》或者《广西壮族自治区民族乡工作条例》、《广西壮族自治区法制宣传教育条例》、《广西壮族自治区人民调解工作条例》、《广西壮族自治区基层法律服务条例》以及关于少数民族干部的培养、选拔及使用等地方性法规、规章。在这些地方性法规中，都应设置民族乡的专章或条款，在用于法治建设的人员数量配置、经费支持等方面作出特别的规定。如，规定设立民族乡发展专项资金，以示与其他乡镇或其他少数民族的区别，并防止与后者的等同对待；在人员数量配置上，基于民族乡的地理人文特点，考虑适当多于其他普通乡镇的编制；在少数民族干部的招考、培养与使用方面，应考虑为民族乡专门安排一些特殊的规定；等等。同时，应制定"奖励"与"法律责任"条款，对涉及民族乡条款的贯彻执行坚决到位的，要给予相应的嘉奖，反之，应予承担相应的责任，以保障惠及民族乡的规定真正落到实处。另外，适时完善《广西壮族自治区社会治安综合治理条例》，在该条例中新添民族乡章节或条款，以与其他地方性法规保持一致。

其次是充分利用民族自治地方的自治权，必要时制定出以民族乡法治建设为中心的各种单行条例。"我国的民族自治地区与国家整体的关系是统一和自治的关系，民族自治区既有普通行政机关所拥有的权限，同时还拥有普通行政区所没有的权限，即自治权。"[1] 由于制定单行条例体现的是民族自治地方自治机关的自治权，而且根据《立法法》的规定，单行条例制定遵循的是"依照"原则（依照当地民族的政治、经济、文化等特点），可以对法律和行政法规作出变通规定（这意味着，除不违背法律或行政法规的基本原则外，单行条例的规定可以与法律、行政法规的规定不一

---

[1] 邹敏:《论民族区域自治权的源与流》,中央民族大学出版社2009年版,第90页。

致），所以广西应当利用民族自治地方的自治权，必要时制定出关于民族乡法治建设的各种单行条例。遗憾的是，据统计目前广西现行有效的单行条例只有 10 件，[①] 这种情况表明，广西并没有充分行使《宪法》和《民族区域自治法》、《立法法》赋予的自治立法权，显然难以满足广西、特别是民族乡各项事业发展的需要。由此，为大力推动广西、特别是民族乡的法治建设，建议制定一些可行的单行条例，以丰富和充实广西民族乡地方民族法制体系。

再次是制定周到的实施及监督规范。鉴于当前广西民族乡法治建设中出现的各种问题及困境，应加快制定涉及民族乡民族法制宣传教育的规定，加大宣传民族乡民族法制宣传教育的力度，营造民族乡少数民族与其他民族（包括少数民族）和睦共处的氛围，并实现"两个共同"的目标。同时，制定各种监督规范，切实加强对涉及民族乡民族法规范实施的监督，以保障民族乡少数民族权益的真正落实，这是民族乡民族法制体系的重点内容。"民族法制实施的监督，它是指由国家机关、社会组织和公民对民族法制实施活动的合宪性、合法性、合理性进行的监察和督导的活动的总称。"[②] 具体为对守法、执法、司法中贯彻执行民族乡民族法规范的行为进行评价，包括对合法行为的褒扬和对违法行为的纠正。"长期以来，民族法制的实施效果并不是十分理想，除了立法等原因外，监督检查工作虽然有一定的'督促'作用，但相对缺少'纠错'功能，这是民族法制监督的软肋。"[③] 为此，应建立和完善包括立法

---

① 熊文钊主编：《民族法制体系的构建》，中央民族大学出版社 2012 年版，第 313 页。
② 冯广林："论民族法制的监督保障机制"，载《经济研究导报》2011 年第 26 期。
③ 戴双喜、陈其斌："关于民族法制的监督"，载吴大华、王平主编：《中国民族法治发展报告》（2011），中央民族大学出版社 2012 年版，第 62 页。

监督、行政监督、司法监督和社会监督的民族乡民族法制监督体系，从组织领导、监督原则、监督机构（主体）、监督机制、监督方式、监督内容、监督对象、监督程序及问责制度等方面作出规范，突出监督主体的权能和纠错功能，提高监督检查的权威及实效。

三、增强少数民族传统文化与法治的交融

有学者从德育资源的开发和利用的角度，梳理出广西少数民族传统文化中的人生礼仪、民间传承、传统节日、信仰崇尚等文化中，蕴含着丰富的伦理道德思想，认为对这些良好的德育资源进行开发利用，有利于增强民族认同感和凝聚力，有助于提升民族地区的道德素质水平，为和谐社会提供思想道德力量，更好地促进当地经济发展和社会稳定。[①]法律与道德虽然分属不同的范畴，但它们绝不是对立的关系。相反，二者表现出了相辅相成、互相促进的十分密切的联系。"历史沉着地告诉我们，法律与道德是不可分离的，两者如车之两轮、鸟之两翼般不可偏废。这种不可分离体现在法律所具有的道德性，法律的道德性意味着法律与道德的必然联系。"[②]

中国共产党第十六次全国代表大会将依法治国和以德治国相结合确定为党领导人民建设中国特色社会主义必须坚持的基本经验；党的十八大报告指出，"全面提高公民道德素质，是社会主义道德建设的基本任务，要坚持依法治国和以德治国相结合，加强社会公

---

① 莫雪玲："和谐社会视阈下广西少数民族传统文化德育资源研究"，载《广西社会科学》2013 年第 11 期。

② 彭君："道德性：法律与道德的契合"，载《河北法学》2009 年第 9 期。

德、职业道德、家庭美德、个人品德教育，弘扬中华传统美德，弘扬时代新风"；党的十八届四中全会的《决定》把"坚持依法治国和以德治国相结合"作为实现依法治国总目标必须坚持的原则。同时强调：加强公民道德建设，弘扬中华优秀传统文化，增强法治的道德底蕴，强化规则意识，倡导契约精神，弘扬公序良俗。这是中国执政党对道德建设（传统文化）与法治建设间关系的科学诠释。由此相信，上述学者总结的广西少数民族传统文化中所蕴含的深厚的德育资源，也必定能够成为我们可贵的法治资源，而且很多少数民族传统文化本身就蕴含着深厚的法治精神及内容。

　　笔者在调研中真切地感受到，广西民族乡中的各少数民族在人生礼仪、婚姻家庭、文学艺术、宗教信仰、社会交往及喜庆节日等中蕴藏着十分丰富、精彩的传统文化。如瑶族的"成人礼（度戒）"、"盘王节"、"婆王节"，苗族的"苗年"、"斗马节"、"芦笙节"，侗族的"热伴节"，回族的"开斋节"、"古尔邦节"，仫佬族的"依饭节"，等等。这些传统文化中，有的对人们的行为具有一定的约束性和强制性（如本书中介绍的瑶族"成人礼（度戒）"中的禁戒词（戒律）以及"庙款"），因而属于习惯法的组成部分。本书架构的民族乡五大法治建设实践，对每一个内容的探视，都无法绕过包括少数民族习惯法在内的少数民族传统文化这一问题。因为本书在叙事或论证过程中发现，很多少数民族传统文化不仅与当今的法治建设有着天然的联系，表现出了强烈的契合度，而且法治建设的效果好坏、质量高低，与少数民族传统文化的正确运用与否有着很大的关系，本书所举滚贝侗族乡以"文化促和谐"的策略所达到的效果，便是很有说服力的成功例证之一。本书就如何实质提升民族乡人民调解和法制宣传教育工作的效果，而如何与传统的少数民族文化进行紧密结合所作的论证，也是基于少数民族传统文化给予当代法治启示意义的客观前提。认为，民族乡人民调解和法制宣传教育工作要真正取得实效，就必须创新方式方法，把传统的少数民族文化与当今法治建设进行高度的捏合。

其实，对于少数民族习惯法这一特有传统文化在过去及当今时代的意义，多数学者已经作出了积极性的肯定。如梁治平认为："国家法在任何社会里都不是唯一的和全部的法律，无论其作用多么重要，它们只能是整个法律秩序的一部分，在国家法之外、之下，还有各种各样其他类型的法律，它们不但填补国家法遗留的空隙，甚至构成国家法的基础。"① 毫无疑问，其"各种各样其他类型的法律"中当然包括了少数民族习惯法。高其才教授认为，"少数民族习惯法是指少数民族社会中独立于国家制定法之外，依据某种社会权威或社会组织，具有一定强制性的行为规范的总和。"② 并认为，中国少数民族习惯法是我国广大少数民族在千百年来的生产、生活实践中逐渐形成、世代相袭、长期存在并为本民族成员所信守的一种习惯法，它为维护民族共同利益、维持社会秩序、促进社会发展、传递民族文化起到了积极的作用。③ 吴大华等学者以辩证的态度总结出进步、有益的少数民族习惯法具有"能够促进法治理念改进、能够提供实用制度资源、能够节省社会运作成本及具有自己独立存在价值"等四个大方面的意义。④ 另有学者在

---

① 梁治平：《清代习惯法：社会与国家》，中国政法大学出版社1996年版，第35页。
② 高其才："论中国少数民族习惯法文化"，载《中国法学》1996年第1期。
③ 高其才：《中国习惯法论》（修订版），中国法制出版社2008年版，第200页。
④ 吴大华、潘志成、王飞：《中国少数民族习惯法通论》，知识产权出版社2014年版，第70～81页。

正视"少数民族习惯法仍然广泛存在，潜在或公开地发挥效力"①
这一客观事实的基础上，认为少数民族习惯法对社会主义法治建
设的意义表现在：（1）立法方面。少数民族习惯法是对国家制定
法调整社会关系不到位时的补充。通过对优良的少数民族习惯法
的维护、提炼和融合，待条件成熟时可上升为制定法。（2）执法
方面。法律与习惯法相辅相成，在独立发挥作用的同时，又相互
交叉相互渗透。国家制定法无法像习惯法那样渗透到人们的日常
生活的各个领域，而少数民族习惯法则丰富和弥补了国家制定法
的不足，在执法过程中（特别是在少数民族地区）成为了一种有
效的手段和协同方式，有利于促进少数民族地区的稳定、和谐和
发展。（3）司法方面。对于产生在少数民族地区的一些独特的案
件，若是不加区别地照搬照套国家制定法的规定，就可能引起不
良的社会后果。因此，在少数民族地区进行司法，必须既坚持法
制统一，又兼顾少数民族地区的特殊性。（4）守法方面。少数民
族习惯法的传统延续性，使其社会成员在社会生活中自觉地遵守
和维护社会秩序，规范和约束人们的生产生活，对民族地区的法
治建设有不容忽视的积极影响。② 等等。

这里特别需要提及的是，我国江苏省较早就有了将善良风俗
引入审判化解民间纠纷的司法实践，应当说是对民族（包括少数
民族）传统文化发挥积极作用的一个很好的证成。③ 有人在此基础

---

① 刘娟："国家法与习惯法的取舍"，载《云南法学》2000年第3期。

② 虎有泽主编：《社会主义法治与民族地区法治建设研究》，甘肃民族出版社2012
年版，第271～272页。

③ 相关内容参见汤建国、高其才主编：《习惯在民事审判中的运用——江苏省姜
堰市人民法院的实践》，人民法院出版社2008年版。

上甚至直接断言："实践表明，很多传统的善良的民俗，是一种非常有效的法律资源。"①

笔者粗略地认为，在当今时代背景下，少数民族传统文化对法治建设给予正面支持的机理，一方面体现在对国家法律实施的强大辅助作用，这种辅助作用主要源于传统文化的教化功能以及为法治建设提供了文化营养的廉价渠道；一方面体现在对国家治理体系和治理能力现代化的促进与提高，诸多少数民族传统文化所蕴含的自治性底蕴，不仅凸显了多元共治的民主氛围，而且对于国家行政发挥着极为重要的分担和加功作用。

综上，广西民族乡在法治建设中应当积极地用好、用活、用全本民族乡内生性的丰富的少数民族传统文化法治资源，与外生性的法律制度形成恰到好处的交融，以又好又快地推进民族乡法治建设。建议广西在相关的地方性立法中，悉数吸收民族乡等的少数民族传统文化中的法治精髓，为实现二者之间的良性互动提供规范性保障。正如有学者建言："广西立法机关在制定自治条例和单行条例时应当充分考虑本区域民族习惯法的积极因素，构建具有广西民族特色的地方民族法制体系，为本地方的民族法治甚至国家民族法治的完善提供有益的制度经验。"② 同时，民族乡党政领导应高度重视，提高少数民族传统文化对民族乡法治建设具有重要意义的认识，不等、不靠，积极主动地抽调人力、筹集资金

① 朱旭东："善良民俗也是一种法律资源"，载《半月谈》(内部版)2007年第12期，转引自汤建国、高其才主编：《习惯在民事审判中的运用——江苏省姜堰市人民法院的实践》，人民法院出版社2008年版第242页。

② 刘训智："清末广西瑶族批山契约的法理分析：广西民族法治的本土资源借鉴"，载《广西民族研究》2014年第4期。

（包括政府出资和社会支持等）大力开展少数民族传统文化的搜集整理工作，对濒临失传危险的少数民族传统文化展开抢救和保护工作，并通过当前的法治建设平台继续传承、发扬光大。①

　　应当说，依托旅游产业的发展平台，广西民族乡少数民族的某些传统文化得以很好地传承与光大，但某些无依托平台的则随着社会的变迁则有逐渐消隐于少数民族地区的危险。就拿瑶族的"度戒"来说，虽然现在的瑶族男同胞都还会接受"度戒"仪式，但据接受过"度戒"的瑶族同胞反映，现在的"度戒"仪式与过去相比，其程序和内容都简单化了，隆重程度也大大降低了。最关键的问题尚不仅如此。笔者于 2015 年 2 月 26 日—28 日有幸参加了南屏瑶族乡江坡村平在屯村民马氏三兄弟的"度戒"仪式，通过 3 天的观摩，笔者发现 3 位度戒师所进行的每一个程序或步骤都让人十分难以揣摩其中所蕴含的意义。笔者试图从度戒师父的书（手抄本）中寻找答案，但其中的文字并非汉语，而是当地瑶族祖先用瑶语编写而成，根本不知其真正的含义，就连当地的瑶族村民也难以知晓。负责度戒的"三元"师父向笔者坦言，因为文字苦涩难懂，现在的瑶族青年根本不想、不愿学习这一传统文化，随着几个老辈度戒师父的离世，瑶族"度戒"这一传统文化的确有断层失传的危险。这是笔者在民族乡调研中最感担忧的事件之一。由此，笔者认为广西大力加强对民族乡少数民族非物质文化遗产的保护（抢救），应为当今头等大事。虽然广西于

---

　　① 当然，面对丰富而复杂的少数民族传统文化，不能一味地照搬套用，因为有些少数民族传统文化中的确存在着与当今法治或社会风尚不合的内容。因此，必须采取正确引导、去伪存真、去粗取精的方法，对不适宜之处进行改善，并恰当地充实符合法治建设旨趣的内容，使之成为引领社会风尚、促进社会和谐的"催化剂"。

2005年4月通过了《广西壮族自治区民族民间传统文化保护条例》（下称《条例》），但在实践中该《条例》暴露出了诸多的不适。有学者就从"四个不到位"指出了该《条例》在实践中所存在的问题：一是认识不到位，包括各级领导干部对非物质文化遗产保护的重要性认识不到位和社会大众对非物质文化遗产保护的重要性认识不到位；二是投入不到位；三是人才不到位；四是政府责任不到位。[①]笔者认为，《条例》的规范过于注重具有经济意义上的民族民间传统文化的保护和利用，而对于当今与法治具有契合并对法治建设具有帮助的一些少数民族传统习俗则淡化处理，这是《条例》的一大缺憾。因此，在全面推进依法治国的时代大背景下，应对该《条例》的不适之处及时作出修订，建议特别明确规定，把"有利于法治建设的民族民间传统文化"作为《条例》保护范围的价值取向之一以及抢救与保护的重点。同时突出开发与利用民族民间传统文化应有利于法治建设或注重法治建设的规定，引导或规范有关部门因过分突出旅游产业而忽略法治建设资源的保护使某些传统文化断层甚而消失，以全面、有效保护广西少数民族非物质文化遗产，充分发挥少数民族民间传统文化对法治建设的助推作用。

内生文化与外生制度的有机契合，当为今日全面推进依法治国的理想图景。

① 陈文明："论广西非物质文化遗产保护有关立法的建议"，载《广西民族研究》2013年第1期。

参考文献

一、著作类

1. 吴大华、王平主编：《中国民族法治发展报告》，中央民族大学出版社 2012 年版。

2. 陈弘毅著：《法治、启蒙与现代法的精神》，中国政法大学出版社 2013 年版。

3. 刘平著：《法治与法治思维》，上海人民出版社 2013 年版。

4. 张文显主编：《法理学》，高等教育出版社、北京大学出版社 2007 年版。

5. 苏力著：《法治及其本土资源》，中国政法大学出版社 1996 年版。

6. 张万洪著：《法治、政治文明与社会发展》，北京大学出版社 2013 年版，第 102 页。

7. 张勤著：《当代中国基层调解研究——以潮汕地区为例》，中国政法大学出版社 2012 年版。

8. 曾伟、罗辉主编：《地方政府管理学》，北京大学出版社 2006 年版。

9. 水延凯等著：《社会调查教程》，中国人民大学出版社 2003 年版。

10. 陆平辉主编：《散居少数民族权益保障研究》，中央民族大学出版社 2008 年版。

11. 周叶中主编：《宪法》，高等教育出版社、北京大学出版社 2005 年版。

12. 马怀德主编：《行政法学》，中国政法大学出版社 2007 年版。

13. 熊文钊主编：《民族法制体系的建构》，中央民族大学出版社 2012 年版。

14. 王允武主编：《中国自治制度研究》，四川人民出版社 2006 年版。

15. 王禹著:《我国村民自治研究》,北京大学出版社 2004 年版,第 198 页。

16. 徐勇著:《中国农村村民自治》,华中师范大学出版社 1997 年版,第 42 页。

17. 潘嘉玮、周贤日著:《村民自治与行政权的冲突》,中国人民大学出版社 2004 年版。

18. 刘耀龙主编:《加强和创新社会管理知识问答》,广西教育出版社 2011 年版,第 103 页。

19. 张广修、张景峰著:《村规民约论》,武汉大学出版社 2002 年版。

20. [美]博登海默:《法理学:法律哲学与法律方法》,邓正来译,中国政法大学出版社 1999 年版。

21. 田平安主编:《民事诉讼法》,高等教育出版社 2007 年版。

22. 曾宪义主编:《中国法制史》,北京大学出版社、高等教育出版社 2000 年版。

23. 吴军营主编:《人民调解法规汇编与点评》,中国法制出版社 2011 年版,第 3 页。

24. 李刚主编:《人民调解概论》,中国检察出版社 2004 年版,第 45 页。

25. 刘江江主编:《人民调解法治新论》,中国政法大学出版社 2009 年版,第 1 页。

26. 范愉、史长青、邱星美:《调解制度与调解人行为规范——比较与借鉴》,清华大学出版社 2010 年版。

27. 广西壮族自治区地方志编纂委员会编:《广西通志·司法行政志》,广西人民出版社 2002 年版。

28. 姜明安主编:《行政法与行政诉讼法》,北京大学出版社、高等教育出版社 2007 年版。

29. 中共全州县委、全州县人民政府编印(自印本):《东山瑶族文化变迁》,2011 年 9 月。

30. 粟卫宏主编:《灌阳县少数民族概况》,漓江出版社 2012 年版。

31. 沈德咏著:《法律文化》(第1辑),法律出版社2011年版。

32. 周世中等著:《广西瑶族习惯法和瑶族聚居地和谐社会的建设》,广西师范大学出版社2013年版。

33. 范忠信主编:《"枫桥经验"与法治型新农村建设》,中国法制出版社2013年版。

34. 张建伟著:《法律稻草人》,北京大学出版社2011年版。

35. 李龙主编:《依法治国——邓小平法制思想研究》,江西人民出版社1998年版。

36. [法]卢梭:《社会契约论》,商务印书馆2003年版。

37. 罗豪才、湛中乐主编:《行政法学》,北京大学出版社2006年版。

38. 江平主编:《民法学》,中国政法大学出版社2000年版。

39. 陈卯轩主编:《改革时代的理论法学》,四川人民出版社2006年版。

40. 蔡虹著:《转型期中国民事纠纷解决初论》,北京大学出版社2008年版。

41. 范愉著:《纠纷解决的理论与实践》,清华大学出版社2007年版。

42. 贺雪峰著:《乡村的前途:新农村建设与中国道路》,山东人民出版社2007年版。

43. 张树义著:《中国社会结构变迁的法学透视——行政法学背景分析》,中国政法大学出版社2002年版。

44. 康晓光著:《权力的转移——转型时期中国权力格局的变迁》,浙江人民出版社1999年版。

45. 傅郁林主编:《农村基层法律服务研究》,中国政法大学出版社2006年版。

46. 沈林著:《中国的民族乡》,民族出版社2001年版。

47. 何新、陈家新、曹平等著:《依法治桂论》,广西民族出版社2001年版。

48. 邹敏著:《论民族区域自治权的源与流》,中央民族大学出版社2009年版。

49. 梁治平著:《清代习惯法:社会与国家》,中国政法大学出版社1996年版。

50. 高其才著:《中国习惯法论》(修订版),中国法制出版社 2008 年版。

51. 吴大华、潘志成、王飞著:《中国少数民族习惯法通论》,知识产权出版社 2014 年版。

52. 虎有泽主编:《社会主义法治与民族地区法治建设研究》,甘肃民族出版社 2012 年版。

53. 汤建国、高其才主编:《习惯在民事审判中的运用——江苏省姜堰市人民 法院的实践》,人民法院出版社 2008 年版。

二、论文类

1. 马启智:《我国的民族政策及其法制保障》,载《中国人大》2012 年第 1 期。

2. 覃乃昌:《关于民族乡的几个问题》,载《民族研究》2002 年第 3 期。

3. 袁曙宏、韩春晖:《社会转型时期的法治发展规律研究》,载《法学研究》 2006 年第 4 期。

4. 周叶中:《关于中国特色社会主义法治道路的几点认识》,载《法制与社会 发展》2009 年第 6 期。

5. 胡虎林:《法治指数量化评估的探索与思考——以杭州市余杭区为例》,载 《法治研究》2012 年第 10 期。

6. 公丕祥:《区域法治发展的概念意义——一种法哲学方法论上的初步分析》, 载《南京师范大学学报》2014 年第 1 期。

7. 敖俊德:《关于散居少数民族的概念》,载《民族研究》1991 年第 6 期。

8. 陆平辉、李莉:《散居少数民族权利研究述评》,载《云南大学学报》(法学 版)2011 年第 3 期。

9. 王小龙:《略论族籍权及其立法》,载《中共银川市委党校学报》2012 年第 4 期。

10. 顾航宇、叶耀培:《目前影响村民自治质量的几个因素探析》,载《社会科学》2000 年第 1 期。

11. 中央党校"新形势下的民族宗教理论与实践"课题组:《广西民族问题调查报告》,载《科学社会主义》2011 年第 5 期。

12. 茅锐、茅铭晨:《走出窘境:从依权"自治"走向依法自治——基于对浙江等地村民自治实践的考察》,载《法治研究》2013 年第 7 期。

13. 张力:《公民政治参与的价值争论》,载《人民论坛》2013 年第 26 期。

14. 王冠中:《村民自治中乡村关系的两种不良倾向的原因与对策》,载《云南行政学院学报》2002 年第 5 期。

15. 袁达毅:《完善村民自治立法发展农村基层民主》,载张明亮主编:《村民自治论丛》(第一集),中国社会出版社 2001 年版。

16. 张文山:《论自治权的不可分割性——兼议〈民族区域自治法〉的修改》,载《广西民族学院学报》1999 年第 1 期。

17. 陈冬云:《如何推进人民调解员社会化、专业化、职业化》,载司法部基层工作指导司、中华全国人民调解员协会主编:《人民调解优秀论文选集》,法律出版社 2013 年版。

18. 王正力、田璐:《法治社会下的调解形态——人民调解"广安模式"研究》,载司法部基层工作指导司、中华全国人民调解员协会主编:《人民调解优秀论文选集》,法律出版社 2013 年版。

19. 黄敬东:《民间习俗在人民调解中的运用》,载《广西法治日报》2013 年 5 月 2 日第 5 版。

20. 马怀德:《规范重大决策权是重中之重》,载《法制日报》2014 年 11 月 5 日第 9 版。

21. 徐忠明:《明清国家的法律宣传:途径与意图》,载《法制与社会发展》2010 年第 1 期。

22. 王聪:《法治思维与法治方式的价值、内涵及养成》,载《上海政法学院学报》2013 年第 6 期。

23. 刘卉：《依法治国是实现中国梦的必然路径》，载《检察日报》2013 年 5
月 27 日第 3 版。

24. 季卫东：《论法制的权威》，载《中国法学》2013 年第 1 期。

25. 朱向东：《艰难起步　任重道远——〈政府信息公开条例〉实施三周年简
评》，载《法治研究》2011 年第 10 期。

26. 张训：《法治化的一体两面》，载《法制日报》2011 年 12 月 14 日第 10 版。

27. 蔡宝刚：《法律是从"土地"中长出来的规则——区域法治发展的文化解
码》，载《法制与社会发展》2014 年第 4 期。

28. 徐显明：《国家治理现代化关乎国家存亡》，载《法制与社会发展》2014
年第 5 期。

29. 陈金钊：《对"法治思维与法治方式"的诠释》，载《国家检察官学院学报》
2013 年第 2 期。

30. 汪习根、汪火良：《法治思维是执政为民的基本要求》，载《法制日报》
2014 年 11 月 12 日 05 版。

31. 汪习根、武小川：《权力与权利的界分方式新探——对"法不禁止即自由"
的反思》，载《法制与社会发展》2014 年第 4 期。

32. 章武生：《论我国大调解机制的构建——兼析大调解与 ADR 的关系》，载
《法商研究》2007 年第 6 期。

33. 苏力：《关于能动司法与大调解》，载《中国法学》2010 年第 1 期。

34. 朱潼歆：《对农村留守妇女问题的分析与思考》，载《河北学刊》2011 年
第 5 期。

35. 农淑英：《民族地区农村社会管理进路探讨》，载《广西社会科学》2014
年第 6 期。

36. 应飞虎：《弱者保护的路径、问题与对策》，载《河北法学》2011 年第 7 期。

37. 杜宴林、赵晓强：《国家治理现代化与法治中国建设》，载《吉林师范大学学报》（人文社会科学版）2014 年第 3 期。

38. 张文显：《法治与国家治理现代化》，载《中国法学》2014 年第 4 期。

39. 江必新、王红霞：《社会治理的法治依赖及法治的回应》，载《法制与社会发展》2014 年第 4 期。

40. 田成有：《强调依法治国的深度思考》，载《法制日报》2014 年 11 月 5 日，第 9 版。

41. 冯志峰：《中国政治发展：从运动中的民主到民主中的运动——一项对 110 次中国运动式治理的研究报告》，载《甘肃理论学刊》2010 年第 1 期。

42. 周雪光：《运动型治理机制——中国国家治理的制度逻辑再思考》，载《开放时代》2012 年第 9 期。

43. 徐祖澜：《公民"闹大"维权的中国式求解》，载《法制与社会发展》2013 年第 4 期。

44. 陈柏峰：《群体性涉法闹访及其法治》，载《法制与社会发展》2013 年第 4 期。

45. 李放：《现代国家制度建设：中国国家治理能力现代化的战略选择》，载《新疆师范大学学报》（哲学社会科学版）2014 年第 4 期。

46. 吴汉东：《国家治理现代化的三个维度：共治、善治与法治》，载《法制与社会发展》2014 年第 5 期。

47. 周世中、陈家达：《侗族款文化与现代法治的冲突及互补》，载《广西师范大学学报》（哲学社会科学版）2012 年第 2 期。

48. 姚老庚：《埋岩也是侗族古老的社会组织形式浅谈》，载于中共滚贝侗族乡委员会、滚贝侗族乡人民政府编印（自印本）：《风华侗乡——融水苗族自治县滚贝侗族乡成立三十周年纪念专辑》，2014 年 11 月。

49. 孙建：《关于法律服务差别化的思考——兼谈法律服务所在法律体系中的定位问题》，载《中国司法》2005 年第 11 期。

50. 杨哲:《构建覆盖城乡公共法律服务体系的实践与思考》,载《广西法治日报》2014 年 7 月 4 日第 6 版。

51. 丛革新、农东:《南宁市民族乡经济社会发展现状及对策》,载《中共南宁市委党校学报》,2003 年第 4 期。

52. 陈永亮:《加快有关民族乡的法制建设进程》,载《中国民族报》2014 年 1 月 17 日 006 版。

53. 周健:《2011 年广西壮族自治区民族法治发展报告》,载吴大华、王平主编《中国民族法治发展报告》(2011),中央民族大学出版社 2012 年版。

54. 熊文钊:《民族事务依法管理的推进》,载吴大华、王平主编:《中国民族法治发展报告》(2011),中央民族大学出版社 2012 年版。

55. 冯广林:《论民族法制的监督保障机制》,载《经济研究导报》2011 年第 26 期。

56. 戴双喜、陈其斌:《关于民族法制的监督》,载吴大华、王平主编:《中国民族法治发展报告》(2011),中央民族大学出版社 2012 年版。

57. 莫雪玲:《和谐社会视阈下广西少数民族传统文化德育资源研究》,载《广西社会科学》2013 年第 11 期。

58. 彭君:《道德性:法律与道德的契合》,《河北法学》2009 年第 9 期。

59. 高其才:《论中国少数民族习惯法文化》,载《中国法学》1996 年第 1 期。

60. 刘娟:《国家法与习惯法的取舍》,载《云南法学》2000 年第 3 期。

61. 朱旭东:《善良民俗也是一种法律资源》,载《半月谈》(内部版)2007 年第 12 期。

62. 刘训智:《清末广西瑶族批山契约的法理分析:广西民族法治的本土资源借鉴》,载《广西民族研究》2014 年第 4 期。

63. 陈文明:《论广西非物质文化遗产保护有关立法的建议》,载《广西民族研究》2013 年第 1 期。

64. 田小穹:《社会治安综合治理定义探析》,载《河北法学》2010 年第 8 期。

后记

　　《广西民族乡法治状况研究》是广西"民族法与区域治理研究协同创新中心"之"民族法学重大理论创新平台"的子课题之一。按计划本应从 2013 年 9 月开始写作，至 2014 年 8 月 30 前完成初稿，并于当年 10 月 30 日前达到出版条件。但因笔者承担了较繁重的教学任务，接受任务后一直无法抽身开展调研。直至 2014 年 4 月开始，才想尽办法断断续续赴广西民族乡进行调研，在陆续获得一些材料后，于 2014 年暑假才正式集中精力开始动笔写作。本来 2014 年 10 月中旬完成了初稿，但适逢中共十八届四中全会召开并审议通过了《中共中央关于全面推进依法治国若干重大问题的决议》，在初稿基础上又比照四中全会精神进行了一些内容的添补与调整。与此同时，2014 年 11 月 1 日，十二届全国人大常委会第十一次会议审议通过了《关于设立国家宪法日的决定》，明确将 12 月 4 日设立为国家宪法日。作为国家的第一个"宪法日"，2014 年 12 月 4 日的这一天，广西民族乡如何开展这一具有特殊意义的活动，作者不得不再行奔赴民族乡作了一些调研并增补了相应的内容，于 2015 年 2 月 15 日才最终完成本书初稿的写作，并适时作了一定的修改。

　　本书是在借助调研时获取的大量文献资料、访谈资料及一些问卷调查数据而完成的。在此不能不真诚地对为本书提供文献资料及接受访谈、问卷调查的众多人士表示感谢，并向他们致敬！

　　全州县人民检察院纪检组组长邓型军、融水苗族自治县良寨乡党委书记周礼万、平南县司法局平山镇司法所所长蒙福胜、百色市人民检察院检察官隆振中、西林县人民法院法官刘季花、西林县普合苗族乡劳动和社会保障所工作人员陆辉、三江侗族自治县公安局干警梁善智、三江侗族自治县高基瑶族乡组委杨隽元、上林县司法局办公室主任洪福胜、广西金狮律师事务所办公室主任谢菊英等为作者的调研做了很多的沟通和协调工作，谨对他们的大力支持表示由衷的感谢！

　　我指导的硕士研究生韦灿龙、黄娟、谢嫱及高群参与了部分民族乡的调研工作，并协助整理了部分资料，同时我担任班主任的 2012 级法学 4 班的杨阳、李佳芮、陈德贵以及 2013 级法学 4 班的邓婉婷等同学参与了问卷的发放与回收工作，并协助调取了部分文献资料。广西民族大学谢尚果教授和何立荣教授认真阅读了书稿的初稿，对本书的内容架构及章节布局提出了有益的修改与调整建议。在此也一并向他们表示感谢！

　　在本书付梓之际，惶恐之心也油然而生。因为对民族乡法治建设考察的内容较为宽泛，加之时间与精力的限制并主要囿于作者的学识，致使作者尽管为本书花费了一定的精力，但肯定没有达到理想之境。调研中难免收集材料不全，在资料整理中也难免出现一些缺漏，书中表达的许多观点缺乏深思熟虑，同时社会的快速多变又有可能使这些观点马上成为过时之论，在此恳请各位专家学者批评甚或批判。

作者
2015 年 7 月 26 日

图书在版编目 (CIP) 数据

广西民族乡法治状况研究 / 邓崇专著 .—北京 : 中国法制出版社，
2015.9

（民族法与区域治理研究丛书）

ISBN 978-7-5093-6732-2

Ⅰ.①广…　Ⅱ.①邓…　Ⅲ.①民族地区—社会主义法制—建
设—研究—广西　Ⅳ.① D927.67

中国版本图书馆 CIP 数据核字（2015）第 228850 号

策划编辑 : 戴　蕊　　　　责任编辑 : 周庠宇　　　　封面设计 : 李　宁

广西民族乡法治状况研究
GUANGXI MINZU XIANG FAZHI ZHUANGKUANG YANJIU

主编 / 邓崇专
经销 / 新华书店
印刷 / 北京九州迅驰传媒文化有限公司
开本 / 880 毫米 ×1230 毫米　32　　　　　　印张 / 16.75　字数 / 375 千
版次 / 2015 年 12 月第 1 版　　　　　　　　2015 年 12 月第 1 次印刷

中国法制出版社出版
书号 ISBN 978-7-5093-6732-2　　　　　　　　　　　　定价 : 48.00 元

值班电话 : 010-66026508
北京西单横二条 2 号　邮政编码 100031　　　　　传真 : 010-66031119
网址 : http://www.zgfzs.com　　　　　　　　编辑部电话 : 010-66010406
市场营销部电话 : 010-66033393　　　　　　　邮购部电话 : 010-66033288
（如有印装质量问题，请与本社编务印务管理部联系调换。电话 : 010-66032926）